辻占の文化史

文字化の進展から見た呪術的心性と遊戯性

中町泰子［著］

ミネルヴァ書房

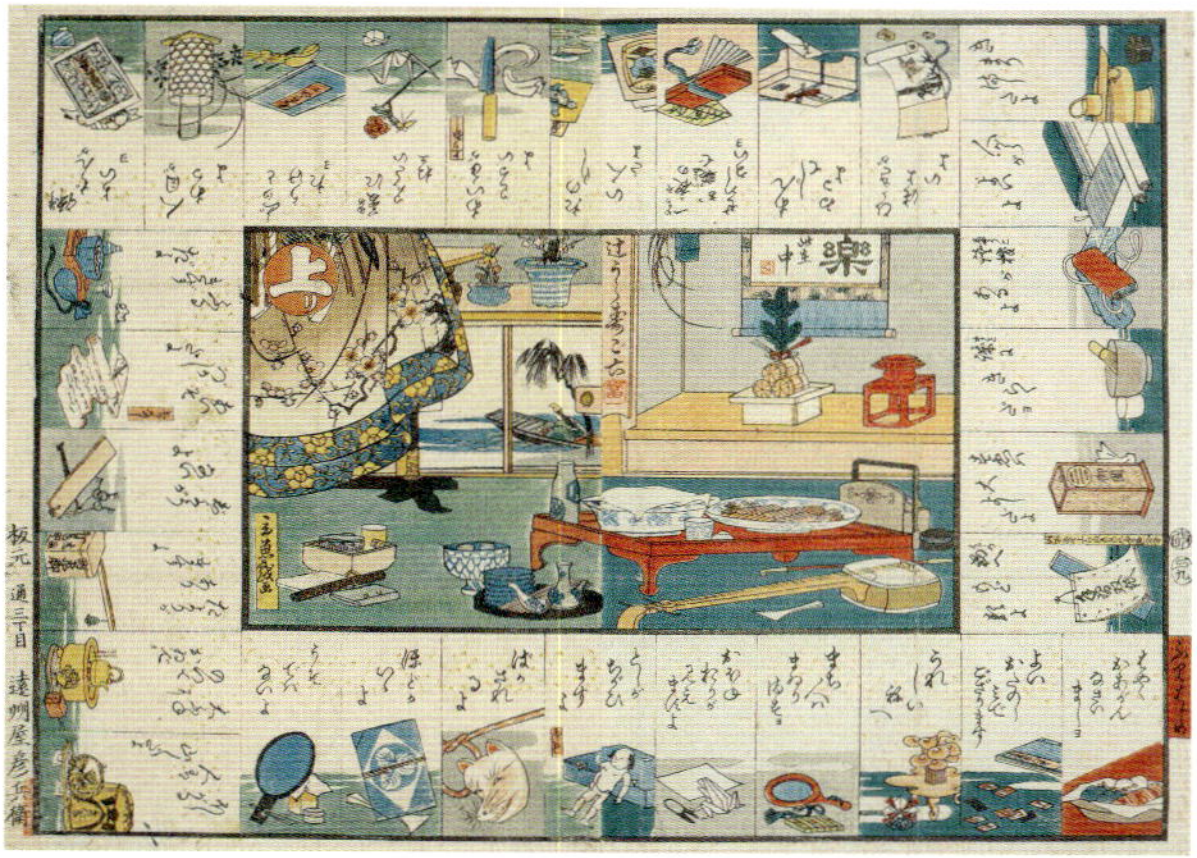

『辻うら寿ご六』
（安政４（1857）年）
（東京都立中央図書館特別文庫室蔵）

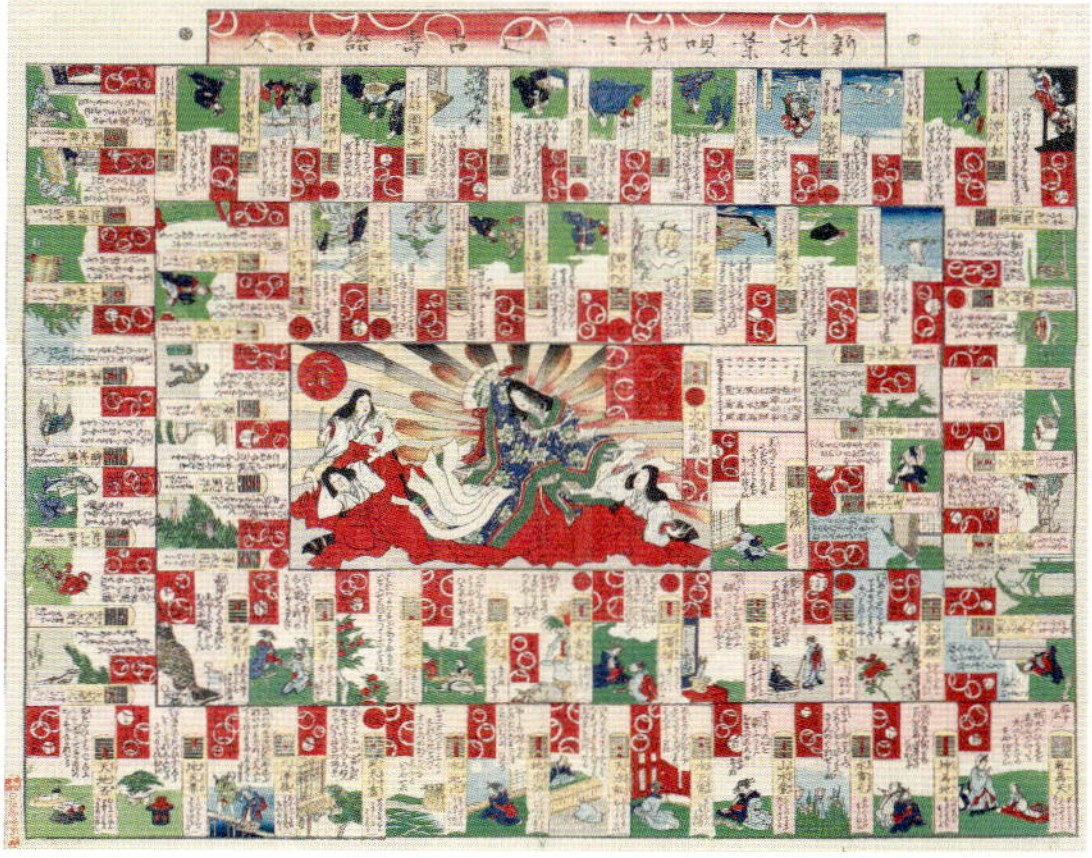

『新撰葉唄都々一辻占壽語呂久』
（東京都立中央図書館特別文庫室蔵）

『夕涼市中の賑ひ』（江戸時代）
（国立歴史民俗博物館蔵）

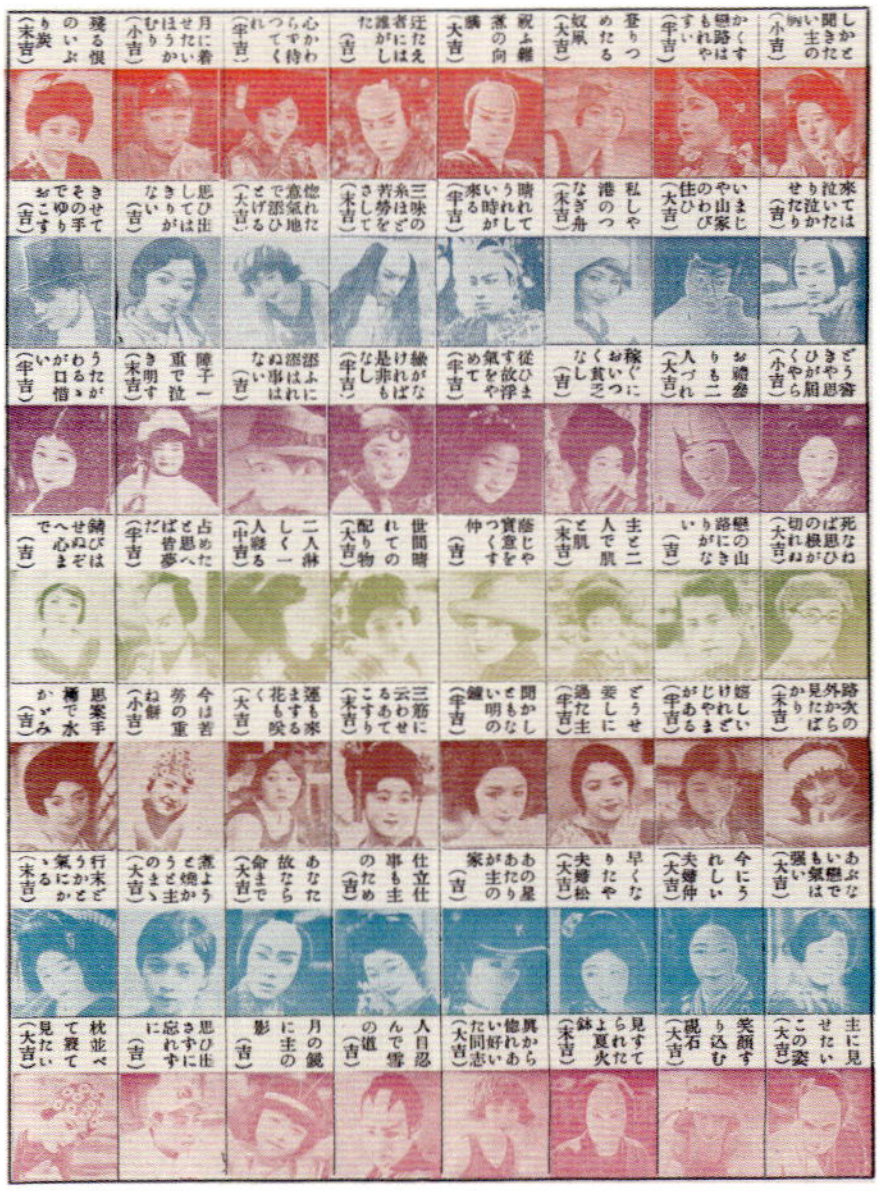

『活動写真辻占３（仮題）』
片面印刷　法令館か（著者蔵）

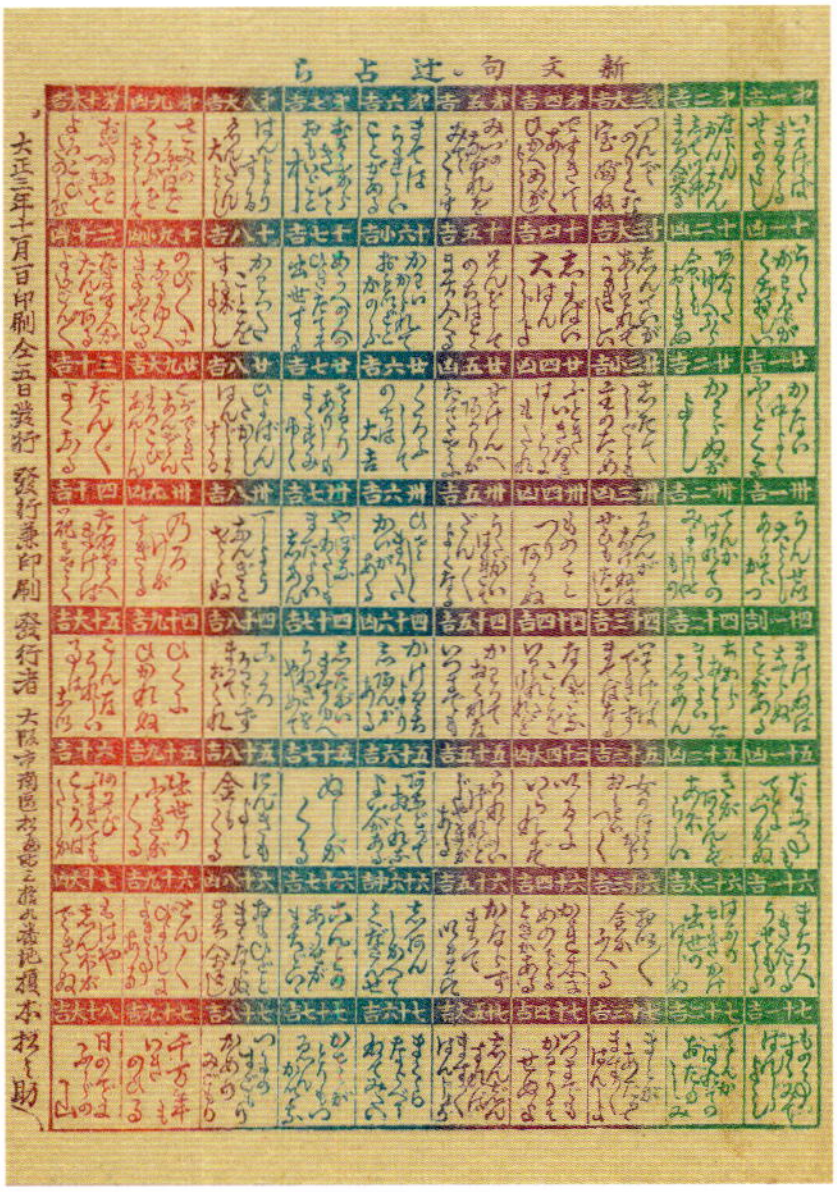

『新文句辻占ら』（大正３（1914）年）
一言判断・裁断型（著者蔵）

池田輝方『辻占売り』（大正時代）
この絵では，夜間に裏口から女性の辻占売りを呼びとめ，買い手の女性が大判の辻占をじっくりと読む様子が描かれる。（『呪いと占い』より。個人蔵）

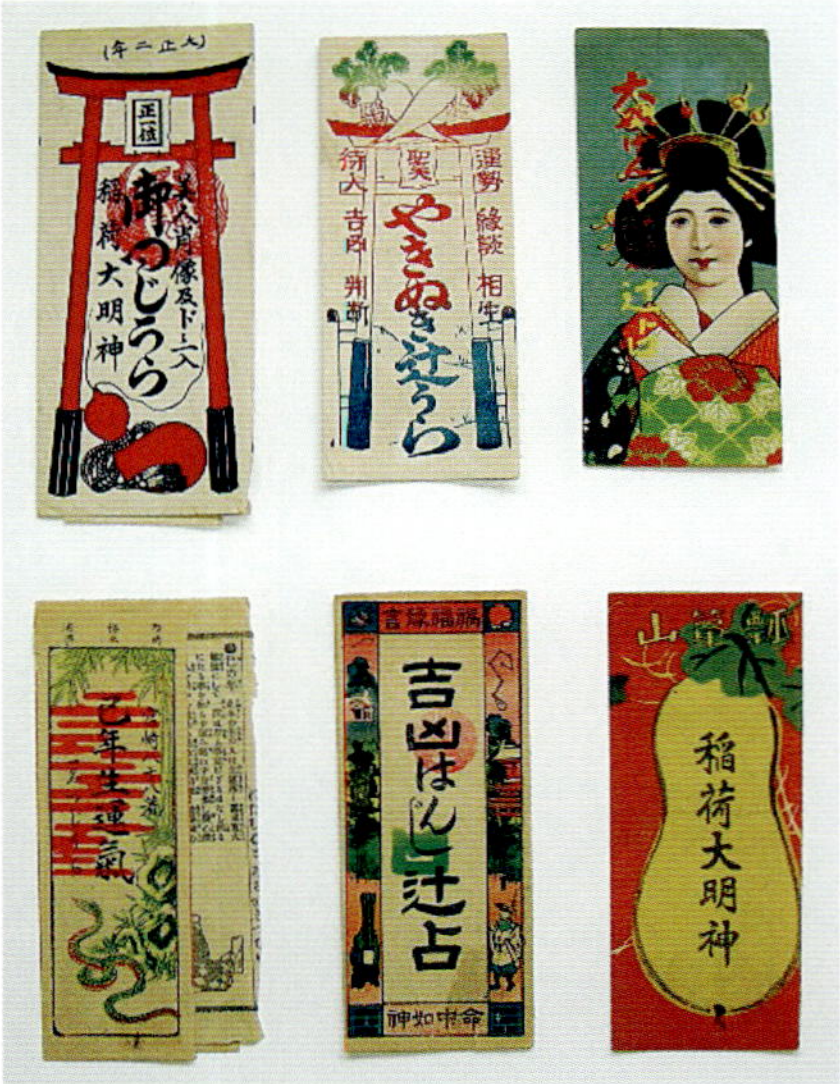

法令館と同時期の辻占
辻占袋六種（著者蔵）

「福寿草」（石川県金沢市・諸江屋）

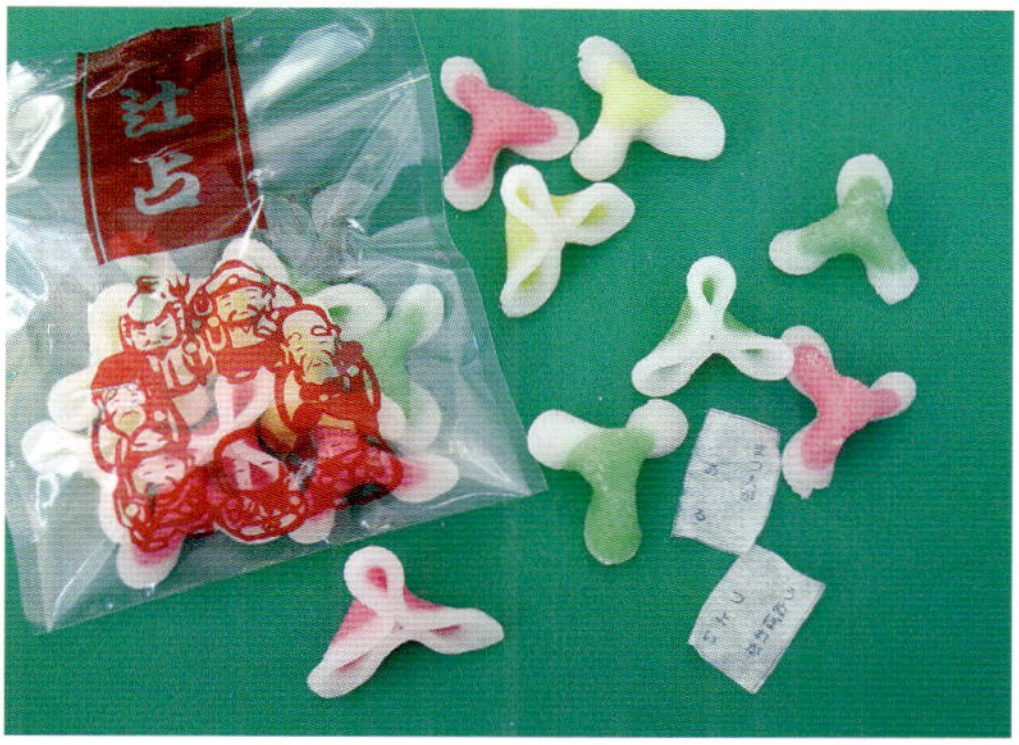

「辻占」
（石川県白山市・越原甘清堂）

「諸江屋版全図」

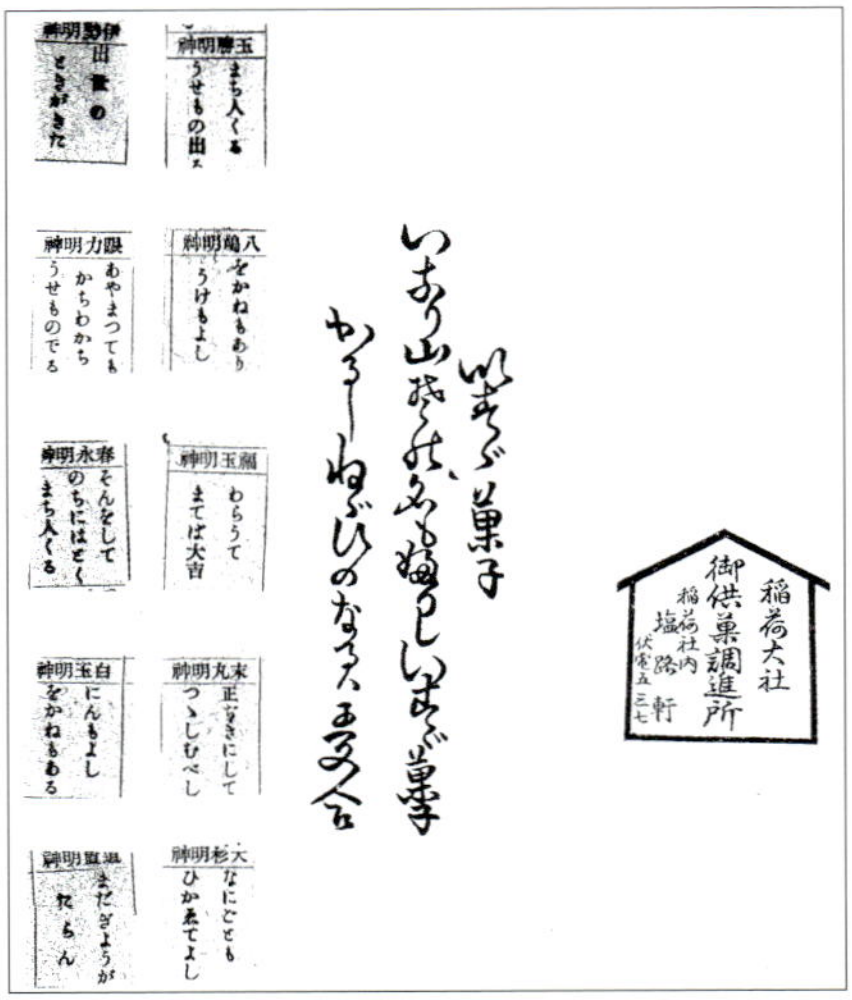

いすず菓子の短冊と辻占紙片10枚
『日本全国菓子譜 壱』より
（東京都立中央図書館特別文庫室蔵）

「宝玉堂版全図」

篠田仙果著・孟齋芳虎画『藻塩草近世奇談』三篇下
明治11（1878）年（国立国会図書館蔵）

はじめに

辻占《つじうら》といえば、何を連想されるだろうか。安倍晴明の占い、正月の菓子、時代劇の少女辻占売り、落語に出てきた笑い話、街頭の易者などと答えて頂いたことがある。それらは辻占起源にまつわる伝説や、メディアで目にした映像の記憶、易者との混同であったりする。辻占はこれまで断片的イメージや情報が、しばしばメディアを賑わし、人々の関心を惹いて楽しまれてきたのだが、万葉集に歌われる「夕占」を起源とするこの占いが、後に「辻占」名称の多彩な占い印刷物に変容してからの全体像は、これまで明るみにされてはこなかった。

本書では、本来文字を用いず、聞くことのみで判断していた言霊信仰を背景にした占いである辻占が、近世後期に同呼称の印刷物に変容したことを辻占の文字化と定め、多様な辻占印刷物を主たる研究対象にしている。本書の目的は、近世後期から現代に至るまで存続している辻占印刷物を、可能な限り図版を含めて提示し、分析することと、この占いをいつどこで、誰がどのように過去に享受していたのか、現在に享受しているのか、という享受者の側の実態を明らかにすることである。研究を進める過程では、実物、図像資料、書籍、新聞雑誌記事といった文献資料、それにフィールドワークによる聞き書きの成果を総合して考察した。

さて、辻占は『万葉集』に見える夕占が起源であるとされ、過去に民俗学では辻という境界における卜占であることが、研究者の意欲を惹きつけ、境界研究の範囲に含まれる対象として論じられてきたが、印刷物に変容した以降の辻占は本来の形と無関係とみなされ、取り上げられず、文字化以降の辻占の調査は長く停滞していた。

印刷物になった辻占には、一枚刷りからかるたや双六、俗謡の本まで様々なものがある。かるた、双六といった遊戯的な辻占印刷物は、先行の紙製玩具研究の分野に、占いの役割を併せ持った新資料として提示できるものだ。

本書には辻占印刷物と関連する図像資料を豊かに掲載しているが、そうした資料から読み取れることは、風俗的な情報はもちろんのこと、文字化以前から続く、占いで幸運を招こうとする心意や、占い言葉に見える享受者の願望や不安、それに諧謔性である。生真面目な言葉が連なる辻占もあるのだが、大概の辻占には、短いながらもユーモアに溢れた言葉が記されており、笑うことによって運気の好転を願う要素がある。文字化した辻占は、紙面の表層から基層に降りて行くことができる貴重な資料なのである。

また、辻占の文字化と出版化に伴う変容には、歌占、夢占といった、異なる占いの文字化と出版化への変容過程に近似する現象が見られる。辻占の俗謡占書と歌占の俗謡占書、通俗的な易占書、大雑書との関係も含め、文字化した辻占の研究からは、占い研究の広がりが見込まれる。

本書で示す実物新資料の多くは、それまで文字のみで辻占を解説してきた先行研究を大きく進展させることになろう。特に近代以降の辻占印刷物の収集には力を入れた。大阪の赤本出版社と印刷所から発行された辻占一枚刷りは、活版印刷以後の辻占の実態を伝えている。また、現代の印刷所や菓子店が刷り出す辻占菓子用の一枚刷りは、一部が近世から用いられた都々逸の歌詞であることが認められ、辻占の内容が部分的であれ伝承されていることが理解される。

本書の構成について触れたい。序章においては先行研究を整理している。文字化以後の辻占を主たる研究対象とした論文はわずかであるため、民俗学と国文学の論考をはじめ、辻占についての事典、辞典類の解説や断片的記述を取り上げ、これまでの成果と傾向を考察した。

第一章では、どちらも本来は文字を介在させない占いであった辻占と歌占をテーマとする。双方とも初めは聞くことで託宣を得ていたが、変容し、託宣を紙に記したものを読むことで吉凶を判断する占いとなった。近世後期の人々は、辻占と歌占とを近しくみていたが、それは双方の文字化変容の結果の一つである、都々逸の俗謡占書が、歌を用いる占法であることの共通性と、歌詞や本の構成の近さに拠っている。流行を見た俗謡占書は、流行歌による遊戯的な占いとして、主に遊興の場で男女に実践されたと見えるが、根底には歌そのものの力を信じる享受者の心意が存在していたのではないかと考えている。

第二章は、近世の辻占流行期に出版された、各種辻占印刷物の検討を行う。占いと鑑賞、ゲームの目的を併せ持つ、図像的に洗練された双六やかるた、役者絵の辻占煎餅向け紙片、団扇絵を分析する。続いて元三大師御籤本からの辻占印刷物への影響を追究した。元三大師御籤本からの吉凶、五言四句、注釈、総括、項目ごとの事象判断の様式は、この時期から現代までの辻占印刷物に大きな影響を及ぼしている。

第三章では、近代大阪の辻占発行元である、赤本大手出版社、法令館（榎本書店）から発行された辻占を資料に、出版から流通までの問題を明らかにした。法令館の調査からは、香具師と見られる売り子の流通網に乗り、大阪市内をはじめ、地方の盛り場へも辻占が運ばれ、販売されていたことが理解できた。大阪では、辻占を入れる袋に特定寺社のシンボルや名称が印刷されるなど、近畿圏の民間信仰が意識されていることが伝わってくる。辻占本紙からは、活動写真俳優や都々逸文句など当時の流行の娯楽と風俗が取り込まれていることが確認できる。

第四章では、現代における文字化辻占を検討する。金沢、小松、平戸市内では、辻占菓子が正月菓子として例年新年の家庭で享受されている。新しい年の家族揃っての運だめしの機会には、辻占文句に笑いつつ、良い運気を招こうとする、享受者の呪術的な心性が息づいている。また、現代辻占印刷物の分析として、全国の辻占菓子製造元から提供を受けた辻占一枚刷り、あるいは使用された複数の紙片の図像と文章を示し、内容の比較検討を行っている。

終章では、近世後期から現代までの辻占印刷物と享受に関わる様相を俯瞰し、結果として何が継承され、何が変化し消失したのかを整理した。また、「占いの文字化」概念を応用させ、歌占、夢占についても検討することにより、占いが文字化、出版化を経ることによって共通して現れてくる現象、傾向について論じている。

辻占の文化史——文字化の進展から見た呪術的心性と遊戯性

目次

図版写真一覧

カバー表　歌川國貞（二代）『(菓子屋店頭の図)』

柳橋の芸妓出身である小悦（小越）が出店した菓子屋「望月」は横山三丁目にあり，美しい役者似顔の辻占紙片を添えて売る辻占煎餅で評判が高かった。淡島寒月は，安政から明治初期頃の話として，辻占で有名な店は他にもあるが，色摺りの役者似顔の辻占紙片を添えて売り出したのはこの店が元祖と書いている。図では右から二番目の小悦が，手に菓子箱を持ちながら接客中で，背景の菓子名の札には「端唄　替うた辻占」の文字が見える。（明治元（1868）年）（虎屋文庫蔵）

カバー裏　歌川豊國（三代）『明嬉今朝之辻占』

茅町の菓子屋「遠月堂」も役者似顔の辻占煎餅が人気の店であった。淡島寒月によれば「彩色摺り上等のものだった」とされる。この図は団扇絵として摺られた錦絵であり，右の女性が二つに折られた煎餅と役者似顔の辻占紙片を持っている。左の女性が持つ菓子箱には「江戸むらさき」の商品名があり，店名はないが，商標には遠月堂のトレードマークである蛤に浅草御門が小さく描かれている。この団扇絵は遠月堂の広告として作成されたとうかがえる。

（安政３（1856）年）（虎屋文庫蔵）

序章　辻占とは何か

『万葉集』に見える夕占が起源だとされる卜占「辻占」（辻占い）は、近世後期に同呼称「辻占」を冠する様々な印刷物に変容し、広く民間に普及した。民俗学には卜占研究の蓄積があるが、辻占は卜占の一項目として簡潔に、あるいは断片的に取り上げられることはあっても、印刷物になってからのそれは衰退した形とみなされ、研究が深められてはこなかった。一例を挙げれば『日本民俗辞典』「辻占」の項では、今野圓助が懸想文や炙り出し辻占などを挙げ、「印刷した紙片ばかりを辻占というようになったのは、古態に無関係の新風である」と文字化した辻占を退けるようにして結んでいる（今野　一九七二：四六四頁）。ここには、言霊信仰を基盤として辻で実践する辻占いを本来の形として上位にみなし、辻占印刷物はそれに無関係だと下位にみなす視線があるように窺える。しかし、印刷物の辻占とは、本当に注目する価値がない対象なのだろうか。もちろん、そうではないと考える。先行研究では簡潔に触れられるのみで、写真や挿絵といった図像提示がなかった辻占印刷物は、実物をイメージすることさえも難しかっただろうが、実際には、バリエーションに富んでいる。消耗品としての炙り出しや菓子についてくる小紙片ばかりではなく、辻占を冠した多色刷りのおもちゃ絵、写真入りの一枚刷り、双六、かるた、流行歌の歌本など多様な辻占資料が存在する。

筆者は、本来文字を介在させることなく実践ができ、託宣を得ることができていた占法が変容し、実践には同呼称の印刷物を用いるようになった現象を辻占の文字化とし、辻占を冠した様々な占い印刷物を文字化辻占の実物資料とみなしている。種類が豊かな多数の資料の残存は、活き活きとした流行期があったことを伝え、印刷物後のそれは衰退した形態であるという見地を覆すものである。そこで、辻占を論じるにあたっては、筆者は先行研究者とは異なる位置に立つことになる。文字化した辻占を衰退、堕落した形と見るのではなく、新しい要素を時代に応じて次々と取り込み、活性化し、文字化の過程を経たからこそ広く受容された、人々の生活や意識を映す、豊かな占い資料であると肯定的に捉えている。

本書の目的は、文字化した辻占が庶民の日常生活や遊戯の世界に入り込み、時に異なる占いや娯楽、流行の出版物から影響を受け、与えもしながら、近世後期から現在まで受容され続けている実態を分析することである。本書ではまず、どこでどのように、誰が、なぜ辻占を享受していたのかを明らかにしたい。

1　民俗学と辻占研究

1-1　文字化した辻占の本質

論を進めるにあたり、辻占印刷物の成立時から現在まで、実物資料の内容と享受のあり方双方に継続して見られる呪術的心性と遊戯性の融和的様相を、文字化した辻占の本質と捉えて考える。ここで用いる「呪術的心性」とは、表層には見えにくくとも、辻占享受者の意識の深層にある、呪術的な力によって人生が好転していくことを期待する心性を指している。主に日常生活の中で辻占を享受する人達の心のあり方を捉えるものとし、それが辻占の印刷物としての発展を促し、存続にも影響力を持ったと見ている。また、文字化した辻占そのものが、享受者の呪術的心性や生活上の願望を掬い取って表現された占い資料といえるが、これは辻占に限らず、他の占い資料にも当てはまることではある。文字化した辻占の特色は、占いの印刷物として、時に笑いさえ引き出すゲーム的な要素を融合させ、人々の遊戯的な精神を刺激したところにある。流行りの俗謡や、なぞなぞ、しゃれといった言葉遊び、双六やかるたなどの勝負事、それに美的な役者似顔の浮世絵、駄菓子と辻占文句との取り合わせにより、歌い遊ぶ、競い遊ぶ、蒐集して眺める、食べつつ文句を読むといった遊戯的楽しみが、占い判断と相まって人々を惹きつける力を持ったのが辻占の遊戯性といえよう。

さて、呪術的心性に戻れば、この用語を用いるのは、印刷物となった辻占をめぐる様々な様相が、「呪術」を敷衍させた「呪術的」な現象であり、また心性史を確立させたアナール学派が追究した、無名なる人々の集合的な意識に近い要素があると考えるからである。(1)

だが、「呪術」という用語を持ち出すと、初期の呪術研究に大きく貢献した、フレーザーやデュルケムが考察した、呪術師による黒魔術白魔術や、非日常的な儀礼や宗教との対比が想起され、辻占をめぐる現象は、一見呪術とは乖離があるように受け止められるかもしれない。しかし、「呪術は、ある状況からの演出であり、象徴的な意味では願望の表現である」（ビアッティ　一九六八：二六八頁）、「呪術は霊的存在や非人格的な力など、目的とする現象を支配しているものを人間が強制、統御してその現象を起こさせることができると考える能動的なものである。」（板橋　一九八五：一九九〜二〇〇頁）といった定義からすれば、辻占印刷物もまた、呪術に含めることができ、それに期待したり楽しんだりする人々は、広く見て呪術的な観念を持った人々とみなせると想定する。

フレーザーやデュルケム、マリノフスキーら先行の研究者らが考察した呪術の対象は非日常性が強く、呪術師や王など権力を持つ者に執行される儀式の事例が豊富で、未開社会をフィールドとした調査が多かった。しかし、現代の呪術研究の一部では、都市における日常生活の中で探究を行う傾向が見られている。(2) 現代日本の状況を見ると、日常生活に密接した庶民の呪術的観念や行為、呪術的なモノに注目した、より発展的な調査が行われてきており、本書においても、そのような新しい視座を採用したいのである。

吉田禎吾は、次のように呪術的観念、呪物対象を挙げている。「現代の日本の社会にも呪術的観念が見られる。自転車《ママ》の運転席によく見られるお守り札や、そば屋などの店頭においてある招き猫は一種の「呪物」である。人の名前が呪力を持つという考え方は今でもあり、不幸が続くと名前を変えたり、子どもに名前をつける時、字画を気にする場合も少なくない。旅館に電話番号五一五一の横にコイコイと書いてあったりする。本来は意味的連関のないものが音のアナロジーで結びつく。薬の名前のような商品名にも、音のアナロジーに基づく言葉の呪術的効果を利用したものがよくある」（吉田　一九八七：三五四〜三五五頁）。また、近年、東京都民を対象に、「呪術意識」について『呪術意識と現代社会――東京都二十三区民調査の社会学的分析』をまとめた竹内郁郎、宇都宮京子を中心とする社会学者グループは、「「呪術」概念をできるだけ広く捉え、日常生活で人々が実践するだろうさまざまな種類の「呪術」を視野に収めて考えてみよう。」（荒川　二〇一〇：二八頁）とし、「生活意識を捉えるために有効であるにもかかわらずこれまで見逃されてきた「呪術」の要素に光を当て、現代社会の一面を明るみに出すことが目的である。」と主張している（荒川　二〇一〇：二八頁）。「本書では、人々が祈りや儀礼的な行為を通して、超自然的な存在に自分たちの願いを伝えたり、かなえてもらえる可能性を多少なりとも信じている場合は、それらすべてに「呪術的」傾向が含まれている、とみなすのである。」とする（宇都宮　二〇一〇：二七〇頁）。そして調査対象者には、豆まき、墓参りを行うか、お守りを持つか、捨てる時はどう思うか、TVスポーツ観戦での応援には効果があると思うか、TVの前で応援を行うか、新聞、雑誌、テレビの占いコーナーを読むかなどと質問し、そうした人々の意識や行為を「「呪術」的態度や行為の実態」だとみなしている。

筆者は、辻占を手に入れ楽しむことで、そこに幸運の予兆を見ようとし、未来の開運、招福が、辻占の言葉をきっかけに実現するよう願う享受者の心持ちを呪術的心性と捉える。そうした心性は、享受者自身が言語化するほど自覚されていないことがあり、また楽しむ行為による遊戯性に覆われて見えにくいことがあるかもしれないが、吉田の示す「呪術的観念」や、竹内、宇都宮グループの掲げる「呪術意識」に近しい位置にあると考えている。辻占の文字化と発展、それに享受者の問題を考察する本書の通奏低音として、呪術的心性、遊戯性をキーワードと位置付けて進めていきたい。

1-2　辻占と民俗資料

文字化した辻占の実物資料として研究対象としたのは、辻占を冠した一枚摺り、裁断された紙片、双六、かるた、俗謡占書（占いのための歌本）、辻占菓子類である。占い用の歌本の呼称については、菊池真一が、大津絵節、よしこの、甚句も含まれる一群の占い用歌本を、それらが全て都々逸節から派生した流行歌であることから「辻占都々逸本」と呼称しているが、西沢爽は、区別、造語をせず、流行歌の歌詞が書かれた冊子は「唄本」と称している。つまりは、同一対象への先行研究が少なく、統一した呼称が定まっていない状況に、さらに新しい呼称を提示することになるのだが、筆者はその歌本の一群を、辻占俗謡占書と呼称したい。それらは確かに歌本であるが、内容は占いであり、また、皆都々逸から派生しているとはいえ、表題に都々逸が含まれないものもあって、分かりにくさがあるからである。

実物（モノ）資料、図像資料、文献、それにフィールドワークの成果を用いて複合的に考察することになるが、こうした方法を採用することで、学問的な立場を問われることがある。当初から意図したわけではなかったが、辻占という研究対象そのものが、民俗学では境界研究に含まれたように、この研究も結果として、学としては境界的になっている。研究を着想し、構想を練る初期の段階においては、民俗学における心意現象の成果のうち、占いと俗信の先行研究から刺激を受け、学んだ。しかし、民俗学における辻占研究は、文字化以前の辻占へ関心が向いたまま停滞しているため、文字化後の辻占と享受の問題については、試行錯誤的に資料を探求することになった。その過程では、国文学や歴史学の論考からも学ぶところが多かった。資料については、江戸後期から文字化した刷り物の辻占の実物資料をまず収集し、それに関連する文章が記された日記や随筆、地誌、グラフ誌、新聞記事などの文献を集めた。さらに辻占を売り買いする情景や、占う様子、街頭に立つ売り子の姿などが描かれた挿絵や写真といった図像も手掛かりとしたが、これらを統合させて考えることは、当時の人々に対する聞き書きや観察に代わる調査だと考えている。享受したのは誰で、どこでどのように販売されたか、人々がそれをどう捉えていたのかという問いを前に、実物資料だけでは答えが引き出せない。

多様な資料の活用は、近世や近代という過去に生きた人々への直接の調査の不可能を補うために選択した方法であり、各資料は相互に限界を補って、関係性を持つものとして有効と考えているが、狭義の民俗学における資料の範囲からすれば、伝承資料と言いがたいであろうことは自覚している。宮本袈裟雄「民俗と民俗資料」では、柳田國男の説く民俗学が、「民俗学（郷土研究・民間伝承）においての研究対象が「文字以外の力によって保留せられている従来の活き方。又働き方考え方」であり、それを郷土人自身（日本の研究者）が現地調査観察によって資料化したものが採集記録、つまり民俗資料ということになるが、採集記録を郷土史料・伝承資料とも称している。そして民俗資料を有形文化（体碑）・言語芸術（口碑）・心意現象（心碑）と三つに分類していることはよく知られているところである。このように柳田は郷土研究・民間伝承・採集記録・伝承資料などの多くの用語を使用しながら、今日の一国民俗学、民俗資料を論じてきたといえる。」と述べている（宮本 一九九八：三八頁）。

印刷物となった辻占は、「文字」であり、さらにそれを文献からも遡って研究することから、「文字以外の力によって保留せられている従来の活き方」というのであれば、そこからこぼれてしまう。これはそもそも民俗とはどのようなものかという問題に繋がっていくのだが、平山敏治郎によれば、民俗とは共同体的な文化、生活文化、伝承文化と置き換えられるものになり、それに対して宮本袈裟雄は、「生活文化という点についてみると、何が生活文化であり、生活文化ではない文化とは何なのかという問題になる」と返している。生活文化が民俗という考えは、いかにも包容力がありそうなのだが、その実、宮本は和歌森太郎の生活伝承の三分類を解説し、「精神生活に含まれる哲学思想、文学芸術などの個人の思索創造によって生み出されたものも民俗とは考えていない。」（宮本 一九九八：四〇～四一頁）としている。本書においては、易占書、俗謡占書や読み物、一枚刷りといった、庶民の文芸や芸術も重要資料としている。絵画資料や文芸そのものを民俗とはみなしていないが、それらから描き出せるのが、間違いなく辻占から見た生活文化であると考えるためである。宮本は、民俗は文化の一部を構成し、共同体的性格、集団が共有する生活文化であり、文化全体からみてその基層をなすものと規定する。こうした民俗は個人主義的文化（上層文化・表層文化）と対比される非個人主義的文化・類型的文化ともいえると説明され、民俗は文化の連続性であり、集団が共有する文化であるとも続けられる（宮本 一九九八：四一頁）。

辻占の研究においては、辻占印刷物の流行や存続をもたらしたのは、享受者や作り手の心意であると考え、狭義の民俗学が上層・表層文化として排除してきた文化、つまり出版文化や風俗的な情報から、その深部にある集合的な心意や、一部地域であれ、集団に共有される文化の連続性を明らかにしようとしている。柳田の「文字以外の力によって保留されてきた文化」から、問題とする民俗を明らかにしようとする方法とは逆に、文字や図像の力で保留されてきた文化から、基層をなすものを明らかにする目標を持って、これを民俗学から出発した文化史として論述したい。

宮田登は、民間伝承をベースにした歴史的世界を追究する用語として「民俗文化史」という用語を『民俗文化史』（宮田　一九九五）において提唱したが、文化史として成立させる方法を、その中で明確にしてはいない。こうしたことは、先行研究者の仕事が、「民俗資料イコール伝承資料とし、伝承資料によって民俗文化史を描き出そうとしながら、基礎的方法論に関しては曖昧にしてきたといえる。」（宮本　一九九八：四四頁）という意見や、福田アジオが「方法論はすべて柳田國男任せで、自分達は具体的な事象を調査して報告するという役割分担が深くかかわってくる。しかも、柳田國男自身が方法に関して議論することが必ずしも得意ではなかったことも重要である。」（福田　一九九八：四頁）と批判する状況にも続いているのだと理解できる。

しかし、辻占の文化史から民俗学における民俗文化史構築の方法論、あるいは民俗学の方法をここで語るのは容易ではない。本書は個別の問題の研究として、手探りで資料を探求し、一つの生活文化を明らかにする道筋を示してはいるが、この方法が民俗学における文化史を描く方法として万能とはいえないであろう。個別の事象の研究においては、それぞれの方法が生まれる余地があるのではないだろうか。その際に学を横断する資料の活用があれば、最後には部分的であれ、いくつかの学に還元できる成果に為すことができていれば良いのではないかと考えており、そうありたいと努めるところだ。

学問への貢献と所属意識については、勝田至の言葉に共感するところがあった。「〇〇学という学問の区切りは、それ自体歴史的に形成された、うつろいゆくものである。重要なのは個人の問題関心であり、ある人が「民俗」と従来呼ばれてきたものに関心を持ち、またそれを時間のなかにあるものとして考えようとするとき（私もその一人だが）、その関心から生み出された成果が何学と呼ばれてもさしつかえないのではないだろうか。また民俗学が歴史学の補助科学といわれたことがあったが、これは相対的なものである。民俗を主体にして、その変遷を解明する意図で文献を用いる場合は、歴史学が民俗学の補助科学ということになるだろう。」（勝田 一九九八：一五四頁）。励まされる言葉であるが、それだからといって民俗学を軽んじることはなく、まず民俗学における占い研究への貢献に繋がるよう考えていきたい。

さて本書では、各種辻占印刷物と周辺の資料を分析対象に、本来文字を介さず実践されてきた占いが、文字化を遂げて展開する過程でどのように変容していくのかを論じる。辻占の文字化は衰退を意味するのではなく、占いの印刷物、出版物としての発展を意味しており、それは他の占いの文字化と出版化にも関係があり、占いの文字化という問題を広く占い研究の分野へ提起する力を持っている。辻占は近世後期から文字化し、大量印刷される時期を経て、現在まで継受され、地方で新しい習俗も生み出している。文字化した辻占が浸透したのは主に都市を中心とした場である。そこでの享受者である都市生活者の心性や、流行の娯楽や風俗、娯楽的占書の嗜好といった生活文化が、辻占印刷物から明らかになることと想定している。

本書の構成については、序章で研究目的と方法を示し、先行研究を整理した後、まず、古代、中世における文字化以前の辻占から、近世後期に文字化し、そこから発展を遂げて流行に至った近代までの時代、そして現代に続く受容の様相までを歴史的な流れをもって論じていきたい。

第一章では、辻占と歌占という二つの占いを考察対象にする。まず、辻占が文字化するまでの変遷を、歌とその呪術性をキーワードに辿る。そして、近世後期の文字化した辻占と歌占の俗謡占書に注目し、それら双方が、本来文字を必要としない占法であったところから文字化を遂げ、庶民向けの占書として普及した様相について、通俗的な易占書との関係も考慮に入れながら明らかにしたい。最後に、現代の辻占菓子に挟まれた、紙片の中の辻占文句が、近世に遡る辻占俗謡占書の詞章にあることを確認できた事例を論じる。

第二章では、近世後期に板行された、豊かな各種辻占印刷物の検討を行い、辻占流行期の確かな存在を残存資料から伝える。また、辻占印刷物の主要な受容地であった花街において、それらが誰に販売され、享受されていたのかを明らかにする。また、花街の享受者に関係する、その地でよく行われた占い、呪いが辻占の中に見えていることを探る。

第三章では、辻占の一発行元であった、大阪の赤本大手出版社、法令館の調査をもとに、近代の辻占がどのような版元から発行され、誰に運ばれ、どこで販売されたのかという、出版から流通までの問題を明らかにする。また、法令館とほぼ同時期に、近代大阪で発行された辻占印刷物も提示して、比較分析を行う。それらの図像と内容から、地域の風俗や民間信仰との関わりを考察する。

第四章では、現代の辻占印刷物の実態と享受の様相を明らかにする。現代に生きる文字化辻占が、縁起菓子、あるいは正月菓子として位置付けられ、享受されている状況を捉え、享受が継承される要因を、聞き書き成果をもとに考察する。また、現代辻占印刷物の内容分析として、全国の辻占菓子製造元から提供を受けた、辻占一枚刷り、または複数紙片の図像と文章を比較検討する。この章においては、文字化した辻占が廃絶し、忘却されたのではなく、地方で今も印刷され続け、人々の心を明るくし、楽しませている実態を伝える。それは、呪術的心性と遊戯性の融和によって文字化した辻占の、現代的な受容の様相である。

終章では、「占いの文字化」を応用させ、対象を辻占に限定せずに考察する試みを行う。そこでは、歌占、夢占の文字化、出版物化について、辻占のそれと比較検討し、占いが文字化することに起因する、享受層や占法の変化、内容の簡略化、あるいは情報の付加といった、占いの文字化に伴う共通した傾向と特徴について追究したい。そして最後に各章の概要を記し、今後の課題を述べて結びたい。

2　民俗学・歴史学・国文学における辻占の研究

辻占を主題とした論考はわずかであるため、先行研究を求めるためには、辻や橋といった境界研究や、占い全般、歌謡に関する論考、辞典、事典類などから関連した記述を抽出して論じることになる。辻占には時代や形態ごとにいくつもの切り口があるため、分野も専門も異なる研究者の先行研究を横断的に論じることになるが、それだけ幅広い分野で関心を持たれる対象であるといえる。現在までの研究を以下に述べていきたい。

2-1　境界研究の系譜

民俗学においては、辻占を主題とした先行論文が出ておらず、辞典・事典類の「辻占」項目や卜占の一つとして解説されるにとどまっている。『布施市史』では、近代の辻占の一報告として貴重な、瓢箪山の辻占を販売する、売り子の口上やいでたちについて報告がなされているが、このように文字化した辻占を伝える調査報告は少ない。

〈辻占〉有名な瓢箪山稲荷の辻占がこの辺でも信じられていた。

瓢箪山恋の辻占、待人来るか来たらぬか、失せ物出るか出ないか、もしも当たらぬそのときは、わたしの頭へげんこつを、とこどっこい、どっこい

と呼ばわりながら、鳥追いの鳴子のようなものを鳴らし、大きな瓢箪を担いだ者が廻って来た。この瓢箪の中にはあぶり出しの辻占が入っていた。助かるか、助からぬかというような大病のときや、失せ人などのときは夜でも長い若江堤を歩いて瓢箪山へ参った。社務所で札を貰うと何番と番号が書いてある。例えば三番とあったら、辻の占場に立って向うから歩いてくる三番目の人を見る。そしてその人がどんななりをしていたか、男か女か、どっちから来てどっちへ行ったか、どんな話をしていたか、などをよく覚えておいて社務所へ行くと、それによってなりゆきを占ってくれた。（どうしても助からぬ、早く息を引き取ってほしいと思うときは、四天王寺の南門を入った所にあるカミコサンへ参ったという）

（布施市史編纂委員会　一九六七：一一六五頁）

上記の事例は前半が文字化した辻占を売る、瓢箪山の辻占売りについて説明しているが、後半は、言霊信仰を基盤とする文字化以前の方法で行う辻占について述べている。文字化以前の方法を基にするといえども、それはかな

り変容しており、占場でただ話し言葉を聞くのではなく、観察するべき通行人の順番を社務所からの札で決め、身なり、性別、歩いて行った方角を記憶して、神主に伝えて占ってもらう方法になっている。

民俗の報告書や論考、辞典類を調べると、文字化以前の辻占に対する高い関心に比較して、文字化後の辻占に対する関心の低さが伝わってくる。この要因は、柳田國男が示した「境界」への関心を、後に続いた研究者たちがそのまま引き継いだところにあるだろう。香川雅信は、「境の神の問題を取り上げた柳田國男の『石神問答』以来、日本民俗学は「境界」に対する関心をつねに持ち続けてきたといっていいだろう。もっとも、その関心の中核をなしていたのは、境界の神に対する信仰であり、境界一般の問題にまではなかなか広がっていかなかった。」（香川　二〇〇一：四三五頁）と述べている。境界に向かう民俗学者の視線は、辻をはじめとして、橋や村境、峠、坂などに注がれたが、小松和彦によれば、「「村境」とか「辻」「橋」などといった境界にこれまでの研究が集中している傾向が強く、万遍なく研究成果が挙がっているわけではないことであった。」と指摘がなされている（小松　二〇〇一：四四三頁）。

時間的境界の概念という問題も、柳田の「かはたれ時」（『ごぎょう』）（一九三〇）で初めて提起された。柳田はこの論考の中で、「タソガレ」、「カハタレ」、「タチアイ」といった、夕暮れ時を表す様々な民俗語彙を検討し、その背後にある心性について考察を加え、夕暮れ時は怪異に出会うことが多い時刻だと述べた。まず辞典、事典類から該当箇所を検討してみたい。折口信夫は『萬葉集辞典』（一九一九）の「夕占」の項で、境の時間や道祖神を中心に説明し、最後に「今の辻占」だと述べる。

ゆふけ〔夕占〕　日暮れ頃にする占ひ。辻に出て往き来の人の口うらを聴いて、自分の迷うてゐる事、考へてゐる事におし当て、判断する方法で、日の這入つた薄明りのたそがれに、なるべく人通りのありそうな八衢を選んで、話し〳〵過ぎる第一番目の人を待つたのである。夕方の薄明りを選んだのは、精霊の最力を得てゐる時刻だからであろう。遥かに時代が下ると、三つ辻と定めて、其処を通る人の話を神聖なものとして聴き、又、禁厭の歌もあつて、道祖《フナド》の神に祈つた様である。（拾芥抄）。此は塞《サヘ》ノ神をば占ひの目的の邪魔を払つてくれるものと考へたからで、米を撒くのも、神聖で、悪神の虚言などが這入りこまぬ様にと言ふのである。ゆふけのけは占の意か。㊓ 日暮れに、辻、或いは橋の袂などに立つて、往来の人の無意識に言ふ語から、判断を得ようとする事。今の辻占。（旧字は常用漢字に改めた。）

（折口　一九八五：三九一頁）

柳田門下であった中山太郎は『日本民俗学辞典』の「辻占」で『正卜考』を引いている。

ツジウラ〔辻占〕或書に、辻占とは四辻に出て、手に黄楊の櫛を持ち、心に道祖神を念じ、さて『辻や辻四辻がうちの一の辻、占まさしかれ辻占の神』との歌を三返し、見え来る人の語を以て、吉凶を定むとある（正卜考）。（後略）

（中山　一九四一：七二七～七二八頁）

『民俗学辞典』「卜占」の項目では、占い全般の説明から、境の時間に注目して夕占が述べられ、辻占と橋占は同様のことを場所を変えて行うことと説明されるが、文字化後の辻占については言及がない。

卜占　トも占も亀卜にあらわれた形を象形した字。普通ウラナヒという。大別して自然的・人為的の二つとする。前者は自然にあらわれてくる前兆によるものであるが、そこにも或る現象を見出そうと努める場合がある。たとえば夢占といって夢にあらわれる現象で判断しようという場合、古風な人々にあつては心を澄ませて夢を見ようと努めれば夢を見たのであつて、神意を知ろうとするときにしばしばこの法によつたことが察せられる。（中略）夕占《ゆうけ》はたそがれ時に辻に出て道ゆく人の言葉を小耳に挟んで、それによって判断するものである。夕方にするのは顔がはっきり見えない時刻を選んだのであろう。大鏡に藤原超子の話として出ているのが有名であるが、伊勢の山田の人々は外宮に奉仕する子良《こら》（物忌）たちの歩きながら交す話しに耳かたむけて卜《うらな》いとし、これをオイゲを聴くといったという。イゲは夕占《ゆうけ》の伝だという説もあるが明らかでない。辻占・橋占は右と同様のことを辻・橋上でするもので、橋と辻は同じく未知の霊魂の去来する場所でもある故に神秘的に見られたのである。（後略）

（民俗学研究所　一九九四：五二五〜五二六頁）（旧字は常用漢字に改めた。）

『日本民俗事典』の今野圓助による「辻占」項目では、文字化辻占までようやく視野が広げられたことが分かるが、それ以前との辻占とは無関係とみなされ、文字化に至る変容過程についても言及されてはいない。

つじうら　辻占　道の辻に立って通りがかりの人の言葉を聞き、吉凶を占う方法が言霊信仰《ことだましんこう》によるもとの辻占だったが、早くすたれ、近世以降は紙片に吉凶の文句を記し売られる物をいう。道占《みちうら》・道行占《みちゆきうら》ともいい、古くは朝《あさ》占《け》・夕占《ゆうけ》ともいったのは、この占法がタソガレ・カワタレ時刻に行われたからであった。思案橋・戻り橋・ささやき橋などの名称のもとになったと思われる橋占と同じように道行く人の無意識に話す言葉の中に神慮を感じ、それを神の啓示として事の成否吉凶を判断したわけだが、どんな言葉でどんな風に判じたかは、当人その時々の判断によったものであろう。黄楊《つげ》の櫛《くし》を持ってというのは告げの語呂合せであろうし、道の神の道祖神の神託を受けるためなどは後の解釈にちがいない。懸想文《けそうぶみ》をはじめ炙《あぶ》り出し辻占・辻占入りの干菓子・巻煎餅や割箸・爪《つま》楊枝《ようじ》の袋などに印刷した紙片ばかりを辻占というようになったのは、古態に無関係の新風である。

（今野　一九七二：四六四頁）

宮田登は一九八五年の「妖怪のトポロジー」で、辻と橋、村境といった境界領域、そしてそこに現れる怪異について論じ、境界と怪異の関係を明快に問題化したことから、以降、境界概念を用いて妖怪や怪異を考察することが流行になった。同論文の「1　辻と境」では、文字化辻占を商う売り子について触れている。「「淡路島通う千鳥は、恋の辻占」で知られる辻占は、うら若い旅の巫女が、道ばたで求めに応じて行った占いである。江戸時代に入ると、別に巫女でなくても、恋の行方を判じた文を持って歩き、一枚いくらで売りつける商いになってしまったが、それでも若い男女には結構受けていたのである。」（宮田　一九八五：一三〇頁）。

民俗学においては、歴史学者の笹本正治による「辻の世界——歴史民俗学的考察」（一九九一）を下敷きにした『日本民俗大辞典』（二〇〇〇）の「辻占」の項目が、現在のところ最も文字化辻占についての成果が盛り込まれているといえるだろう。だが、「現在は言葉のみが残り、実態はほとんど残っていない。」としているところが、筆者とは見解を異にする。

辻占　道の交差する場所（辻）において行われる占い。一般には四辻に立って、最初に通った人の言葉を聞いて判断する。（略）道の重なり合う辻という場所は、あの世とこの世の接点になり得る場所と考えられたので、未来を知らせる神々と人間が接触できるとして、ここで占いがされた。（略）近世にはツゲの櫛を持って道に立つ、つまり告げとツゲの櫛と言葉を重ねることがなされた。このころには紙に恋などの占い結果を書いた辻占を販売する者が現れ、特に河内瓢箪山（大阪府大阪市）の辻占が有名になった。近世末期には物を売るための景品として利用され、吉凶を占う文句を刷った紙を封じ込んである菓子の辻占菓子、辻占煎餅、辻占昆布なども売られた。こうして印刷した占いの紙片が辻占の代名詞となった。現在では言葉のみが残り、実態はほとんど残っていない。

（笹本　二〇〇〇：一三一頁）

柳田の関心を継承させて境界研究を行った民俗学者たちは、「辻」という境界領域において、境の時間である「夕暮れ時」に神霊と交流して行う辻占には惹かれたが、紙に書かれるようになり、占う場も販売される場も辻に限定されなくなる文字化後の辻占には境界性が見出せなくなり、関心を失ったと見える。しかし、文字化した辻占が獲得した特性であり、かつ文字化の進展に不可欠であったのは、境界性の後退、あるいは喪失という側面であったのではないかと考える。境界研究、占い研究を行ってきた先行の民俗学者には、辻占が文字化するという着眼には及ばず、それを問題化し、調査することがなかったが、こうした研究視点を独自なものとして論じたい。

2-2　河内瓢箪山の辻占

東大阪市にある瓢箪山の辻占は、村内小祠から始まり、領主彦坂氏の支援を受け、さらに天保前後より大坂商人などのパトロンを得て地域を越えた祈禱神社として成長した。

『河内四條史』所収『寺社御改帳』は、元禄五（一六九二）年から安政四（一八五七）年までの文書を記録するが、中でも文化八（一八一一）年の文書によれば、四条村の祠、後の瓢箪山稲荷神社は、同年はまだ「瓢箪山稲荷」の名称を付されてはいない。そもそもは大塚に居住していた源右衛門という百姓が、困窮して家屋敷を手放すことになり、それまで村人に知られずに、庭に祀られていた稲荷の祠が明和二（一七六五）年より村持ちになったという経緯がある。源右衛門に、いつから祠を祀っていたかと聞いても「古来より」と答えるだけで、はっきりしなかった。村持ちになった祠は、当初は一尺六寸四方の稲荷で、一間半四方の杉皮屋根の雨覆いがされていたが、たびたび損壊し、修繕が村の負担になるので瓦葺に変えたいと願い出ているのが文化八年の文書の内容である。この頃はまだ質素な村の祠で、有名な神社ではない。

しかし村管理を契機に、次第に祠は立派になっていった。祠については記述がないが、四条村については『河内名所図会』享和元（一八〇一）年に、辻占が有名な場所として記されている。「如ト　土人云京街道四条村の間に出て往還の人の辻占を聞ば我思ふ事の善悪鮮に志しとぞ」（秋里　一九九五：三七七頁）。文化一一（一八一四）年には地頭より石鳥居が寄進され、宮守に岡村三郎平が任命される。天保五（一八三四）年には雨覆いも大きくなり、寄進された物も増えている。「当村稲荷社雨覆梁行弐間桁行弐間半屋根瓦葺ニ而古来より御座候処ニ付（後略）」（四条史編さん委員会　一九七七：五二六頁）

本来は、辻占と稲荷信仰は関係がなかったはずなのだが、小祠は稲荷社として発展を見る。その背景には、村の支配と領主彦坂家との関係のほか、稲荷信仰そのものが、当時上方をはじめとして江戸その他の都市部を中心に広まっていたことも見逃すことができないとされる（四条史編さん委員会　一九七七：四〇三〜四〇四頁）。大正八（一九一九）年頃には、「実際今日に於いては瓢箪山稲荷の生命は、有名な辻占によつて保たれ稲荷さんの辻占か、辻占の稲荷さんか分からぬ様になつた」と評されるまでになった（『郷土趣味』一三号　一九一九年）。

幕末から明治にかけて、次第に神社として立派になり、評判が高くなるにつれ、参詣者も増え、信者は村人にとどまらず、大坂からも商運を願う商人や相場師がやってくるようになった。明治以降の瓢箪山稲荷神社の評判を記す新聞、雑誌、随筆等の史料から明らかなことは、参詣者達の目当ては、占場で行う辻占（文字化以前の辻占）であることだ。耳にした託宣を自ら判断する者もいただろうが、多くは詳細な判断を宮司や、神社周辺に店を構える占い師に仰いだ。

そこで、遠方の人々でも同様の辻占ができるようにと考案されたのが、「瓢箪山稲荷」を冠した、印刷された辻占なのだとする説がある。現宮司である山畑阿智彦氏は、印刷物に変容した瓢箪山稲荷の辻占は、神社の評判を背景に、明治初めの宮司である山畑顕海氏が「神社まで来られない人のために考えた独特のおみくじ」であると語る。山畑阿智彦氏の談話によれば、明治以降の辻占流行期には、当社で発行した辻占紙は社務所のみならず、許可を与えた参道沿いの茶店や、街頭の辻占売りが盛んに販売し、売り子は九州や満州まで足を伸ばしていたという。また、大阪に辻占を卸す中継所が二カ所設けられていたほか、連絡があると地方の郵便局留めで発送したということだ。神社と関係のあった辻占売りが、昭和四〇年代終わりにまだ一〇人ほど残っていたという。

瓢箪山の辻占売りに注目したのが、菊池真一である。菊池は、明治期大阪の様々な物売りの姿を新聞、雑誌類から図像も豊富に収集し、風俗研究書『明治大阪物売図彙』（一九九八）としてまとめた。同書「行商画報九（瓢箪山辻占）」では、『風俗画報』第三四六号（明治三九年八月一〇日）の「大阪小商人の呼売」、『風俗画報』第三八六号（明治四一年七月五日）の「大分地方行商人の呼声」、『大阪朝日新聞』（明治三四年一月二八日号）の鈍泥翁「瓢箪山の辻うら」などの記事を引用し、辻占売りの姿を紹介している（菊池　一九九八：二九〜三一頁）。

『風俗画報』第三四六号（明治三十九年八月十日）の「大阪小商人の呼売」に、

辻占売　是は瓢箪山の辻占を売歩くものとあぶり出しを売るものとあり此等は皆夜中呼売せりとある。

（菊池　一九九八：三〇頁）

文字化辻占に注目し、これを主題とする論考を発表している研究者は菊池真一のみである。菊池以外の研究者による瓢箪山を対象とした先行論文は、どれも通行人の口を借りて神霊の言葉を聞く辻占について考察している。折口信夫は、瓢箪山で辻占をする人が、偶然通りかかる人の言葉を待つために、堤の下や稲むらの陰に潜んでいたと「稲むらの蔭にて」（初出　一九一六）で綴っている。折口論文の目的は、稲むらの呼称を全国的に比較し、考察することだったが、辻占のエピソードから導入が始まる。現在の瓢箪山稲荷神社では、境内の占場石と定めた場で通行人を待ち、言葉を聞くことも必須ではなくなっているのだが、当時は辻や境内でなく、堤の下や稲むらで人を待ったことが理解され、既に実践の場が辻から離れていることを指摘できる。

河内瓢箪山へ辻占問ひに往く人は、堤の下や稲むらの蔭に潜んで、道行く人の言ひ棄てる言草に籠る、百千の言霊を読まうとする。人を待ち構へ、遣り過し、或は立ち聴くに恰好な、木立や土手の無い平野に散在する稲むらの蔭は、限り無き無限の視野を、我等の前に開いてくれる。（後略）

（折口　一九八五：七〇頁）

『日本風俗志』（一九一八年初版）では、加藤咄堂が近畿地方の一風俗として辻占を紹介しているが、これも言霊信仰による辻占についてである。

瓢箪山の辻占　同國なる瓢箪山の稲荷は大阪人に信ぜらるゝを以って有名なるが夜、當社の境内又は近傍に潜伏して過ぎ行く人の服装又は談話を聞き、これを祠官に告ぐれば祠官之れによって吉凶禍福を占ふ辻占の風、近年まで遺つて居つた。

（加藤　一九四一：一八六頁）

当たる辻占の評判を背景に、辻占成立の地は瓢箪山であるとの説が流布することとなったが、安倍晴明が辻占の起源に関わり、辻占が起こったのは堺であると主張する説も伝わっている。『本朝世事談綺』（『近代世事談』五）（一七三四）には以下のように書かれている。

○辻占　泉州堺より事起るなり　彼地に市の町湯屋の町と云所の大小路の辻を占の辻といふ　此所ハ摂泉の境目南北の分地なり　古へ安倍晴明此所を過きて後世のためと　占の書を埋めたりといひ伝へ　此辻に出て吉凶を占に違ふ事なし　是辻占の起源にして普く諸国に此事をなす

（菊岡　一九八二：二五〇頁）

堺の地には「市の町」、「湯屋の町」があり、その大小路の辻を「占の辻」と言い、そこは摂津と和泉の国の境目、南北の分岐点にあたった。安倍晴明がそこで占いを行い、後世のためにと占いの書を埋めたのが辻占の始まりになったといわれる伝説がある。

2-3　万葉集と夕占

辻占の原形は万葉集に詠まれる「夕占」であるとされる。「夕占にも今夜と告らろわが背なは何そも今夜よしろ来まさぬ」（万・一四―三四六九）、「言霊の八十の衢に夕占問ひ占正に告る妹はあひ寄らむ」（万・一一―二五〇六）といった歌がそれである。古橋信孝は『古代の恋愛生活』「Ⅷ　恋の呪術」（一九八七）で夕占の歌を解説し、夕占は今夜逢えるか逢えないか、あの人が自分を想っているかどうかと二者択一的で単純な事柄を占う目的に行ったとする。上記の夕占では八十の衢が占場になっているが、門の外でも夕占をしたとする大伴家持の歌がある。

青丹よし　奈良の吾家に　ぬえ鳥の　うら嘆けしつつ　下恋ひに　思ひうらぶれ　門に立ち　夕占問ひつつ　吾を待つと　寝すらむ妹を　逢ひて早見む」（万・一七―三九七八）　（古橋　一九八七：一九一頁）

越中にいる家持を想い、京にいる恋人（妻）は門に出て、そこを通る人の言葉で夕占をした。門は家と外界の出入り口だから、そこでも夕占はできた。恋の呪術は魂を呼ぶ行為であり、離れている二人は、一人寝の危険にさらされ、魂は不安定で危険な状態であった。そこで呪術で魂を交感させ安定を得る必要があったのである（古橋　一九八七：一八八～一九四頁）。万葉集では夕占の際の呪文や呪歌といった決まりごとは書かれておらず、素朴な方法でなされていたと推測されるのだが、中世以降は呪歌を唱え、櫛など呪具を用いる方法に変化している。『二中歴』には「夕食問時誦　布奈止佐倍由不介乃加美尓毛乃止八々　美知由久比止与宇良末佐尓世与」（前田育徳会尊経閣文庫編（一五）一九九七：一六二頁）とあり、夕食を問う時には三度この呪歌を唱え、境を作り、米を撒いて櫛の歯を三度鳴らして神を呼び、境の中に入ってきた通行人の言葉を聞いて占うとしている。

近世まで上記の呪歌は夕占、辻占の歌として伝わっている。女子用往来『雛鶴百人一首花文選』宝暦六（一七五六）年には、呪歌の詞書と共に、櫛を持って辻で占う女性が描かれ、また、『北斎漫画』（一八二三～一八三三）にも同様に、櫛を持ち辻占をする女性の姿が描かれている。谷川士清が編纂した辞書『倭訓栞』（一七七七～一八八七）には、「つじうら　万葉集に夕衢をゆふけとよみ八十衢の夕占《ユフケ》にもとよめる是也　其法種々あり正字通に鏡聴俗祷二竈神一随二釜中ノ杓所レ指之方一懸二鏡ヲ胸前一窃聴二人ノ語声一卜二吉凶一俗曰二響卜一南楚曰二待卜一と見えたり」とある（谷川　一九七三：四六六頁）（旧字は常用漢字に改めた）。

櫛や女性の占い手、恋の呪術といった要素から、近世後期には恋愛占いとしての辻占の位置付けが成立しており、文字化することによってさらにその位置付けとイメージが若い男女を中心に浸透し、定着したと見える。近世中・後期の辻占とその呪具であった櫛を主題とする論考を近年発表したのが近藤直也である。近藤は、それまでにも葬送習俗における投げ櫛、麦粒腫治しの呪いとしての櫛の活用など、櫛の呪術的な用途、意味について研究を蓄積してきており、「近世中・後期における辻占と櫛の素材」（二〇一〇）はその延長線上にある。近藤は、『万葉集』『正卜考』『倭訓栞』『本朝世事談綺』『堺鑑』といった文献中の辻占に言及した箇所を抽出し、呪歌や作法、櫛について解説するが、考察対象とするのは、文字化以前の辻占に限定され、辻占を行う際に櫛が果たした機能に関心が集中している。近藤論文は、呪具であった「櫛が持つ民俗宗教文化史的意味」を明らかにすることが目的であり、文字化後の辻占には言及していない。

2-4　近世歌謡研究の視座

古橋信孝ら古代歌謡の研究者は、万葉集に歌われる夕占を恋の呪術として論じたが、文字化後の辻占は、都々逸やよしこの節など流行歌の歌本に取り込まれて流行したことから、近世歌謡の研究者から、歌謡の一形態として研究されている。西村亨は「末流の歌」（一九七六）において、日本の歌に通用のこととして、「文学的な「うた」に対して文学的でない「うた」が存在する。そして、そういう非文学としての「うた」が、日本人の言語生活を考えるときに無視することのできない存在なのである。それらの文学的でない「うた」を「末流のうた」と呼ぼうと思う。」と表明する（西村　一九七六：二一四〜二一五頁）。「末流のうた」は「うたの末流」ではなく、文学としての「うた」の基底となり、大きな地盤となっているとされる。「末流のうた」として、民衆の生活に身近なことわざや辞世の歌、呪歌、民謡、都々逸などを挙げ、辻占都々逸の文句は「ちょっと気がきいていて文学に似た刺戟がある。」とする。

神社や仏寺でひくおみくじにも短歌形式で暗示的な内容をもつ歌がしるされているものがあるが、これは道歌・仏歌のたぐいで、いわば神仏の託宣として人に指針を与えるのである。それがもっと卑俗に堕したのが辻占で、これも神仏の啓示と感受せられるところに人の心を引く理由がある。「淡路島通ふ千鳥の恋の辻占」と呼びながら売り歩く辻占売りは近世の風俗であるが、これが色町などで喜ばれたところから辻占は恋の方面へと傾いていった。今日でも酒のつまみにする菓子にまじって、あるいは割り箸にはさんだ楊子に巻いた辻占を見かけることがあるが、多くは近世以来歌謡として流行した甚句形式のものである。試みに実見した歌詞をしるしておこう。

人に頼めば浮名が恐し二人ぢゃ文殊の智慧も出ぬ

富士の雪かやわたしが思ひ積もるばかりで消えはせぬ

（西村　一九七六：二五二頁）

西村は都々逸、よさこい節などを「芸謡」と呼び、それが民間に浸透して文学的心情、情操を養っているとする。「それらが個性的な文学と異なるのは、人間の個々の生き方にかかわるよりは、民衆の中の普遍的なものを目標とし、民衆の間にすでに用意されているものをことばの表現に移すことに生命をもっていたからである。」（西村　一九七六：二一四～二六二頁）

「末流」や「文学に似た刺戟」、「卑俗に堕した」など、文字化辻占に対する低い評価には同意ができないが、「芸謡」が、日本人の心の中にある普遍的なものをすくい取り、言葉として表現しなおした歌であって、日本人の言語生活を考える際に無視することのできない存在であるという指摘は重要だと受け止めたい。

さて、先に述べた菊池真一は、近世歌謡を専門とし、辻占都々逸本への関心は、それまでの体系的な都々逸研究から派生している[3]。現在、文字化辻占を主題とする論考は、菊池による「辻占都々逸研究」（二〇〇五）一本が発表されているのみなので、内容を詳しく検討していきたい。

菊池は冒頭「一「辻占都々逸」とは何か」にて、「辻占都々逸」の定義を非常に端的に述べて論を始める。

江戸時代後期には、小さな紙片に占い言葉を書いたものを「辻占」と称して売ったり、それを菓子類に入れて「辻占菓子」として売ったりすることが流行った。その占い言葉として都々逸を用いたり、占い言葉と都々逸とを併載したりしたものが「辻占都々逸」である。本稿では、辻占紙片に書かれたような短い占い文句を「辻占文句」と称することとする。

（菊池　二〇〇五：四九頁）

この文章の後にはすぐに各本の分類が叙述されるのであるが、「辻占都々逸」そして「辻占都々逸本」とは菊池の提唱する新しい用語である。分析対象として取り上げられた辻占都々逸本の中には、辻占を冠さないものや、よしこの節、相撲甚句などの本が含まれることから、専門外の者にはわかりにくいところである。都々逸専門の研究者としてのさらに詳しい定義付けを要望したい箇所である。また、対象とした本には多数の絵入り本があるはずだが、本文中で図像が一点も提示されていないのが残念である。

論文の前半では、菊池が発見した九〇点五三種という辻占都々逸本群を形態的に分類し、後半は辻占都々逸本の全貌のおおよそを把握するため、菊池所蔵本の全てである、十一点十種を全文翻刻している。全文翻刻を通じて、テキストそのものに語らせようとする意図は伝わるのだが、全てが新資料であるため、これまで研究した都々逸本との関係性、それらとの比較からは、どのような特色や違い、あるいは共通点などがあるのかを伝えて欲しかった。占いを目的とする辻占都々逸本は、都々逸本の中でも特色あるジャンルと思われるが、それらが出版された要因、辻占都々逸本の享受者や享受の形といった問題については、菊池の見解が出されていない。辻占都々逸本を開拓的に収集し、辻占紙片にも関心を広げ、大阪の辻占売りについても、新聞、雑誌記事を中心に集めた菊池であるので、見解を伝えてほしいところだったが、それらは自らの問題として考えることにしたい。

「二一「辻占都々逸」各本の分類」では、発見した辻占都々逸本を、形態的に歌占系統、おみくじ系統、易占系統と三つに分類している。菊池は歌占系統を辻占都々逸の原初形態だとし、それが都々逸を並べるだけ、もしくは番号か辻占文句を添えるだけで、おみくじ、易占など他の占い的要素が見られない形式であるためとしている。中でも辻占文句の無いものが最も素朴な形式だとし、都々逸の番号を付しただけの本を提示している。最も素朴な形式で、成立年代が明確な最古の本が、嘉永六（一八五三）年序記の『辻うらよしこの集』である。

易占系と分類される『都々いつもんく一人うらなひ』では序文を引用し、「これによれば、新井白蛾の書物を参考にしたらしい。『易学小筌』と比較してみると、一番最初の「乾為天」の項目については『易学小筌』と『都々いつもんく一人うらなひ』の記述はかなり一致するが、その他の項目ではかなり相違点が目立つ。ある程度参考にはしたものの、すべて『易学小筌』に則っているという訳ではなさそうである。」と比較の結果を述べている（菊池　二〇〇五：五六頁）。この指摘はよく理解できる。上記テキストとは異なるが、筆者も『うた占』と『易学小筌』の比較から同様の見解を得ている。洒落本への占書模倣の流行に関しては既に中野三敏の言説があり、都々逸本への占書模倣の波及は洒落本同様に、新井白蛾の易書流行の影響下と推察される。(4)

「四　占い方の様々」では、占い方の記述部分を参照してそれを整理している。それによると、イ、本を開いて出たところを見る。ロ、こより法、ハ、畳算、ニ、目をつぶって、かんざし又は小楊枝を目次の算木図の上に落とす、ホ、算木又は銭六枚で卦を出す。ヘ、六枚の銭を投げ、表裏を見る。ト、三本の算木を二度に分けて投げる。といった方法が見えると伝える。しかし、読み手としては、そもそも辻占と冠しながら、易占や畳算、銭占といった異なる占いの方法が書かれ、中には辻占文句がないものや、辻占を冠さない書名のものが含まれる都々逸本が、なぜ「辻占都々逸本」として受容され得るのかという疑問を抱くことになる。これは、再度「辻占都々逸本」の定義に立ち返る問題点である。この問題に関して、筆者は、当時の民間に普及していた様々な占いや呪いの知識や、占書からの影響をも鑑みる必要性を考えている。(5)

辻占を主題に設定した論文は菊池論文が唯一である。そのため詳細に引用し、批判的に論じた箇所もあったが、先行研究のなかった文字化辻占の分野において、多数の資料を発見し、分類と全文翻刻を行った仕事は、辻占研究を大きく進めた。なお、菊池の研究以前には、辻占研究家の青木元の研究蓄積がある。青木は辻占に関係する資料を、歴史、民俗、経済、美術、文学、風俗など幅広い分野から求め、文献、実物資料、図像、辻占の登録実用新案資料まで豊富に発見、収集している。青木も文字化後の辻占に関心を持って調査を始め、平成九年より、自らが編集する『辻占』紙上にて、辻占起源から占紙の成立、売り子の問題、近現代の辻占菓子についてなど多様なテーマで発表を行っている。古代から昭和五八年発行までの文学作品に見える辻占の記述を整理した「日本辻占文学年表」、「日本辻占売年表」、「日本辻占食品年表」（青木　一九九八：二一～二九頁）を作成し、また、天保年間から明治末年頃までの読み物、随筆、一枚刷り、新聞、雑誌記事に見える辻占関連の記述を抽出して、解説を加えた『明治期の辻占』（二〇〇一）を発表している。近年は主にインターネット上で辻占一枚摺りの解説や辻占に関する情報の発信を行っている。

西沢爽もまた、辻占の都々逸本に言及している。「幕末明治にかけて辻占都々逸という遊びも盛んであって、数多い版本がある」（西沢　一九九〇：九三六頁）。菊池真一は一群のそれを「辻占都々逸本」としたが、西沢はそれを一ジャンルとして区分せず、文芸的な遊戯という意味で「文戯」の歌に含めた。(6) 都々逸の「字余り」、「十二支」、「辻占入り」といった作り手側の工夫、あるいは遊び心は「文戯」だとし、「文戯への傾斜は、単なる文字、言葉遊びへと都々逸情緒を堕落させ」、「都々逸に趣向をもたせようとした意図は、かえって都々逸を翫ぶ結果となり、文戯という呪縛によって都々逸の叙情性は失われ」て滅んだとしている（西沢　一九九〇：九一五～九三六頁）。西沢の認識では、都々逸の享受とは「作意」より「情緒」に陶酔するものであり、「演唱する場」のない都々逸の存在はあり得ないと主張する。そうなると、上記の叙述からは、辻占入りの都々逸が、歌おうと思えば歌本として使えるが、それよりも読んで楽しむ、あるいは占いの実践を目的として作られていたらしいことが推測される。

西沢は辻占都々逸の成立時期は定かでないとする。この点で、菊池真一が辻占都々逸本の最も素朴な形式として、『辻うらよしこの集』（嘉永六（一八五三）年）を発見、提示したのは進展である。しかし、菊池の論考よりも一五年早く、辻占都々逸本の表紙や挿画、本文を、写真を交えて紹介したのは、西沢の開拓的な仕事であった。『日本近代歌謡史　上』では、銭占による、二世梅暮里谷峨（萩原乙彦）の『男女古、路いき辻うらどど逸』（安政二（一八五五）年）、明治になってからの『別品辻占都々一』を一部翻刻、抄出し、写真を含めて紹介している。畳算の辻占都々逸としては、吾妻雄兎子編『辻占詩入都ゞいつ』を提示した。辻占の都々逸本は、西沢に「文戯」として批判的な捉え方をされたが、これは占いと遊戯を融合させた、文字化辻占の特徴であり、筆者のテーマとするところである。西沢の切り捨てる側面を拾い上げて研究することになろう。

辻占の先行研究を検討してきたが、民俗学では境界研究の系譜から、夕占を基にした言霊信仰の辻占に関心が集中し、文字化以降の辻占は看過されており、これを主題とする調査がなされることがなかった。一方、古代文学では、万葉集に歌われる呪術としての占い、「夕占」が研究対象とされたが、言霊信仰による呪術の考察の域を出ることがない。そして、近世歌謡の分野では、西村亨、西沢爽が、都々逸が情趣を失っていく段階で、作為的なバリエーションを生んだ事例として辻占の都々逸を取り上げた。菊池真一だけが、「辻占都々逸本」として、それを正面から取り上げ、多数の発見資料を提示し、分類し、文字化辻占研究を大いに進展させたといえるのだが、その占い内容の複雑さ、成立過程の背景、どのような人にどのような方法で楽しまれたのかという享受の問題など、いくつもの疑問点が残されたまま、検討されずに終わっている。先行研究からは、まだ明らかにされていない、これら文字化した辻占の問題のいくつかを、自らの問題と捉えて考えていきたい。

第一章　辻占と歌占の文字化と交錯

文字化した辻占文句には、都々逸、よしこのなど俗謡にのせた形式をとるものが多く見え、それが辻占らしい特色のひとつとなっている。俗謡形式以外には、教訓めいた言葉やことわざ、なぞ、口語体の一言判断も辻占文句として書かれるが、文句の多くが「歌」として成り立つところに大きな意味があるように見える。俗謡歌詞の形式をもって書かれた辻占文句は数多く、一枚摺り、辻占俗謡占書群をはじめとする各種辻占印刷物の上にそれらを確認することができる。

文字化以降の辻占を成り立たせる重要な一要素として、歌とその呪術性があると考えているが、辻占と歌についての関係は、これまで中世以降の『袋草紙』『拾芥抄』『二中歴』に見える、夕食を問う際の呪歌に言及される以外は、注目されてはこなかった。先行研究における辻占の呪歌への注目は、文字化以前の辻占への関心から来るものであったが、本章の目的は、文字化以降の辻占の発展過程における歌の呪術性からの影響、それをもとにした歌占の文字化過程との関係性を明らかにすることである。加えて一般向けの占書の流行と浸透から波及する、通俗的な易占書からの影響と大雑書と辻占の関係についても考察したい。

近世以降の歌謡と文字化した辻占の関係を見ていくと、辻占は、古代の夕占が独自性を保ちながら単独に変化し文字化を遂げたのではなく、その過程において異質な占いと交差して展開したことがわかってくる。しかし、文字化辻占に至る前に、まず、文字化以前の辻占が、「聞く」ことによってどのように行われ、また、呪歌を用いてどのように占っていたかを事例を挙げて述べていきたい。

1　歌と呪術性

1-1　夕占・辻占・歌占

『万葉集』の夕占の歌には、占いを行う際の方法が詳しく書かれているわけではないが、古橋信孝は「逢わなくに夕占を問ふと幣《ぬさ》に置くわが衣手《ころもで》は又そ続《つ》ぐべき」（万・一一―二六二五）という歌を引き、八十の衢にいる道祖神と夕卜の神が並べられ、その神々に祈り、神託を得る為に着ている衣の袖を切って幣《ぬさ》にしていたのではないかと推測している。しかし他に衣の袖を切って幣にし、夕占をしたという歌の事例がないために確定はできない（古橋一九九五：一八九～一九〇頁）。夕占の際に呪歌が歌われていたことを示す歌もない。「呪歌」について小田和弘は、「和歌（やまと歌）はもともと言葉が喚起する呪的心性によって呪力を発揮すると信じられてきた。こうした言霊信仰ともいうべき心性によって呪的機能を担う和歌を、その用途から呪歌と称している。傷病を快癒し火事盗難を防ぐまじないや、神霊を招き鎮める祭祀、豊作豊漁を予祝する行事等、多様な民俗の機会において呪歌が用いられてきた。すなわち、呪歌は招福除災や招霊鎮送といった呪的機能をもって民俗の中にいきつづける伝承歌である。」と定義している（小田　二〇〇六：一九一頁）。

「言霊の八十の衢に夕占問ひ占正に告る妹はあひ寄らむ」（万・一一―二五〇六）も、夕占を詠んだ歌であるが、方々から人がやってくる「言霊の八十の衢」で行き交う人の言葉を聞く方法の他に、歌とのつながりはまだ見出せない。夕占の手順はおそらく素朴で、特に定まった呪具や呪文などはなく、道祖神と言霊の神に祈って偶然の言葉を聞いて判断する占いだったのだろう。中世に至っても、特定の呪文や呪具の備えなく、辻において言葉を聞く素朴な方法で辻占（道占）が行われていたことが、無住国師『沙石集』（弘安六（一二八三）年）からうかがえる。

恵心《えしん》僧都モ、往生ノ事心本《こころもと》ナク不審ニ覚《おぼえ》テ、道占《みちうら》トハントテ、造道《つくりみち》（四《よつ》）塚《づか》ノ邊《へん》ニテ、雨ノ降《フリ》タルニ、スコシ高キ所ニ立《たち》テ見給ヘバ、老翁《ろうをう》ノ、アシキ道ヲスベリ〱歩《アユミ》キテ、僧都ノ立《たち》給ヘル処ニ来《きたり》テ、「極楽ヘ参《まゐり》タリ」トゾ云《いひ》ケル。サテコソ往生ハサリトモ（ト）、タノモシク思ハレケレ。

（『沙石集』巻第十（一）「浄土房遁世事」一九六六：三九八頁）

上述の道占の場面では、恵心僧都は万葉の恋人達のように、今夜の恋人の来訪を占っていたわけではなく、果たして自分が極楽往生できるか否かを知りたいと思い、今の京都市南区八条四塚町あたりの辻にて道占をすることにしたのだった。雨が降り、道がぬかるんでいるところに老翁がすべりすべりしながら、危なげな足取りでようやく足場の確かな僧都の立っているところに辿り着き、ほっとして「極楽へ参りたり」と言った。それを聞いた僧都は、占いで極楽往生を約束されたと感知し、頼もしく思ったのである。恵心僧都の極楽往生の所願は切実であり、別の説話では同じ願いを歌占で聞いている。

『沙石集』（一二八三年）より一〇〇年ほど遡る『袋草紙』には、「問夕食歌」つまり夕占を行うための呪歌が書かれており、素朴な辻占が行われていた時代に並行して、呪歌を歌う決まりごとを定めた辻占が実行されていたことを伝える。一一五九年から七七年までに、内容が集積されるように書かれたと考えられている歌学集成『袋草紙』に見える「問夕食歌」は、一二九四年には成立とされる『拾芥抄』と、文安年間（一四四四〜四九）には成立したとされる『二中歴』に、ほぼ同じ歌詞で収められている。なお、この歌は宝暦六（一七五六）年刊の女子用往来『雛鶴百人一首花文選』に、辻占の項目で、辻占を行う女性図の詞書として書かれているので、当時まで辻占の呪歌として長く伝承された歌であったということができる。

問夕食歌、私、夕卦ノ占ノコト也。

フナトサヘユフケノカミニモノトハ、ミチユクヒトヨウラマサニセヨ

（『袋草紙』藤岡忠実　一九九五：四〇〇頁）

問夕食歌　フナトサヤユフケノ神ニ物トハヽミチユクヒトヨウラマサニセヨ
児女子云持黄楊櫛女三人向三辻問之午歳女午日問之　今按三度誦此歌作堺散米鳴櫛歯三度後堺内来人答為　内人言語ヲ聞テ推吉凶
夕食問時誦　布奈止左倍由不介乃加美尓毛乃止八々　美知由久比止与宇良末左尓世与

（『拾芥抄』洞院公賢撰　一九九八：一九頁）
（『二中歴』前田育徳会尊経閣文庫　一九九七：一六二頁）

辻占の事　なににても、わがおもふ事うらなはんと思はゞ、四辻はつげの櫛を持出、くしの歯をならして此うたを三べんとなふべし。

▲ふけとざやゆふけのかみにものとへは　みちゆく人にうらまさにせよ　かようによみて、むかふよりきたる人のはなしなど、又は何にても我思ふことにいふことをきゝてぜんあくをあはせうらなふなり。

（『雛鶴百人一首花文選』江森一郎監修　一九九四：三五四頁）

『拾芥抄』ではより儀式的になり、午年の三人の女性が午の日に黄楊櫛を持って辻に向かい、三度呪歌を唱え、境を作り、米を撒き、櫛の歯を三度鳴らして堺の内に来る人を待ち、通行人が偶然に発した言葉を託宣として吉凶を推し量ったとある。ここに示されている「フナト」「サヘ」（サヤ）はどちらも道路の神である。「岐」は分かれ道の意であり、「ちまた」と訓じられることもあった。「さへ」には「塞の神」の「塞」があてられ、この神は外の世界の悪霊や疫病を、内との境界で阻止するとされ、のちの道祖神と重なる。辻占における祈願の対象は、これら道路の神に対してであった。さらに、散米は、米の霊力を期待し、占いの邪魔をする悪霊を払い、その場を浄化し、良い神霊を呼び寄せるための行為であったといえるだろう。

『嬉遊笑覧』によれば、上記とは別の辻占の呪歌が『艶道通鑑』（一七一五）に見えるという。そこには、黄楊の櫛を持ち四辻に出向き、道祖神を念じ「辻やつぢ四辻がうらの市四辻うら正しかれうらの神」と三度唱えて偶然に来る人を待つと書かれている（喜多村　一九七九：三四九頁）。黄楊の櫛は奈良時代から実用品として流布していた。この櫛を持つのは、「黄楊」が「つげ」に通じるからとも、それを神の依代にしたからともいわれる。辻占実践の際に呪具として黄楊の櫛を持つ決め事が伝承されていたことは、絵画作品に、それが題材として描かれていることからも伝わってくる。『北斎漫画』（一八一二～三三）には、黄楊の櫛を持ち、辻占をする女性の図があり、詞書には「辻占　ふけとさやゆうけの神にものとへば道行く人よ占正にせよ」（葛飾　一九九二：一二頁）とある。この呪歌は、『袋草紙』の問夕食歌が一部変化しており、「フナトサへ」の冒頭が、「ふけとさや」に変わっている。散米と堺を作る儀式の記述はないが、細い月が描かれていることから時刻は夕刻以降を示し、往来の人の言葉を待つ中世以来の方法が描かれている（図1－1）。

一方で特別に儀式的な作法を行うことなく、ごく簡略に屋外や室内において、耳に聞こえた話し言葉や口上、歌を「辻占」とみなす占いが行われていたことを、『好色一代男』（一六八二）や『英対暖語』（一八三七）の場面からうかがうことができる[1]。そのような、場所も時間も問わずに行える、歌詞や言葉を「聞く」ことで占う簡略な辻占は特に庶民層に広がったが、本章では文字化以降の歌と辻占に焦点を定めるため、これ以上の諸例を挙げず、別の機会に改めて検討することとしたい。

図1－1　辻占と哥占図（『北斎漫画一』より）

さて、占いの際に歌を唱えることには、どのような意味があり、何が期待されているのだろうか。そもそも辻占は、何かの現象を「見る」ことによって判断を下すのではなく、「聞く」ことを第一の手立てとして判断する占いである。歌は、それをさらに強力にする方法であったのではなかろうか。精霊の行き交う辻に、ただ立って待つだけでなく、強く願いを伝え、言葉の神、道の神を振り向かせ、的確な託宣を引き出すには、呪力のある特別な呪歌を唱えることにより叶えられると信じ、実践され続けたのではないかと考える。櫛という呪具もまた、神の託宣を導き出す力になる道具と信じられたのだろう。

「聞く」という身体的な行為については、古橋信孝が、ある物語を聞いた者が、自分と関係のない話を聞いただけであるのに号泣してしまったという和歌を引き、「〈聞く〉こと自体はその聞いたものに取り憑かれることだった。」と述べている。聞くことで、人には強い呪力がかけられると見るのである。「〈聞く〉のは耳でだから、耳も呪力を持つものとなる。耳は御霊《みみ》だろう。つまり霊そのもの、霊の宿る所である。だから聞くことだけに限らないはずだ。にもかかわらず〈聞く〉ことがもっとも基本的な神の意志を判断する行為だったからかもしれない。(中略)始原的には〈聞く〉とは、神意、霊威を耳で感じ、判断することだった。古代語はこのように呪性をもっていた。」(古橋 一九八八：七六～八一頁)歌いかけることで強力な呪術をもって神に働きかけ、自らも聞くことで神の言葉に取り憑かれる。古代から中世までの辻占の構図はそのようなものであっただろう。

辻占の呪歌は、辻占のためだけに作られたといえるが、先行の呪歌研究では、民間において、個人の心情を詠んだはずの和歌が、治療や事故の予防など呪術的な効果を期待される呪歌として「転用」される事例について研究がなされている。たとえば、古今集四〇九番、人麻呂の「ほのぼのと明石の浦の朝霧に島がくれゆく舟をしぞ思ふ」を巫女が呪術に取りかかる前に唱えたり、民間では火傷や落とした針を探す時に唱えるといった事例である。(花部 二〇〇三：九六頁)辻占の呪歌は転用歌ではないので、転用された歌の事例に加えることはできないが、呪歌を研究する花部英雄の、ウタ、和歌、呪歌に対する言説は、辻占の呪歌の理解を助けるところがある。

和歌の以前にウタがあり、また和歌の周辺にもウタがある。これは和歌を民俗や宗教の側から見たときの基本的な認識である。ウタには、書かれる(描かれる)歌や、独唱、唱和される歌謡、唱え誦まれる呪文・呪歌、語られる口説節や物語歌などさまざまあるが、いずれも身体的な表現によって外化される。

（花部　二〇〇六：一頁）（傍線は引用者による）

民俗が多くの人に開かれているのに対し、宗教や呪術は特定の場（儀礼）や人（祭司者）に収束され、閉じられる傾向をもつ。儀礼の場は現実世界に異界（他界）を現出させる仕掛けでもあり、そこで託宣や霊験が示される。儀礼におけるウタは異界との回路の役割を果たすと同時に神仏の意思の表明でもある。人間同士のコミュニケーションである和歌とは異なり、宗教儀礼の場におけるウタは神意、冥慮を霊媒者の身体を通して、それが儀礼の対象である人やモノに向けられるメッセージである。いわばウタの〈宗教性〉の側面がここにはある。

（花部　二〇〇六：二頁）

呪術的な歌を歌うこととそれを聞くことは、身体的・情緒的な行為であり、平常の空間をも儀礼の場に変え、異界を現出させる。呪歌が特定の神に呼び掛ける内容を持っているのであれば、呪術的な威力は的確にその神に届き、効果はさらに増すと考えられたのだろう。

1－2　歌占と辻占

歌の持つ呪術性を背景とし、巫女の口から歌が発せられ、それを解釈することで成り立っていた歌占は、やがて既に歌が記されている短冊を木弓に結び付けた呪具から一枚選びとり、占者が歌詞から吉凶を判断する形式へと変容する。短冊の歌は、巫女や男巫といった宗教的職能者が書いたものであっただろう。短冊に歌が手書きされる、これを歌占の文字化第一段階と呼びたい。歌占の流行は平安末期以後鎌倉から室町にかけてとする川瀬一馬の説があるが(2)、室町末期には和歌に挿絵が添えられた歌占の写本が成立している。そのような、短冊形式から写本の形態に進んだ歌占を、文字化第二段階とみなすことにする(3)。

歌占写本の過去の所蔵者は宗教的職能者や権力者に限定され、占法は外部に漏らさず、本は特別な実用占書として用いられたようである。岡中正行の研究によれば、長崎県立対馬歴史民俗資料館所蔵『歌占』は、過去には対馬藩主の宗家所蔵本であり、また、対馬の蔵瀬家所蔵『哥占』（幕末期の書写か）については、蔵瀬家は、両部に属する祈禱師で、神社に奉仕する家であったと報告されている。しかし、近世後期には、事情が変わってくる。宗教者を頼らずとも、一般の人々が自ら、いつでも手軽に遊戯的に歌占を行うことが可能になる、歌占の通俗的占書が出版され、一般化するのである。歌占を冠した通俗的占書の出版、これを歌占文字化の第三段階と捉えたい。辻占の文字化はこの近世後期の歌占第三段階と時期が重なっている。歌占が、俗謡による占書として変容していくところに辻占が接近し、さらに易占やおみくじなど異なる占いをも包摂した遊戯的な俗謡占書となり、辻占俗謡占書が展開していくのである。

ここからは、歌占の文字化以前の事例に始まり、その文字化の第一段階から辻占と接点を持つ第三段階までを時系列で辿って、歌占が辻占の文字化に及ぼしている影響を検討していきたい。

『和訓栞』において、「うたうら」は「歌占也歌及うたひ物をもて占をするなり短冊の占もあり」（谷川　一九六八：二六〇頁）と説明される、和歌による占いである。歌占の記事は『保元物語』や『古事談』巻第三―二五、『撰集抄』第二―一、謡曲「歌占」などに見えている。初期の歌占事例として、『保元物語』では、「法皇熊野御参詣并びに御託宣の事」の条に、鳥羽法皇が、熊野神社での「御通夜」に「夢ともなくうつつともなく御覧あり」たことを、知りたく思って巫女を呼び「うらなひ申せ」と依頼したくだりがあり、次のように描写されている。

巫女、よに心細げなる声にて、
　手に掬ぶ水に宿れる月影のあるかなきかの世にもすむかな
この歌占を二、三度詠じて、涙をはらはらと落とし、「君いかで知ろし召さるべき。明年の秋、必ず崩御なるべし。その後、世間、手の裏を返すがごとくなるべし」と御託宣あり。
（「法皇熊野御参詣并びに御託宣の事」『保元物語』二〇〇二：二二〇頁）

上の情景では巫女が詠じた歌によって吉凶を問うている。鎌倉前期の源顕兼『古事談』には、恵心僧都が巫女に歌占をしてもらう説話があり、この話は『十訓集』（建長四（一二五二）年序）にも収録されている。

恵心僧都、金峯山に正しき巫女ありと聞き給ひて、ただ一人行き向ひ給ひて、「心中の所願、占へ」とありければ、歌占に、

十万億の　国々は　海山へだてて　遠けれど
心の道の　なほければ
つとめていたる　とこそ聞け

とうち出したりければ、涕泣して、帰り給ひぬ。

（『十訓集全注釈』二〇〇三：二七四頁）

「十万億の国々」とは阿弥陀の極楽浄土を指し、巫女が歌ったのは七五調の今様歌である。上述の描写は、恵心僧都が、金峯山に占いがよくあたる巫女がいると聞き、一人で出向き、「私の心中の願い事を占え」と仰ったところ、巫女は歌占で、十万億の彼方の極楽浄土は、海や山を隔てて遠いけれども、心のあり方さえ正しければ修行して到達することができると聞いていると詠み出したので、僧都は感涙してお帰りになったというものである。文字化以前の歌占は、巫女が神懸かりして感知した神の言葉を、歌の形に変換して相手に伝える形であったと考えられるが、文字化後の歌占においては、その神の言葉である歌は、既に短冊に書かれている形になる。観世元雅（一三九四?～一四三二）作とされる謡曲『歌占』の注釈書、三好二水『謡曲歌占註釈』（一九〇一）から、注釈文を除き、度会家次の登場部分を引用してみる。「ツレ　か様に候者は加賀の国白《しら》山の麓に住居する者にて候、扨も此程いづくともしらず男神子の、小弓に短冊をつけ歌占を引候が、けしからず正しき由申候程に今日罷出占を引ばやと存候」続いて「シテ」が短冊を数枚弦に結び下げた弓を右肩に担いで登場すると、「神こゝろ種とこそなれ歌占の引も白木のたつか弓、是は伊勢の国二見の浦の神職にて候、（中略）うら問せたまへや歌占とはせ給へや。神風や伊

勢の濱萩名をかへて、よしといふもあしといふも同し草なりと聞ものを。」と謡う。そしてシテとツレの問答があり、ツレの「扨は其謂にて候か。さらば歌占を引き候べし」との詞に、シテは、「安き間の事先こなたへ渡り候へ。一番に手にあたらんずる短冊の歌を遊ばされ候へ。判じて参らせ候べし。」と短冊をひかせる。三好二水註釈は「八枚の短冊の中、一番に手に当る短冊を読むべし。其歌に依て判断すべしとなり。」（三好　一九〇一：三〜一一頁）とあり、弓に八枚の短冊を付けた歌占の方法は、依頼者が最初に手に触れて選んだ短冊を読み上げ、巫がその歌をもとに占う方法であると理解される。下記引用の『嬉遊笑覧』の歌占解説では、文字化以前から文字化以後の歌占について述べ、弓に結ぶ短冊は八枚としているが、名所図会の図像では八枚以上の枚数が描かれている。

〇歌うら「和訓栞」に、歌及うたひ物をもて占をするなり、短冊の占もありといへりと有り、伊勢国三津村度会家次が末葉に北村氏あり、こゝに歌占の弓といふものを伝へたり、木弓の長さ三尺計なるに本末に歌あり、短冊八枚を弦に付たりとぞ、按るに謡曲に歌占あり、恐らくは是に依て作りたるものにやあらむ、谷川淡齋はその国人にて、歌占の事にいさゝかもこれをいはず、但し短冊の占もありとはこのことにや疑はし、一種に絵双六に似たる歌占あり、その采は小さき木札六枚、各片面ばかりに天地人の文字を一字ヅ、書たり〔割注〕六枚ある故、同じ文字の札二枚ヅ、有。」そのしかたは双六のごとし、吉凶をみるのみなれば勝負のことはなし（後略）

（『嬉遊笑覧』喜多村　一九七九：三五二頁）

また、木弓の八枚の短冊について、『伊勢参宮名所図会』「三津」の記述を基に、三好二水が註釈を加えて以下のように説明している。[4]

歌占の弓は今伊勢度会郡三津村に、家次の裔孫北村八右衛門の家蔵なり。白木にて造り、長三尺許、取束は赤地の錦を張其上を彩糸にて括り巻たるなり。弦に八枚の短冊を附たり。又弓の本末弭に歌あり、一首を上下に書

たり

本弭の歌　神こゝろ種とこそなれ歌占の
　末弭の歌　ひくも白木のたつか弓かな
又八枚短冊に云ふ。
ますかゝみ底なる影にむかひいてしらぬ翁に逢ふ心地する
年を経て花の鏡となる水はちりかゝるをや曇るといふらん
末の露もとの雫や世の中のおくれ先たつためしなりけり
物の名も所によりてかはりけりなにはのあしはいせのはまおき
鶯のかひこの中のほとゝきすしやか父に似てしやか父に似す
千早振よろつの神もきこしめせ五十鈴の川の清き水音
北は黄に南は青く東白西紅ひにそめいろの山
ぬれてほす山路の菊の露の間に散そめなから千代もへにけり

（三好　一九〇一：五～六頁）

三好二水によれば、それぞれ八つの歌の典拠は、第一の増鏡…は八雲御抄に出る旋頭歌、第二、年を経て…は古今集春の部伊勢の歌、第三、末の露もとの雫や…は新古今集哀傷部僧正遍昭の歌、第四、物の名も…の歌は、莵波集救済法師の連歌、第五、鶯のかひこの中の…は万葉集の歌。第六は不明、第七、北は黄に南は青く…は紫式部の歌、第八、濡てほす山路の…は古今集素性法師による歌の下句であるという（三好　一九〇一：五～六頁）。これらの歌は、そもそも歌占のために詠まれたわけではなく、占いとしての転用がなされている。歌占文字化の第一段階では、巫によって短冊に書かれた歌が、その場で創作されたのではなく、全て古歌であったのかは、調査を進めなければわからないことではある。しかし、三好の説によれば、歌占は文字化第一段階において既に転用が行われ、本来の歌の解釈が、歌占依頼者への回答として拡大解釈され用いられるようになっていたことが理解できるのである。

図1-2　「歌占」の図（『伊勢参宮名所図会　巻之五』より）

さて、ここで歌占図像を提示したい。歌占は、弓に短冊を付け、そのうち依頼者に一枚を引かせて巫が判じる。短冊を付けた弓は、一見してそれが呪具とわかる道具であり、所有者の職分を知らせ、いわば客を寄せる看板のような役割も果たしていたのかもしれない。『伊勢参宮名所図会』中の歌占図では、絵画的誇張の可能性があるが、弓がとても大きく描かれ、目立っている。画は謡曲『歌占』の情景であり、右側には人目を引く弓を持つ男巫の度会家次、左手には短冊を引く幸菊丸がいる。後方の男性達は、やりとりを興味深そうに見つめている（図1-2）。

歌占の図像は、前掲『北斎漫画』（一八一三～一三）にも見えている。辻占をする女性の隣に、度会の太夫が長い木弓の弦に短冊をつけた呪具を持ち、歌占を行わんとしている姿である。これまで辻占の図像としては、右の女性が参照されたことはあっても、左の歌占図への言及はなかった。先行の辻占研究では、辻占と歌占は接点のないものとして区分されてきたのであるが、北斎によって二つの占いが同画面に描かれていることには意図があり、画師と同時代の鑑賞者にとっては、双方は近しい占いとして認識されていたのだと考える。『守貞謾稿』第四巻では辻占を「書占」と名称し、「書占　上ニ云如ク、哥占ノ類ナラン」と見解している（喜田川　一九九二：一四二頁）。当時の人にとって、文字化した辻占は文字化した歌占に近いとみなされていたことがそこから伝わってくるのである。

さて、現代の先行研究者の視点に一旦立ち戻って考えてみたい。『遊びの大事典』「歌占」では、短冊の歌占について、「「歌」が神の心を種として起きたという心意から、引いた歌は神慮であるといい、巫がその歌の意味を判断し、吉凶、運命、求めるものなどを占うことは、巫女の詠じた歌による「歌占」と同じである。」（増田編　一九八九：七〇一～七〇二頁）と述べているが、そもそも巫女の肉声による歌で判断していたものが、既に準備されている短冊の歌に代わることは、本質こそ同じであれ、差異が生じると思われる。その差異とはどんなものだろうか。

巫女が神懸かりして神の言葉を引き出し歌にすることは、発声した傍から音が消えていく、一度限りの特別なパフォーマンスである。自らの身体を通して神意を得る過程では、巫女の特殊な資質と大きな精神力、それに神が降りてくるまでのある程度の時間も必要とする。それゆえ占いにかかる時間も変化してくるのである。前述「法皇熊野御参詣并びに御託宣の事」（『保元物語』）では、巫女が朝から神霊を身体に乗り移らせようとしていたが、昼過ぎる頃になっても、いっこうに神霊は降りてこず、従者は緊張して長時間控えていたという描写がある。(5)

一方、既に書かれた歌を用意することは、神慮を得る過程にかける精神的労力や時間を軽減させるため、続けて依頼者を見ることも可能になるだろう。謡曲『歌占』では、男巫はいつも白山の麓に出て、往来の人に歌占を引かせていた設定なので、不特定多数の人々相手に、歌占を業にしていたと読み取れる。依頼者自らが短冊を選び、巫が読んで解釈を加えるのであるから、偶然に同じ歌を複数の依頼者が引き当てても不都合ではない。歌は巫がその場で創作するのではなく、あらかじめ古歌を写してある状態である。短冊であれば、神慮は歌を聞き終えるよりも早く、まず文字として目に飛び込んでくる。短冊の歌は複製が可能で、占いが繰り返し行われることを助けるだろう。

つまり、歌占において歌が文字化されるとは、一つの歌を用いた歌占体験が、一人だけに向けられた一度限りの託宣に終わるのではなく、複数の依頼人に同じ歌を用いた託宣を繰り返し授けることも可能になる、占法と内容の大きな転換に立った意味を持つことになろう。文字化を起点にして、歌による占いの複製、転用、反復が進み、歌占一般化に繋がっていくと考える。文字化以前に比較し、文字化後の歌占は、高貴な法皇や宗教者といった特別な人々のためだけでなく、不特定多数で様々な階層の人々に向けて行われる時代に入るのではなかろうか。歌占は、さらに近世後期の俗謡占書出版の流行に乗り、一層歌の複製と占い解釈の多様化、一般化を進めることになる。俗謡占書は、占い方法が簡単であり、そのため宗教者の介在を必要とせずとも、読者自らが本を片手に何度でも歌占を占うことができるものである。続いて歌占俗謡占書と辻占俗謡占書との関係を論じていきたい。

2 「聞く」から「読む」占いへの変容

2-1 占書の占法・序文に見る歌占起源説

歌占は、文字化第三段階である近世後期の俗謡占書の形態で、俗謡と占いが融合した新しい趣向の娯楽的占書として庶民層に受け入れられ、一般化した。出版物になった歌占は写本に比較して入手がし易く、それを用いた占いは、宗教者が関与する一度限りのパフォーマンスとは異なり、占いたい者がいつでもどこでも、簡易に判断結果を得ることを可能にさせる便利な一人占いの道具となった。ここで歌占、または辻占俗謡占書と称するのは、一般には歌本と呼ばれる都々逸、端唄、大津絵節といった流行歌を書いた本であり、表題には歌占、辻占が冠され、内容には易占、銭占、おみくじといった占いが盛り込まれた娯楽的占書のことである。

歌占俗謡占書の一例として、平野多恵が論じた一荷堂半水『縁の糸恋の哥占』（江戸末期、一八六二年以降か）が挙げられるが、実のところ残存点数豊かな辻占俗謡占書に比して、歌占を冠した俗謡占書の点数は少ない。流行歌を占い文句にする形式は共通し、いくつかの「辻占」俗謡占書序文では、この本の起源は歌占にあると述べながらも表題には辻占が付けられている。筆者はこの境界が曖昧な様相に、文字化を経た歌占と辻占との接点を見ているが、民俗学の占い分野では、これまで、歌占と辻占の接点や近似を論じた考察が報告されておらず、互いに関連のない占いとみなされてきた。また、国文学では、都々逸を研究する菊池真一が、論考「辻占都々逸研究」の中で、収集した辻占を冠する都々逸本の中から、「歌占系統」とみなした歌本を分類してみせているが、菊池の関心はあくまでも「辻占を冠した都々逸本」にあり、歌占と辻占との接点ではないため、双方の占いそのものについては分析がない。そこで本節では、辻占の近世後期以降の発展において見過ごすことのできない歌占俗謡占書との関係について論じたい。一点目に、辻占俗謡占書の序文に見える歌占起源説から、当時の人々が信じていた歌占と辻占の近似性について述べる。二点目として辻占と歌占俗謡占書の形式上の共通点を示し、三点目には現代にまで視野を広げる。辻占俗謡占書流行により、都々逸と辻占の結び付きが浸透したことから、都々逸の辻占文句が、辻占菓子や辻占楊枝の占い紙片として現代まで継承されていることを明らかにしたい。

歌占と辻占。この二つの占いは、歌占が短冊から本の形になって文字化の発展過程を辿り、やがて辻占俗謡占書が流行した時期には、同時代の人々に、非常に近しいものとして捉えられ、起源を同じくするとも考えられていたことが伝わってくる。本の形態になった歌占では、初めは和歌が託宣の役割を果たし、人々が知りたい、待ち人や方角、失せ物や縁談といった願いや迷いごとに答えを与えていたが、やがて流行の俗謡歌詞がそれに代わり、辻占俗謡占書と接点を持つことになるのである。まずは歌占占書の占法から見ていこう。

①花淵松濤著『百人一首歌占鈔』（嘉永戊申自序（一八四八年））

占法

此の歌占《うたうら》のひきやう昔をならへば則ち百枚の短冊に百首の歌を書きて小弓に結び付けその中の一枚を探《さぐ》り取り、得たる所の歌もて占ひ定むるを本旨とす。今此れに擬《なぞら》へて百枚の色紙《しきし》を用ふなり。凡《すべ》て事の善《よ》し悪《あ》しを占はむにはまづ此の百枚の色紙を机の上など不浄なき所に乱し伏せて、思ふことの由を常に信ずる神に告げ念じト筮《ぼくぜい》をとる思ひにて並べ伏せたる中の一枚を探り取り其の歌もて此の鈔に合せて占ふべし。是《か》くの如くして其の得たる所の歌の意《こころ》を考《かうが》ふれば、何の事にもあれ其の善し悪し一首の中にこもらざるはなし。されば此の占鈔《せんせう》には占ふ事々をつらつらにもあげず。万《よろづ》の占事は歌の意をもてさとるべし。されど猶委《くは》しきは歌占奥義鈔《かせんおうぎせう》にあり。

此の百首の中、歌のことがきを解かばいと長《なが》々しきあり。此の書は占を旨《むね》とせし故占外のこと著《あら》はさば先書の功を奪ふに似たるべしと都《すべ》て其の長々しきを言はざりき。

百人一首歌占鈔一之巻　花淵松濤著

（歌占大意）

夫れ歌占といへるは往昔《いにしへ》越路《こしぢ》にさまよふ白髪の男神子《をとこみこ》小弓に結《ゆ》ひ付けし短冊を引かせて善し悪しを占ふことの正《まさ》しき由を伝へ聞きて、幸菊丸《かうきくまる》といへる少人《をさなびと》別れて久しき父の行衛を占ひければ鶯のかひこのなかの子規《ほとゝぎす》しやが父に似てしやが父に似ずとの歌をひきしより彼の男神子は二見の太夫渡会《たいふわたらひ》の家次《いへつぐ》と聞こえし人にて幸菊丸が父なる由不思議にも今巡り合ひし占かたの疑ひなき親と子となりける由は謡曲に著《しる》く世の人も知れり。古の物語り実《まこと》をしるべうはあらざれども歌の尊きこと、この條《くだり》の如し。殊に小倉の百首は定家《ていか》卿の男為家《なんためいへ》卿か室の父なる中院《なかのゐん》といえるに送り給ひし染筆《せんひつ》の和歌にて代々《よよ》の撰集の如く歌の善し悪しを撰みたるにあらず。此の卿心にうかみしままを筆にまかせて認《したゝ》め給ひし由なれば易に所謂思ふことなく為《す》ることなく寂然として動かずといへるが如くにて自づから占用の旨にかなへり。されば世に思ひ〳〵の歌もて占ふと雖も凡《およ》そ小倉百首は歌占の蘊《うん》とも謂ひつべきものか。

（『百人一首歌占鈔』一九九七：四～六頁）

『百人一首歌占鈔』では、小倉百人一首の歌を用いる占いを歌占としている。占い方は、百枚の歌の書かれた色紙をばらばらにして机の上に置き、そこから一枚を選び、歌と本を引き合わせて判断を読むのであるが、色紙でなくとも、歌留多があればよいのである。本には、自序（漢文）、占法、目次、歌占大意を掲げた後、小倉百人一首の歌人名とその歌、歌の意味、各歌の八卦による卦とその注及び、婚姻、失せ物、病気、待ち人、方角といった五項目についての占い判断が記載されている。歌占を冠するが、本文には易占の六十四卦が配され、百人一首のそれぞれの歌が卦のどれかに属すことになっている。六十四卦に百首を配すのであるから、一つの卦に二首以上の歌もある。中には五首が、歌の意味から一つの卦に属すことになっている状況もある（花淵　一九九七：一四八頁）。

次に、俗謡、端唄の歌詞を託宣とした歌占俗謡占書の事例として、一荷堂半水『縁の糸恋の哥占』（一八六二年以降か）の序文を挙げたい。

②一荷堂半水『縁の糸恋の哥占』

縁の糸恋の哥占（表紙外題）

うた占《うら》の仕やう
まづたんざく五十まいをよく〳〵まぜかへして
又もとのふりにかさね、扨《さて》うらなはんとおもふ
にほどにそのうちを一まいぬかしてみるべし
其哥《そのうた》の表《ひやう》だいにて此本と引合《ひきあわ》すれば
縁《ゑん》だんの吉凶《よしあし》をしるとこゝろふべし（表表紙見返し）
それ歌占《うたうら》にて万事《よろず》の吉凶《よしあし》を知《し》ると
いへるは往昔《むかし》より今に傳《つた》へてやまと
歌《うた》のたへなることいまさらいふも愚《おろ》かなり
さればこゝに当時《とふじ》婦女子《ふじやうし》の専《もつは》らに
ひきうとふ端《は》うたに哥の文句を撰《えら》み
縁《ゑん》のいと恋《こい》の哥占《うたうら》と題《だい》していさゝかの（一丁表）

うたうらを見る圖（二丁裏・三丁表）

女堂《にようどう》のたわむれになすとういへどもみな
それ〳〵に作人《さくじん》のこゝろをつくして
つくしおかれし哥《うた》なれば真《しん》をこらして
占《うらな》ふ時《とき》は其色情《そのしきじやう》によらずとも迷《まよ》ひを解《とく》るの一助《いちじよ》ともならん歟

一荷堂半水誌（三丁裏）

（平野　二〇〇九：一四〜一五頁）

「うた占の仕やう」によると、その占法は、歌の表題を記した短冊五〇枚をよく混ぜて元通りに重ね、その中から任意の一枚を抜き出し、自分の引いた短冊の表題を本と照らし合わせて縁談の吉凶を得る手順となっている。序文には「歌占《うたうら》にて万事《よろず》の吉凶《よしあし》を知《し》るといへるは往昔《むかし》より今に傳《つた》へてやまと歌《うた》のたへなることいまさらいふも愚《おろ》かなり」とある。昔から、和歌を短冊に書いたもので占う歌占の知識は、言わずと知れた常識であるとの口ぶりである。当時、歌でよろずの吉凶を占う歌占が、婦女子を含めた一般の間に広く知られていたのであろうことがうかがわれる。歌の文句は当時婦女子の間で流行していた俗謡、端唄の歌詞の一部を占い用に選出したものという。五〇枚の短冊に合わせて本には五〇の歌が収められ、それぞれについて表題・歌詞・解説が記載されている。歌の文句は当時流行したよしこのや都々逸に相当する七・七・七・五の他、七・五、七・七、七・五・七、七・五・七・五など様々な形式のものがある。編著者の一荷堂半水は、江戸末期から明治初めにかけ活躍した浪華の戯作者であり、本名は狭川峯二である。文政一一（一八二八）年一月、大阪船場の糸物商の家に生まれ、戯作と俗謡物などの執筆で人気を博したが、流行が過ぎると忘れられ、明治一五（一八八二）年一一月に没した。

次に辻占俗謡占書に目を転じて、序文に見える歌占起源説を分析してみたい。

③『辻占よし此集』（菊池真一蔵　嘉永六（一八五三）年　川辺屋音次郎・石川屋治兵衛板）

辻うら占ひやうの伝
辻うら占なはんと思ふとき先気をしづめ心にうたがひをおこさずしてとるべし引やうは如此こよりのはしに一より十まで印をつけ其内壱本を引本をひらきたとへば一とでるときは一又は六とあれば六に引合見るべし
序
それ**歌占**は二神天の巷にさよの手枕はじめにて其古事はしらまゆみゆひ尽されぬ言の葉も逢ふ恋まつこひ忍恋こひもうすひもあるならひかき色には蘊命路（そめいろ）路のやま〱積る千早振紙をひねりて取鬮も逢ふて嬉しのますかゞみちらして見たき貞操（わがこゝろ）まよひをとらねばこれもよし此道ばかり心底にかけまく神を力ぐさやがて謹上幸ひともとめ給ふことなればとふかみ笑み玉へとしか云ふ
嘉永六林鐘　　朝辛廼宮　鍋酒誌

（菊池　二〇〇五：五八頁）（太字は引用者による）

「それ歌占は二神天の巷にさよの手枕はじめにて」（『辻占よし此集』、以下『よし此集』に略）という書き出しは、謡曲「歌占」からの引用であり、それに対応するのは次の文句である。

神心、種とこそなれ歌占の、引くも白木の手束弓。サシ　それ歌は天地開けし始めより、陰陽の二神天の街に行合の、小夜の手枕結び定めし、世を学び国を治めて、今も道ある妙文たり。下歌　占問はせ給へや。歌占問はせ給へや。

（「歌占」中山泰昌編　一九三七：一三七頁）

「其古事はしらまゆみ」（『よし此集』。以下「よし此集」と略す）は白真弓と漢字をあてるが、これは短冊を結びつけた木弓のことで、「神心。種とこそなれ歌占の引くも白木の。手束弓」（謡曲「歌占」）に対応している。前掲『歌占註釈　謡曲』にて、著者三好二水は八枚の短冊に書かれた歌を全て記しているが、その八首の歌と『よし此集』に見える言葉を拾って比較すれば、「ますかゞみちらして見たき貞操（わがこゝろ）」（『よし此集』）は、「ますかゝみ底なる影にむかひいてしらぬ翁に逢ふ心地する」のもじりであり、「千早振紙をひねりて取鬮も」（『よし此集』）は「千早振よろつの神もきこしめせ五十鈴の川の清き水音」、「かき色には蘊命路」（『よし此集』）は、「北は黄に南は青く東白西紅ひにそめいろの山」の歌のもじりであることがわかる。

なお、浄瑠璃を研究する富田康之が興味深い見解を述べているのでここに取り上げたい。富田は、謡曲「歌占」の文句が、江戸中期の浄瑠璃作家、紀海音《きのかいおん》による作品「傾城無間鐘《ケイセイムケンノカネ》」に見られることを指摘している。

『歌占』

●神心。種とこそなれ歌占の。引くも白木の。手束弓それ歌は天地開けし始めより。陰陽の二神天の巷に行合の。小夜の手枕結び定めし。世を学び国を治めて。今も道ある妙文かり占問はせ給へや。

（『謡曲　歌占』一・三五五）

○神慮種とこそなれ歌占のひくもしらきのたつかゆみやたけ心か今川か面を人にしられしと髪おつさはき立えほし（中略）疑ふにはあらね共歌を引てうらなふこと。昔もためし候か粗物がたりいたされい。夫歌は天地ひらけし初より。陰陽の二神天のちまたに行あひの。さよの手枕結び定めし。世をまなび国をおこして。今も道妙文たり占とはせ給へや歌うら問せ給へや。

（『傾城無間鐘・第四』）（富田　一九九八：三七頁）

浄瑠璃における謡曲文句の利用が何を意味しているかの見方として、富田は「時代物浄瑠璃が作品の「世界」を持つということは、初めから先行伝説・先行研究を再生産するという創作方法を傾向付けるものとなる。その場合、前提としてその先行伝説・先行作品は観客のよく知るところのものであることが重要となる。当時にあっては、人気の高い能を利用することは当然のことであったと言えよう。」と論じている（富田　一九九八：三三頁）。富田はこの論考の中で、紀海音による浄瑠璃作品への謡曲文句の利用事例を他にも多数見つけ、示している。浄瑠璃作者は、「観客のよく知るところ」の先行伝説なり作品を利用する。したがって歌占伝説はじめ、謡曲「歌占」の文句もまた、一般に知られたところであったのだろう。謡曲、浄瑠璃、出版物等を通して、歌占伝説が繰り返し取り上げられ、浸透することにより、その文句の一部は、決まり文句として人々の記憶に残るくだりとなっていったのではないかと推測される。芸能作品による伝説モチーフの波及や、伝説自体の知識の共有が、当時の俗謡占書の書き手にも敏感に伝わっていたことと筆者は考えている。

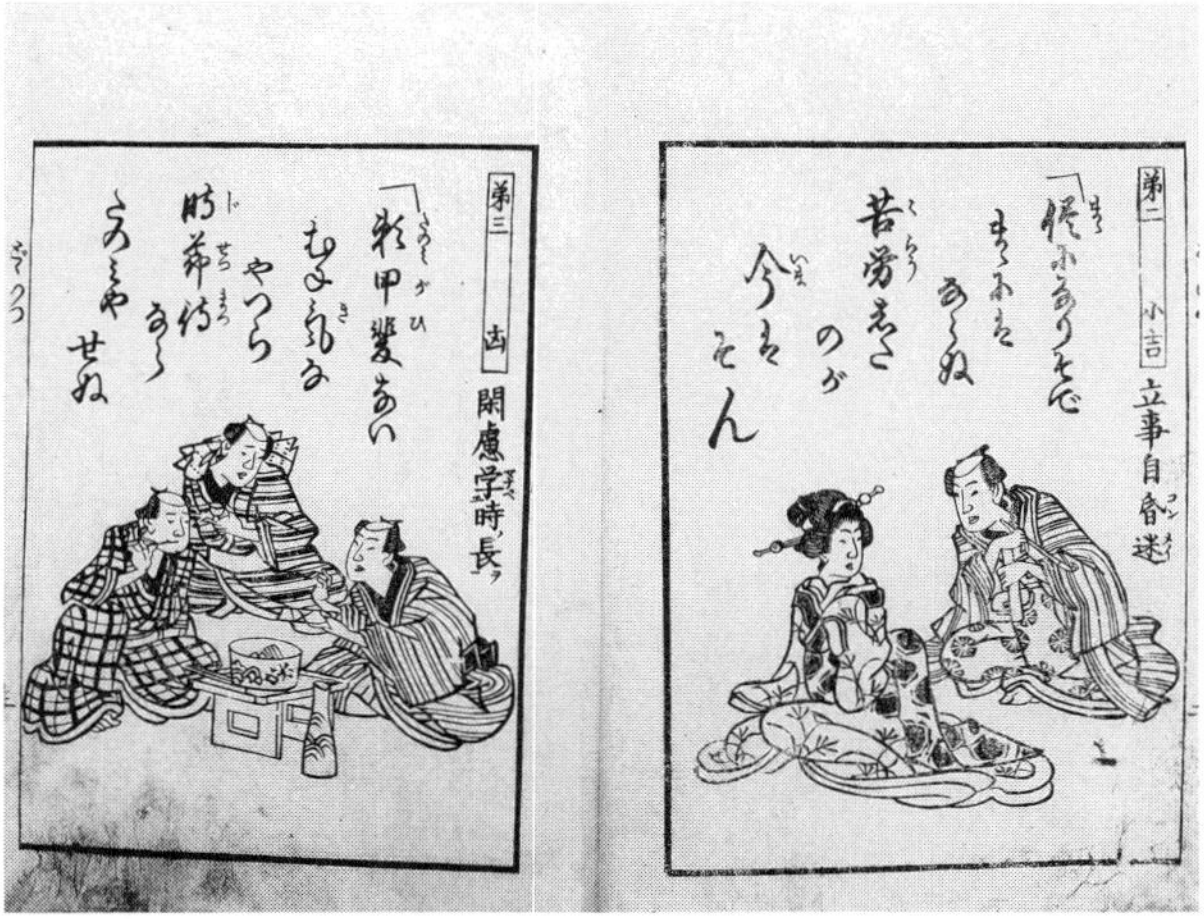

図1－3　『こゝろいき辻うら都々いつ』（東洋大学附属図書館蔵）

④『こゝろいき辻うら都々いつ』（『辻うら都、いつ：忠、詠い筏』東洋大学附属図書館、国立劇場蔵。版元、刊年不明）（図1－3）

序文

何事によらず思ふ事有もの易によつて善悪を占ひ御鬮を取て吉凶を定むるは世の常の事になんされど仮初の事などには問ふべき事にはあらざるべし只其品と時により思ふ先の心いき首尾の吉凶待人には**昔は歌占今は辻占煎餅最中蛤**は合ふといふなる義に叶へど不来帰（こんぶ）といふは禁句ゆへ是は気をえへとぢふみの本まこと嘘の虚々実々**御鬮によそへて歌占と辻うらかたをかたどりしを又唄占と翻訳して其よしあしをつげの櫛**あらひ髪のさらりとわかる都々いつによる文句の判断其身〳〵ののぞみにとりいづれよしなに御すいもじと花をしたふ鶯のうた中間なる　多川路暁がいふ

（太字は引用者による）

多川路暁が「昔は歌占今は辻占煎餅最中蛤」と物売りの口上

さながら、調子よく歌うように書いている。この序文も、歌占と辻占の知識を読み手が持っていることを前提に書かれている。昔は「思ふ先の心いき首尾の吉凶待人」は歌占で占ったものだが、それが今では辻占の都々逸で占うのだと説明する。辻占といえば、辻占煎餅に辻占最中、蛤に封をした辻占がある、と当時販売されていた辻占商品を連ねている。『守貞謾稿』でも辻占項目で、「書占　上に云如ク、哥占ノ類ナラン。今世、辻占昆布、辻占煎餅等ノ類、似レ之タリ。」とあるので、辻占は歌占に似たもので、辻占関連商品もそれに似たものとして捉えられていたとわかる。

「不来帰（こんぶ）といふは禁句ゆへ」とある箇所は、辻占といっても辻占昆布じゃ待っている人が「来ない」意味になって縁起が悪いから禁句だよ、と駄洒落で笑いを誘っている。「御鬮によそへて歌占と辻うらかたをかたどりしを」のくだりだが、当俗謡占書の中を開くと、各丁にはおみくじ様に「第一　大吉」（その下に漢詩）、「第二小吉」（漢詩）などと右端にあり、中央には人物の挿絵、人物の頭上には都々逸占い文句が書かれる形式になっていることを述べている。

こうした複数の占いが混在する内容を、半ば強引に「又唄占と翻訳して」いるのがこの本である。「其よしあしをつげの櫛」とは、黄楊の櫛を呪具にする辻占にかけて、洒落を言っている。なお、多川路暁撰『〔新撰善悪〕辻うら都々逸けいこ本　下の巻』序文は、『こゝろいき辻うら都々いつ』序文に比較すると、前半「不来帰といふは禁句ゆへ」までが同文である。一部序文と表題をかえて売り出した、人気の本であったといえよう。

⑤多川路暁撰『〔新撰善悪〕辻うら都々逸けいこ本　下の巻』（菊池真一蔵　多川路暁撰　明治一二（一八七九）年九月　大田屋板）

辻うら都々逸序

何事によらず思ふ事有もの易によつて善悪を占ひ御鬮を取て吉凶を定むるは世の常の事になんされど仮初の事などには問ふべき事にはあらざるべし只其品と時により思ふ先の心いき首尾の吉凶待人には**昔は歌占今は辻占**

煎餅最中蛤は合ふといふなる義に叶へど不来帰といふは禁句ゆへ是は気をかへとちふみの本まこと嘘の虚々実々御鬮によそへて歌占と辻占かたをかたとりて其吉凶をつげの（一ウ）櫛あらひ髪のさらりとわかる都々一による文句の判断その身〳〵の望もとり何れ宜なに御すいもじと多川の里暁述るになん（二オ）

（菊池　二〇〇五：六三頁）（太字は引用者）

菊池真一によると、『〔端唄都々一〕八卦辻占大全』（国会図書館蔵）と、『うた占』（都立中央図書館蔵）は同じ本と報告されている。また、筆者が調べたところ、『うた占』序文と菊池翻刻の『〔辻占端唄〕とゞ一大よせ』（菊池真一蔵。慶應二（一八六五）年以前刊か。春霞楼主人編。大坂河内屋茂兵衛・綿屋喜兵衛等版）は同文であるため、三冊が表題こそ違えど中身は同じ辻占俗謡占書であったといえる。前出、多川路暁『こゝろいき辻うら都々いつ』同様、人気があったため、タイトルを変えて何度か出版された本だと考えることができるだろう。

⑥『うた占』（都立中央図書館蔵）

序文

夫易ハ聖人の建る処にして強ち物を以て其名状を當る綷本儀にあらずと雖既に三国の代に官輅あり亦我朝にハ安陪清明ありて吉凶禍福を占ふ今や**僕が著す所の恋廼唄占は陳分漢の唐くさきを言ねど又大和言葉のいとやさしき三十一文字の歌にもあらで三筋の糸のいとはかなき都々逸の唄にて其意を知らしめんとす**是ぞ童蒙児女子等の独占ひ判断を心で做すの便りにもと余計御世話の所業ながら書肆の需に応じたり倘人ありて心中の願事を人に知らさでしらんとならば算木まれ銭まれにて乾兌離震巽坎艮坤の八卦六十四卦を占ひ上層の唄を読ば善悪吉凶忽に知るべし尤下の唄は其易の変爻を表したれば上下の意違ふべし是は口伝ありといへど譬ば意中に願事ある節花の曇りの唄を聞ば乾意天としり其唄をよみて吉凶を占ふなり故に常に一本を懐中なさば途中にても進退を占ふに便利ありて実に有益の一代奇書ならんと爾云

東武　春霞楼主人識　（振り仮名省略。太字は引用者）

「恋の辻占」とは、辻占が恋占いによく用いられたことから、枕詞のように付く言葉であり、現在でも辻占売りの口上として有名な言葉なのだが、ここでは、「僕が著す所の恋廼唄占」と、歌占に付く言葉にされている。「大和言葉のいとやさしき三十一文字の歌にもあらで」とは、短冊に和歌を書き、占っていた段階の歌占を指し、かつてはそれで占っていたものだが、今では「三筋の糸のいとはかなき都々逸の唄にて其意を知らしめんとす」とあるので、三味線にのせた都々逸の歌詞で占い結果を知ることができると伝えている。つまりは、この序文では、現在都々逸で知るこの占いの起源が、遡れば歌占にあるのだと述べているといえる。『縁の糸恋の哥占』でも、恋の…と付けているため、歌占と辻占は近いものとして捉えられ、歌占俗謡占書も辻占俗謡占書も、特に女性を読者対象として意識し、編まれていたものと理解する。

⑦『辻う羅葉うた』（都立中央図書館蔵）

序文

往昔《いにしへびと》　人ハ古今萬葉《こきんまんえふ》の秀哥《しうか》をあつめ其《そ》を無心《むしん》にしんして我身吉凶《わがみのよしあし》を問《と》ふ夫《それ》は風雅《みやび》の三十一文字《みそひともじ》是《これ》ハ浮気《うハき》の三弦《みすじ》に歌澤《うたざハ》はうたの文句《もんく》六十四卦《け》を配偶《はいとう》なをし獨《ひと》りうらなひ當《あた》るといふは延喜吉兆《さいさきよし》彼萬葉《かのまんえふ》の万部《まんぶ》と限らず古今《こゝん》まれ奈類ご評判《ひょうばん》の程《ほど》ひとへに諸事願ふになん

壬申春　梓主敬白　（太字は引用者による）

上記序文からも、かつて和歌で占っていた歌占が、今は俗謡の端唄にのせた歌詞になったのだという主張が読み取れる。現代語訳にしてみる。

昔の人が古今集、万葉集の秀歌を集め、それを無心に信じて自分の身の上の吉凶を問うことは、風雅な歌占であったことだが、浮気な三味線の音にのせて、歌沢端唄の文句に、易占の六十四卦を配当して、一人占いとしてよく当たるのは幸先が良いことだ。かの万葉集の〝万〟部と限らず、古今まれなる評判のほどを、ひとえにお願い申しあげます。

さて、流行歌で判断する占いの起源は歌占にあると示している挿絵が、一点の辻占俗謡占書に確認することができる。『よしこの辻占図会　上之巻』は、一四丁、五×六センチの豆本で、多色刷り、見返しには辻占煎餅の図がある。本文には、見開きでよしこの節にのせた占い歌詞と吉凶、挿絵が展開している。冒頭一丁ウ・二丁オの見開きには「歌占図」を掲げ、度会家次と幸菊丸を描いたのであろう、歌占を行う男巫が、八枚の短冊を下げた木弓を少年に向けている姿が見て取れるが、ここにその絵の説明は何もない。よしこの辻占の起源が歌占にあることを示す図は、言葉で説明する必要がないほど、読者と作者側には共通の認識が出来上がっていたのであろうことがここでも理解される（図1－4）。

図1－4　「哥占の図」『よしこの辻占図会　上之巻』
（東洋大学附属図書館蔵）

2－2　通俗占書が及ぼす易占の影響

続いて、辻占、歌占俗謡占書の様式上の近似点について考察する。辻占、歌占を冠する俗謡占書の内容はどれも同じではなく、占法が異なり、テキストによっては、易占、おみくじ、銭占といった占いとの融合があり、複雑な様相を見せるが、中でも易占を取り込んだテキストは点数が豊富である。

俗謡占書『うた占』本文を開くと、一丁の上三分の一には、易占の卦、脇には

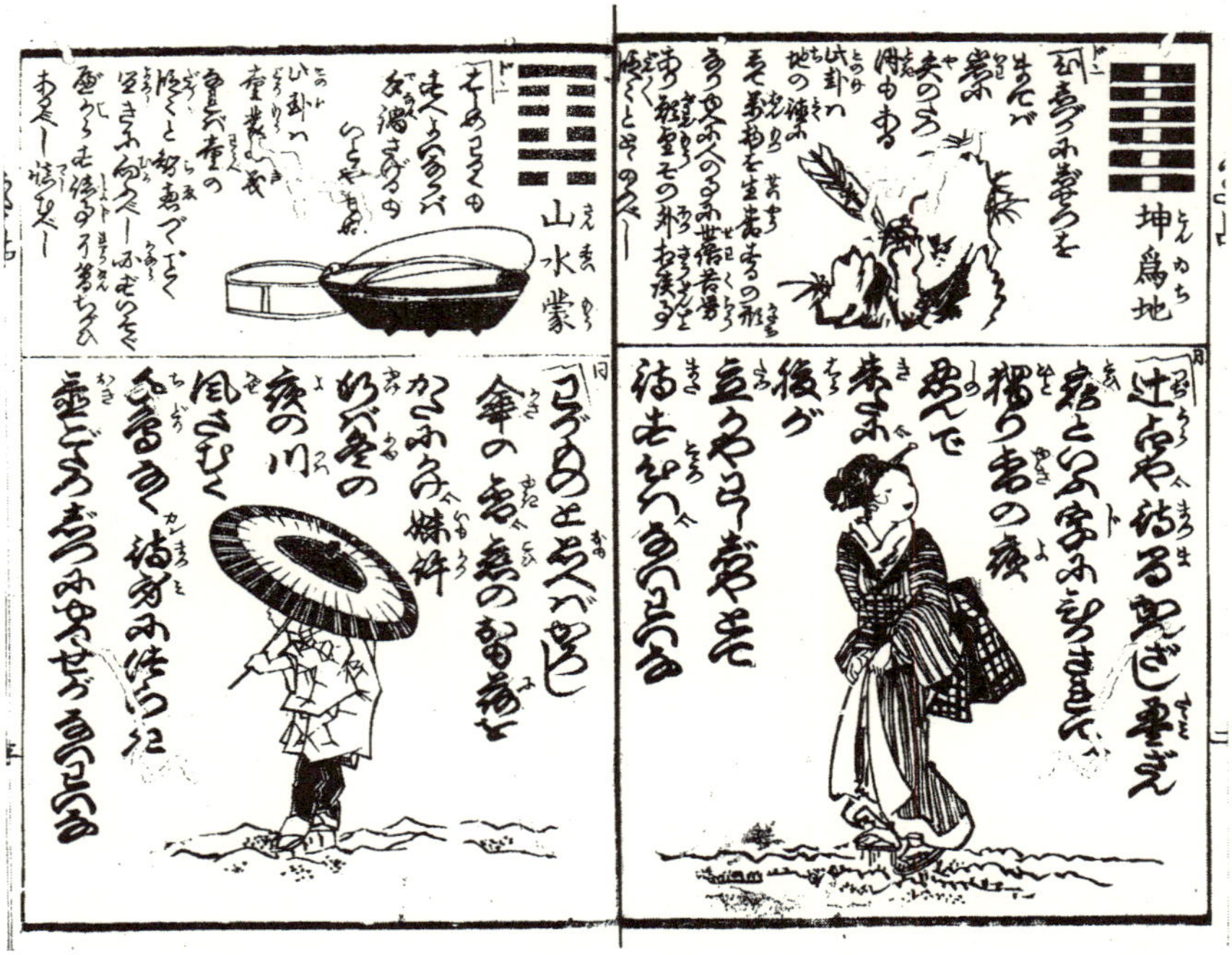

図1－5　『うた占』（東京都立中央図書館特別文庫室蔵）

その卦に対応した都々逸歌詞、さらに解説文があり、下部三分の二には、挿絵と共に別の都々逸が書かれている。こうした様式は他の辻占俗謡占書にも見られている。この時期一部の「辻占」俗謡占書は、表題には辻占を掲げ、この本の占いの由来は歌占にあると謳いながらも、内容には易占や銭占、おみくじを融合させるといった、一見して矛盾する、複数の占いが混在する様相を見せていた。前述したが、『うた占』（都立中央図書館）は、『〔端唄都々一〕八卦辻占大全』（国会図書館）と同本と菊池真一に報告され、筆者の調査では、さらに『〔辻占端唄〕とゞ一大よせ』（菊池真一蔵・翻刻）と『うた占』が同文であることを確認したため、三冊は表題こそ違えど内容は同じ俗謡占書であったこととなる。おそらく人気の本であったため、表題を変えて版を重ねたのであろうが、題の上では歌占と辻占が混在する状況になっている。それでも違和感なく受け入れる読み手がいたのであろう

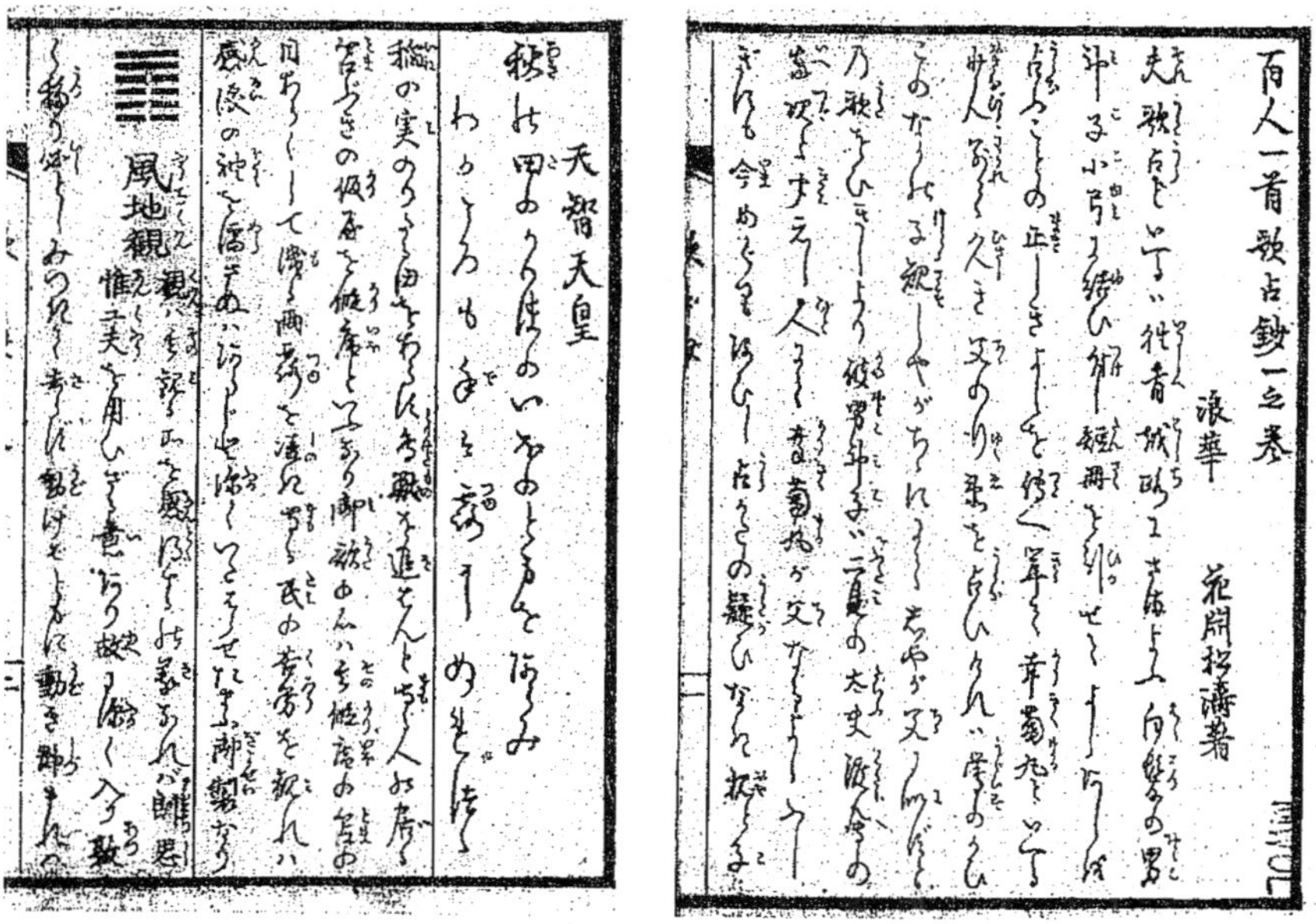

図１－６　『百人一首歌占鈔』（嘉永元年自序（1848年））（『百人一首歌占鈔』より）

（図１－５）。

俗謡占書と易占の取り合わせだが、通俗占書として文学と占いを結び付けたのは、歌占、辻占の占書が最初ではなく、また歌本に限定されていたわけでもなかった。遡って宝暦年間（一七五一～六四）における洒落本の一ジャンルが、その後の通俗的な占書や一枚刷りなど印刷物全般に大きな影響を与えているようなのである。

洒落本はもともと文芸作品で、ストーリー性を持つ読み物なのだが、そこに易の八卦が配され、占い読み物という娯楽的な占書となっている。洒落本に描かれた舞台は色町であり、俗謡占書が享受されたのもまた、そうした遊興の場が第一であったとみなされる。洒落本『花街　浪華色八卦附録色道五箇条占』（外山翁作　宝暦七（一七五七）年頃）の解題で、中野三敏は、こうした易を取り込んだ通俗的な占書の趣向は、古く浮世草子に『好色通変占』（貞享五年板）があり、洒落本では『花街　浪華色八卦』あたりから散見し始め、同年の『秘事真告』、『開学小筌』（宝暦初年か）、『恋道双陸占』（明和八（一七七一）年）、『艶占奥義抄』

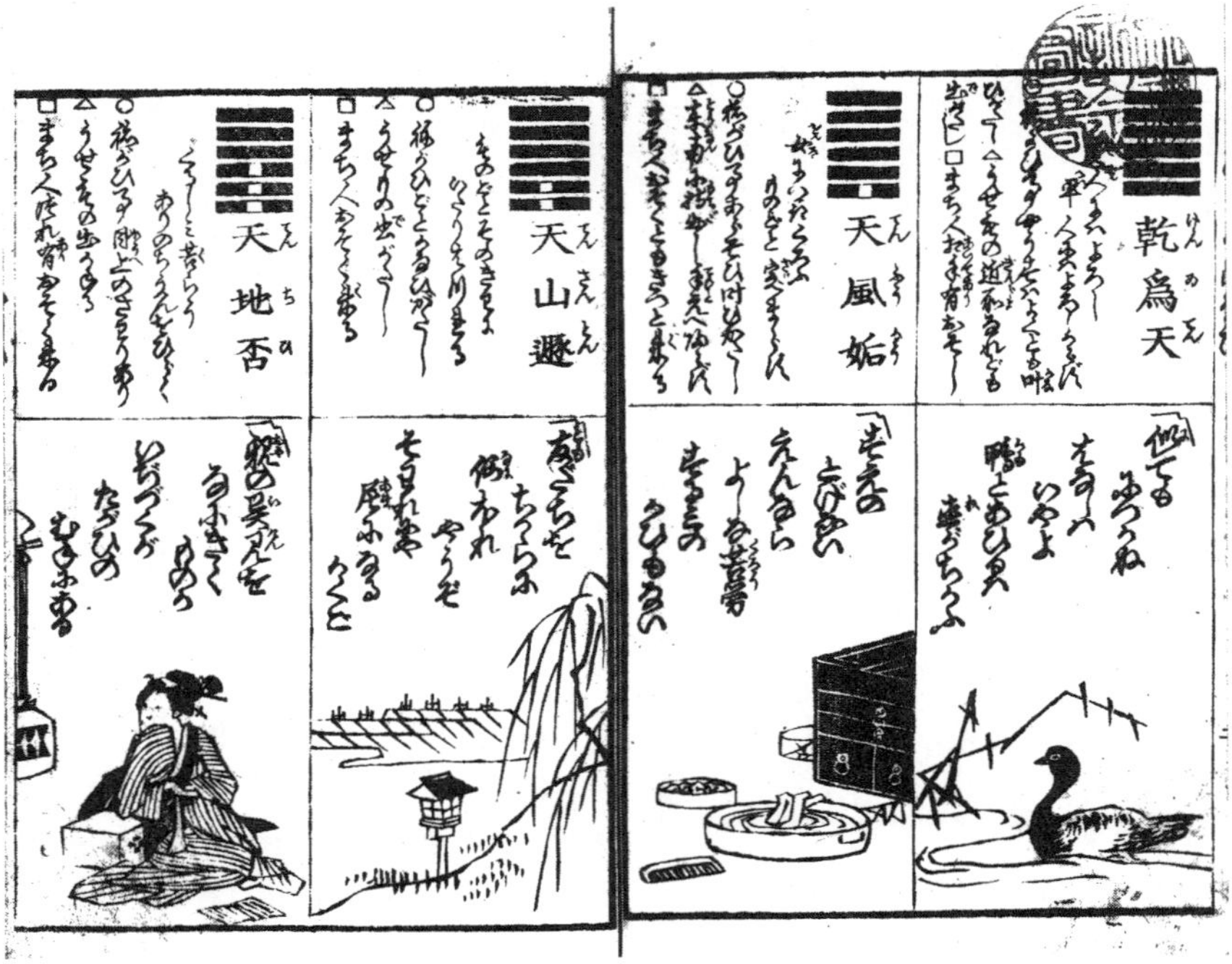

図1－7　『どどいつつけ恋の辻うら』（東京都立中央図書館特別文庫室蔵）

など明らかに一系列を作っていることがわかるという。

そして「かかる占書模倣の趣向は、宝暦四年刊の新井白蛾作「易学小筌」や「古易一家言」などの小本型通俗占書の流行を背景にしたものであろうことはいうまでもあるまい。本書にはさらに安永二（一七七三）年「浪花今八卦」、天明四（一七八四）年に「浪花今いま八卦」などの隋作あり」と述べている（中野　一九七八：四一六〜四一八頁）。そうなると、辻占、歌占俗謡占書にしても、易占を融合させた趣向というのは、遡れば新井白蛾の『易学小筌』や『古易一家言』の流行の影響を受けた産物であるということになろう（図1－6、7、8）。

2－3　辻占と大雑書

辻占印刷物に見る複数の占いを応用する様相は、江戸時代の庶民生活の中で口伝えに行われていた習俗や信仰と無関係

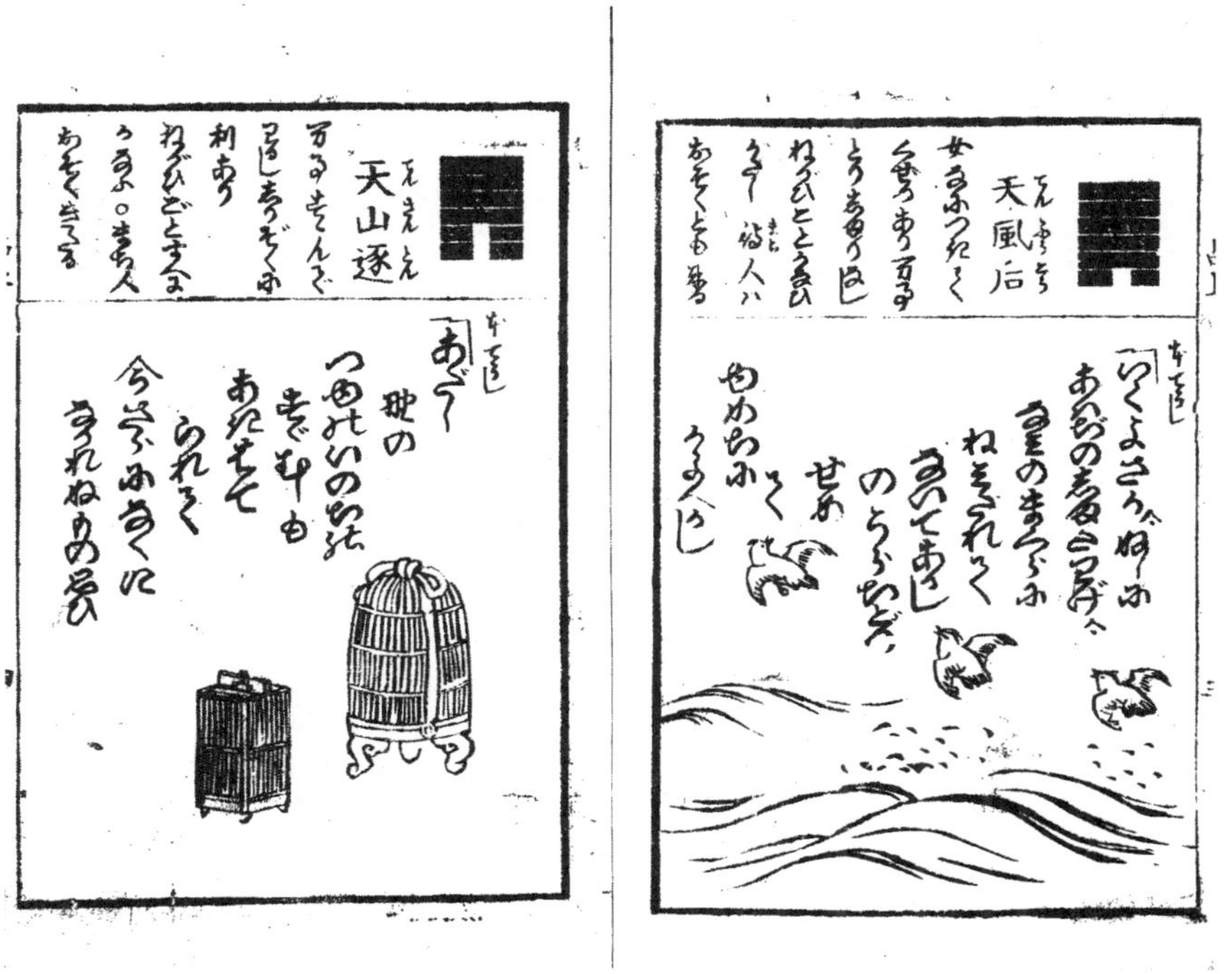

図1－8　『辻う羅葉うた』（東京都立中央図書館特別文庫室蔵）

ではないだろうが、文字の面からいえば、陰陽道知識の集積である、大雑書からの影響もあると思われる。[6]「通俗占書が及ぼす易占の影響」では、『うた占』に融合する易占の趣向は、新井白蛾『易学小筌』（一七五四）や『古易一家言』の流行を背景に書かれた、易を取り込んだ通俗的な洒落本の流行に影響を受けた結果と考えられると述べた。しかし、さらに遡れば、そもそも江戸時代に、易占をはじめとする様々な占いを庶民間に浸透させる影響力を持っていた大雑書について看過することができない。

　大雑書の内容は、平安時代には陰陽師ら専門家だけが扱うことができた暦、占いの知識であったが、版本となって文字化が進むと内容をさらに充実させて一般化し、庶民の生活百科全書のような扱いになった。厄神の神や男女の相性、悪日の設定を説く『大雑書』は百数種類あると言われ、病気なおし、吉日、潮の満ち引き、引っ越し、嫁取り、薬を飲む日、新しい着物を着る日など、熟読して実践すれば、不幸や不運を避けられ、災厄を避けられると信じられて、受容層が広がった。今も俗信類の多くが『大雑書』の具体的事項と多く重なっている。

宮田登は、占い、禁忌といった民俗知識について、「これら民俗知識の供給源となるのが安倍清明作といわれる『簠簋内伝』や『陰陽雑書』などの、民間陰陽道の知識体系である。中世陰陽道関係の文献は、当時は陰陽師を中心とした宗教者の間で、主として占いに使われていた。これが江戸時代に入り、とりわけ元禄以後に陰陽道関係の知識を集めた暦本がつくられ、『大雑書』という名前で盛んに使われている。」（宮田　一九九九：九六〜一〇一頁）と述べる。そして、民間陰陽道の流れとして、平安時代に伝来した陰陽道が、庶民の日常に深く入り込み、機能を発揮し出した時期は江戸時代中期に当たるが、それは、社会秩序を安定させ、社会がラジカルな状況にならないように制御するためであったのではないか、そのために都市社会に暦や暦注、占いが普及したのではないかと論じている。

大雑書研究を牽引する橋本萬平・小池淳一による『寛永九年版　大ざつしょ』にて影印され、解説が付されている寛永九（一六三二）年版の『大ざつしょ』は、江戸期に諸種の本の内容を吸収して肥大化した雑書の出発点といえる重要な一冊である。「この本にどれだけより古い思想が流れ込み、どれだけ江戸庶民の生活、思想に影響したのかの原点が、この寛永九年版の『大ざつしょ』」（橋本・小池　一九九六：一四八頁）であると位置付けられている。寛永九年版の雑書の目次を検めると、「一　十干の事」「二　十二支の事」と出てきており、挿絵もなく素朴でありながらも十干十二支での占いが既に見えていることがわかる。橋本萬平は、「全国に流布している昔語りや禁忌の類は、すべて基づく所があり、それらは印刷された本であると考えている。」「勿論長い年月の間での口から耳への伝承であるから、いろいろと誤られ或は付け加えられて変形しているが、すべて定まった原典があるとしている。江戸期における一般庶民の禁忌のより所は『大雑書』と考えられる。『大雑書』は江戸中期以降、盛んになった様々の出版物の内容を取り込んで次第に肥大化したが、そのルーツは初期の『大ざつしよ』である。」と主張する

（橋本　一九九六：一五三頁）。

辻占という占いは、昔語りでも禁忌でもないのだが、雑書の上で文字化され、印刷されることと無関係ではなく、文字化以前の辻占の方法が占いの一記事として記されていた。伴信友は、『正卜考』（天保一五（一八四四）年序）の中で次のように述べている。

或雑書に、辻占と云ふは、四辻に出て、手に黄楊の櫛を持ち、心に道祖神を念じて、歌を唄ふ、其歌は、「辻や辻　四辻か内の一の辻占まさしかれ　辻占の神」、これを三返し、見え来る人の語を以て、吉凶を定むと記せり、また或書に、辻占を問法、何にても、占はむとすることのあるとき、四辻へ出て、「百辻や　四辻かうちの一の辻占まさしかれ辻占の神」、この歌を三かへり唱へて、待ほどに、道行人の三人めにあたる人の言を聞て、思ひ合せて占ふなり、但し三人めにあたる人、物いはざれば、その次にものいふ人の言をとるなりとも云へり、これらは三辻といへるよりは、古風にきこゆ　（伴　一九〇七：五四〇頁）

この事例から、天保年間（一八三〇〜四四）頃のある雑書には、読者が読んで実践することも可能な辻占の占法が掲載されていたことになる。そうした記事を契機として辻占の文字化が進んだわけではないだろうが、庶民の家の百科全書として、どこの家にも備えられていた本の中に、辻占が記事となっていたことは、その名称と内容を広く知らしめる役割を、一部の雑書が担っていたと思われる。

雑書に辻占が一記事として掲載されることとは逆に、雑書に見える占いが、文字化した辻占印刷物に取り込まれている事例も指摘できる。これまで考察対象とした資料を振り返ってあげてみると、辻占俗謡占書『うた占』（慶応二（一八六六）年以前刊か）には、辻占都々逸だけでなく、異なる占いを冠した俗謡占いが収録されている。まず初めに算木か銭を用いて卦を導く「易占」を融合させた端唄辻占詞章があり、次には「九曜星の吉凶の事」その次には「生れ性十枝の吉凶」、「十二支生れ年吉凶」、「五性の善悪」が続いている。橋本萬平は、寛永九（一六三二）

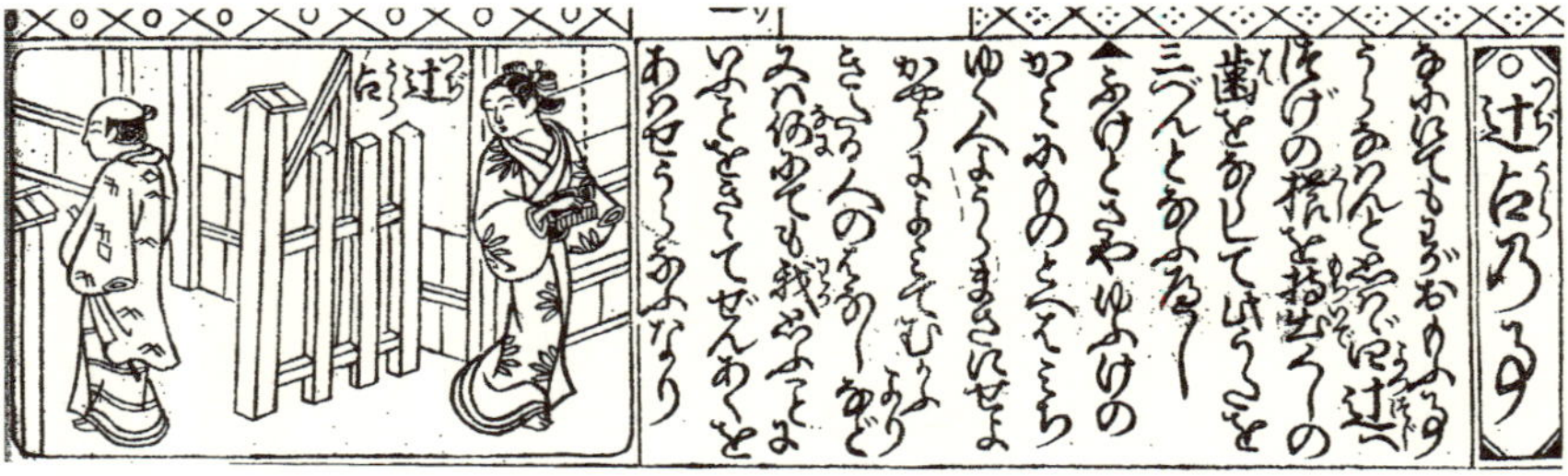

図1－9　「辻占の事」『雛鶴百人一首花文選』（玉川大学図書館蔵）

年版『大ざつしよ』の内容に、「十干の事」「十二支の事」「男女相性の事」があると報告している。「十干の事」「十二支の事」の占いは、この頃から雑書の読み手に向けて発信され、『うた占』刊行当時は常識といえるほどに浸透しており、作家は俗謡占いと結び付けても読み手は十分理解し、簡易に利用できると考え、俗謡占書に盛り込んで執筆したのであろう。

大雑書はそれまで文字化していなかった俗信や、その当時に流行している占いを取り込んで内容を変化させ、肥大化させながら流通した。江戸後期には、内容豊富な『宝暦大雑書万々載』が刊行された。小泉吉永は、寛永一三（一六三六）年版の『大ざつしよ』と『宝暦大雑書万々載』を比較し、内容の四割近くが入れ替わり、そこには産前、産後など女性に関わる項目が新たに導入され、「御一代八卦」、「九曜のくりよう」、「十二運」、「四季皇帝の占い」、「弘法大師四目録八卦占い」、「生まれ日善悪」、「生まれ時善悪」、「夢占い」といった占いに類する項目が増えていると指摘する。「これらは女子用往来や百人一首にもしばしば付録されているもので、『大雑書』に、女性の興味・関心に即した内容が次第に採り入れられていった結果を示すものであろう。こうして後述するように、『大雑書』のうち女性に必要なものだけで構成した女性向け『大雑書』さえ出現するに至ったのである。」（小泉　一九九四：一〜五頁）。女子用往来や百人一首もまた、占い知識を民間、特に女性に伝えたテキストとして重要な資料である。辻占との関わりだが、文字化以前の辻占記事が、宝暦六（一七五六）年の女子用往来『雛鶴百人一首花文選』に見え、町中の辻で黄楊の櫛を持ち、通行人を待つ若い女性の姿が挿絵に描かれている（図1－9）。

辻占の事　なにても、わがおもふ事うらなはんと思はゞ、四辻へつげの櫛を持出、くしの歯をならして此うたを三べんとなふへし。

▲　ふけとざやゆふけのかみにものとへは　みちゆく人にうらまさにせよ

かようによみて、むかふよりきたる人のはなしなど、又は何にても我思ふことにいふことをき丶てぜんあくをあはせうらなふなり。

（江森　一九九四：三五四頁）

図1－10　『流行りはうたの辻占』
（東京都立中央図書館特別文庫室蔵）

『はうたの辻占』を見ながら女性が二人，占っている情景。導かれた託宣を読んでいるところだろうか。

図1－11　『辻うら葉うた』（東京都立中央図書館特別文庫室蔵）

占い実践の図。左の女性は算木を投げ，卦を求めているところである。算木は易占に使用する呪具で，六個の方柱形の木である。三本を陰とし，中央を凹ませている。残り三本にはそれがなく，陽とする。

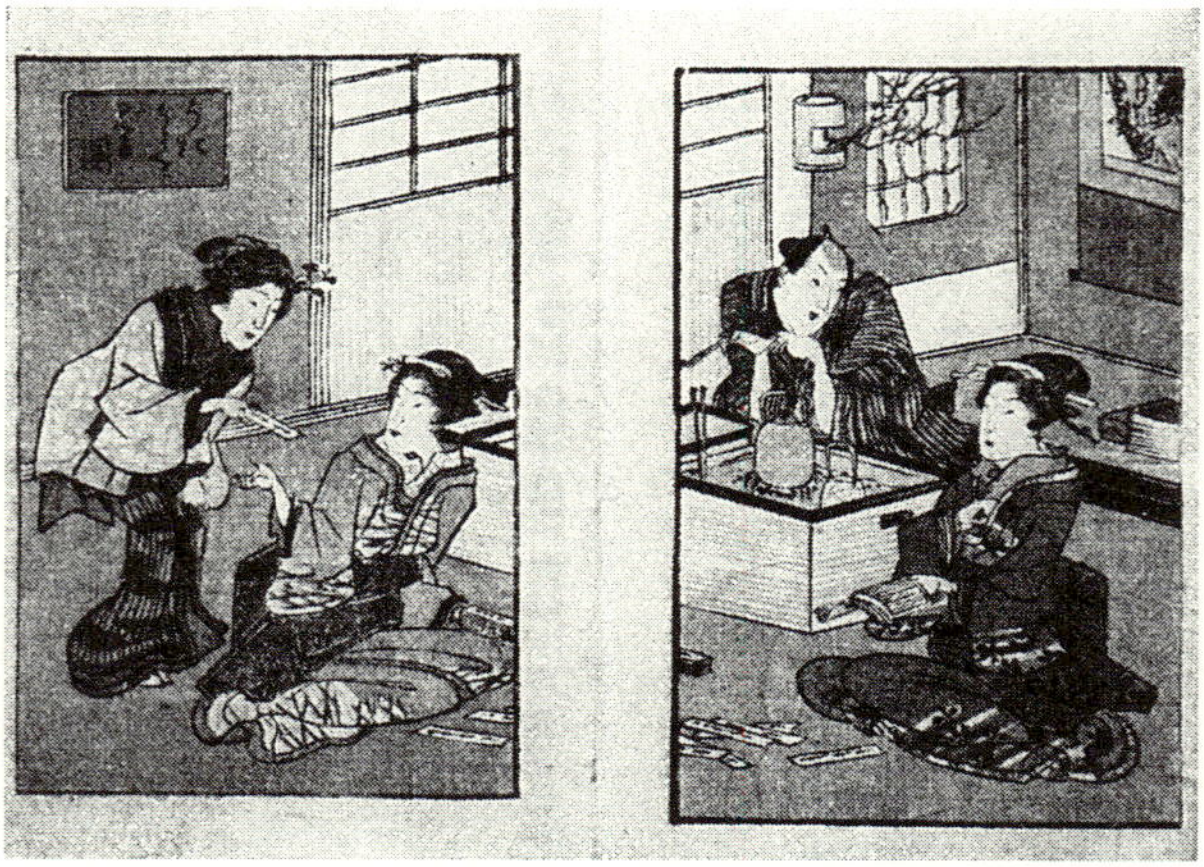

図1－12 『縁の糸恋の哥占』
（平野多恵「一荷堂半水」『縁の糸恋の哥占翻刻紹介』より）

本文の「うた占の仕やう」には，短冊50枚をよく混ぜ元に戻し，そこから一枚を抜いて，該当の端唄詞章を占書から探して引き合わせ，縁談の吉凶を知るとある。

女性向けに内容を編集した「女雑書」として、小泉吉永は、寛政一三（一八〇一）年一月に大坂で出版された『絵本女雑書』（五巻五冊）、それを改訂、改題して文化九（一八一二）年一月に大坂で刊行された『女雑書教訓鑑』を挙げている。小泉は、『女雑書』の特色として、占いや教訓の比重が高く、それらが主たる内容で、詳細な暦注はほとんど省かれ、各丁には挿絵が描かれて、文字だけでなく挿絵からも一層の理解を図り、言外の教訓を諭そうとする意図がうかがわれると指摘している。『絵本女雑書』には畳算が挿絵入りで見え、六四のみくじ判断が書かれているが、畳算は、『たゝみさん辻占詩入都々逸』、『たゝみざん辻占都々いつ』、『畳さん辻うら詩入ど、いつ』など、辻占俗謡占書にも取り込まれている。また、『絵本女雑書』の六四のみくじには、一つに対して「ひより」、「えん」「たひ立」「まちひと」「うせもの」「あきない」「やまひ」「あらそひ」「迷子」「おとづれ」「金銀」「方がく」の一言判断が書かれており、それら項目や一言判断は、一枚摺りの辻占印刷物にも近似した内容が見られる。双六『新撰葉唄都々一辻占壽語呂久』は、マスが全部で六十四あり、それぞれ易占の六四卦に対応させた内容となっているが、一マスごとに、一言判断がついている。その項目は、待ち人、失せ物、願い事である（第三章の辻占双六で図像提示）。

女雑書の内容と比較すると、辻占俗謡占書にも挿絵が各丁に見られ、易占、銭占、畳算、みくじ判断、特に『うた占』においては十二支の事、九曜星の占いが、雑書の占いに重複している。こうしたことから考えると、辻占俗謡占書の読み手は、占いに関心が高く、図像を理解の手立てにする女雑書の読み手に近い人々か、あるいは男性であっても、占い知識を備え、十分に使いこなせる遊戯好きな人たちであったと推測される。

女雑書を生活実用百科として読み、占いリテラシーを身に付けた女性達が、各種辻占印刷物を享受していた場面もあるのではないだろうか。俗謡占書の挿絵には、占いに興じる女性達の姿を描いた図像が見られるのだが、それは当時における実際の享受の一様相を描いているのではないかと受けとめている（図1－10、11、12）。

3　現代に継承される辻占都々逸

辻占を冠し、都々逸をはじめとする俗謡歌詞を託宣として編み、歌える実用占書として売り出すことは、特に幕末から明治時代にかけて流行し、辻占都々逸は玩具絵など一枚摺りの印刷物にも取り込まれるほど一般化した。そうした辻占都々逸流行の跡が、現代の一部の辻占煎餅や辻占楊枝に使用される紙片に、部分的にではあるが継承されていることを確認することができる。

筆者が辻占と都々逸の関係に最初に気付かされた契機は、京都の煎餅屋「総本家宝玉堂」の用いる辻占煎餅用の紙片にあった。「うちの辻占は都々逸なんだ」と店主が言うのを聞き、なぜ辻占と都々逸が結び付くのだろうかと、とても意外な印象を受けた。第四章「現代辻占印刷物の内容分析」に宝玉堂の辻占紙片の写真を提示しているが、それらは挿絵入りの色刷り都々逸である。「今に見さんせみごとに添うて立ちし浮名を反故にせぬ」、「波に浮草流れの身でもすこしや実のなる花も咲く」、「さぞやさぞ〳〵さぞ今頃はさぞやさぞ〳〵さぞやさぞ」といった都々逸が見られる。

中でも「大吉　諦らめましょうとどう諦めた諦らめられぬと諦めた」（宝玉堂）の歌詞（図1－13）は、『よしこの辻占図会　上之巻』（幕末頃か）中の、「第十一平　あきらめましたよどふあきらめた　あきらめられぬとあきらめた」が元歌であると判断でき、これが歌い継がれてきた都々逸歌詞であったことがわかる（図1－14）。

図1－13　宝玉堂の辻占紙片
「諦らめましょうとどう諦めた諦らめられぬと諦めた」

図1－15　宝玉堂の辻占紙片
「爪弾きの心意地からふとした縁で今じゃ人目をしのぶ駒」

図1－14　豆本『よしこの辻占図会　上之巻』(東洋大学附属図書館蔵)
「第十一平　あきらめましたよどふあきらめた　あきらめられぬとあきらめた」『守貞謾稿』はこれを，都々逸を成立させた江戸の寄席音曲師，都々逸坊扇歌の作であると述べている。

また、宝玉堂の「爪弾きの心意地からふとした縁で今じゃ人目をしのぶ駒」（図1－15）は、『都々一葉うたあだくらべ』（幕末刊か）にある、「爪びきの心意気からふとした縁で今は人目をしのび駒」が元歌になっており、心意気を心意地に変化させただけであると指摘できる。菓子のおまけである現代の辻占都々逸の多くには、本来は辻占俗謡占書、あるいは都々逸集に記された元歌が存在したのであろうと推測するのだが、印刷会社側では、紙片作成の経緯が代替わりで不明になっている。宝玉堂では、過去に大阪の印刷会社、日進社（創業昭和二二年）から、こうした辻占紙片、通称「辻占折り」を仕入れて煎餅に使用していたのだが、この会社が卸しを辞めたため、それまで使っていた紙片を集めて別の業者に持ち込み、印刷を依頼し使い続けている。初代からの辻占を変えたくないという気持ちの表れである。日進社では、何が参考にされてこの辻占が書かれたのかが不明になっており、また、他地域の辻占紙片を印刷する会社でも同様の状況である。

しかし、自社の辻占紙片の元歌を把握する、貴重な爪楊枝屋が存在する。河内長野市の「ひょうたんや　八田商店」は、創業大正一〇年の楊枝会社であり、卸しの辻占紙片を使わず、自社で編んだ辻占紙片の使用を昭和の初め

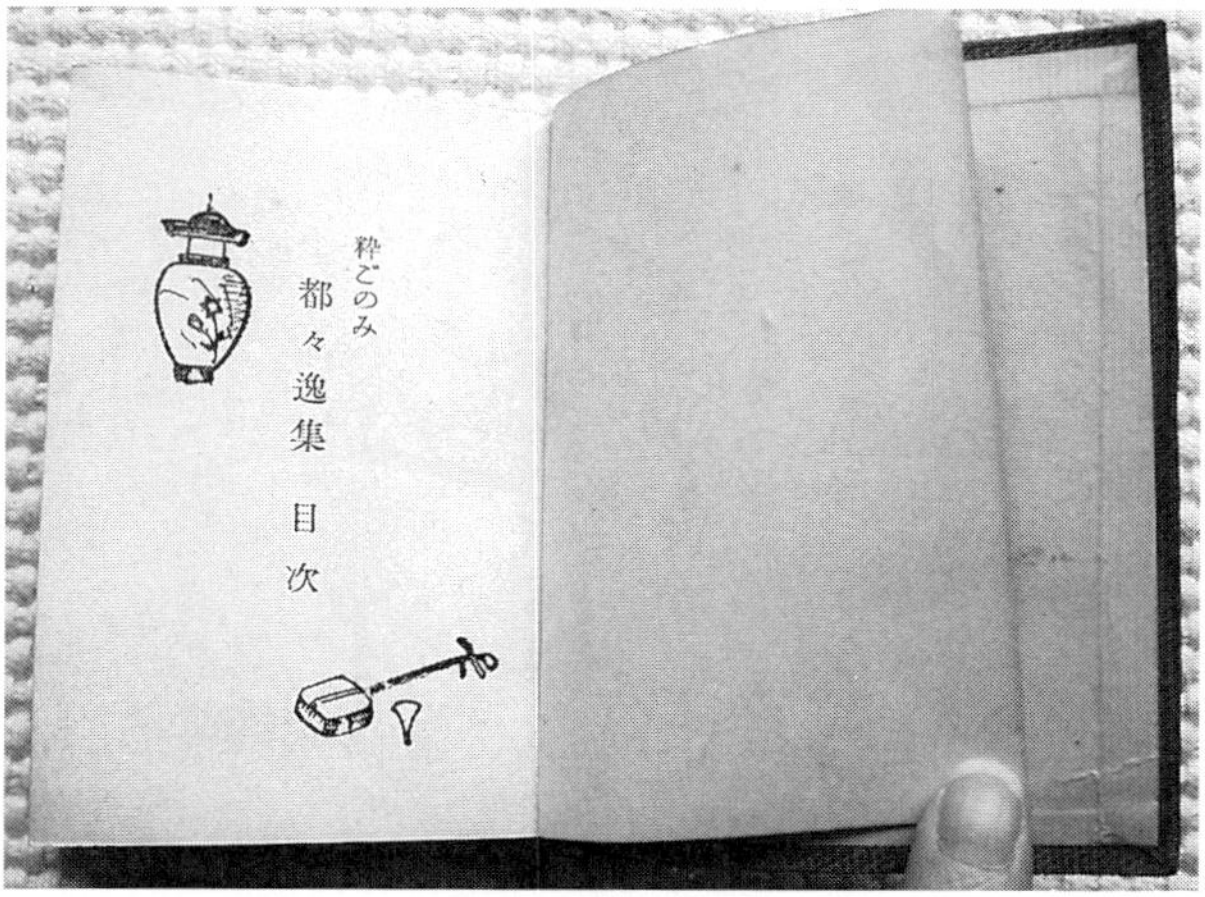

図1－16　都々逸坊冬扇編著『粋ごのみ　都々逸集　目次』（文雅堂書店，昭和31（1956）年）

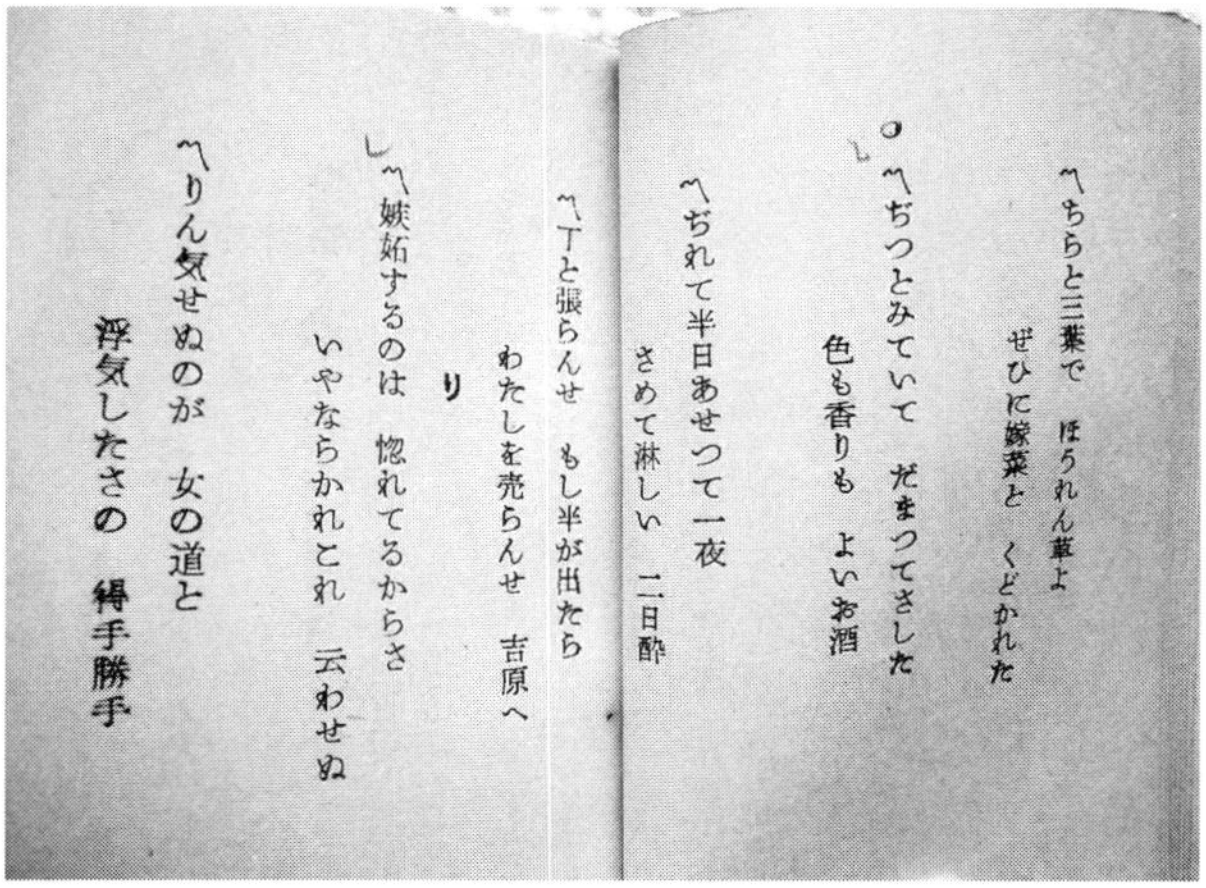

図1－17　爪楊枝の辻占に用いたらしい，印のついた歌。前掲書（溝口政子氏撮影）

頃から続けてきた。河内長野市はもともと黒文字の木が多く自生する土地であり、原木の取り扱いから始まって、次第に楊枝の原産地生産をするようになり、大阪からも楊枝職人が移住してきたため、楊枝産業の一大拠点となった。過去にはお座敷などでの需要が高かったため、ひょうたんやでは、色々と工夫を凝らした辻占楊枝を作っていた。辻占の紙片は、以前は先代社長の手書き文字であったと思う、と三代目社長八田英夫氏は記憶している。(7)

辻占楊枝は細工楊枝の一種であり、手作業の工程を経ないと完成しない。ひょうたんやでは、今では稀となった細工楊枝を作る職人を抱え、紙で作った袋状の小さな纏いや瓢箪、傘や羽子板、凧、団扇、扇の中に、黒文字楊枝

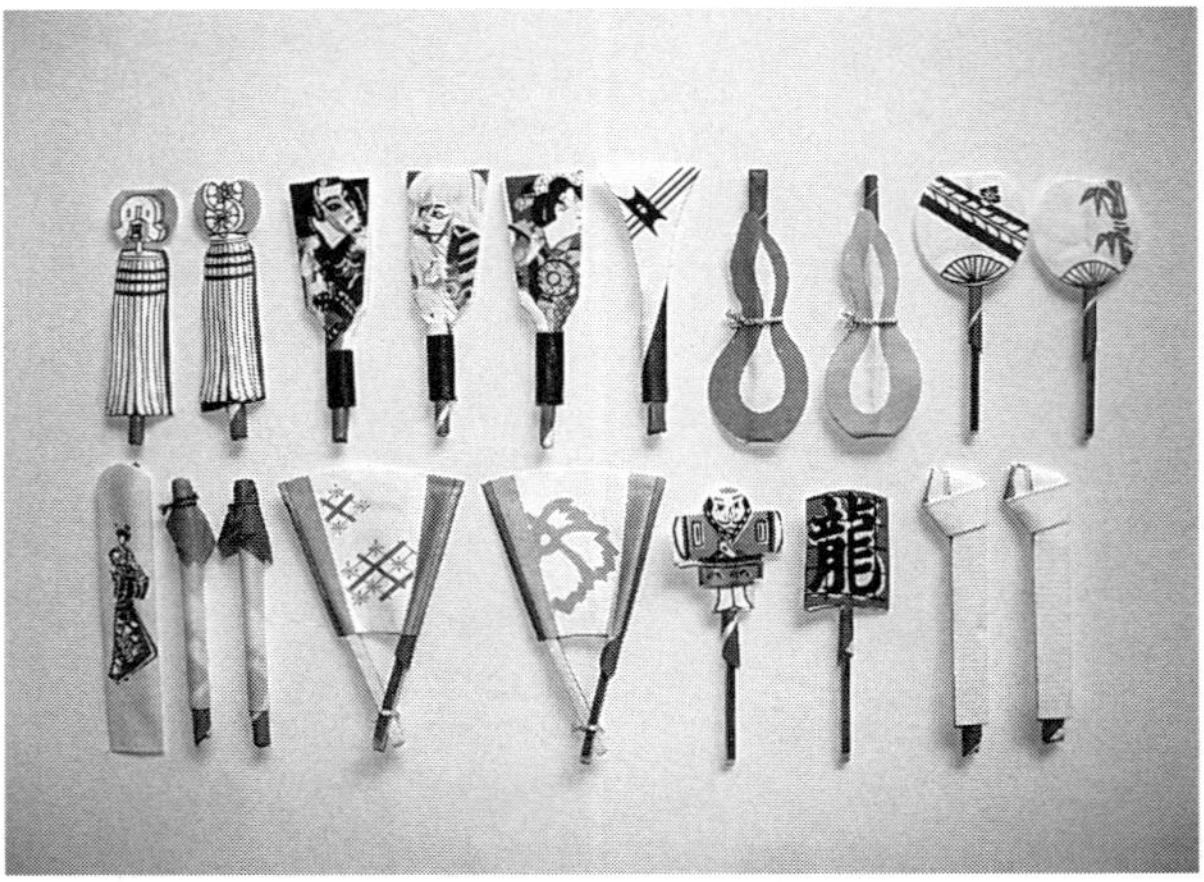

図1－18　ひょうたんやの辻占楊枝

図1－19　ひょうたんやの辻占楊枝を開いた様子

を入れている。ちょうどキャップをかぶせる様に、凧や団扇形の袋が楊枝の頭部分を収めているのだが、引きぬくと、巻きつけられた赤い縁取りの辻占が見える仕掛けになっている。創業当時は他社でも作られていた商品であるが、今ではこのような細工楊枝は珍しく、目を引く珍しさ、面白さがある。使用する辻占紙片には、それぞれにひょうたんの絵が刷られ、その上に都々逸が書かれている。社長の八田氏は、「私達はこれらの言葉を「辻占」というより「都々逸」と呼んでいました」と証言する。現在使用されているのは四七種であるが、昔の版も合わせれば、全部で二二〇種はあったということで、種類は豊富であった。八田氏によると、当社の「都々逸」の元となったのは、豆本『粋ごのみ　都々逸集』（昭和三一年刊）という本であり、今も所蔵されている。この豆本には、五六一種の都々逸が収められ、ところどころに印が付けられており、参考にされた形跡が残っている。例として、印の残るいくつかの歌を挙げてみよう。恋愛に関する歌が多いのはそもそもの都々逸の特徴であるが、主な辻占楊枝の受容地がお座敷であったことも強い要因であるだろう（図1－16、17、18、19、20）。

色じゃなし　恋ぢや尚なし　只何んとなく　逢いたくなるのも　惚れたのか
いま逢うて　すぐに惚れたが　どうして悪い　思案してなら　惚れはせぬ
入れておくれよ　じらしちゃいやだ　主のさしてる　傘の中
いやよ〳〵と言ってはおれど　そのくせ　嫌でも　ない素振り
云わぬが無理か　云えない謎を　とかぬ貴方が　無理なのか
七つ八つから　いろはを習い　はの字忘れて　いろばかり
なんでもないのに　世間の人が　ないしょで逢うよな　仲にする

文字化以前の辻占は、一度限りの偶然に発せられた通行人の言葉を聞くことで判断を下し、中世から近世までは辻占を行う際に呪歌を歌う方法が取られることもあった。呪歌を歌う行為は、境の神、塞の神の言葉を聞くために、

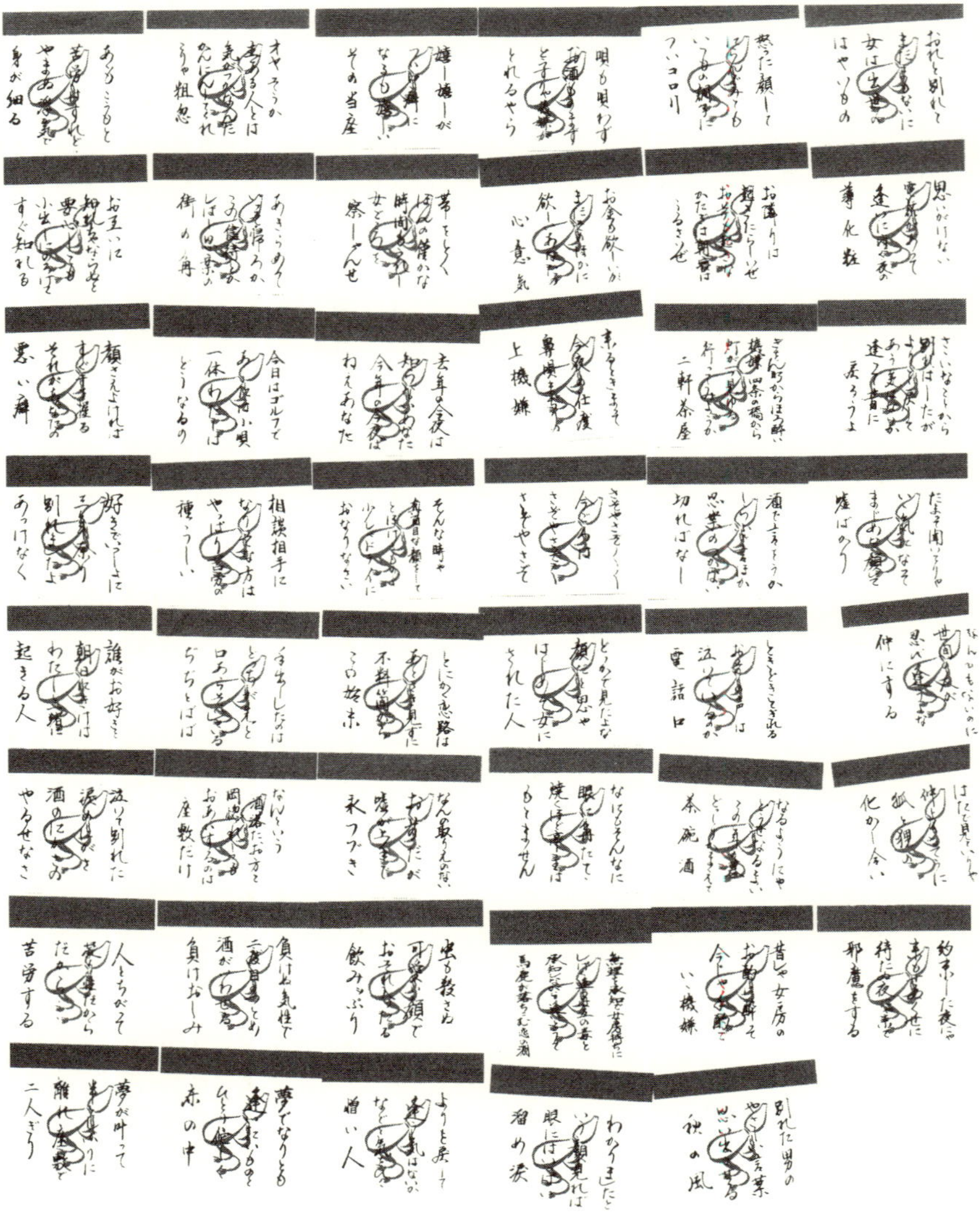

図 1-20　ひょうたんや八田商店による現在の辻占紙片47種

呪術的な力のある言葉を歌詞にして歌い、神を呼びよせ、強く願いを念じた後に耳をすますことが、より的確な託宣を得る手立てであると信じられたために行われたのであろう。古橋信孝は、古代の和歌を論じて、聞くことは最も基本的な神の意志を判断する行為であり、始原的には神意、霊威を耳で感じ、判断することだと述べているが、筆者は、文字化以前の辻占に関しても同様の構造があったと考えている。

歌占もまた、神と交信して託宣を歌で降ろすことにおいては、「聞く」ことに重点が置かれ、辻占とは一度限りで発声せられた言葉を聞いて解釈するところに共通点がある。目には見えない兆しを言葉で捉えて予言や吉凶判断の答にし、また、近世以降に文字化を経て、版本となった歌占と辻占が、恋占いをはじめ運勢判断全般にと守備範囲を広げて普及したところに、当時の人々が二つの占いの近似性を感じていた要因があると考えている。

文字化後の歌占は、短冊に写された古歌を引く形式に変化した後、写本になり、一部は俗謡の出版物として一般化した。俗謡占書として普及した時代には、当時流行の都々逸、端唄節に恋愛を主題とした歌詞をのせ、それを託宣として項目や挿絵も豊かな遊戯的な歌本の占書として成人男女向けに出版された。俗謡占書の歌詞は流行りの節回しで書かれていたため、もちろんそれを歌うことはできただろうが、漢詩も含めた様々な占い項目が盛り込まれたそれは、情報豊富であり、享受の在り方は、むしろ「歌って」「聞く」よりも「読む」ことで楽しむ方向へ移行を遂げつつあったと見える。

辻占文字化の起点ははっきりとしていないが、一八四〇年代以降には辻占一枚摺りが現れており、一八五〇年代から明治、大正頃までは辻占俗謡占書や辻占一枚刷り、双六など辻占印刷物の様々が印刷される流行期となっている。複数の辻占俗謡占書が、文字化以前の呪歌や方法を序文で述べることはなく、表題では辻占と冠しながらも歌占の起源を講じ、易占や銭占、おみくじなどを盛り込む異なる占いが融合した占書となっている。辻占への易占の影響は、遡れば新井白蛾の『易学小筌』、『古易一家言』の流行の影響を受けたものである。辻占俗謡占書には、大雑書に見られる占い知識も盛り込まれたものが見え、同時代の多くの通俗的な占書、雑書の内容が辻占に刺激を与え、内容を多様化させていたと思われる。

「辻占都々逸」は広く受け入れられ、長く息を保っている。出版物の枠を越え、菓子や楊枝に付ける紙片の文句にまで用いられるようになった。京都の辻占煎餅、河内長野市の辻占楊枝に現在も使用される紙片の一部には、近世後期以来の辻占都々逸が記されている紙片を確認することができた。それらの都々逸文句を遡れば、江戸時代の辻占俗謡占書、あるいは近代の都々逸選集という種本に辿り着く。現代の煎餅や楊枝の享受者にとっては、それらは「読む」占いに過ぎないであろうが、本来その文句は音楽を伴う、「聞く」占いでもあったはずである。小さな紙片に書かれた言葉のうしろには旋律があり、かつてはそれを口ずさむことのできる人が大勢いたであろう。辻占の俗謡占書としての展開は、文戯としての言葉遊びが進むにつれ、実際に歌うことより、読まれる歌謡的遊戯へと変容していったとは、先行研究において述べられているところではあるが、それでも、根底には、歌占に通ずる歌の呪術性、歌の力を信仰する心意が存在していたと考えている。

第二章　近世における辻占の展開

文字化した辻占は、これまでの事典や辞典類の解説では、一枚の写真や挿絵の提示もなく、あぶり出しや菓子に入った紙片、あるいは爪楊枝や箸袋などに印刷した紙片とだけ説明され、実態が伝わり難かった。辻占を冠する占い印刷物には、上記のような小紙片のみならず、大判の双六やかるた、玩具絵、都々逸形式の俗謡占書群が存在することがわかってきた。それらは近世後期に成立し、残存資料の多様さや、点数から辻占の流行期があったことを思わせる。辻占印刷物は、当時の流行風俗と俗信、そして歌舞伎の世界などを内容に反映させ、出版物としては双六、かるたといった紙製遊具の遊戯性をも融合させる遊戯的占い装置の役割をも果たしている。

本章においては、これまでの辻占研究では発見されていなかった様々な印刷物を図像入りで提示し、「辻占」と呼ばれる印刷物が、全体としてどのようなものであったのかを明らかにしたい。また、第二節では、辻占印刷物の背景となる、売り手と買い手、花街という特殊な享受の場の問題に注目する。辻占は花街文化を吸い上げ、図像や占い文句にその影響を取り込み、そこで享受されることで、逆にその場に影響を返していくといった循環を見せた。誰がどこでどのように販売し、どのような人たちが買い求めて占いを楽しんでいたのかを考察する。そして、おみくじ、懸想文といった、しばしば辻占と混同されてきた占いを比較検討し、共通項と辻占の独自性を論じて進めたい。

1　流行・評判を映す辻占印刷物

1－1　一枚摺り

「辻占○○」と冠して刷り出された印刷物には多様性があり、一枚摺りをはじめとして、子供向けの玩具絵、俗謡占書、かるた、双六、千社札、団扇絵などがあった。それらは近世末期の辻占流行期といえる時期に成立し、一枚刷りや俗謡占書、千社札など一部は明治以降でも引き続き出版された。文字化辻占の初期の形は、裁断線が入った一枚摺りで、おそらくは挿絵もない、素朴な一言判断型の様式であったようだ。梅亭金鵞作『花鳥風月』（弘化元（一八四四）年）には、辻占煎餅を開く情景があるが、「毀せば中から出る紙に、紺泥を以って摺りたる辻占「思ひ切つて遣つて御覧な。」第二番目を出してみれば、「怖い思ひも些とは為るとさ。」第三番目に当たりたるは、「夢の様で嬉しいよぅ。」とある（梅亭　一九一六：一九八頁）。

為永春水『春の若草』三編之上（天保期刊（一八三〇〜四四））には、「あ。か。に。し。だ。よ。」、「まちがひなしだとサ」とだけ書いてある紙片が出てくるのだから、初期のそれは流行歌でもなく、易や銭占が書いてあることもない素朴な言葉のみであったようだ（為永　一八九三：一二一〇頁）。しかし、一言判断型で挿絵もない、最も古い辻占の「使用済み」の断片は、張り込み帖にも残っていないため、現存の辻占一枚刷りから初期の形式を検討することになる。素朴な一枚摺りの普及後には、色彩にもデザインにも工夫を凝らし、流行の歌舞伎役者の似顔絵を大きく取り込んだ占紙や、花街の粋と流行を意識した俗謡占書、辻占かるたや双六が登場する。

これまでに明らかになっている最も古い時期の一枚摺りは、菊池真一の調査から、大坂で発行された『浪花みやげ』に所収されている六点、「辻占言葉の種」、「つじうらもんく」、「辻占よしこのぶし」、「辻占五十三次新文句」、「辻うら袂のしら絞」、「辻うら粋ことば」であることがわかっている。その全てが単色墨摺りの素朴な紙面で、ことに「つじうらもんく」は挿絵が全く無く、俗謡にのせた占い文句以前の、簡素な一言占いであることが注目される。「辻占よしこのぶし」ともなると既に流行歌の歌詞にのせた占い文句を書いており、後の俗謡占書に続く発想が既に表れていることを指摘できる。ただし、『浪花みやげ』所収の六点が、初期の辻占であることに間違いはないが、これが実際に裁断され、使用されたかどうかとなると慎重にならざるを得ない。

おもちゃ絵や歌謡の研究を行う小野恭靖は、『浪花みやげ』の名は、大坂で流行している文化を地方への土産とするところから付けられたものだろうと考え、実際に大坂に旅をした者が、自分の居住する各地方へ帰る際の土産としたようで、今日各地にその版が伝来していると報告している。つまり『浪花みやげ』は、大坂で流行しているなぞ、ユーモア、言葉遊びなどを、番付を中心に取り合わせた読み物なのである。そのため、辻占六点も、本物の辻占一枚摺りを模倣した言葉遊びの一種である可能性が考えられる。「魚づくししゃれ文」、「鳥づくししゃれ文」を書いた繁丸は、「辻うら袂のしら絞」と「辻うら粋ことば」の作者でもある。刊行当時、こうした辻占が出回っていたために、大坂の流行の一端を伝える土産物本の読み物として、戯作者に作られた可能性も強く、菓子屋や辻占売りが実際にこれを裁断して用いたかどうかは資料が不足し断言がし難い。しかし、仮にパロディ的な読み物であったとしても、当時に、戯作者が見本とする辻占が存在したことの証左にはなるだろう。

『浪花みやげ』の版元は、塩屋喜兵衛であり、江戸時代末期に大坂心斎橋博労町に店舗を構えた書肆兼草紙屋である。塩屋喜兵衛は、文政年間から天保年間（一八一八〜四八）にかけて活躍し、様々な書簡を刊行した。当初は一枚摺りの瓦版をそのまま販売したらしく、今日でも「書肆兼草紙問屋　大坂心斎橋博労町　塩屋喜兵衛板」の刊記を持つ瓦版を散見することができる。後に塩屋は屋号を河内屋と変え、「河内屋平七」の名で、以前刊行した一枚摺りの瓦版の背を交互に張り合わせて冊子とする出版を行った。嘉永年間頃には、それまでの一枚摺りの瓦版を一括して集成し『浪花みやげ』と称して販売した。刊記によれば瓦版二二枚を張り合わせた冊子二〇冊があり、引き続いて大揃（一篇）五冊、二篇五冊、三編五冊が刊行されたようである。それらの内容は、一冊ごとに張り合わせる瓦版が異なるために同じではない。瓦版の大半は、番付的な構成によることば遊びや歌謡などで占められており、しゃれ、口合、判じ物、なぞ、文字遊び、その他、無理問答が多い（小野　二〇〇二：一九〜二一頁）。それでは『浪

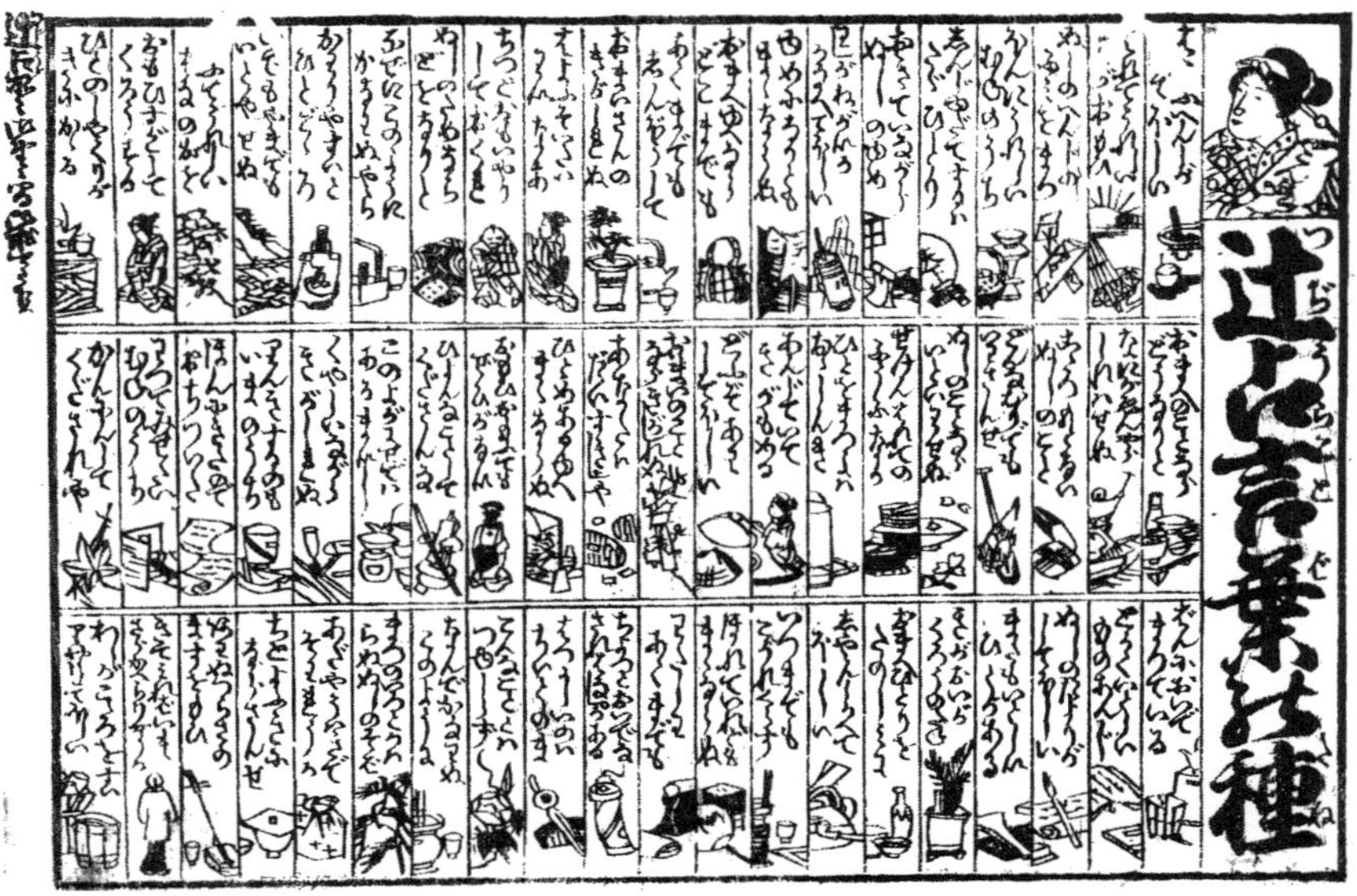

図2－1　「辻占言葉の種」『浪花みやげ』三篇一（静嘉堂文庫蔵）

花みやげ』所収の辻占六点を見ていこう。

①「辻占言葉の種」の内容を分類すると、一言判断型である。縦三×横二〇列＝六〇片に裁断可能であり、全片（枠内）に挿絵が入る。挿絵には芸妓や客といった人物像が七枠に描かれる。その他には器物、植木鉢、三味線、恋文、徳利といった器物が描かれ、花街風俗をうかがわせる。表題上部には、「こんぶ」と書かれた辻占昆布の袋を手にした女性が認められ、当紙が実際に昆布菓子に封じ込まれる種、つまり紙片であった可能性も考えられるが、もしくは、この時代の昆布菓子に添えられていた辻占をもとに、作者がパロディとして辻占言葉集の一枚摺りを書いたとも考えられるだろう。一枠は細く、内には一言型の辻占文句、「あんじていてきがもめる」「りんきするのもいまのうち」「おまへゆへならどこまでも」といった文句が見える（図2－1）。

②「つじうらもんく」は挿絵もなく、最も素朴な初期の様式を示している。一言判断型で三×二七

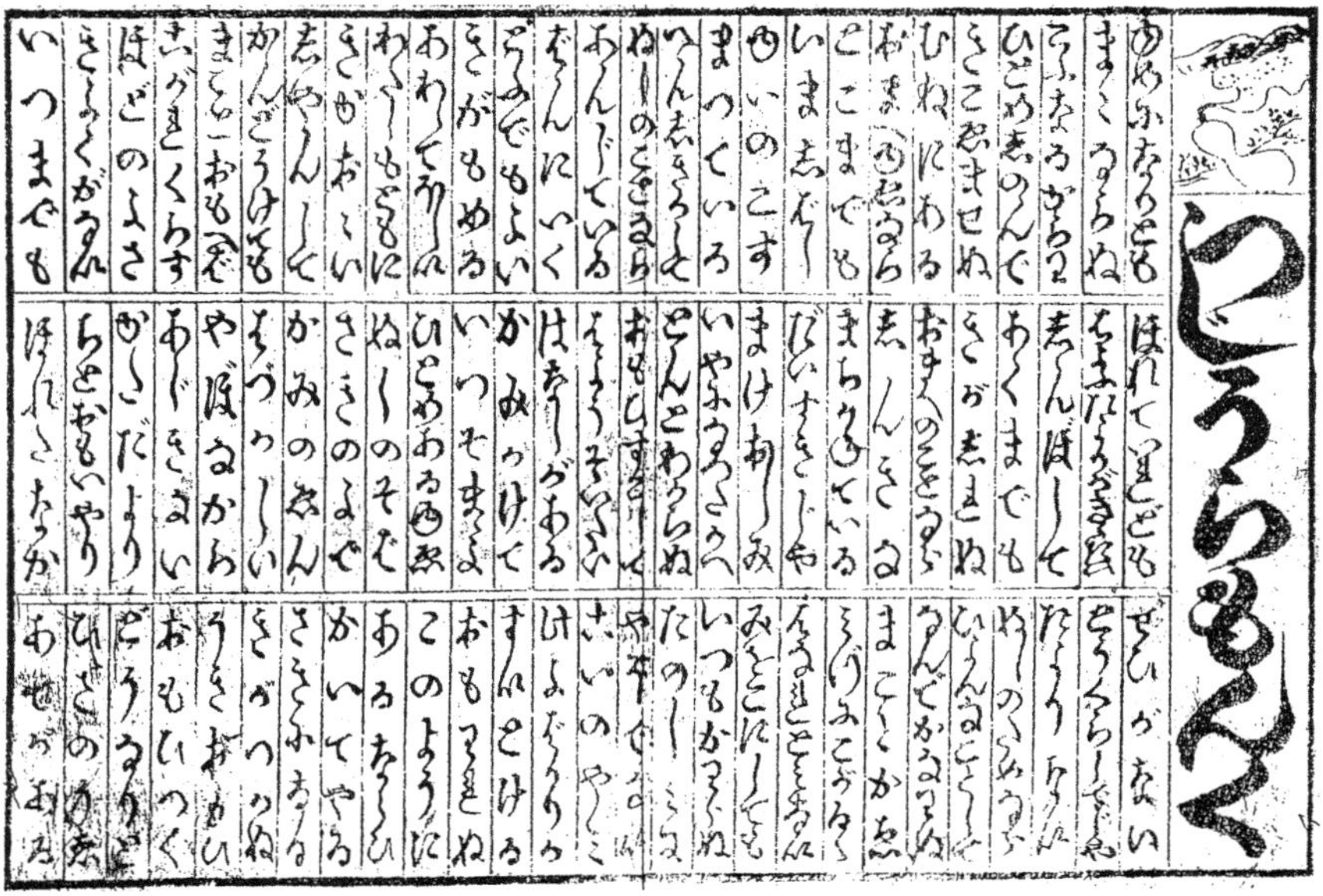

図２－２　「つじうらもんく」『浪花みやげ』三篇二（静嘉堂文庫蔵）

＝八一片に裁断可能である。「ゆめになりとも」、「ほれていれども」、「ぜひがない」、「はよふたよりがきゝたい」、「まつている」といった心情が書かれている。短い、このような一言型こそ、三枚続けて引き、文句を繋げて連想を広げ、判断を下す方法に適している。タイトル「つじうらもんく」上部には不思議な煙を出す瓢箪と山の絵が書かれ、「瓢箪」「山」を暗示していると見える。瓢箪と山は辻占で有名な瓢箪山稲荷を連想させるシンボリックな図像である（図２－２）。

③「辻占よしこのぶし」流行歌（よしこの）型。三×一一＝三三片に裁断可能。全枠内に挿絵が入り、人物像が二三図と多い。人物以外には、鏡台、酒器、願掛け絵馬、恋文といった挿絵がある。よしこのにのせた文句には、出世判断や金運について書かれたものもあるが、中心となるのは男女の恋愛の心情である。「ふみやたよりでくらしていれど　こゝろもとないぬしのむね」、「すきなおかたはなぜまゝならぬ　よそのこいでもこふかいな」、「さけのきげんでいふてもみたが　あとでこ

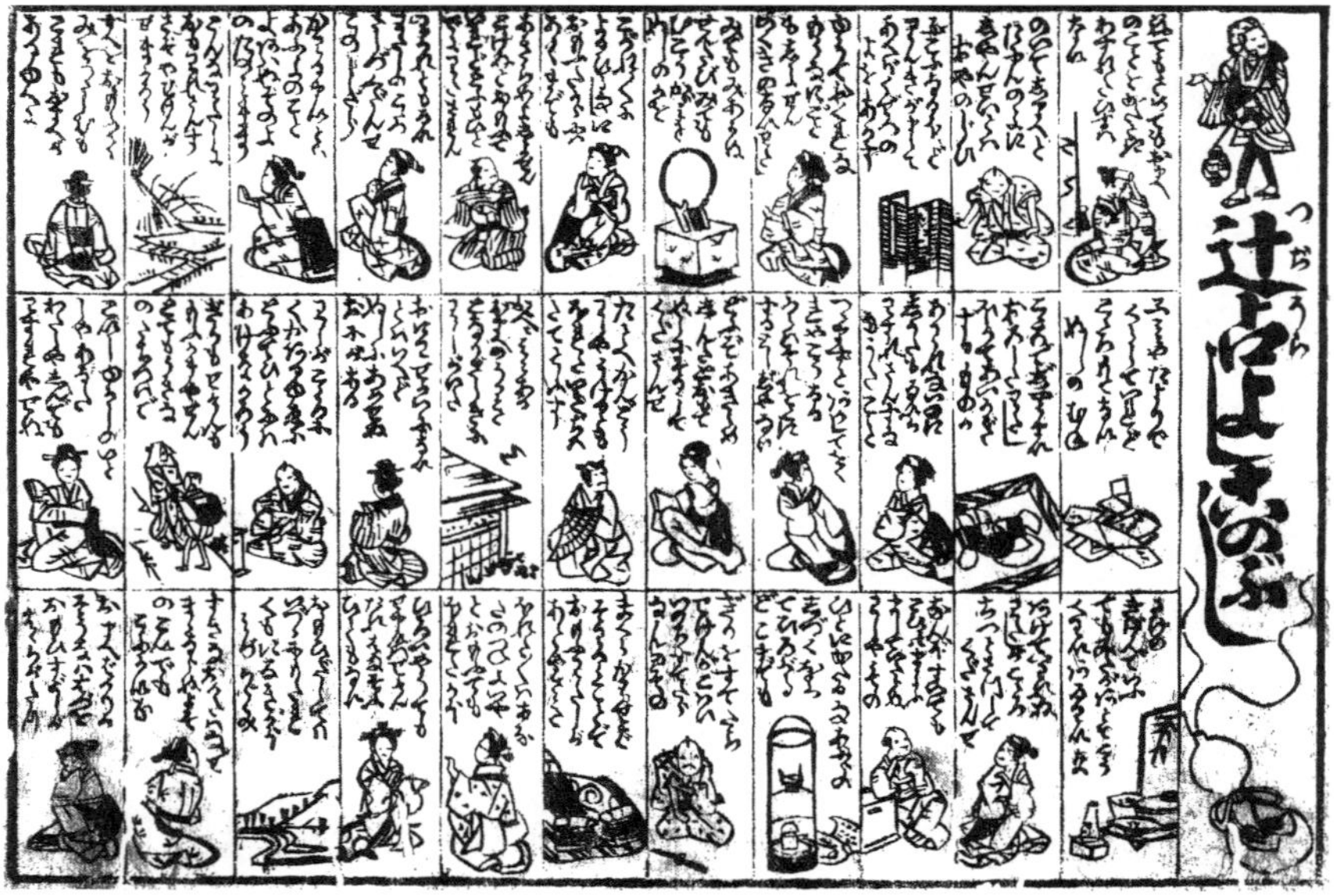

図２－３　「辻占よしこのぶし」『浪花みやげ』三篇二（静嘉堂文庫蔵）

うくわいあるわいな」、「あけていわれぬわたしがこゝろ　ちつとさつしてくださんせ」、「おにわせかいにないとはいへど　ぬしにあはせぬおにがある」、「こんなわたしにおもわれさんすさぞやせけんがせまかろう」などがある。

注目すべき点は、タイトル「辻占よしこのぶし」の上部に、瓢箪の絵が描かれた提灯を持つ辻占売りが見え、下部には瓢箪図が描かれているところである。これもまた、瓢箪山稲荷の辻占との関係を示唆した図と考えられる。瓢箪は、辻占売りの提灯や被り物、肩から下げた箱の表面に描かれるなど、瓢箪山稲荷の辻占を示す象徴的な図像であり、現代でも、社務所で販売されるあぶりだし辻占の袋に描かれている。

瓢箪図を入れることにより、辻占は、評判の瓢箪山稲荷社の知名度、御利益を背景にすることができる。瓢箪山稲荷神社側においては、辻占の摺り物を考案したのは、明治以降の宮司の功績であるとする説があるが、そもそもの文字化辻占の起源に関わる、一枚摺りの辻占を考案した人物や版元は不明である。しかし、初期の辻占に瓢箪山稲荷図があることから、

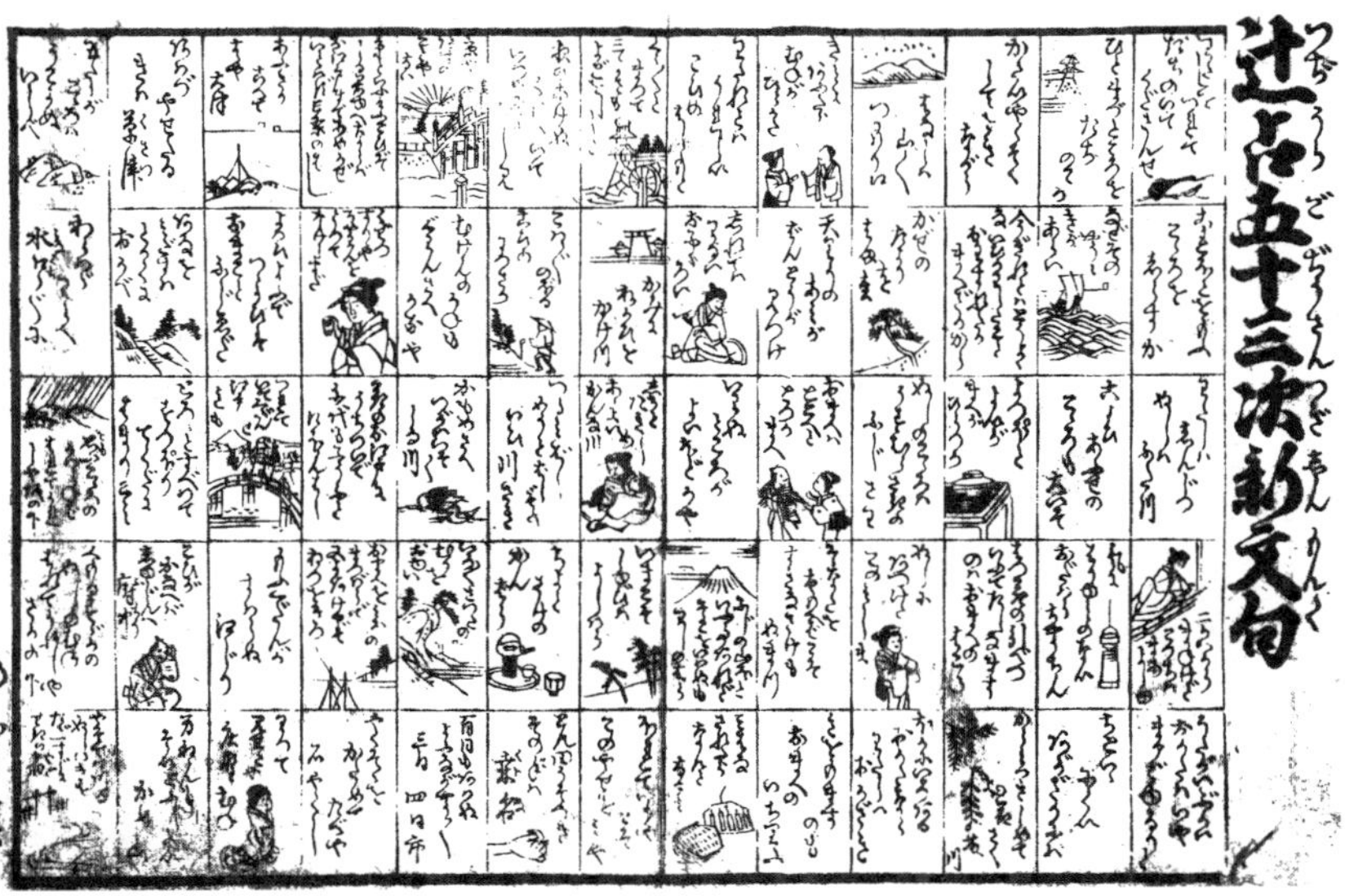

図2－4　「辻占五十三次新文句」『浪花みやげ』三篇五（静嘉堂文庫蔵）

瓢箪山の辻占の評判に着想を得た、大坂の人物の手になるものであった可能性は強いと見ている（図2－3）。

④「辻占五十三次新文句」は一言判断型である。五×一三＝六五片に裁断可能であり、挿絵が入る。梅柳撰。東海道五十三次の宿場町を読みこんだ趣向である。「わたしをつれておちのひてくださんせ」、「これほどをもふこゝろをしらすか」（白須賀宿）、「わたしハしんじつぬしハふた川」（二川宿）、「二かいからまねけどこつちハまあよし田」（吉田宿）、「うたがいぶかいおかたハいやまァごゆるりと」（御油宿）、「なぜそのやうにきがあらい」（荒井宿）、「こよひあふせのこゝろも大いそ」（大磯宿）、「かぜのたよりをはま松」（浜松宿）、「ぬしのこころハうすむらさきのふじさわ」（藤沢宿）、「こひがかなへバしゆじんハ府中」（府中宿）といった文句がある。

五十三次の宿場名を入れる語呂合わせの趣向を優先させているため、恋占いというよりも、言葉遊びで諧謔味を出している。五十三宿揃ってこその面白さなので、こちらは裁断せず、読み物として享受さ

図２－５　「辻うら袂の志ら絞」『浪花みやげ』三篇五（静嘉堂文庫蔵）

れたのだろう（図２－４）。

⑤「辻うら袂のしら絞」は一言判断型で、繁丸作。三×一九＝五七片に裁断可能であり、全片に挿絵が入る。人物が一九片、釜、酒器、刀、三味線、手紙、小判といった器物図のほうが人物より多く、三八片である。「おまいのことならきがしれぬ」文の図、「あはぬつらさのものをもい」三味線の図、「やぼなわたしがはづかしい」女性図、「だまされたかたよりがない」腕組みをする男性図、「よいたよりがきゝたい物じや」男性図、「だましておくれなへ」女性図、「りんきするのもいまのうち」酒器図か（図２－５）。

⑥「辻うら粋ことば」は一言判断型で、五×一二＝六〇片に裁断可能である。挿絵は三〇片に入るが、女性図がたった三片であるのがかえって珍しい。「おまへゆへならいといわせぬ」家の図、「とんでゆきたいおまへのそばへ」図無し、「さけのきげんでなをすきじや」酒器図、「わすれさんすなばんにこそ」図無し、「あんじていてきがもめる」女性図な

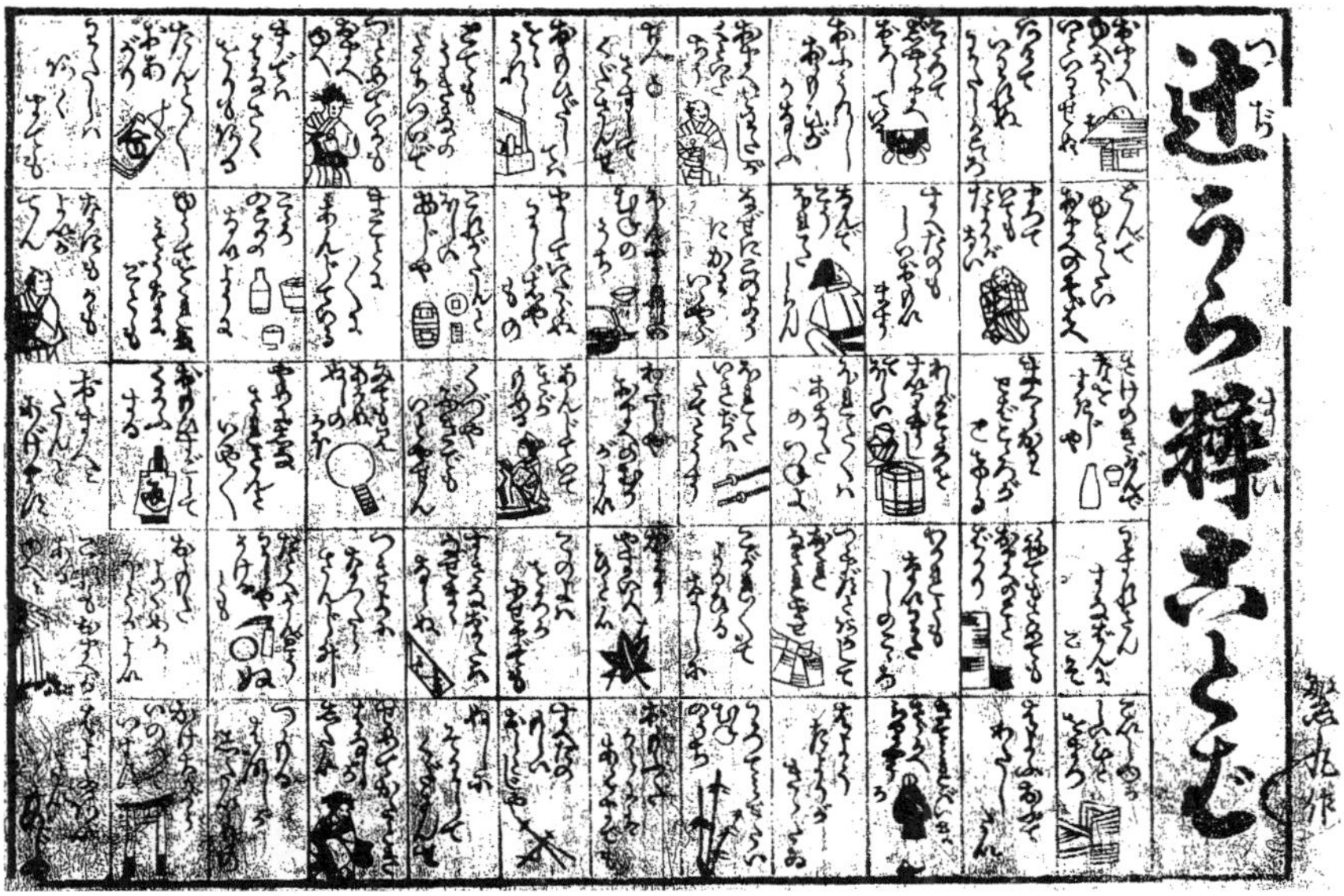

図2－6　「辻うら粋ことば」『浪花みやげ』（静嘉堂文庫蔵）

どがある（図2－6）。

⑦『浪花みやげ』から離れ、極印から、文久年間発行かと思われる色刷りの辻占を提示したい。『新版つじうらづくし』（個人蔵）は歌川派の画師歌川房種による。房種は安政から明治三〇年頃まで活躍した上方出身の画師で、はしか絵、開化絵、新聞挿絵を描いた。『新版つじうらづくし』には辻占にはよく見られる芸妓の挿絵がなく、お面や人形、貝合わせといった玩具が描かれている。辻占一枚摺りでも、子供向けに摺られたものは、「おもちゃ絵」に分類しているのは、児童出版文化研究者のアン・ヘリングである。子供の手遊び用に摺られた紙製玩具には、日常品の切り取り遊びや影絵、判じ絵、なぞなぞ、絵馬、単語、立版古など多種類がある。ヘリングはおもちゃ絵を機能で三分類し、1細工用、2書籍の代理、3遊具用とし、辻占一枚摺りは3に分類した。しかし、図像と文句から、大人向けか子供向けかを判断するのは難しい。「むねがにへるよ　薬缶の湯が沸騰する図」、「すへひろかりよ　扇子図」、「かこのとりたよ　鳥かご図」、「しのんておいてよ　行燈

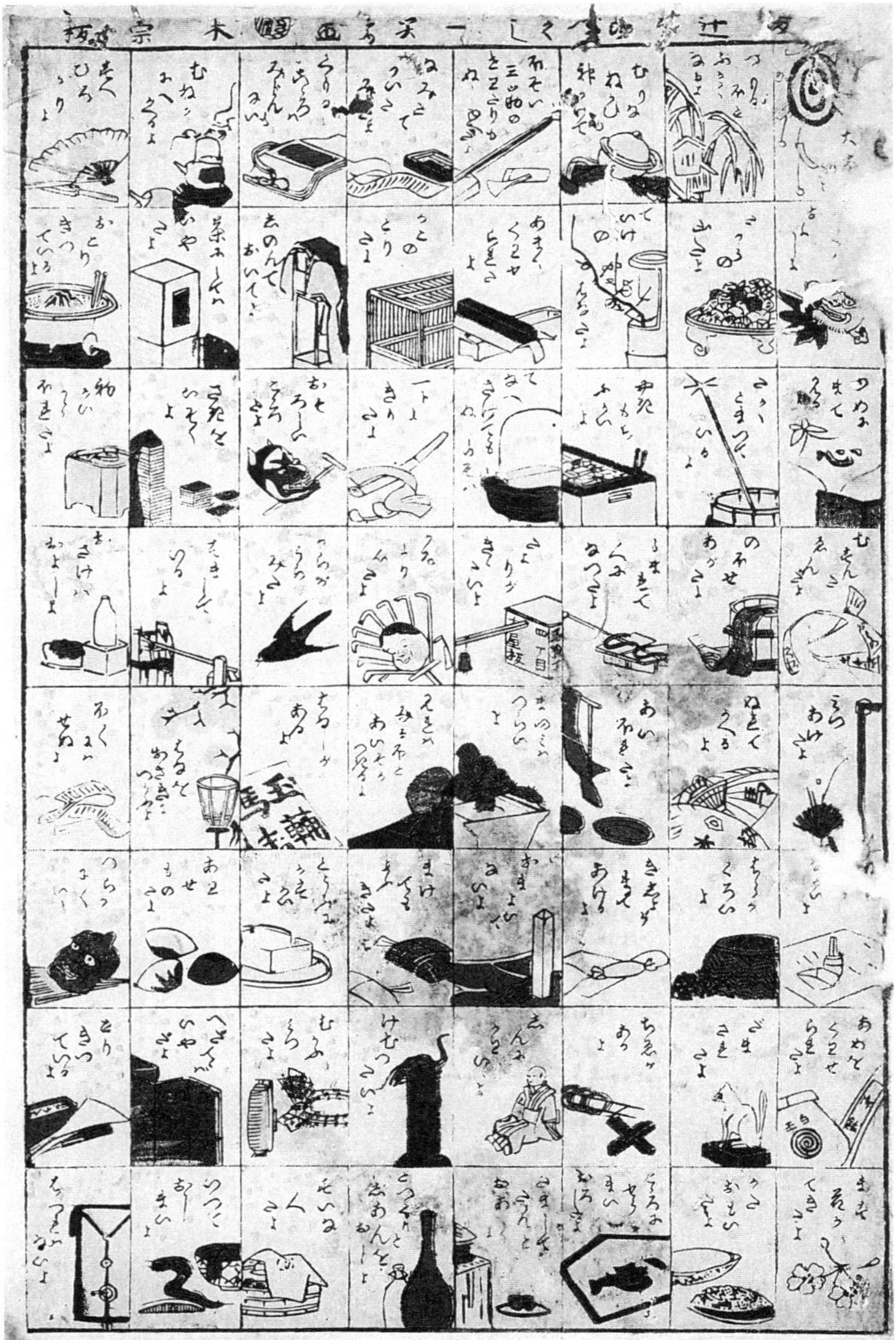

図2−7　一笑斉房種画『新版つじうらづくし』（個人蔵）

か」、「さきをいそくよ　本か」、「あわせものたよ　貝合図」、「おさけはおよしよ　酒器」、「おまよひてないよ御籤箱か」、「とつくりとしあんをおしよ　徳利図」といった組み合わせが見られるが、お面や人形は子供向けとしても、徳利や酒の図は大人向けのように見える。『新版つじうらづくし』は、年かさのいった子供が遊ぶのに相応しいおもちゃといったところだろうか（図2－7）。

1－2　役者似顔の辻占

浮世絵には、庶民の要望や嗜好を反映させた題材が採られ、美人画から風景画、歌舞伎役者を代表として、非常に多くのものが描かれた。購買者の目的も、観賞から実用までと幅広く、生活の場面ごとに享受される多様な浮世絵が摺られた。なかでも役者絵は、浮世絵が開拓した新しい分野であり、歌舞伎役者は主要な題材であった。いわば庶民にとって役者絵はポスター、ブロマイドのような位置付けで需要が多く、画師の多くがこれを描いた。流派としては歌川派の初代豊國が役者絵に独特の境地を開き、また文化文政期の江戸芸術爛熟期に重なって歌舞伎が大衆的な支持を得たため、時流に乗った歌川派は膨大な画師を擁して江戸末期の浮世絵界で大活躍をした。『浪花みやげ』の辻占は、墨摺りの素朴な紙面であったが、そこから展開した辻占には華やかな色刷りの役者似顔の紙片も現れた。ここからは、菓子の販売促進物としての役者似顔の辻占成立の背景と、その享受のされ方、画師について述べたい。

作家淡島寒月は、安政から明治初年頃の風俗を綴る「行楽の江戸」（初出大正六（一九一七）年）の中で、歌舞伎役者の美麗な紙片入り辻占菓子を考案した店「望月」について書いている。エピソードの詳細は後述するが、寒月は、「辻占は望月堂や森田（これは切山椒で有名である）も有名であったが、この望月が元祖である。当時の辻占は役者の似顔や何かが色摺になっていて誠に綺麗なものであった。」と述べている。ただし、歌舞伎役者の辻占紙片は「遠月堂」が元祖だとする木村捨三による記事もある。趣味誌『集古』昭和八（一九三三）年に掲載された、木村による「遠月堂菓子店」記事によると、遠月堂菓子店は、弘化（一八四四～四八）年間頃に、「役者似顔辻占煎餅」を売

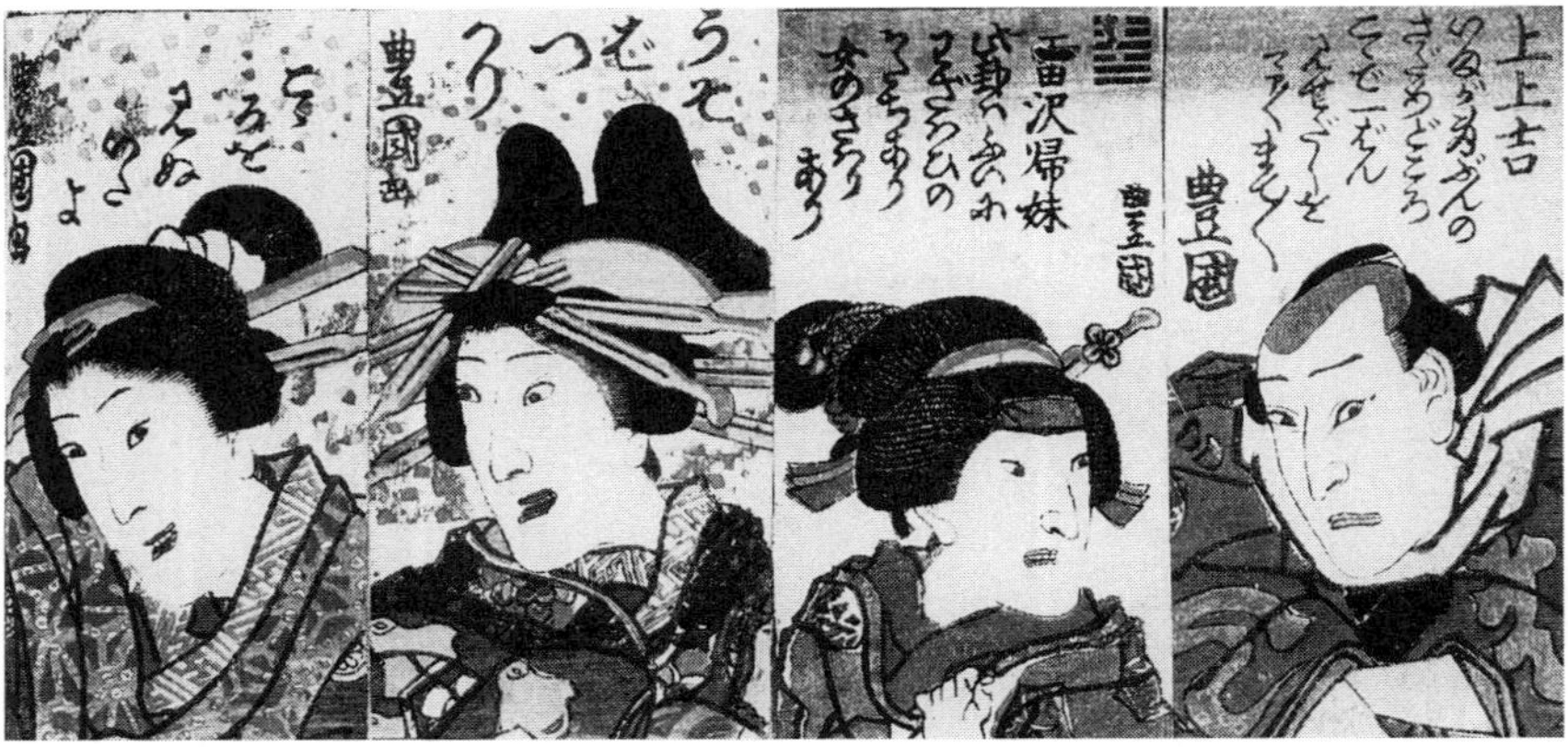

図2-8　歌川豊國『江戸辻占』部分（東京都立中央図書館特別文庫室蔵）

り出し、「芝居好きの連中に人気を博したる店」で、「絵は亀戸豊國、後には芳幾の手に成りしといふ。その名高かりしこと、嘉永六年の當代全盛江戸高名細見の菓子屋の部に山形として、元治元年のさいせい記、江戸高名の部の筆頭に載れるにても知るべし。」と述べられる（木村　一九八〇：五〇一頁）。

遠月堂の辻占紙片は豊國や芳幾の絵で大評判となり、これを真似した大伝馬町の梅花亭と八丁堀の清眞堂からも、類似の辻占が売り出されたとある(1)。望月が遠月堂以前の開業であるかどうかは、詳細が不明であるが、次々と模倣紙片が作られるほど人気の高い図案であったことがうかがわれる。菓子として手ごろな煎餅と庶民に大いに支持を得ていた娯楽、歌舞伎人気にあやかり成立した辻占である。

寒月が「当時の辻占は役者の似顔や何かが色刷になっていて誠に綺麗なものであった。」と評し、木村捨三が「この辻占せんべいといへるは、お手遊煎餅位のものを二つに折りて、丈二寸五分、巾一寸五分程の本の形ちになし、彩色七度入りの似顔辻占を一枚づゝ、はさみたるものにて、絵は亀戸豊國、後には芳幾の手に成りしといふ。」と記した紙片は、買い手の収集欲をそそったものらしく、張り込み帖に紙片がずらりと並べられた資料が残っている。『江戸辻占』（都立中央図書館）の紙片は多色摺りで、それぞれ「豊國」と入っており、寒月、木村からの情報にまさしく重なり、縦七二ミリ×横三七ミリである。この張り込み帖には、一二四枚の紙片が貼られ

図2-9　歌川豊國『江戸辻占』部分（東京都立中央図書館特別文庫室蔵）

ている。辻占煎餅を買う人の中には、菓子より美しい紙片が目当てで買い集めた人が他にもいただろう。張り込み帖は、多色摺りで美しい役者似顔の辻占がブロマイドの意味を持ち、煎餅は付加価値商品として販売され、享受者の中には読み捨てるのではなく、観賞用に収集、保存した人がいたことを示している（図2-8、9）。

1-3　団扇絵の題材として

『江戸辻占』の紙片に役者似顔を描いた豊國は、辻占紙片を装飾的に効かせた華やかな団扇絵を残している。残存資料は未使用の団扇絵で、大きさや団扇に仕立てる実用性から、これが実占目的に用いられたのではないだろうから、占い役割を果たした辻占印刷物の範疇外ではあるが、近世の辻占を題材とする浮世絵作成において、中心的人物といえる画師、二代歌川豊國（國貞）と玄魚の作が含まれるので取り上げたい。

東京国立博物館が所蔵する辻占を題材とした団扇絵には一一点がある。それらを団扇絵に描かれた表題で分類すれば『縁結當辻占』『江戸八卦當ル辻占』『六菓煎』となり、それぞれ中央には美男美女を配しながら、辻占紙片を副題的に用いている図となる。

（1）『縁結當辻占』

①「縁結當辻占　たてひきがあるよ」（女性が左手に辻占煎餅、もし

図2－10　『縁結當辻占　つがふがいいよ』
（東京国立博物館蔵／ Image: TNM Image Archives）

図2－11　『縁結當辻占　きまりがいゝよ』
（東京国立博物館蔵／ Image: TNM Image Archives）

くは蛤の中に辻占の入ったものを持っている）

②「縁結當辻占　あんしんだよ」（女性が筆を持ち、手紙を書いている様子）

③「縁結當辻占　つがふがいいよ」（女性が手にバチを持っている）

④「縁結當辻うら　きまりがいゝよ」（女性が「うはきやめなよ」と書かれた辻占紙片を持ち、驚いているような表情を浮かべている。背景は刺身の盛り合わせや酒器が描かれ宴席を表現している）（図2－10、11）

（2）『江戸八卦當ル辻占』

八卦と称しながらも易占は描かれていない。図像は歌川広重の『江戸百景』で取り上げた町と年中行事の風景との重複が見られるため、おそらく「江戸八卦」は「江戸百景」のもじりであろう。制作は豊國と、当時評判の浮世絵師兼意匠家であった玄魚による。玄魚は、広重『江戸百景』の目録の図案を描いた人物である。そうした背景から、玄魚考案で『江戸八卦』が発案されたのかもしれない（図2－12、13）。

①「江戸八卦當ル辻占　さるわか町」辻占は「口がかるいよ」（猿若町の町並みを背景に、風呂敷を手にした女性が中央に歩く）

②「江戸八卦當ル辻占　日本ばし」「おひきがあるよ（辻占紙片には福助図）」（日本橋。中央には「魚」と書かれた団扇を片手に夕涼みする男性、背景には七夕飾りと家々の屋根）

③「江戸八卦當ル辻占　柳ばし」「てがあるよ」（柳橋。白象、菖蒲、蓮の葉が描かれた屏風の前に「寿」と書かれた扇

図2－12『江戸八卦当ル辻占　しんよし原』（東京国立博物館蔵／Image: TNM Image Archives）

図2－13『江戸八卦当ル辻占　御くらまへ』（東京国立博物館蔵／Image: TNM Image Archives）

図２－14　『六菓煎　見立文屋　遠月堂の辻うら』
（東京国立博物館蔵／TNM Image Archives）

子を持つ女性）

④「江戸八卦當ル辻占　しんよし原」「きつとくるよ」（新吉原。植木鉢を並べた棚の前で長い手紙を読むおいらん。辻占紙片には紙で折った蛙の絵）

⑤「江戸八卦當ル辻占　御くらまへ」「願ひハかなひ来よか」（御蔵前。「奉納　梅素亭」とあるので、梅素亭玄魚を示している。「成田山」と書かれた長提灯を背景に、女性がお百度紐を持って熱心にお百度参りのさなかである）

⑥「江戸八卦當ル辻占　源氏店」「めぐりあふよ」（源氏店。中央に団扇を持つ美女）

（３）『六菓煎』

江戸で評判の菓子屋を題材とし、辻占煎餅で有名な遠月堂を描いている。江戸東京博物館には続き物の一点「六菓煎　芝江の唐まつ　見立喜撰」（安政六（一八五九）年）が所蔵される。「六菓煎」とは「三十六花撰」、「見立六花撰」といった役者絵の続き物を洒落た名称であり、菓子屋を揃えたところが新趣向である。

「六菓煎　見立文屋　遠月堂の辻うら」（図２－14）。木村捨三は、弘化年間（一八四四～四八）頃に、遠月堂菓子店が「役者似顔辻占煎餅」を売り出したと述べている。この図と表題はそれを示している。この店の辻占煎餅は芝居好きに人気を博したが、紙片の画師であったのが、最初は豊國、後には芳幾である。豊國は遠月堂との関係からだろうか、こうした団扇絵を描いている。制作年は不明であるが、遠月堂の評判は、弘化、嘉永、元治元年までも高かったことから、弘化以降明治以前までだろう。明治頃からは寒月の言によれば、辻占煎餅の評判は望月に移っている。

1-4　辻占役者かるた

役者絵と辻占を組み合わせた題材で、盛んに制作を行ったのは、歌川派の豊國を中心とした画師たちである。大判の錦絵が残っている。『いろはたとゑ辻占かるた』（国立国会図書館）は三枚続きで多色摺り、団仙堂版、安政四（一八五七）年八月発行である。図像の人物は一陽齋豊國、器物は國久の手による。かるたにする紙だけに、厚みがあり、質も良い。仕様書きがないため、遊び方が不明であるが、かるた遊びとは別に、読み札である辻占文句の札をめくって占い遊びを楽しんだのだろうか。内容は、役者の札には役名が書かれ、読み札は辻占文句となっている。辻占札には「いきをひがよい」、「ろんなし大よし」、「はなしがあるよ」、「にくらしい」、「ほどがよい」、「へんじをまつ」、「とうざのしあん」などがある（図2-15、16）。

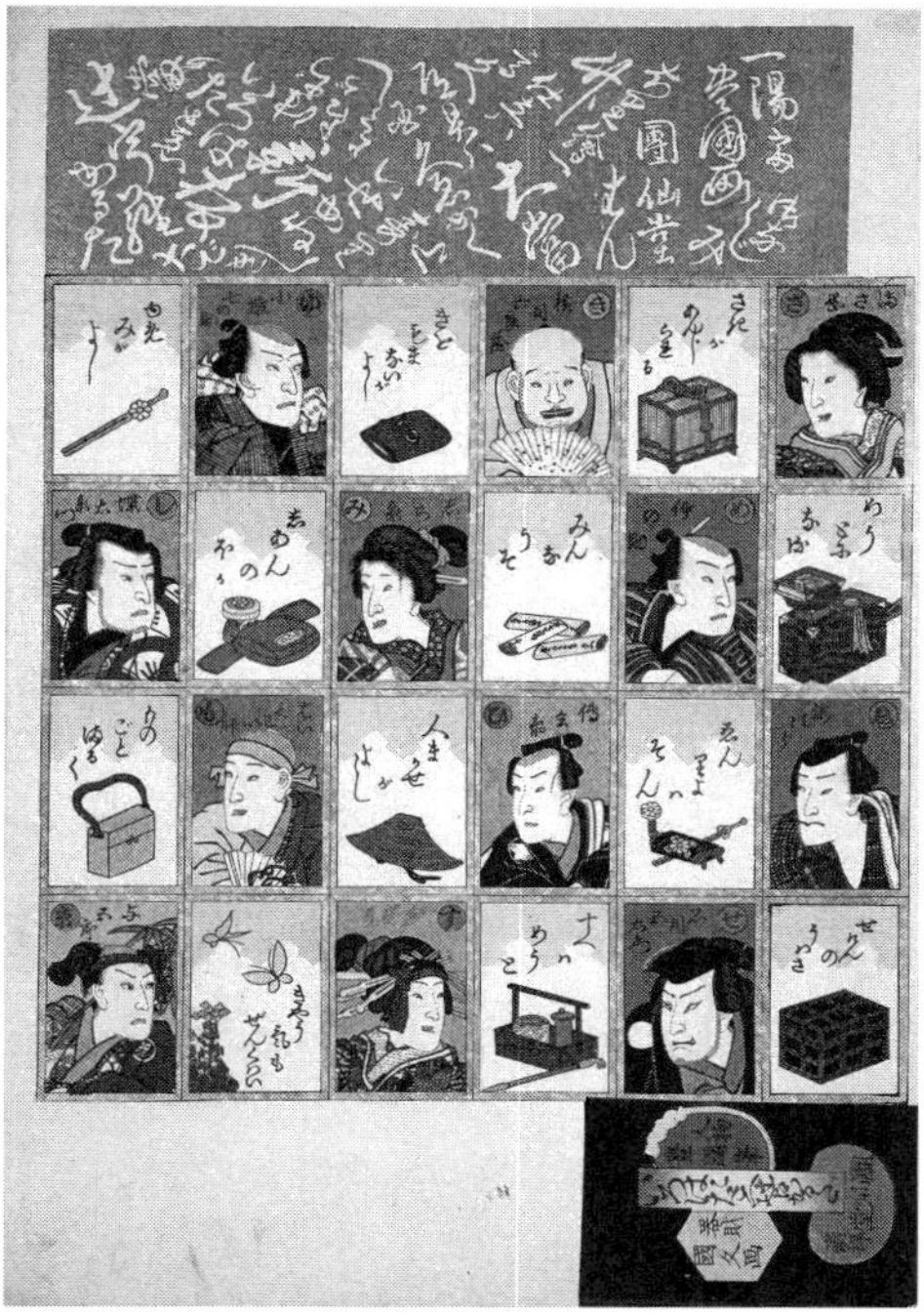

図2-15　『いろはたとゑ辻占かるた』部分
（国立国会図書館蔵）

1-5　辻占双六

①『辻うら寿ご六』安政四（一八五七）年

『いろはたとゑ辻占かるた』と同年に、辻占を冠した双六が版行されている。『辻うら寿ご六』は遠州屋彦兵衛板、安政四（一八五七）年九月発行で、画は梅素亭玄魚による。玄魚は豊國と組んで『江戸八卦當ル辻占』を制作している。当双六のマス内には人物図が一点もないのが辻占印刷物としては珍しい。正月の茶屋の宴席風景を上がり

図 2－16　『いろはたとゑ辻占かるた』部分
（国立国会図書館蔵）

に、ご馳走に酒、床の間には掛け軸に正月飾り、傍には三味線と、目出度く賑やかな最終地点を描いている。人物像がない上、辻占文句にも性的な笑いを表現したものがなく、全体的に控えめである。「うれしいねへ」、「おほねおりがみへますよ」、「よいおたのしみでござります」、「ほどがい丶よ」、「うそでハないよ」、「はやくおあがんなさいましヨ」、「人がらがよいよ」などがある。双六をしながら占う方法は、賽を振って止まった、ところどころの文句を託宣として判断する方法であったかと推測する（口絵一頁上）。

②『新撰葉唄都々一辻占壽語呂久』江戸後期～明治発行か

歌川派豊國の門人、宝斎国玉の画による双六であるが、情報量が多く、上がりが九尾の狐でおどろおどろしい。上がりは「大尾　上り」と書かれ、玉藻前がまさに九尾の尾を表し、物の怪の本性を出している姿が描かれ、詞書きには「おまへのこ丶ろは玉藻前にては尾に出てあらわれる」とあるので、この双六で、占う者の心は全てお見通しになるよということだろう。辻占印刷物には、粋や流行、笑いや娯楽を全面に出した物が目立つが、こちらは神秘的で、真剣に占おうとする享受者向けの占い道具といえるだろう。易の六四卦に対応させ、マスは全部で六四あり、全てマス内に、流行歌にのせた辻占文句と算木を並べた卦の図、その解釈、それに短文だが、待ち人、失せ物、

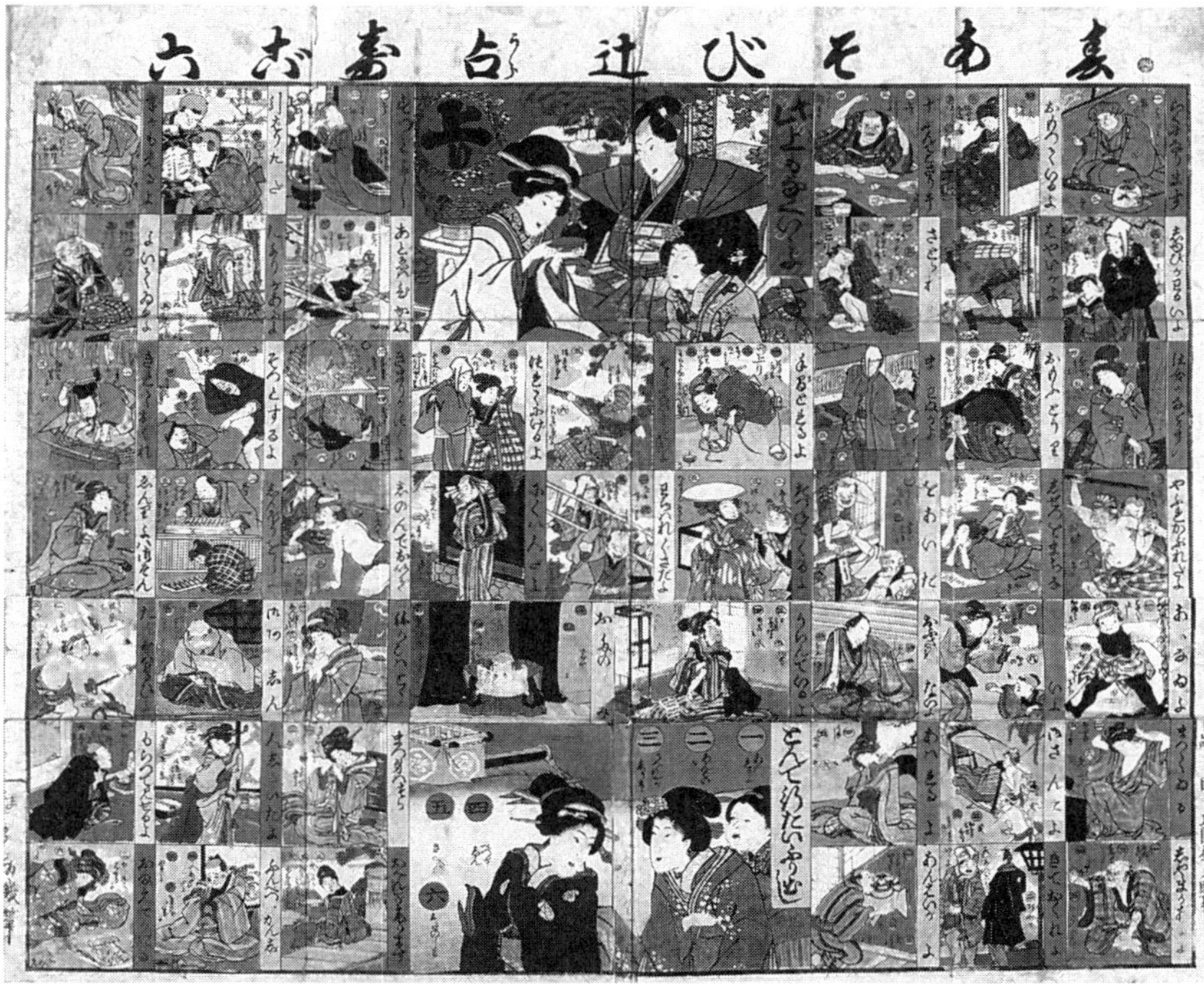

図2－17　『春遊び辻占寿ご六』（国立歴史民俗博物館蔵）

願い事に対する一言判断も盛り込まれている（口絵一頁中）。

③『春遊び辻占寿ご六』万延元（一八六〇）年

一恵斎芳幾画、横山町三丁目辻岡屋文助板の大判の双六。ルールは飛び双六で、指示が出たマスに飛ぶように移動し、上がりに向かって進む。辻占を謳った印刷物にしては子供の姿が登場するのが珍しく、また、文句も男女の恋愛に偏ったものばかりでないことから、正月に家族で遊ぶことを前提として作られた双六だと思われる。子供のマスをいくつか挙げると、「あぶないよ」には高いところに鳶の真似をして登っている男児の姿、「手間どれるよ」には独楽回しで紐がうまく巻きつけられない男児の姿、「しんぼうおしよ」には奉公の子供だろう、算盤を前に一生懸命計算中の子供の姿がある。上がりには「このうえもなくいいよ」とあり、幸せそうな美男美女の夫婦姿がある（図2-17）。

2　信仰・俗信・娯楽との関わり

2-1　元三大師御籤本の影響

辻占印刷物の中には、大吉、上々吉、凶などといったおみくじ様の吉凶判断が記されるものが存在する。また次第に内容が充実していく辻占には、細かな項目判断が盛り込まれるものも現れ、辻占とおみくじは同じではないのかと混同されることさえある。そこで、おみくじと辻占の背景を遡り、元三大師御籤本の辻占印刷物への影響を検証しておきたい。

おみくじの起源は、元三大師御籤に求められ、それは百通りの籤から成り、五言四句の漢詩から吉凶を判断する。十七世紀後半以降、元三大師御籤は観音信仰を背景に普及するが、そこでは平安時代の僧である良源が、観音菩薩の化身と説かれた。つまりは観音菩薩ないしは元三大師のお告げによる神籤の意であり、このことから観音籤とも呼ばれた（岩井　一九九九：二八二頁）。付言すれば、五言四句の漢詩（籤詩）は長い間良源作と伝えられてきたが、事実は異なり、それらの漢詩は、中国から渡来した『天竺霊籤』に基づくものであるという。では誰が元三大師と御籤を結び付けたかということであるが、それは天台宗の慈眼大師天海が、江戸時代の初期に元三大師信仰を宣揚したことに深く関わる。中国南宋時代の『天竺霊籤』の籤詩に基づく御籤が、元三大師の御籤と呼ばれるようになり、やがては元三大師作と信じられるようになっていった経緯がある（大野　二〇〇九：四〜五頁）。普及に伴い、この籤は天台宗の寺院のみならず他宗派の寺院、神社でも採用された。神道系のおみくじは、歌占の流れを引き、一つの判断に一つの和歌が記されているが、ここにも仏教系の御籤同様に吉凶が記され、事象ごとの判断が記載されている。江戸時代に観音籤の影響を受けて似た形式の御籤となり、現代までその形式が続いているのである（川崎市市民ミュージアム　二〇〇一：七六頁）。

おみくじは、最初から現在のように、占いをする人がそれぞれに札を受けて帰ることができたわけではなく、番号ごとに裁断された状態で授与されるようになったのは、御籤が発展する過程であったのではないかという先行研究がある。大野出は、紙も貴重で識字率も高くなかった時代においては、僧侶が御籤箱を振り、御籤竹を引きだして、そこに記された番号と吉凶を「御籤本」に照合して読解し、判断を下すという形式だったのではないかと述べている（大野 二〇〇九：一一～一四頁）。

僧侶が照合したのが、元三大師御籤本であり、それは一冊ないし上下二冊にまとめられていて、江戸時代には、僧侶向けのみならず、一般庶民向けの様々な種類の御籤本が数多く出版された。内容は、初期には籤詩とそれらに対する和文の注釈である和解《わげ》（わかいとも読む）のみによって構成されていたが、次第に内容豊かに展開する。まず挿絵が加わり、次には、籤詩から導き出された運勢判断についての注解が加わり、ついには大雑書にも採り入れられてさらに一般化する過程を辿った。

大野出は御籤本の変遷過程を「元三大師御籤本の分節点」として六段階に分けている。それによれば、一部の歌占の占書や辻占俗謡占書の内容にも影響を及ぼすことになるのは『観音百籤占決諺解』（貞享四（一六八七）年）が刊行された「第二分節点」である。この時点から、各番号ごとに籤詩から導き出された運勢判断について注解が加えられ、「失せ物」「売買」「訴訟」など事象ごとの吉凶、その番号の運勢の「総括部分」などが記されるようになる。「総括部分」とされる総合判断の部分は、時代を追うごとに長文化し、様々な信仰対象が掲げられるようになる。早い段階では信仰対象に祈念すべきことが述べられるが、次第に言及が少なくなり、内容は教訓性を強め、むしろ倫理性を前面に出した処世訓が説かれるようになるという指摘は大変注目される（大野 二〇〇九：八四頁）。占書がバリエーションを持って展開していく中で、次第に神仏や信仰心といった霊的な内容を弱め、より日常に即した教えや情報に近づき、出版物として通俗的な世界に向けて発信していくようになる変化は、歌占、辻占俗謡占書にも共通して見られるところである。

歌占は、文字化の過程で短冊から写本、そして版本になるが、その一部は元三大師御籤の影響を受けた内容となっている。中村公一によれば、『天満宮六十四首歌占』は、歌占の系譜を引いているが、元三大師観音籤の流行から強い影響を受け、多様なバリエーションを生み出し、盛んに刊行されたという。中村は自身が所蔵する『天満宮六十四首歌占御籤抄』（寛政一一（一七九九）年）を調べ、各首のはじめには吉凶判定の辞があり、次に「～のごとし」という中国の霊籤に見られるような補助的な注が付けられ、「縁談」、「病」、「旅立」といった項目があるところなど、歌占を冠しながらも元三大師観音籤と近似する内容であると述べる（中村 一九九九：二〇三～二〇六頁）。これは、『天満宮六十四首歌占』に、御籤本における吉凶部分と事象判断部分が同様に見られることを指摘している。

ところで、辻占とおみくじが混同される背景には、おみくじ、歌占、辻占の印刷物としての発展過程における様式の融合が一因となっていると考えられる。文字化した辻占と歌占については、歌占起源を語る辻占俗謡占書に注目した第一章「占書の占法・序文に見る歌占起源説」で前述したが、おみくじ様式の採用に強い影響力を与えたのが元三大師御籤本なのである。御籤本からの、吉凶、五言四句、注釈、総括、事象判断といった様式は、辻占の内容の発展過程において近世末期から採り込まれ、近代以降の辻占紙にも引き継がれていき、現代まで続いていくのである。御籤本と様式を共有することで、辻占の独自性は後退するが、既存の御籤本様式を基盤とした詳細な占断の情報は歓迎され、受け手の要望に答えるものであったようだ。

辻占俗謡占書における元三大師御籤本の影響については、菊池真一が分類した「おみくじ系」辻占都々逸本の中に認めることができる。菊池はおみくじ系を「都々逸におみくじの要素を付加したもの」と定義し、ほとんどのものが「項目見出しで吉凶を示すもの」とするが、おみくじ的な書き方をしながら、吉凶を示さない『大しんはん流行たゝみざんよしこの』のようなものもあるとする。「項目見出しで吉凶を示すもの」には「1五言漢詩句を添えるもの」と「2五言漢詩句を添えないもの」とがあり「1五言漢詩句を添えるもの」には次の五種があるとする。

『こゝろいき辻うら都々いつ』（東洋大学図書館。国立劇場）

> 『〔新撰吉凶〕辻占都々逸稽古本　上の巻』（東洋大学図書館）
> 『〔新撰吉凶〕辻占都々逸稽古本　下の巻』（菊池真一蔵）
> 『辻占都々逸御鬮箱』（関西大学図書館）
> 『とゝいつ』（弘前市立図書館石見文庫）
> この五言漢詩句は、元三大師御籤本に掲載された五言四句の漢詩の中の一句を採ったもので、諸本共通している。五言漢詩句を添えるのみで、判断文等一切の説明を載せていないのが特徴である。（中略）
> 「2五言漢詩句を添えないもの」は次の二種である。
> 『百籤抄（みくじ）都々一』（三康図書館）
> 『よしこの辻占図会　上之巻』（東洋大学図書館）
> 後者は都々逸の外には、番号と吉凶を記すのみであるが、前者には詳しい判断文・解説文が載っている。
> （菊池　二〇〇五：五五頁）

おみくじにおける五言四句の籤詩は、日本の寺院の場合、宗派を問わず、一部の例外を除きどれも同じものである。つまり、どこの寺院で引いても、一番に記されている籤詩は「七宝浮図塔　高峰頂上安　衆人皆仰望　莫作等閑看」であり、二番の御籤に記されている籤詩は「月被浮雲翳　立事自昏迷　幸乞陰公祐　何慮不開眉」なのである（大野　二〇〇九：三頁）。確かにおみくじ系とされる辻占俗謡占書と元三大師御籤本を比較してみると、同番号の籤詩は同一であり、原詩は御籤本の籤詩と確認することができる。『こゝろいき辻うら都々いつ』と『〔新撰吉凶〕辻占都々逸稽古本　上の巻』の一番の籤詩には、共に「高峯頂上安」が認められ、これは御籤本一番大吉の「七宝浮図塔　高峯頂上安　衆人皆仰望　莫作等閑看」からの二句目の抽出と理解できる（図2-18、19、20、21）。

最も影響が認められるのは辻占に吉凶を入れる様式で、第三章で図像提示している近代以降の一枚刷りである、法令館の「絵入り辻占」、「神易辻占」、「活動写真辻占」、田村聖光社の「生駒聖天やきぬき辻うら」、「御みくじ判断

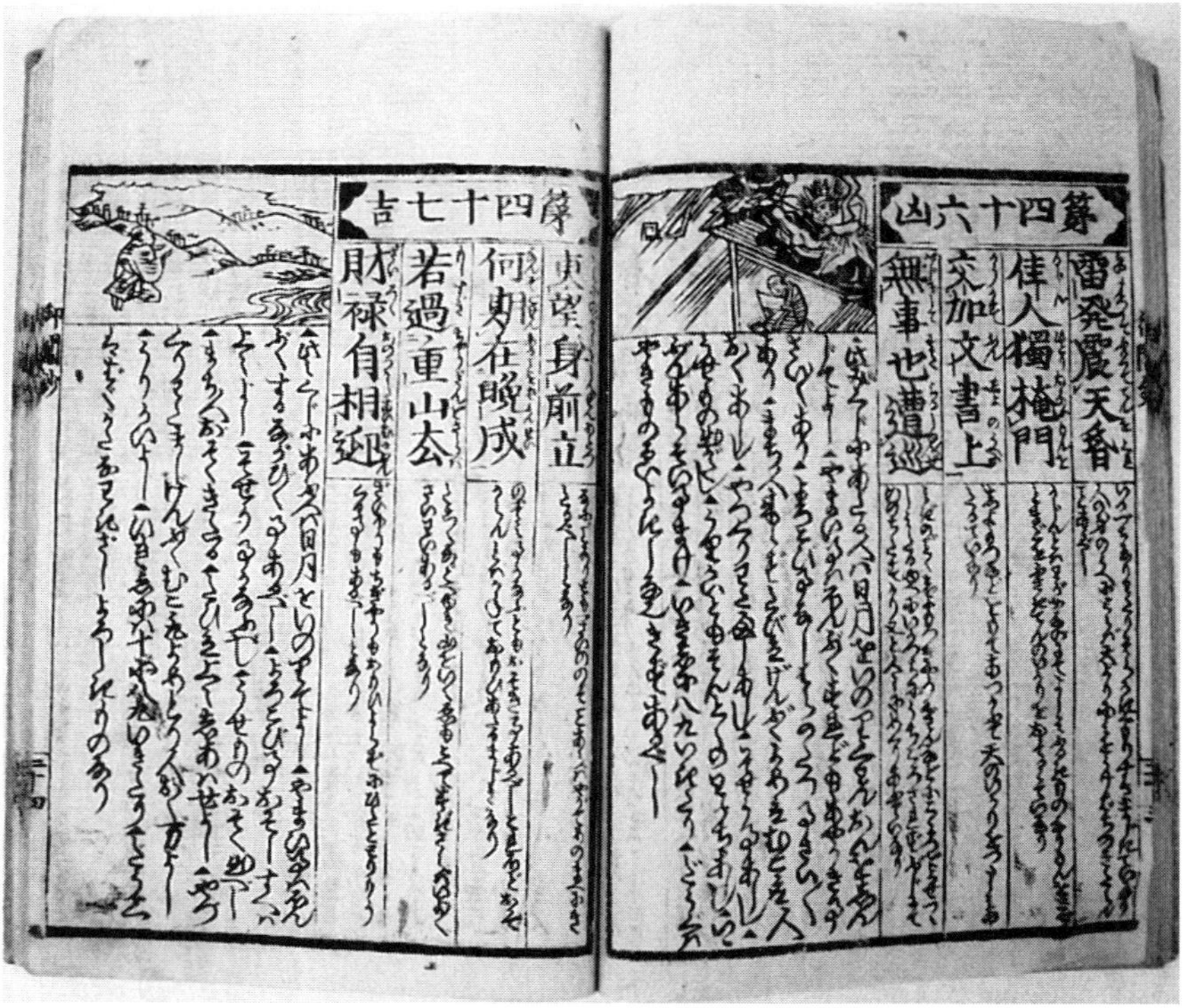

図 2－18　『元三大師神鬮判断』（川崎市市民ミュージアム蔵）　第四十六番と四十七番の部分。

（大入りげんや辻占）」、「御みくじ判断（瓢箪山稲荷大明神）」に見ることができる。総括、事象判断は、法令館の「神易辻占」、田村聖光社の「生駒聖天やきぬき辻うら」、「御みくじ判断（大入りげんや辻占）」、「御みくじ判断（瓢箪山稲荷大明神）」、宮崎八十八の「巳年生運気辻占」に確認できる。

現代の辻占で事象判断が認められるのは瓢箪山稲荷神社が「やきぬき」「あぶり出し」「おみくじ」の三点セットで販売する辻占であり、やきぬきには吉凶が入り、おみくじには番号、吉凶と共に商売、縁談、旅立ち、宅替、待人、失物、争事、売買、病気の事象判断が記載されている。辻占菓子用の紙片は、小さな紙面の制約から事象判断を記載しにくいが、それでも小林製菓所（新潟県三条市）の「辻占い煎餅」紙片には吉凶があり、同製菓所の「おみくじせんべい」には吉凶に加えて、財運、健康、愛情の事象判断が入っている。他にも吉凶の記載は山海堂（石川県小松市）、宝玉堂（京都市）、丸津製菓（佐世保市）の辻占紙片に確認できる。上記の現代辻占の図像は全て第四章に提示している。

その他に、辻占とおみくじとが混同される要因には、それぞれの占いの名称を冠した関連商品の消長が関係している可能性があるのではないかと考えている。なぜならば、辻占は文字化した時代より戦前までその名称を冠した多様な印刷物や、食品、縁起物、玩具などを生み出し流行を見たが、現在では地方の郷土菓子、縁起菓子、工芸的

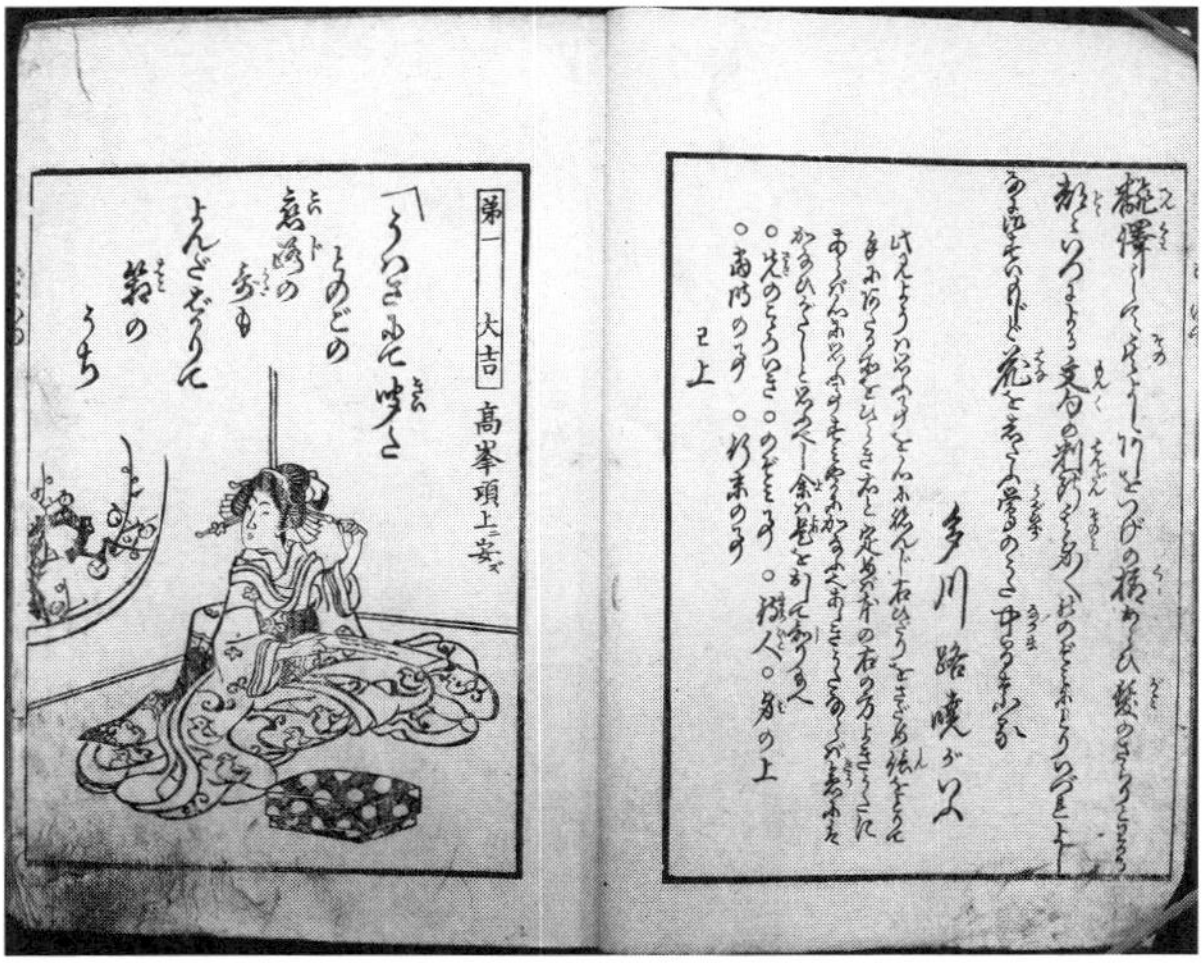

図 2－19　『こゝろいき辻うら都々いつ』第一番（東洋大学附属図書館蔵）

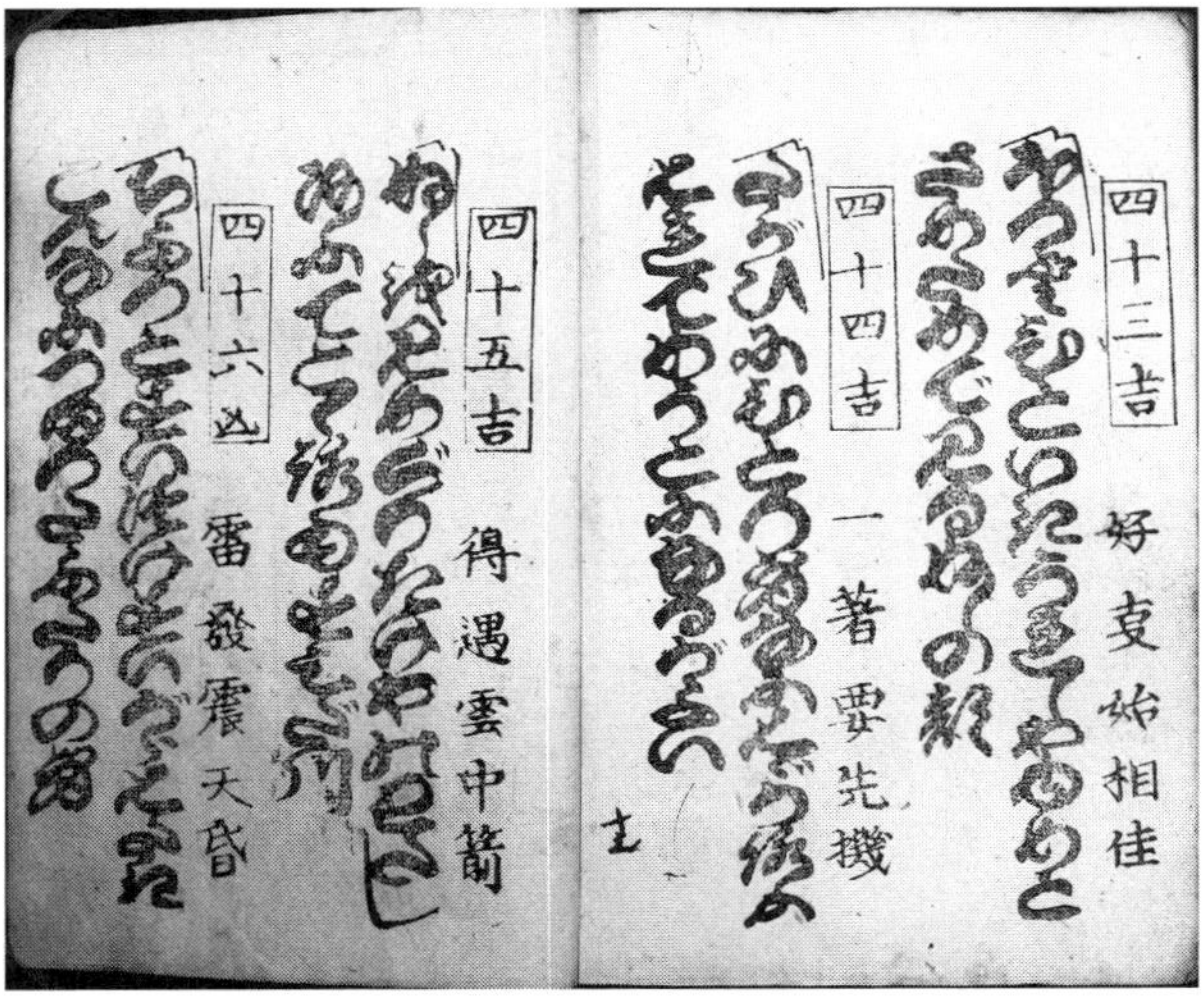

図 2－20　四十三吉から四十六凶『［新撰吉凶］辻占都々逸稽古本　上の巻』（東洋大学附属図書館蔵）四十六番に御籤本の漢詩が見える。

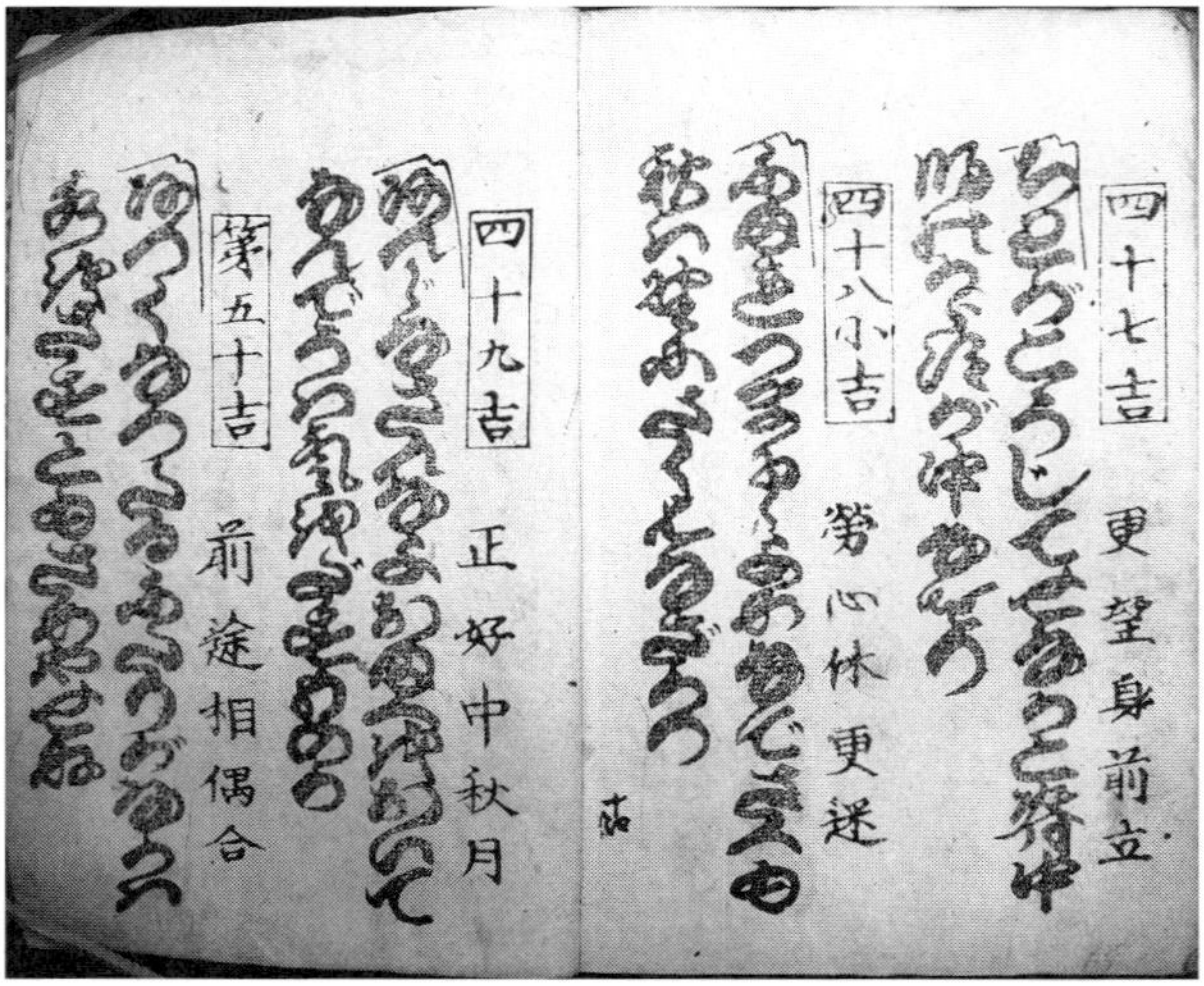

図2－21　四十七吉から第五十吉『［新撰吉凶］辻占都々逸稽古本　上の巻』（東洋大学附属図書館蔵）　四十七番に御籤本の漢詩。

楊枝に限定的にとどまっている。過去には、辻占線香、辻占風船、辻占駄菓子に至るまで様々なものが商品化され、そのいくつかは実用新案として登録されている。辻占箸袋（明治四一年出願）、辻占入粉末飲料（大正七年出願）、辻占アイスキャンデー（昭和二年出願）、辻占楊枝（昭和四年出願）、和菓子の小鳥や狐が占紙を咥える辻占菓子（昭和七年出願）、花形の菓子の中心に辻占を入れた和菓子（昭和九年出願）などが考案されている（青木　一九九七：四二〜四七頁）。そうした辻占商品と現代の「おみくじ付き」のキャンデー、チョコレート、消しゴム、缶飲料、アクセサリー、ゲーム機などは「占い付き」である点で共通し、おみくじ付き商品と辻占商品はよく似ているとの発想がなされるのではないかと思われる。

　辻占商品は戦後に勢いを失ったようで、以後は流行期を感じさせる商品群が生み出されていない。辻占商品が限定的になり、名称と占いそのものに関する人々の知識と経験が遠のいていくのに代わって、「おみくじ付き」商品が「新しい」占い付きの品として台頭してきたと思われる。現在では、おみくじは神社仏閣でも授与されるが、観光地においては露店のケースや自動販売機にて販売されるものもあり、また、おみくじ付き菓子や飲料、文具、雑貨などは日常的に利用する様々な店舗で販売されている。神社仏閣での授与品を別にすると、それ以外で流通するおみくじ商品は、本来「辻占」を冠するに相応しい品々であった。しかし現代では、おみくじが戦前の辻占の位置や役割を占め、かつて辻占商品であったものが、おみくじ商品に入れ替わった状況が見られているのである。そうしたことも、おみくじと辻占の混同を促しているように見える。

今でこそ、辻占と同一視されることがあるおみくじであるが、かつては辻占より上位、あるいは占いとして本格的であると認識されていたようだ。これについての説明は、おみくじが、辻占と同時期に存在し、辻占を引く人はおみくじも引いていたのかとの疑問に答えることにも通じている。『花鳥風月』三編の下（弘化元（一八四四）年）では、登場人物の女性が、本当は占い師に判断してもらうか、神社でおみくじを取りたいと思うのだが自由がきかず、代理におみくじを取ってきてもらえる人も見つからない。そこで簡便に、手近にあった辻占菓子で占おうと思いつくのである。

お柳「斯《か》う云《い》ふ時《とき》に自由《じいう》になると、占考《うらなひ》でも見《み》て貰《もら》ふか、お神鬮《みくじ》でも採《と》りたいけれど、其様《そん》なことを恃《たの》む様《やう》な人《ひと》はなし。」と、溜息《ためいき》を吐《つ》きたりしが、
お柳「左様《さう》だ〳〵。先刻《さつき》お兄《あにい》さんが下《くだ》すッた辻占《つじうら》のお菓子《くわし》。善《よ》いも悪《わる》いもあれ次第《しだい》。私《わたし》の為《ため》には相談相手《さうだんあいて》。」

（梅亭　一九一六：一九七頁）

遊女や、外出がままならなかった女性達は、おみくじを得るために代理の者に依頼する手間を取っていたようである。為永春水『春色梅児誉美』（天保三～四（一八三二～三三）年）では、吉原の花魁此糸が、情人との恋の行く末を、江戸柳島の妙見堂から授与される妙見みくじで占いたいと思うのだが、自分で出向くことができないので、出入りの裁縫女に取りに行かせる。しかし裁縫女の取ってきたみくじは「二十四番凶」であり、花魁が動揺する情景が描かれている（為永　一九八七：一二六～一二八頁）。

おみくじに比較して、辻占印刷物で占うのは、ふと思いついた気掛かりや、恋愛の行く末が主であったようである。辻占俗謡占書『こゝろいき辻うら都々いつ』（『辻うら都ゝいつ：忠ゝ詠い筏』）の序文には以下のようにある。

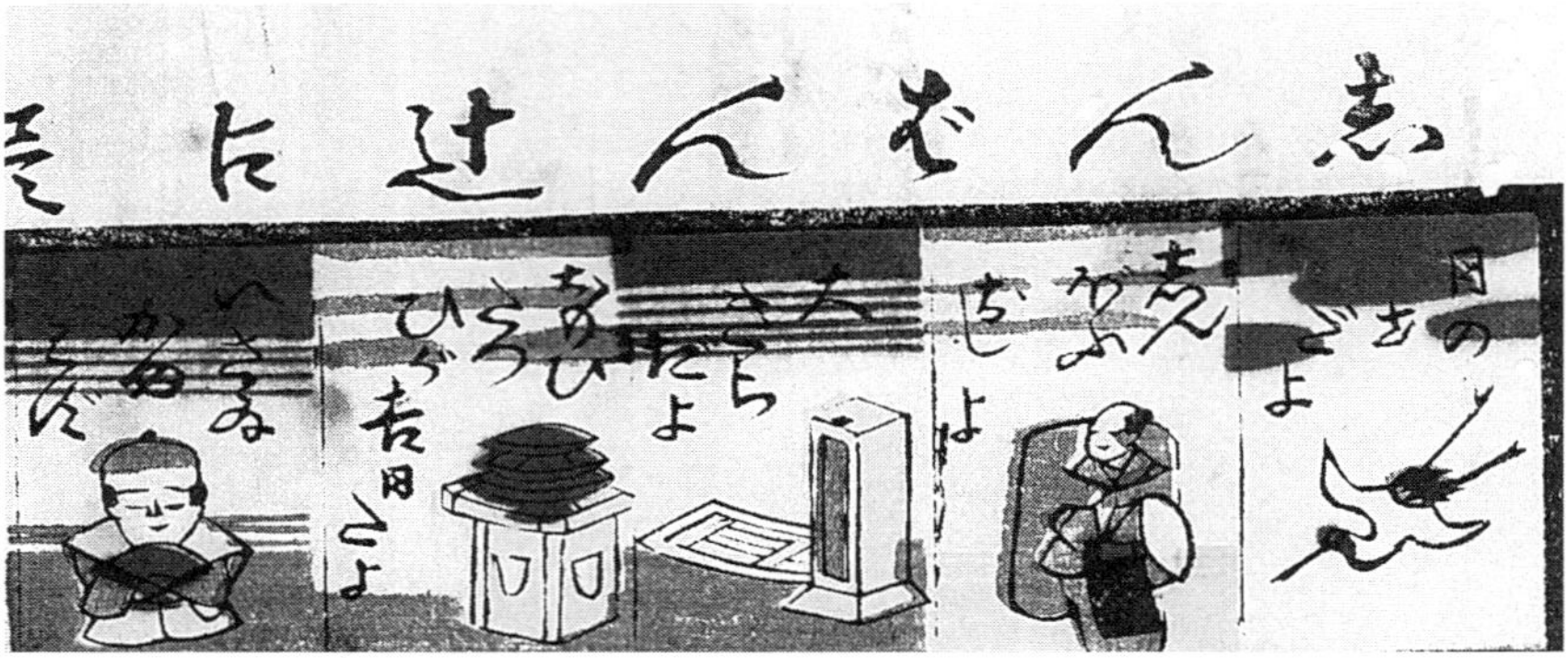

図2－22　『しんばん辻占尽し』（明治21（1888）年）（個人蔵）　中央にみくじ箱の図がある。

「何事によらず思ふ事有もの易によつて善悪を占ひ御鬮を取て吉凶を定むるは世の常の事になんされど仮初の事などには問ふべき事にはあらざるべし只其品と時により思ふ先の心いき首尾の吉凶待人には昔は歌占今は辻占煎餅最中蛤（後略）」どんなことであれ、占いをするのであれば、まず易占で善悪を占い、おみくじを取って吉凶を判断することが世間一般で行われているが、仮初めのことや、好きな相手の心中、首尾の吉凶、待ち人には昔は歌占、今は辻占であると書かれている。このことから、重大事にはおみくじを引く人も、少しの気掛かりや恋愛、待ち人に関することであれば、それに相応しい辻占で占っていたのだろうと思われるのである。

おみくじと並行して存在した辻占印刷物だが、中には、みくじ箱やおみくじの札が描かれた一枚摺りや双六などが存在する。これは何を意味しているのだろうか。辻占に書かれる占いの文章（辻占文句）には、歌、ことわざ、教訓、洒落に加えて、思う相手になり代わって発せられる言葉というものがある。例を挙げれば、一枚摺り『しんばん辻占尽し』（明治二一（一八八八）年）には、遊女図に「みんなうそ」、うつむき加減の女性図に「わたしのみにもなつてごらん」、鏡を片手に身だしなみを整えている男性図に「もふすこしだよ」という言葉が書かれている。『辻うら寿ご六』（安政四（一八五七）年）（口絵一頁上に全図掲載）には、ご馳走の図に「はやくおあがんなさいましヨ」、人形の図に「としがちがひますよ」とある。『沢村板　つじうらづくし』（幕末～明治か）には、遊女図に「あてにおしでないよ」、同じく遊女図に「金づくではほれないよ」、腕組みする男性図に「こころハゆるせないよ」とある。

これらの辻占文句は、人間の男女が心の内を発したという構図になっている。しかし、辻占紙面上のおみくじ図像は、それらと神仏の言葉とを区別する記号になっていると思われるのだ。『しんばん辻占尽し』には、みくじ箱の横に札があり、「大きちだよ」とある。『辻うら寿ご六』においても、みくじ箱が描かれ「すゑハ大よしだよ」と告げられる。『沢村板　つじうらづくし』のみくじ箱と札の横には「末ハ大吉」とある。こうした図は、読み手におみくじを引いたことと同等の意味をもたらすと思われる。おみくじ図像は「これは人の言葉ではなく、神仏からの託宣ですよ」と他と差別化する意味を持ち、辻占よりおみくじが上位と認識されていた時代においては、強力な吉兆を告げる印となっていたのではと考えるのである（図2-22、23、24）。

図2-23　『辻うら寿ご六』より，みくじ箱の部分

さて、辻占とおみくじを振り返り、結果として、それらはどこが共通し、どこが異なっているのかをまとめてみたい。印刷物となった辻占とおみくじが共通して持っている側面の一つは、それらが一枚摺りや本の形態で普及し、後には食品や雑貨に付けられることによっても浸透したという点である。また、歌占の系譜を引く神道系おみくじには和歌が記載されているが、辻占の、特に俗謡占書においては都々逸の歌詞が記載され、そこから判断を導く占法となっていることから、歌を託宣とする点が共通している。初期には素朴な一言判断だけであった辻占だが、発展した後には細かな事象判断を記載するものも現れた。それは元三大師御籤本から影響を受けた、総括、事象判断の様式を汲んだものである。様式の面において、一部の辻占とおみくじは共通するところがあるといえる。

しかし、『天竺霊籤』の系譜を辻占が引いている

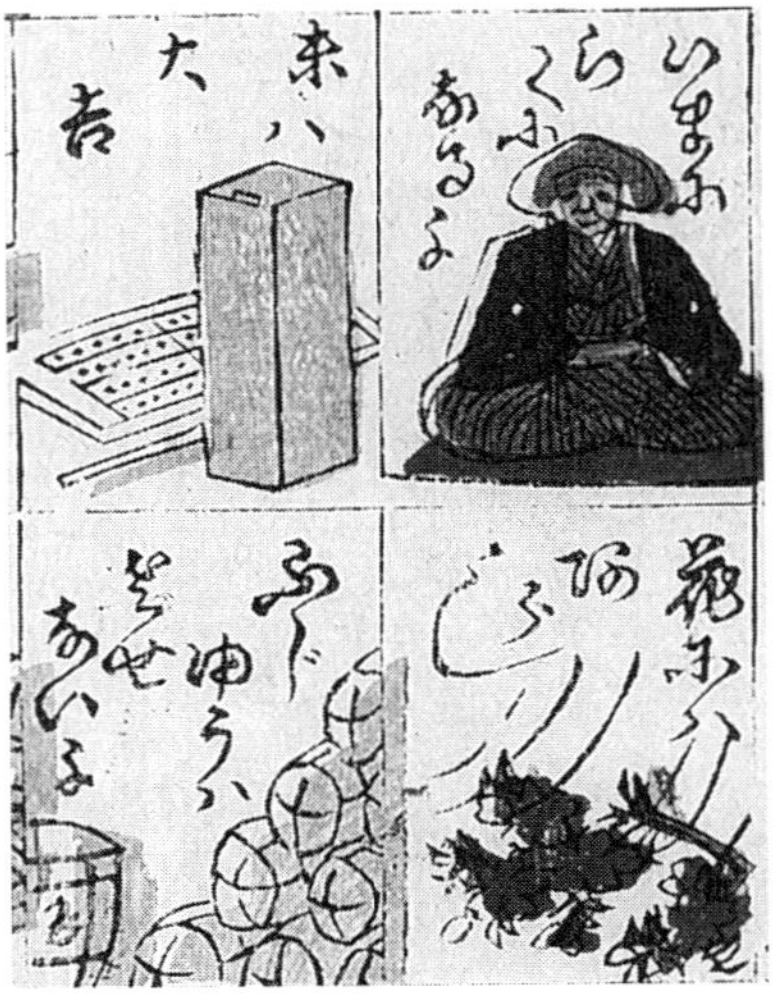

図2－24 『沢村板　つじうらづくし』（幕末～明治頃）（個人蔵）

わけではなく、辻占はおみくじと起源を異にしている。辻占の独自性を考えると、新版を売り物にする、占い出版物としての編集の自在さということが挙げられよう。辻占は歌占、おみくじだけではなく、易占とその簡易版である銭占も取り込み、娯楽性の強い占いジャンルを確立させていったように見える。恋の辻占と評判されたのも、その娯楽性の強さが全面に出たためと思われ、占いでありながらも、神仏の言葉と人の言葉が交差する辻占の文句は、おみくじとは差別化される独自性であるといえるだろう。

2－2　懸想文と辻占を繋ぐ祝い言葉

おみくじと辻占の背景については述べてきたが、江戸時代から戦前頃までの上方においては、懸想文が辻占と近しいものとして認識されていた。それらがなぜそのように捉えられていたか、という問題を、双方に共通する本質を探りながら考察したい。

懸想文とは、新年の京坂において懸想文売りに行商されたもので、平安末期か鎌倉初期頃に始まり、江戸時代までに中断と復活を数度繰り返した。現在は京都の須賀神社において、例年二月二日と三日の節分の時期に男性懸想文売りから授与される、印刷された恋文として復活を遂げている。柳田國男は、「文ひろげの狂女」で、懸想文と辻占について次のように述べている。「近頃復活させた懸想文といふものは、京都では辻占の一種であり、桂女といふ一種の職業婦人が、昔は之に参与して居ました。」（柳田　一九八七：三五八頁）。

また、今野圓助は、『日本民俗事典』の「辻占」で、「懸想文をはじめ炙り出し辻占・辻占入りの干菓子・巻煎餅や割箸・爪楊枝の袋などの印刷した紙片ばかりを辻占というようになったのは、古態に無関係の新風である」と辻占と懸想文とを並置している。しかし、須賀神社の現代版懸想文の内容を見ると、携帯電話までが引き合いに出される女性からの恋文であり、占いといえる文面ではない。これを鏡台や箪笥の引き出しに入れておくと、良縁や商売繁盛のご利益に恵まれるという、お札的享受のされ方をしている。紙片それぞれに文句の異なる占いである辻占と、内容は全て同じ恋文で、お札的役割を果たし、都々逸や花街風俗、役者や女性の図像が盛り込まれているわけでもない懸想文には辻占との差異が見てとれ、柳田や今野が「辻占の一種」としていることに当初は違和感を覚えた。しかし、近世の懸想文関連の文献を、その変遷に注意しながら検証していくと、次第に双方に共通する本質が見えてきたのである。

懸想文の内容と位置付けは、お札から占い、艶書の間を変動し、売り子の風俗も時代によって変遷した。浅井了意『曾呂利狂歌咄』（寛文一二（一六七二）年）には、以下のようにある。

○いにしへ都《みやこ》の内に、さもある人の家に目出度《めでた》き祝事《いはひごと》ある所には、桂《かつら》の里《さと》より若《わか》き女の参りけり。その出《いで》立《たち》は、顔美《かほ》しうけはひ、眉《まゆ》つくり、うるはしき小袖《こそで》をかさね、わが名を桂《かつら》と名乗《なの》りて彼の家に参《まゐ》り、嫁入《よめいり》、婿取《むことり》、家作《いへつくり》、何によらずめでたき御事《おんこと》の候《さふらふ》と聞きて、桂《かつら》が参りて候とてその事につけて、さま〴〵詞《ことば》を飾《かざ》りいひつゞけ、祝言《のつと》の祓《はらひ》をいたし、そのほど〴〵の賜物《たまもの》取《と》りて帰る事の侍《はべ》りき。これにつけては、往昔《そのかみ》正月元日の朝《あした》より十五日まで、年毎《としごと》に仮粧文《けそうぶみ》とて売りけり。その出立《いでたち》は赤き布衣《ほい》に袴の裾高《そばたか》く取り、猶《なほ》それより前には烏帽子《えぼし》を着《ちゃく》せりとかや。中頃《なかごろ》は編笠《あみがさ》かぶり覆面《ふくめん》して、都の町々《まちまち》を売りけり。これを買ふ人あれば、細《ほそ》き畳紙《たとうがみ》の中に、洗米《あらいよね》二三粒《りふ》入れたるを、仮粧文《けそうぶみ》と名《な》づけて渡す。一銭《せん》より百銭《せん》までも、代《かはり》は買人《かふひと》の心にまかす。さてその祝言《のつと》は買《か》ひける人、或は夫婦《ふうふ》のかたらひの事、或は商売《しやうばい》の事、又は物書《ものか》く事、其外何《そのほかなに》にても望む事を、さま〴〵目出度《めでた》くいひつゞけて打通《うちとほ》る、いと面白《おもしろ》く売りける。詞優《ことばやさ》しう聞えしを、時世《ときよ》の有様《ありさま》におし移され、今は皆絶《みなた》えけるにや、此頃若《わか》き人は知りたる者なし。是《これ》は祇園《ぎをん》の犬神人《いぬしんじん》なりや、又は桂《かつら》の里《さと》より出る男《をのこ》にや、その出《いづ》る所を知らず。此程は飴《あめ》をねり出《いだ》して里の名物《めいぶつ》となれり。桂飴《かつらあめ》とて世にもてはやす

とかや、かくぞよみける、

名にしおふ里《さと》は桂《かつら》のあめ牛《うし》や月の夜すがらねりをかむらん

（浅井　一九二七：六二四～六二五頁）

これによると、往昔、懸想文売りは正月元旦から一五日まで都の町々を行商して歩いていた。祇園の犬神人だったのか、あるいは桂から来た男だったのかはわからないが、以前は烏帽子を被っていたが、後には編み笠を被り、覆面をしていた。仮粧文として売っていた文には、細く畳んだ紙の中に米が二三粒入っていた。代金は買う人まかせのご祝儀で、買い求めた人に対しては、夫婦のことや商売のことなど、相手の望みの様々を目出度い言葉を尽くして寿いだのが面白く、売り詞も素敵であったのだが、時世に押されて廃絶してしまったと述べている。後には見世物的商人になったらしく、桂飴を売ったとある。懸想文売りの売り物と、出身については、黒川道祐の『雍州府志』（貞享三（一六八六）年）巻七土産門弓矢の条では、犬神人の仕事として次のように記されている。

毎年正月上旬身著ニ二赤布衣一、頭戴ニ二白布巾一ヲ、覆二頭面一ヲ、纔ニ露ヲ二両眼一ヲ、而賣ル二紙符ヲ於市中一ニ、是ヲ謂フ二懸想文《ケサフフミ》ト一、男女祈ル二所ノ懸レ念ヲ之事一ヲ、或ハ祈リニ二良縁一、或ハ索ニ二富貴一ヲ、又求レ得ニ買賣ノ之利一ヲ、（後略）

（黒川　一九九四：四九一）

朝倉無声は、懸想文売りについて調べて『雍州府志』を引き、売り子は所謂犬神人であり、「斯の如く懸想文は、祈二所レ懸レ念之事一の義にして艶書の意味なく、一種の呪符なりし事」と指摘している。文献、図像から見て、やがて懸想文が読み物、艶書へと変容していったと朝倉は指摘している。延宝天和の頃に描かれた『中古風俗絵巻』上巻には、烏帽子素襖に壺袴を穿き、覆面して藁沓を穿いた男が梅の枝をかついで懸想文を売り歩くのを、若い女性が買い取り、文を開いて読んでいる図を載せている。このことから、紙符を売る懸想文売りは寛文以前に廃絶したが、僅かに祇園の犬神人によって存続していたことが、貞享版『雍州府志』、延宝撰『日次記事』、延宝版『洛陽集』の記事を根拠に理解され、それが天和年代に艶書の形に変容したと朝倉は見解している。その背景には香具師がおり、時世に遅れた懸想文を流行の商品にするべく、名称はそのままに内容を艶書に作り替えて「新春の景物」として売り出したのだと主張する。

しかし、天和年代に登場した新しい懸想文売りも長くは続かず、元禄時代には紙符を売る犬神人も消え、文化末年に至るまでは途絶えていたのだが、文化文政期の京坂で再興する者が現れた。文化文政期に再興した懸想文は、「古式の紙符」ではなく、「元和年代に誤られたる艶書」であった（朝倉　一九九二：一〇七〜一一二頁）。懸想文売りには流行の浮沈があり、これもまた中絶するが、近代になって再び復活している。次に、懸想文売りの姿について、図像を示しながら進めたい。

山東京伝は『近世奇跡考』（文化元（一八〇四）年序）「懸想文売」で『曾呂里狂歌咄』を引用し、売り子の姿を模写しているが、細く畳んだ古式の紙符は、裁断した辻占紙片を持っているような姿を連想させる。この図の売り子は編み笠を被り、覆面をしているが、後の梅の枝を肩にした派手な装束の売り子に比較すると随分と素朴である（図2－25）。

図2－25　「懸想文売」の図
「寛文十二年印本曾呂里狂歌咄古図ヲ模出ス」（山東京伝『近世奇蹟考　巻之一』より）

ほそき畳紙の中に、一銭より百銭まで、代は人の心にまかす。扨その祝言は買ける人、あるひは夫婦のかたらひの事、或は商売の事、又は物かく事、その外何にても、のぞむ事を、さま〳〵めでたくいひつゞけて打とほる。
（山東　一九七四：二六三頁）
「懸想文売」『近世奇跡考』

『宮川舎漫筆』（文久二（一八六二）年）には、復活した懸想文売りの図が見えるが、ここには編み笠ではなく烏帽子を被り、懸想文を入れる文箱を結び付けた梅の枝を肩にした男性がいる。烏帽子を被って白い布で顔を覆い、梅の枝を担ぐ装束は、以降懸想文売りのス

図2－26　「懸想文売」
（『宮川舎漫筆』より）

タイルとして定型化し、近代にも図像化されている。なお、懸想文売りには、文箱は枝に結ばず、代わりに枝に文をいくつも結びつけて垂らしている者もおり、二代豊國『遊仙窟春雨草紙』、『大日本年中行事』などにそうした売り子の姿が描かれている（図2－26）。

梅の枝に烏帽子姿の懸想文売りと辻占売りには、外見上似ている所は見られず、売り物も艶書と占いでは異なっているはずだが、当時の人々は、彼らを近しい行商人と捉えていたようである。それはなぜであろうか。『難波職人歌合』（嘉永七（一八五四）年）には、懸想文売りと辻占売りとの面白可笑しいかけ合いが書かれ、「瓢箪山」の名も見えている。結びに「判に云。辻占も、懸想文も、名こそとなれ昔の足占・道行占などの名残にて、恋する人のもてあそび物成べし。」とあるので、双方の起源は同じく足占・道行占にあるとし、恋する者が慰めに買い求める、似たような占いだと認識されていることが伝わってくる。しかし、文字化以前の辻占と道行占（道占）には方法上近しいところがあるとしても、懸想文は足占・道行占の名残ではないため、それは誤った捉え方である。

第七番

左、辻占売

誰が為に此占かたをもとむらんうるにつけてもねたましき哉

○　右の方人云。我売物を誰が恋に用うらむとは、いともはかなき恋と云べし。歌は明らかなれば申旨なし。

右、懸想文売

○　左の方人云。人の歌を難ずる人の歌、いよ〳〵はかなきこひなるを笑ふべし。そも〳〵けさうぶみと云物、都には清水のつるめそという輩のうるわざなるを此難波わたりにも好事の者のまねびて物すめるは、いとゞやうなき人わらへと云べし。

○　右方こたふ。世にことやうなる出たちして、初春をことぶくみやびわざにこそあれ。瓢箪山の狐の名をたばかりて、人をたぶらかす辻占の類ひにあらざるをや。

○　判に云。辻占も、懸想文も、名こそとなれ昔の足占・道行占などの名残にて、恋する人のもてあそび物成べし。方人たちの輪は左右ともにやくなき事を口わろしと云うべし。歌は持とす。

『難波職人歌合』　（黒澤　一九八二：二五七～二五八頁）

こうした認識は、近代以降も続き、「風俗画賛」『風俗画報』第三八号（明治二五（一八九二）年二月一〇日）では、双方の売り子を取り合わせて描いている。懸想文売りは烏帽子に梅の枝を持ち、辻占売りは頭に手ぬぐいをして、辻占菓子を入れた箱を肩から下げ、背中に「恋の辻占」と書いた提灯を差している。絵に添えられた歌・句は「幸先も万よし原辻占屋そめきの人に売る春の声」「初夜すきてかゝる座敷をまねき猫鼠なきして買ふた辻占」などがある。懸想文売りの図像は辻占印刷物そのものにも現れた。次頁下図は大正時代に大阪の法令館から版行された、辻占を入れる袋の表部分であるが、右下に懸想文売りが描かれている（図2－27、28）。

このように、近代以降も、今野圓助が懸想文と辻占を同じものとして解説した『日本民俗辞典』（一九七二）刊行当時頃までは、この二つを近しく位置付ける認識は継続していたと考えられる。現代ではおみくじとの近似に視線が注がれるばかりの辻占だが、懸想文と辻占の本質を考えると、過去における認識の要因が理解できそうである。

伴蒿蹊『閑田耕筆』（享和元（一八〇一）年）には、「除夜に懸想文《ケサウブミ》といふものを売ルを買ヒて、元旦に是をひらき、其年の運《ウン》をうらなふこと、元禄の比ほひまでありしならはしとぞ。けさう文といふは、艶書の事なるを、彼うりける文は、女文などのさまにかける故に此名ありや。或ルは此文にて、未レ嫁女の縁のよしあしを占ひしともいへり。予其文を見ざれば、さだかなることをしらず。一老人いふ。板に彫《エリ》て売物にする文に、凶事のいま〳〵しきことをやは書べき、是をもて吉凶をうらなひしは、愚に直き事なり。今世の黠サルカシコキ智盛なる人々は執《トリ》用ず、廃《スタ》れしもことわりなりといへり」（伴　一九七六：二八一頁）とある。元日からではなく、既に除夜から売られていたとあるが、正月の売り物として商われていたことに相違はないだろう。

伴蒿蹊は、文は女性からの「艶書」の形式で書かれ、これで未婚女性が縁の善し悪しを占うと聞いている。ところが、ある老人は、版木に彫って売り物にする刷り物に、悪いことを書くわけがないのだから、これで縁の吉凶を占おうとするだなんて愚かなことだと冷静に意見している。新年向けの占いの刷り物に、凶事が書かれているはずがなかろうという一老人の言葉には、やはり良いことしか書かれていないと認識されている辻占印刷物、特に菓子に付いてくる辻占紙片が想起させられる。売り子が商う煎餅や昆布、豆菓子等に付いてくる辻占紙片の文句には、時に戒めや注意が含まれてはいても、深刻な悪い託宣は出て来ず、大抵は良いことや面白可笑しいことが書いてある、と享受者が認識していることは、近世文学や近代の日記、現代の聞き書きからも伝わってくる。

梅亭金鵞『花鳥風月』では、辻占煎餅から、「思ひ切つて遣つて御覧な。」「怖い思ひも些とは為るとさ。」「夢の

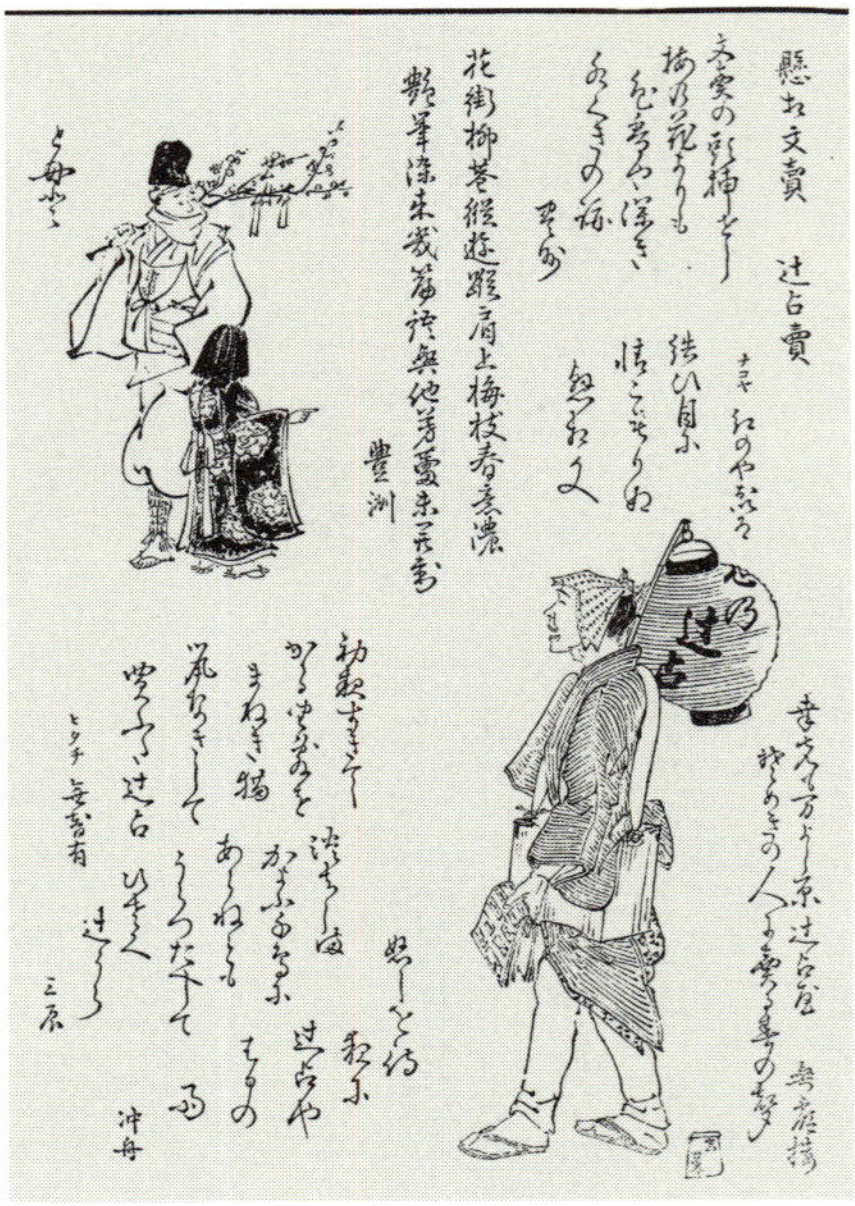

図 2－27　「風俗画賛」『風俗画報』第38号（明治25（1892）年 2 月10日）

図 2－28　「吉凶はんじ辻占」付き辻占袋の下部（大正初期頃）大阪市南区松屋町の法令館が発行。

様で嬉しいよゥ」と出てきて、主人公の女性が前に進む行動を決意するきっかけとなる。E・モース博士の日本滞在中の日記『日本その日その日』には、明治一六（一八八三）年の日記に、辻占菓子のスケッチと辻占文句が記録されており、「第七十七吉　おもふねんりきいはをもとほす　そふてそはれぬことはない」と都々逸が見える。石川啄木が明治四一（一九〇八）年八月五日に書いた日記には、寺門で求めた辻占菓子を、友人と共に笑い興じながら開き、最後の一つに「日の出だよ」と出てきて、「吉兆と呼びて笑ふ」という情景が綴られている。

また、辻占印刷物の中でも正月向けと見られる『いろはたとゑ辻占かるた』（安政四（一八五七）年）には「いきをひがよい」「ろんなし大よし」「ほどがよい」などの言葉が見え、『辻うら寿ご六』（安政四（一八五七）年）には「うれしいねへ」「よいおたのしみでござります」「人がらがよいよ」「まち人はまいりますヨ」など良い言葉が多い。「ばかされるよ」（狐面の挿絵）、「人目があるよ」（目がたくさんにひっかけて、目籠の挿絵）といった文句も含まれてはいるが、短文の軽みと挿絵のユーモアに助けられ、悪い暗示に見せない工夫がある。

さて、しばしば中断し、売り物の内容が変容したためにも辿りづらくなったが、懸想文売りの本質は縁起売りであろう。彼らは文を売るだけではなく、代金とひきかえに縁起そのものを売っていたのであり、覆面に枝ぶりの大きな梅の枝を肩にするという目立った異形の扮装は異界の者の表現であろう。『曾呂利狂歌咄』の懸想文売りは、祝言を尽くして買い手の幸運や願望成就を祈願する役割を果たしている。「仮粧文と名づけて渡す。一銭より百銭までも、代は買人の心にまかす。さてその祝言は買ひける人、或は夫婦のかたらひの事、或は商売の事、又は物書く事、其外何にても望む事を、さま〴〵目出度くいひつゞけて打通る、いと面白く売りける。」というくだりがそれである。

新春に行商をして歩いたのは辻占売りも同様である。元々は、辻占売りは正月に限った営業をしていたわけではないのだが、一部地域では正月の物売りとみなされている。加賀地方では戦前まで、師走から正月にかけて売り子が住宅街まで訪れ、普段は花街などへ足を運ばない大人や子供までもが、辻占売りの姿を目にした。寒い冬の夜に訪れる、見慣れぬみすぼらしい身なりの売り子の姿は、子供にとっては畏怖さえ感じさせ、門付と同じとみなす人もいた。金沢の和菓子屋、諸江屋が所有する明治期の辻占版木には、「すへひろ」(扇の挿絵)、「わって下され」(餅の絵)、「めでたいはる」(三方)、「やれやれよい事」(打ち出の小槌)といった新春向けのおめでたい文句が見える。辻占を求める人は、新年に相応しい縁起の良い言葉を買い、運を手にしたい人々であったと推察できる。売り子が売っていたのは、占い紙片や菓子というモノだけではなく、縁起そのものであったのだと、懸想文売りの本質を理解した後、考え至る。

さてここで、懸想文と辻占には、共通して良い言葉、おめでたい言葉が選ばれていたことから、言葉の持つ呪術性と正月という時間に、一旦目を転じて考えてみたい。正月は、一年の中でも特別神聖な時間である。伊藤高雄は「ことば遊びの世界」の中で、言葉が一生を左右するような大きな意味を持ち、厳粛に用いられる場合があり、その一例が正月だとする。「年の初めであるがゆえに、目出度いことばを極端に選んで使う風が全国的にあります。(中略)正月という特別な時であるがゆえに、ことばは選ばれ、忌みことばや隠語、称え言の民俗が表裏の関係にあって、いわばことば遊びの生成と伝承の一端を垣間見せてくれます。」(伊藤 二〇〇七:一七八〜一七九頁)。伊藤により、正月は言葉が選ばれ、目出度い言葉を選んで使うだけでなく、称え言、言葉遊びの生成と伝承がなされる時間であると説明されるが、これは、「凶事のいま〱しきこと」はなく、「何にても、のぞむ事を、さま〲めでたくいひつゞけ」る懸想文や、「たいていは吉である良い占い」で、なぞやしゃれ、警句、都々逸など言葉遊びを駆使した辻占文句について言い得た説明であると理解する。

辻占には、時に可笑しな図像や文句、しゃれ、諺などがあり、はっとさせられたり、笑わせられたりする。伊藤高雄は、諺、なぞ、早口言葉、しゃれ、地口を取り上げ、言葉遊びとは、言葉の機知の働きによってその場の人を笑わせたり、納得させるなど、ある種の感動を一座に与える言語行為だと定義する。そうして「ことば遊びの基層には、こうしたことばの呪力に期待し、敵対する者や目に見えないあやしい精霊たちから身を守る切なる願いがこめられていたように思います。ささやかなことばの技を支える心性には、目にあらわに見える物事だけがこの世のすべてとする一元的なものの見方はありません。」と述べている(伊藤 二〇〇七:一八四頁)。

様々ある辻占印刷物のうち、全てではなくとも、近世の正月向けの双六や、一枚摺り、それに現在まで師走から新年に向けて盛んに販売される辻占菓子の紙片には、吉兆を示す言葉の力によって、幸運を引き寄せようとする呪術的な心性、願望が込められていると見てとれる。そのような理解をもって、改めて柳田と今野の文章を読み返せば、懸想文が「辻占の一種」と並置されることが腑に落ちてくる。辻占と懸想文が近しいものと認識されていたのは、双方の売り子がどちらも新春の縁起売りの本質を持ち、彼等の売り物である恋を占う印刷物には、縁起が良く、お目出度い言葉が尽くされていたという共通項を共に持ち合わせていたからといえるだろう。

2-3 花街における受容

辻占印刷物、中でも辻占菓子の主な販売地は花街や盛り場であり、昼間にそれを買ってもらう子供たちもいたが、夜間においては、遊戯性のある「恋の辻占」は、粋な占いを求める大人に受容された。懸想文売りの考察に続いて、次には花街における辻占菓子売りに注目したい。都市の行商人を考証する研究において、しばしば取り上げられたのが辻占菓子売りである。彼らがどのような姿と口上で行商を行っていたのかを明らかにし、花街における辻占の享受者とはどのような人たちであったのかという問題に答えを導きたい。

さて、図像や文献から判断すると、近世期の辻占売りは男女を問わず、年齢もそれぞれであるが、子供の描写は見えない。明治期以降には貧困層の子供の売り子が現れ、数を増やすが、江戸時代までは成人の売り子が主流であったと見える。天保年間以降、辻占売りの姿を伝える記述が見え始めるが、それは紙片のみを売る者と、紙片を販売促進物として駄菓子を売る者とに分かれる。駄菓子売りは、かりんとうや煎餅、昆布、飴、豆菓子を商ったが、口上の文句が菓子より辻占を謳ったためか、彼らは菓子の売り子でありながら辻占売りと称された。売り子のほとんどが夜間営業で、大きな提灯を持って目印にした。営業地には、花街はもちろんのこと、人が大勢行き来する賑やかな場所を選んだようで、近世後期の錦絵『夕涼市中の賑ひ』（口絵一頁下）には、そうした状況が描かれている。満月の夜の茶店の前を商人達が行き交い、画面左側の縁台に腰掛ける男性が、辻占売りを呼びとめている。売り子は「辻占」と書かれた箱を下げ、手に持つ提灯には「本家山口屋かりんとう」とあるので、辻占を販売促進物にしてかりんとうを商っていることがわかる。二人のやりとりを読み取ってみよう。辻占売りと買い手の男性のやりとりは次のようにある。

こう〳〵辻うらを一つくだつし。しかしおめんちの辻うらじや、あてにはなるめへ。
いろいろなことをかんがへ世わたりをするが、きのどくなものだ
いんぎきつきやう、こいの辻うら。ハイ〳〵た、いま上ります

（『夕涼市中の賑ひ』）

どうやらこの男性辻占売りは、「いろいろなことをかんがへ」て、仕事を変えながら世渡りしているようだが、あまり上手く行っていないらしく、顔見知りの男性に、同情交りに買ってもらっている。口上は「縁起、吉凶、恋の辻占」である。図中の売り子が扱っている山口屋のかりんとうは当時流行の菓子であった。天保年間（一八三〇～四四）に江戸、深川六軒堀の山口屋吉兵衛が売り出したところ爆発的に流行し、売り子は下り藤の紋に「深川名物・可里んたふ」と入れた大提灯を目印とし、行商の菓子として夜間に売り歩いた。人数は二〇〇人を超えたといわれる。清水清風『街の姿』「花輪糖うり」の項目では、「(加賀本) 後にハ市中至る所、花りん糖売の居ぬ所なきほど流行す。又市中を行商する売子の数、殆ど弐万人余なりといふ。」とある（清水　一九八三：二四五頁）(2)。深川は、岡場所廃止以前は花街である。売り子には辻占のおまけなしで、かりんとうを売る者もいたが、もともとは菓子だけを売っていたことだろう。その数二万人とは疑わしいが、大勢の競争相手との差別化を図る為に辻占をおまけにしたのが巧を奏し、同業者の間に広がったのかもしれない。木村捨三「花輪糖賣」（『絵入江戸行商百姿』）には、笨伯山人編、櫻井嵩鶴画『後は昔の夢』から模写したかりんとう売りの図があるが、売り子の男性は、下り藤の紋が入り、「深川名物かりんとう」と書かれた腰まである高さの大きな提灯を持っている。ここには辻占を添えているとは書かれていない。

新吉原には辻占煎餅売りが来ていたことを辻占俗謡占書が伝えている。菊池真一が調査した『は唄恋の辻うら』の序題は「〇〇辻占選餅初篇序」となっている。

　前に南駅の田舎翁が、手製の風味いちじるき、大黒煎餅の点心（おちやうけ）は、普く通家の口に叶ふて、老舗の株に数編を重下戸も上戸も気請よく、売（うれ）るといふを的当（きつかけ）に畑は同辻占選餅、待人かけし君達はじめ、めせや辻占つちうらや辻占

（『は唄恋の辻うら』菊池　二〇〇五：五四頁）

ここには、新吉原の辻占煎餅売りの図が掲げられているが、この序文から、辻占煎餅は南駅即ち品川遊郭で売りはじめられた大黒煎餅にヒントを得たものであることが知られる。「数編を重」というのは、実際の大黒煎餅から転じて、『音曲大黒煎餅』という本が六巻を重ねたことを指していると考えたい。この本は、辻占煎餅が大黒煎餅を模倣したのにことよせて、『音曲大黒煎餅』にならって『辻占煎餅』という本を出しますよ、と宣言しているのであろう。（菊池　二〇〇五：五四頁）。

遊郭に菓子売り達が往来していたことがうかがわれる。上方から江戸に流れて来て、辻占売りに転業した元芸者も存在した。清水清風が幕末の行商人の姿を描いた『街の姿　江戸篇』には、そうした元芸者の辻占売りが描かれている（図2－29）。

　「お豆さん売り」
　お豆さん　四文のお豆にほれられて云々。安政の頃、此お豆さんとて、辻占入の豆を袋に入、壱ツ四文ヅヽにて商ふ。此者、元、都の芸者の馴の果にや、言葉優しく、最美人にて、尼の姿にやつし居さま、奥床しといふ。（武江年表、嘉永六年六月の項）〔無補〕お豆大極上、と歩行く砂糖豆売の女商人、先年よりありしが、是の月に至り、其の売子中に、上方の遊女あがりの美人現はれ、大いに流行す。

（清水　一九八三：二八一～二八二頁）

図 2－29　「お豆さん売り」（清水清風『街の姿』より）

花街の美人芸妓が稼業から足を洗い、評判の菓子屋へと商売替えをした事例もある。彼女は、それまで身近に楽しんでいた辻占菓子を参考にしたらしく、それをもっと華やかに改良した紙片を考案した。作家であり、玩具収集家でもあった淡島寒月（一八五九～一九二六）は、安政から明治初年頃の話として、「行楽の江戸」（初出大正六（一九一七）年）を発表しているが、その中で、歌舞伎役者の美麗な紙片入り辻占菓子を考案した店「望月」について以下のように述べている。

それからその頃横山町三丁目に望月という菓子屋があって、初めて辻占《つじうら》を売出した。これは柳橋の小越といって頗る角兵衛獅子《かくべえじし》が旨《うま》い芸妓《げいしゃ》がいたが、ちょっと変わった女で、茶の湯もやれば生花もやるで、角兵衛獅子の小越といえば知らないものはない位であった。それが芸者をやめて望月という菓子屋を出したのである。辻占は望月堂や森田（これは切山椒《きりざんしょう》で有名である）も有名であったが、この望月が元祖である。当時の辻占は役者の似顔や何かが色摺になっていて誠に綺麗なものであった。

（淡島　二〇〇〇：一〇五～一〇六頁）

凝った色摺りの辻占紙片を考案したのが、版元でも菓子屋でもなく、元芸妓であるところが注目される。元芸妓で美人であることも話題になったと見え、小越（小悦）は錦絵にも描かれている。『（菓子屋店頭の図）』は望月の店先であり、左端の暖簾には、着物で一文字隠れているが「月小悦」と読め、菓子を入れる箱の横には「横山三」とある。店内で菓子を手に取り応対する中央の女性が小悦である。背後に見える菓子の札には辻占の文字が読み取れ、辻占菓子と、芸妓上がりで美人の女主人、小悦が浮世絵に描かれるほど有名な存在であったことを知らせる絵画資料である。役者の似顔が色刷りになって美しい辻占紙片とは、前掲の張り込み帖『江戸辻占』にある紙片のような刷り物であったといえる（カバー写真、xvi頁）。

それでは、花街での享受者は、どのようにそれを楽しんでいたのだろうか。花街を往来する売り子から求めるのであるから、購買者はそこで働く女性達や、周囲の男性、お客達であったようだ。為永春水の人情本『春の若草』三上（天保期刊（一八三〇～四四））には、吉原の妓楼の座敷で芸者と新造の女性達が辻占菓子を開く情景が描写されている。作者にとって、吉原における辻占菓子享受の情景は、現実味がある設定であり、読者にとっても、特に説明がなくとも理解できるものとしてそれが浸透していたことを示す作品である。

『春の若草』三編之上、吉原の妓楼大唐の表二階の座敷にて、茶目っけのある内芸者豆八を新造の雛琴と都野がふざけて追い回し、弱った豆八が彼女らに辻占煎餅をあげるから堪忍して欲しいと言いだす場面がある。

都「ア丶さうざますヨ夫《それ》だけれどもゐひ物を呉《くれ》るといふからマア堪忍して置《おく》のでありますヨさあ豆八さん何だか今言《いっ》ったものを出して見せなまじ」ト言ひながら火鉢の側へ寄りたかれば豆八は袂の中より辻うらの這入つて居る煎餅を三ツ出して

豆「和合《なか》よく三人ヅ丶進るンでありますヨ」ト言へば都野は一番に煎餅の中を明《あけ》て見て「あ。か。に。し。だ。よ。ヲヤあかにしとは何のことざませうネエ」

つた垣「吝嗇坊《しわんぼう》だといふ事でありまはアネ」

都「否《いや》ざますヨ私《わち》きやァこんな辻占は」（中略）

豆「お雪さんお前はんにたツた一ツ取《とつ》といたんでありますヨ」

雪「お有難うざます蔦垣さん開てお呉なまし」

つた垣「ドレ見せなまし」

つた垣「ヲヤまァどんなに宜い辻占ざませう」
豆「何とかいてありますへ」
つた垣「まちがひなしだとサ」
雪「ヲヤ嬉しい」

（為永　一八九三：一二一～一二頁）（旧字を常用漢字、平仮名で表記した）

この当時の辻占文句は「あかにしだよ」、「まちがいなし」といった素朴な一言判断であって、まだ都々逸文句ではなく、内容が複雑化していないようだ。『守貞謾稿』（天保八～慶応三（一八三七～六七）年）「書占」の項には「書占　上ニ云如ク、哥占ノ類ナラン。今世、辻占昆布、辻占煎餅等ノ類、似レ之タリ。（中略）宴席等、開レ之テ興トスルコトアリ。」（喜多川　一九九二：四八頁）とあるので、妓楼の宴席でこれを開いて楽しむ機会があり、そのような事実を踏まえて春水は作品に描写をしたのであろう。このように、遊興の場の菓子として辻占入りの菓子が楽しまれることは、近代まで続いていた。筆者の聞き書きによれば、新潟県長岡で営業していた「よし兼」という料理屋を実家とし、そこで幼少期を過ごした金子登美氏によれば、店では辻占菓子がしばしばお茶受けに出されていたということだ。戦前戦後の頃、お茶菓子には、豆菓子やかきもちなどに油紙の紙片が混ぜられた辻占菓子が鉢に盛られて出され、たいていは吉である良い占いが出ると、芸者衆などは嬉しそうに皺を伸ばして懐にしまっていた姿を金子氏は覚えている。金子氏は、辻占菓子を「粋筋の菓子」と呼んでいた。

辻占は、文字化された遊戯性を持つ占いであるからこそ、花街が主要な受容地となり、そこが流行の発信源であるため、一般に広がっていったと推測する。特に、享受者の立場を考えると、花街の女性達は身分が不安定で、制約、束縛の多い状態で生活しているため、様々な重圧を軽減させ、客引き、恋愛、良縁といった個人的な願望を叶えたいがために、様々な占い、呪いを行ったことがいわれており、辻占菓子も託宣を得るための、あるいは楽しみの一つとして身近な占いであったとみなすことができる。いつでも外出して御籤を取ってくることのできない女性達にとっては、屋内にいても気軽に入手できる辻占菓子は御籤に代わるものになりえた。

また、宴席で開く辻占で、座を盛り上げることもでき、余興として用いられる機会もあった。そこに集まる男性達にとっても、粋な恋愛や流行歌、歌舞伎といった娯楽は大きな関心事であったため、辻占菓子は、買い手の関心事を敏感に反映させ、刷り物に取り込んだといえる。花街における辻占の享受者とは、流行、娯楽に敏感で、恋愛に関心を持ち、宴席などで娯楽的に占いを賑やかに楽しみたい人々や、あるいはこっそりと一人で開き、占い文句を心の支えにしたい女性達であったのではないかとまとめたい。

2-4　辻占印刷物に見える花街の俗信

花街は、不安定で、制約、束縛の多い生活を送る女性達が、様々な重圧を軽減させ、客引き、恋愛、良縁といった個人的な願望を叶えたいがために、占い、呪いを盛んに行ったと言われているが、その場で生まれた特有の占いや呪いもあった。辻占印刷物の中には、花街独特の呪いが図像化されている資料があり、また、花街で受容された辻占俗謡占書には、呪いを歌い込んだ端唄や、遊興の席で女性達が親しんだという畳算が採用されているものが認められる。ここからは、辻占印刷物に見える、花街でよくなされた呪いと占いを抽出し、図像や文句、歌詞などが、花街の呪術的実践の様相を反映させていることを指摘し、とりわけ辻占俗謡占書は、当時の俗信の多層的な実践の跡を示す貴重な資料であると論じたい。

大久保葩雪『花街風俗誌』（明治三九（一九〇六）年）「娼妓のまじない」では「特別《とりわけ》花柳《いろ》の巷《ちまた》や芸人社会《げいにんしやくわい》と来《き》ては烈《はげ》しいもので、其家其人《そのいへそのひと》に由《よつ》て種種《いろ〳〵》さまざまな事《こと》を言《いつ》たり行《し》たりする。遊郭《いうかく》などは其大関株《おおぜきかぶ》であるのみならず、随分製造元《ずゐぶんせいざうもと》も兼《か》ねて居《ゐ》る方《はう》である。」と述べられている。

（大久保　一九八三：二八三頁）

（1）紙の蛙

梅素亭玄魚『辻うら寿ご六』（安政四（一八五七）年）は双六のところで既に提示したが、多色摺りで、中央の上がりの図では、床の間に正月飾りがなされ、酒とご馳走が並んで三味線が置かれ、芸者も傍にいる気配であり、めでたく賑やかな宴が表現されている。上がりを取り囲む四方のマスの一つには御籤箱の絵が書かれ「するゑは大よしだよ」、それに紙で折った蛙の絵には「おほねおりがみえますよ」との一言文句入りの図がある。待ち人のまじないをする骨折りをしても、待っている男性は来ないよという託宣だ。江戸時代の庶民、特に花街の女性達は、仕事上に利益のあるまじないや、個人的願望を叶える為の占いを実践したが、俗信を重視するその生活ぶりは明治以降まで続き、花街文化に大いに関心を持つ明治期の書き手によって、著作や雑誌で紹介されている。紙の蛙の呪いの図は、辻占双六、団扇絵、俗謡占書にも表れている（図2-30、31）。

『花街風俗誌』「娼妓のまじない」（明治三九（一九〇六）年）

特別《とりわけ》花柳《いろ》の巷《ちまた》や芸人社会《げいにんしやくわい》と来《き》ては烈《はげ》しいもので、其家其人《そのいへそのひと》に由《よつ》て種種《いろ〳〵》さまざまな事《こと》を言《いつ》たり行《し》たりする。遊郭《いうかく》などは其大関株《おおぜきかぶ》であるのみならず、随分製造元《ずゐぶんせいざうもと》も兼《か》ねて居《ゐ》る方《はう》である。夫《そ》れ故《ゆえ》に此社会《このしやくわい》に行《おこな》はれる呪法《まじなひ》も数《す》十種《しゆ》あるが、茲《こゝ》には娼妓《しやうぎ》の間《あひだ》に行《おこな》はれ居《をる》るもののみを掲《かゝ》げやう。娼妓《しやうぎ》が最《もつとも》も大事《だいじ》に掛《か》ける呪法《まじなひ》は、勿論待人《もちろんまちびと》を呼《よ》ぶにあるので、之《これ》を「待人《まちびと》を懸《か》ける」と云《い》つて、其方法《そのやりかた》は大抵次《たいていつぎ》の如《ごと》き仕方《しかた》である。

（一）縁結《えんむす》びの紙捻《こより》

二本《ほん》の紙捻《こより》の中程《なかほど》を我手《わがて》で押《おさ》へ、其両端《そのりやうはし》を人《ひと》に結《むす》び貰《もら》ひ、之《これ》を引伸《ひきのば》して二本《ほん》に結《むす》び合《あ》へば思ふ男《をとこ》に添《そ》はれると云《い》ふので、『アラ嬉《うれ》しい』と鼠鳴《ねずみな》きをする。（後略）

（五）紙《かみ》の蛙《かはづ》

白紙《しらかみ》で蛙《かへる》の形《かたち》を折《をり》り、其背中《そのせなか》へ待人《まちひと》の名《な》を書附《かきづ》け、其上《そのうへ》から縫針《ぬひばり》を刺《さ》して、人目《ひとめ》に掛《か》からぬ場所《ばしよ》に置《お》けば、其《その》人必定来《ひとひつぢやうく》ると云《い》ふ。来《き》た上《うへ》は針《はり》を抜取《ぬきとつ》て、蛙《かへる》は水邊《すゐへん》へ放《はな》してやるのである。二上《あが》りの葉唄《はうた》に「夜《よる》の雨若《あめも》しや来《く》るかと畳算《たゝみざん》、紙《かみ》で蛙《かはづ》の呪《まじなひ》も、蟲《むし》が知《し》らせて燈火《ともしび》の、丁子《ちやうじ》も飛《と》んだ今時分《いまじぶん》、気粉《きまぐ》れさんすエ、主《ぬし》の声《こえ》」とあるから屹度《きつと》効験《きめ》がありんすとサ《さ》。（旧字は常用漢字に改めた）

（大久保　一九八三：二八四～二八六頁）

「縁結びの紙捻」に見える「『アラ嬉《うれ》しい』と鼠鳴《ねずみな》き」だが、遊女が待ち人を招く時や、願いが叶って嬉しい時にも口を吸うような音を出すしぐさのまじないをすることを書いている。『新吉原画報・劇場図会――『世事画報』増刊』（明治三一（一八九八）年九月）には、次のように記されている。

又酸漿《またほうづき》をならしあるは待人呪の蛙《かわづ》を折《をり》あるは畳算《たゝみざん》などして辻占《つぢうら》を娯《たのし》むなどはあどけなくもの数云ぬ優妓《ゆうぎ》にして客《きやく》の自由《じゆう》になるものなり

（槌田　二〇〇三：二五頁）

同誌「第四十一　吉原娼妓の行ふ呪法」には、現今の吉原で、呪いなどの呪法は大いに行われているとして、

図2－30　梅素亭玄魚『辻うら寿ご六』より「紙の蛙」部分

図2－31　団扇絵『江戸八卦當ル辻占しんよし原』より「紙の蛙」部分

「待人のまじなひ」、「吉凶を知る法」、「肉具のまじなひ」、「御茶挽の時客を呼ぶ法」など各種を挙げている。紙の蛙を用いる待ち人のまじないの方法は、「紙《かみ》にて蛙《かわづ》をおりその背中《せなか》へ客の名をかきつけ之に針《はり》をさして人《ひと》の目《め》にか丶らざる所に置くべしその人来《ひときた》ること妙なり尤も待人《まちびと》の来たる上《うへ》にて針《はり》をぬき蛙《かわづ》は川《かは》へすつべきなり」と方法を説明している。なお、これらの典拠は十返舎一九『倡売往来』（文化二（一八〇五）年）である。そこには、「待人のまじなひ」「吉凶を知る法」「肉具のまじなひ」「色男をまじなふ法なり」が説明されている。『世事画報』記事はその引用記事である。

（2）帯のそら解けと辻占

〽予てより口説き上手と知りながら　この手が締めた唐繻子の　いつしか解けて憎らしい　借りて髱掻く黄楊の櫛　きっと辻占引くばかり　ほんにやるせがないわいな

上記の歌は、『辻宇羅はふた』（東京都立中央図書館）「火天大有」の丁下段に書かれている端唄歌詞である。中尾達郎は、『色町俗謡抄——浅草・吉原・隅田川』の中でこの歌を解説して「相手の男が口説き上手の噂があって警戒していたが、知らず知らずの間に口車に乗って帯を解いた、とも取れるが、そう取らずに、実意のない、口説き上手な男だと警戒しながらもいつのまにか好意を持って待つ身となってしまい、帯がそら解けしたので、来てくれる前兆として喜びながらも、自らをいまいましく思っている、と取ったほうが女の心境に屈折が出ておもしろいし、また、古来の習俗の流れを汲んでいてよいと思う。」と述べている（中尾　一九八七：三七頁）。帯のそら解けとは女性の知らないうちに帯がほどけていることで、待ち人来たるを暗示する予兆的占いであるが、この歌にはそら解けと辻占という、二つの俗信が登場し、いくつもの占いが生活に入り込んでいる遊女の生活を思わせる。

中尾達郎は同書で他にも花街の俗信が織り込まれた歌を取り上げているが、それぞれの歌の出典が明らかでなく、成立時期もつかめない。そのため、筆者が調査した辻占俗謡占書と対応させられる箇所が少ないが、他にも辻占俗謡占書に対応する、畳算の出てくる歌を解説しているので、参照したい。

（3）畳　算

〽辻占や　待つ間簪畳算　恋という字にひかされて　ひとり雪の夜忍んで来たに　腹が立つかや　わしじゃとて　待たす心はないわいな

この歌は、辻占俗謡占書の中では『うた占』と『流行はうたのつじうら　坤』に収載されている。畳に簪を投げて占う畳算が歌われるが、「畳算は占の一種で、文化年間に刊行された『絵本男大雑書』の「畳算」の項には、「占方を取るべきやう、何事によらず占はんと思はば、先づ身を清めて向かひ、男は扇、女は簪を持ち、わが座りし畳を除け、その向かうの畳へ、無念無想に投ぐべし。さて、わが手前の畳の縁より向かうへ数へ」（中尾　一九八七：三九〜四〇頁）とあり、自分の座っている畳の隣の畳の縁から向こうへ、呪具として扇なら扇、簪ならばそれを投げ、落下した物の先の肩の辺りから、自分に最も近い畳の目を数えて吉凶を占う方法だという。ただし、下に見るように、俗謡占書の畳算の方法は少しずつ異なり、作者によって創作が加えられていることがわかる。畳算は専ら色町で実践される占いとなる（3）。さて、筆者が調査した辻占俗謡占書の中にも、辻占を冠しながらも、託宣である歌を求める方法として冒頭の占い方に、畳算を示す資料があるので、挙げてみたい。

吾妻雄兎子『辻宇羅詩入都々逸』

〇たゝみざんつぢうらの見やう

このうらないの見やうハたゝみの上へかんざしにてもなにゝてもなげいだしそのなげたるものゝせんのかたのあたりたるすぢよりひとすぢ二タすぢとかぞへ十にてとまれバ第十又廿にてとまれば第二十のどゝ一とわきの小がきのもんくをもつてそのよしあしをうらないしるべきものなり

吾妻雄兎子『つぢ占どゝ逸』

〇たゝみざんつぢうらの見やう

このうらないのみやうハた丶みの上へかんざしにてもなに丶てもなげいだしそのなげたるもの丶先のかたのあたりたるすぢより下すぢ二すぢとかぞへ十にてとまれバ第十又廿にてとまれば第二十のど丶一とわきの小がきのもんくをもつてそのよしあしをうらないしるべきなり
○やまとうたのうたひやうハ詩をぎんずるとおなしふしにしてすまごとなどにあハせうたひてよし

須磨琴とは、一枚の板の上に一本の絃を張っただけの簡単な楽器である。呪具は簪かそれに代替するものでも良しとしている。都々逸と脇に書かれた小書きの文句を持って善し悪しを占う。

礫川主人（礫川樵父）『辻うら都々逸』
○うらないの見やう
うらないの仕方《しかた》はこの卦《け》のところを出《いだ》し置眼《め》をふさぎ本を三度《さんど》まハし下《した》に置《おき》かんざしにても小《こ》やうじにても有《あり》あハせしものを卦《け》の上《うへ》へなげおとしそのおとしたるもの丶先《さき》のあたりたるところのけを我《わ》が得《え》たるけと定《さだ》めそのけのあるところをくりいだしみるべし○たゞし左とる右とるこ丶ろのうちにさだめ目をふさぎてゆびのさきのあたりたるところをあけて見てもよし

こちらは畳算の変形で、畳の上に簪を落とすのではなく、本を開いて八卦の書かれた頁にそれを落とす。落とす前には目を閉じて三度本を回す。呪具は簪でなくともよく、小楊枝などありあわせでよく、なければ指でもよしとしている。

（4）銭　占

『新文句辻占度獨逸』（一八五五）は銭占を採用している易占の辻占俗謡占書で、卦を求めるのに、簪や小楊枝の畳算ではなく、銭を用いる。銭占でありながら、なぜこの本に「辻占」と付けるのかを、著者である二世梅暮里谷峩が序文で述べている。

辻占度獨逸之序
伏義《ふつき》初《はじ》めて。易《えき》の八卦《はつけ》を作《つく》り給《たま》ひ。お前《まへ》は一体女《いつたいをんな》の名《な》で。お伊勢《いせ》さんと言《いは》れしより。其術《そのじゆつ》神国《○○くに》に傳《つた》はりて。今は市中《しちゆう》に充満《じうまん》たる。賣卜者《ばいぼくしや》で目を突《つ》くような。江湖上《よのなか》なれバ差當《さしあた》り。吉凶《きつきやう》を観《み》て貰《もら》ふに。不自由《ふじゆう》は無《な》けれども。座《ゐ》ながら其身《そのみ》の願望《ねがひのぞ》み。亦他《またひと》の心中《こころのうち》の。善悪《よしあし》を知《し》らまく欲《ほつ》すに。這一小冊《このいちせうさつ》に顕然《げんぜん》たりされば擲占《ぜにうら》といふべきを。辻占と題号しつるは。衆官口《みなさまくち》なれ耳馴《み、なれ》してふ。板元《ふみや》が需《もとめ》に出《いで》し処。など、律儀《まじめ》に述《のぶ》る折《をり》から。竈《かまど》の蔭《かげ》より忽然《こつぜん》と。覗《あらは》れ出《いづ》る伏義皇帝《ふつきくわてい》。原来《さては》と駭《おどろ》き熟視《よくみ》れば。是伏義竹《これふぎだけ》の妖化《ばけ》し也。這竹陰竹《このたけめだけ》か陽竹《をたけ》か知《し》らねど。何《いづ》れ心《こころ》のたけにや有《ある》らん

安永二年巳年の葉月
擲占度《ぜにうらど》、獨逸新案《いつしんあん》の元祖《ぐわんそ》
金龍山人谷峩戯誌

凡例
此占《このうらなひ》の見《み》やうハ　〽思《おも》ふことひとつかなへば又《また》二ツ三ツ四ツいつも六ツのうらなひ」このうたを三べんとなへ四文銭《しもんせん》を六ツ両手《りやうて》に入《い》れてよくふりたてつ、何事《なにごと》によらず思《おも》ふことを心に念《ねん》じて件《くだん》の銭《ぜに》を投げならべ見るべし形《かた》を白《しろ》とし波《なみ》を黒《くろ》とし本文《ほんもん》の陰陽《くろしろ》にひき合わせて文句《もんく》の善悪《ぜんあく》により思ふことの善悪《よしあし》を知るなり善《よ》き唄《うた》に當《あた》らば何《なに》ごともいそぎてよし成就《じやうじゆ》するなり悪《あし》しき哇《うた》ならば何《なに》ごともひかへめにするがよし

この後呪歌があり、三度唱える。呪具は四文銭六枚である。梅暮里谷峩は、内容からして本来ならば擲占《ぜにうら》（銭

占）というべきところ、銭占と俗謡による占いの組合せを、世間一般が辻占と呼び、耳馴れ、口慣れてしているため、あえて辻占と題号を付けてこれを出版する。版元からの要望もあったと述べている。俗謡と銭占を融合させた易占が既に人々の間に浸透し、人気もあり、辻占と冠すれば売れ行きが見込めるとの版元の戦略があったため、様々な辻占シリーズが出版された事情があったのではなかろうか。易占を採用した辻占俗謡占書は数多く、中でも算木図の代わりに銭の陰陽を示す白丸黒丸、あるいは銭形図を記すものも多く見られる。白丸黒丸図は、すなわち銭占の採用を意味し、先行研究によればそうした辻占俗謡占書は一一種あるが（菊池 二〇〇五：五七頁）、表題に「銭占」とあるものは一点、「銭判断」とあるものが一点のみである。その他は、銭占を用いながらもそれを出さず、『新文句辻うらと、一ツ』、『心意気辻占都々一』、『心いき辻うらど、いつ』、『恋の辻占独り判断』、『都々一独うらなひ』、『辻うら都々いつ』、『た、みざん辻うら都々いつ』と題名されている。こうした資料から、内容は銭占でも、辻占と付けて売りだす出版の流行があったと考えられる。

作者未詳『恋の辻占都々一獨うらない』
このつぢうらの仕方《しかた》ハぜに六文《ろくもん》を手《て》に握《にぎ》りなむ乾元かうりと三べん唱《とな》へその銭《ぜに》を投《な》げ出《いだ》しその銭《ぜに》の並《なら》びしをりを引合《ひきあハ》せ歌の 心《こころ》と判断《はんだん》とを見《み》てその吉凶《きつけう》をしるべし

この後三度呪文を唱えよとの指示がある。配当された八卦で判断する。呪具は前掲『新文句辻占度獨逸』では四文銭六枚であったが、ここでは六文分の銭となっている。

飯尾東川『辻占独り判断』
〇卦《け》たてやう并判断《はんだん》見やう
青銭《きよきぜに》六文を左の手のひらにおき右の手をそのうへに覆ひてうやまひいただき假爾《なんぢが》泰《たい》筮《ぜい》有《つねあるに》レ常《よる》乾《けん》兌《だ》离《り》震《しん》巽《そん》坎《かん》艮《ごん》

> 坤《こん》と二へんとなへ無為無心《むいむしん》にその両手《りょうて》をよくふりをハりて膝《ひざ》にうへにおき右《みぎ》の手《て》にてその銭《ぜに》を一文ツヽそのまヽ紙《かミ》のうへに下《した》より一二三四五六とだんだんに上《うへ》へならぶれバ六十四卦《くハ》のうちおのづから一卦《くわ》あらハるヽなり

より具体的な説明となっている。清い一文銭を六枚用意し、それを左手に置き、右手で左手を覆って敬い頂き、呪文を二回唱え、無為無心に両手をよく振り終わったら膝の上に置き、右手で銭を一枚づつ紙の上に下から上に六枚並べれば、並び方から本に示した一卦が得られるので、該当の歌を読んで判断する。

近世末期は文字化辻占が成立し、流行した時期である。辻占名称のもと、易占や歌占など異なる占いを融合させた俗謡占書や、かるた、双六、役者絵紙片など、洗練された美的な浮世絵の辻占紙製玩具が制作された。それは都市の娯楽的世界を反映させた文字化辻占が支持され、同時に「辻占」の内容と範囲が拡大していく時代であった。当時も文字化以前の方法による、言霊占いの辻占が並行して実践されてはいたが、この流行期を転換地点に、辻占といえば、庶民向けの「読む」「遊戯的な」占い印刷物であるという認識が、以降定着していくことになる。文字化辻占としての流行と浸透は、残存資料や、販売者や享受者、作り手の評判を伝える文献資料から明らかである。

本章では、まず、占いと観賞、ゲームとしての目的を併せ持つ、図像的に洗練された双六やかるた、役者絵の紙片、団扇絵に注目した。それらは時流に敏感な画師や意匠家、版元が制作した、庶民の嗜好、要望を掬い取った印刷物であったと考えられよう。人々が憧れる歌舞伎役者、簡単に実践でき、わかりやすい占い、都市の粋や江戸の名所、評判の菓子屋、美男美女を配した各種の辻占は、流行の娯楽や風俗、時に多層的な俗信の様相を表現した印刷物でもあった。墨摺りの素朴な一枚摺りから成立した辻占が、多色摺りの多彩な印刷物にまで展開したということは、その享受層が、初期の限定的な人々から、より広く、一般の女性や子供も含む庶民層にまで届いたということを意味しよう。

印刷物そのものの考察に続いて、その背景にある御籤との関係を辿り、元三大師御籤本からの影響も分析した。御籤と辻占の混同が見られる現在であるが、辻占の起源が御籤紙片と同じく元三大師御籤本にあるわけではない。

だが、元三大師御籤本からの吉凶、五言四句、注釈、総括、項目ごとの事象判断の様式は近世末期に辻占に採り入れられ、一部の大判の辻占や占書において、特に見受けられ、近代以降更に詳細になる連続性が見られる。同時代に御籤と辻占の実践を並行して行っていた人々がいるが、辻占は恋愛や軽い気掛かりを占うために、そして御籤はそれより重い、深刻な占いのためにと区別をしていたらしきことが導かれた。

また、懸想文と辻占の繋がりについては、売り子の商品である、目出度い祝い言葉が尽くされた懸想文と、やはり目出度い言葉や良い言葉が豊かに盛り込まれた辻占の共通点、それに正月に商売を行う彼等の本質が、門付同様の縁起売りであることから、双方が似ているものとして捉えられていた認識を読み解いた。現代ではそれらを並置する認識はわかりにくいものとなったが、辻占菓子を、正月の運を呼ぶ祝い言葉の菓子として位置付け、毎年享受する平戸、加賀地方の習俗が残っている。ここに、辻占のお目出度い文句で開運を呼び込もうとする心性が引き継がれていることを見ることができる。

辻占は俗謡占書としても流行を見た。その内容は、歌の持つ呪術性を根底に、易占や歌占、御籤、畳算を取り込んだものだった。中には雑書に見える、生まれ年や十二支占いを取り込んだ占書も存在する。辻占俗謡占書の主要な享受地であり、俗謡や流行の発信地でもあった場所が花街である。そこは流行、娯楽の最先端といった華やかな側面があったが、そこで働く女性達は、不安定な身分と気持ちから、俗信を頼みに日々を過ごす傾向が強く、その場特有の呪い、占いをも成立させた。辻占双六、団扇絵には、花街特有の客を呼ぶ蛙の呪いが図像化され、俗謡占書には呪いが歌に読み込まれている。辻占俗謡占書が花街で受容されたのは、ひとつには、その場に俗信を心頼みにする女性達が集まり、呪いや占いを活発に行っていた土壌があったからだと考える。もちろん、辻占俗謡占書の用途としては、恋愛や遊びに関心を持つ男性達が集まる場であるので、女性達は宴席において、客をもてなすために、占書を手に賑やかに座を盛り上げることもあったであろう。しかし、遊興的利用だけではなく、個人的な占い道具としても、充実した占書の内容は、十分応えることができたと思われる。

第三章　近代都市と辻占の出版販売

1　赤本大手榎本法令館による出版と販売

辻占を冠した印刷物は、前章で提示したように、かるたや双六、俗謡占書など複数の形態での出版がなされていたが、「辻占」と呼称され、最も普及していた印刷物は、一枚刷りである。これまで辻占の内容分析を行い、発行元も調べてきたが、近世後期の刷り物は、発行元、所在地、発行年月日などの記載が揃って明記された資料に乏しく、いつ、どこで、どのような版元から発行されたのかを把握するのは難しかった。そうした状況に比して、明治時代以降の辻占一枚刷りは、残存点数も豊富で、かつ、書誌情報が記載されている資料もまとまっている。豊富な残存資料と受容を伝える雑誌や新聞記事からは、近代以降に、辻占が近世期に増して大量印刷され、各地で数多く享受される時代に入ったことを示している。

そこで、本章における目的は、辻占資料から特定することのできた、現存する大阪の発行元、神霊館榎本書店での聞き書きと辻占資料をもとに、近代の辻占一枚刷りが、いつ、どのような版元から発行され、誰にどこへ運ばれて、どのように販売されていたのかという流通の一端を明らかにすることとしたい。次に、新聞、雑誌に見る辻占売りの姿から、近代の辻占がどこで販売され、享受者はどのような人々であったのかを考察する。最後に、信仰や流行の娯楽の影響など、周辺の文化を映した近代の辻占の紙面に注目した分析を行いたい。

1-1 法令館の沿革

法令館は明治時代に大阪で榎本松之助が創業し、時流に乗った出版物を得意とする赤本出版社として、子供から成人までを対象にした廉価な出版物を夥しく発行することで成功を収めた[1]。講談本、歌本、各種実用書、地図、絵本、豆本、通俗小説など扱うジャンルは幅広く、戦後は松屋町の漫画本ブームの中心となった。現在は暦書専門出版社「神霊館榎本書店」として大阪市の南船場で営業を続ける。

先行研究では創業が日清戦争前後とみなされ（宮本 二〇〇〇：二五頁）、筆者も法律書、大垣栄太郎『現行袖珍諸罰則全書』（明治二七（一八九四）年）までは遡って確認したため、その年までには営業を始めていたと判断する[2]。出版人名録『全国書籍商総覧』（昭和一〇（一九三五）年）「大阪府」の「法令館　榎本松之助」によれば、松之助は慶応元（一八六五）年六月和歌山県海草郡野上村生まれであり、二十歳頃に上京して諸種の業に携わるが成功せず、大阪に来た。そこで世界地図を発行したところ、日露戦争後の時好に合って成功する。そこから絵草紙物、講談、小説等といった大衆物の出版に手を広げ、印刷工場を二カ所持つまでの成功を収めたと述べられている（後藤 一九八八：一〇頁）。松之助は、明治二八（一八九五）年に大阪において大阪平民館の商号で絵草紙類の出版を行い、二九（一八九六）年二月に雑誌『平民之友』を創刊している。松之助が大阪平民館を退いた事情、その後榎本法令館としての出版の開始時点が不明であるが、明治三四（一九〇一）年以降は複数の商号を用いるようになっている（宮本 二〇〇〇：二九頁）。商号は、大阪平民館、榎本法令館、榎本法令館広島支店、東京支店、榎本書房など複数を持った。聞き書きでは、本の内容に応じて使い分けたと聞いたが、きっちりしたものではなかったようだ。豆本に関しては、大正四（一九一五）年九月から印刷が上野惣太郎から法令館印刷工場に変わり、発行所は榎本法令館になる。しかし、以降も発行が榎本書店や法令館になったりすることもあった。昭和二六（一九五一）年頃から榎本法令館に一本化したという指摘がある[3]。法令館は大正年間に一層発展し、印刷工場を保有する大阪の赤本業者として最大手となる。その時期に松之助は事業を長男の進一郎に譲り、彼を発行人とする出版が始まった。三代目社長となる榎本勘二は、進一郎の片腕として編集に加わり、後に榎本寿ゞと結婚して婿養子となり事業を継いだ。戦後は赤本漫画を大量に出版し、漫画ブームを牽引した。

1-2　榎本寿ゞ氏の記憶から

筆者は二〇〇四年に、榎本進一郎の長女にあたり、書店の代表者である榎本寿ゞ氏（大正一三年生）から談話をうかがった。夫の勘二氏は既に引退され、面会はかなわなかった。一家に伝わる「本当の」創業者像、そして父、進一郎氏のエピソードなどをお話いただいた。

神霊館榎本書店の自社紹介パンフレット（二〇〇四年時）によれば、書店は百三十余年の歴史を持ち、明治初年に古法二十七宿による暦の版権を取得、榎本法令館として発足とある。松之助の生年が慶応元（一八六五）年とされ、調査からは創業が日清戦争前後と考えられるため、齟齬の生じる部分であるが、その理由は創業者を松之助以前の人物に遡ったところにある。榎本家では、近代的な出版業以前に、榎本宗次郎が始めた暦販売を創業時とみなしている。伝えられたところによると、榎本宗次郎は和歌山出身の下級武士であり、禁門の変で戦った後に京都で焼け出され、そこで誰かから暦の版権を買い受けて売り始めたという。宗次郎は江戸末期から明治にかけて暦出版を行ったが、明治以降、暦の売れ行きが不調になったということであった。宗次郎を創業者とすると松之助へ事業を引き継いだ時期、事情が問題になってくるが、談話からは詳細が明らかでなく、当時の暦も残存していない。

こうした経緯からすると、やはり出版社としての法令館の創業者は松之助とするのが妥当と思われるが、確かに暦、占書の発行は得意とする分野として継承されている。神霊館は、明治二八年に高島嘉右衛門の方式に基づいた暦書『御重宝』の出版を開始したとする。後述する「神易辻占」は、大正から昭和にかけて法令館が発行した一枚刷りであり、そこにも高島易学研究会本部編纂の文字が見える。寿ゞ氏によれば、改暦のためにそれまでの暦が不調になり困っていたところ、松之助が東京で高島嘉右衛門と知り合い、それならば高島易断の暦を作って販売すればよいと助言されたという。それ以降高島易断本部編纂と入れているとのことだが、高島本人が原稿を寄せたことも、支援をされたこともなく、名前を使用する許可を得ただけだろうという見方をされていた(4)。

寿ゞ氏は、松之助がアイディアマンで、直感で事業を進める人物であったと聞いている。しかし、暦を出版しながら自らはそれを信じず、禁忌とされる日にわざと行動を起こすところがあったという。興味深いのは、寿ゞ氏が子供の頃、加賀藩の易学博士だったという人が居候として家におり、明治から大正にかけて書店でその人の面倒を見ていたとの記憶である。こうした人物が暦や占書、辻占の執筆に関わった可能性があるのではないだろうか。

寿ゞ氏には今も自慢に思っている父の言葉がある。父、進一郎がいうには、北海道の人は貧しく、出稼ぎで苦労している。帰省する時には何かしら子供に土産を見繕いたいと思うが、高ければ買うことができない。東京の出版社が絵本を一冊五十銭で売るなら、うちは三十銭で売る。安い本ならその人たちにも買える。子供は本を破いたりするのも楽しみのうちだ、だから安い本をまとめて買えるように安く売るのは、彼らにとって善いことをしているのだという言葉に、父は仕事を通じて善行を施していると感じ入った。

庶民に安価な本を提供しようとする進一郎の考えは、松之助の代から引き継がれた精神だった。松之助は明治二九年に、大阪平民館から僅か一銭で『少年の友』を創刊した。しかもその表紙には「貧困ノ児童ニ限リ学校教師ノ証明ヲ添へ」れば無料進呈するとまで記されていた。進一郎は大正一四（一九二五）年に豆本「正チャン文庫」を刊行するが、それには八冊一組十銭という破格の値段を付けたが、それも同様の志から来たものであった[5]。

1－3　販路と販売法

法令館の出版物は、いくつもの販路に乗って全国に広く届けられた。明治期には書林、新聞雑誌店、絵草紙店、特約店といった売捌所に加え、独自に売子を採用し、雑誌、絵本を販売する方法を開拓した。

雑誌『平民の友』では、紙面の募集広告から、大阪平民館で売子を多数募集のうえ採用し、各地で売り捌いていたことが読み取れる。「売子募集　売子に欠員あり五十九名限り至急募集す望の者は本館又は支部へご来談あれ」（『平民の友』三号（明治二九年））、「臨時募集売子八十三名　何人たりとも望の者は本館又は支部へ申込むべし」（『平民の友』五号（明治二九年））。こうした売子は街頭で大声を発して行商を行った。一日平均五十銭以上の利益を得られる仕事だと宣伝されている。(6) 売子募集と同時に全国への販路拡張のため、自社出版物を専売する支部、代理店、特約店の募集広告が、繰り返し『平民の友』に打たれている。「◎緊急広告　大阪平民館は至急全国に支部又は代理店を設く望の者は直接来談若くは御照会あれ」（『平民の友』四号）。また、二九年当時の支部には京都、名古屋、中国、徳島、長崎などが挙げられ、代理店には函館、和歌山、台湾などが掲載されている。(7)

明治末期の法令館を伝えるものとして、「変わった販売方法の法令館」がある。

当時の正式な販売ルートは、小売店を通じて一般消費者に販売されていたが、榎本法令館は特殊な売捌き方法を案出した。それは販売員を使って直接顧客に売るものである。（中略）関西線の湊町―天王寺間、大阪駅から、吹田、神崎間、片町線などの列車の中や、川口から出帆する大阪商船の定期航路の船中（神戸までの間）に、必ず現れて、「おなじみの榎本法令館であります。お子達のおみやげに絵本桃太郎をおすすめします。一冊定価××銭ですが、本日は勉強しましてモー一冊金太郎を添えます。それから…と一冊一冊を加え、最後に読物を加えて全部で十冊、これで一冊の定価の××銭でおわけします」といった具合に、うまく引きつけて近在の農家やお上りさんの乗客に売りつけていた。

（脇阪　一九五六：三七～三八頁）

こうした俗にいう汽車《はこ》売り、汽船《うきばい》売を案出したのが松之助であったのかは定かでないが、寿〻氏は松之助が汽車の中で口上を述べながら本を売るのが上手な人物だったと聞いている。(8) 松之助、進一郎が営業努力によって自ら切り開いた書籍専門の販路とは別に、そもそも赤本業者は、各種兼業者の幅広い販路に商品を乗せる特色を持っていた。地方を回る露天商、貸本屋、玩具店、文具店、駄菓子屋、小間物屋、農村の荒物屋などの業者がそれであり、彼らは本業の傍らに豆本、絵本、紙製玩具類などを仕入れていた。

露天商（香具師）についていえば、昭和の終わり頃まで、定期的に法令館に仕入れに訪れていたそうである。本社は玩具の問屋街である松屋町筋に近接しているため、縁日で玩具や文具を売る人が、ベビー漫画や豆本を仕入れ

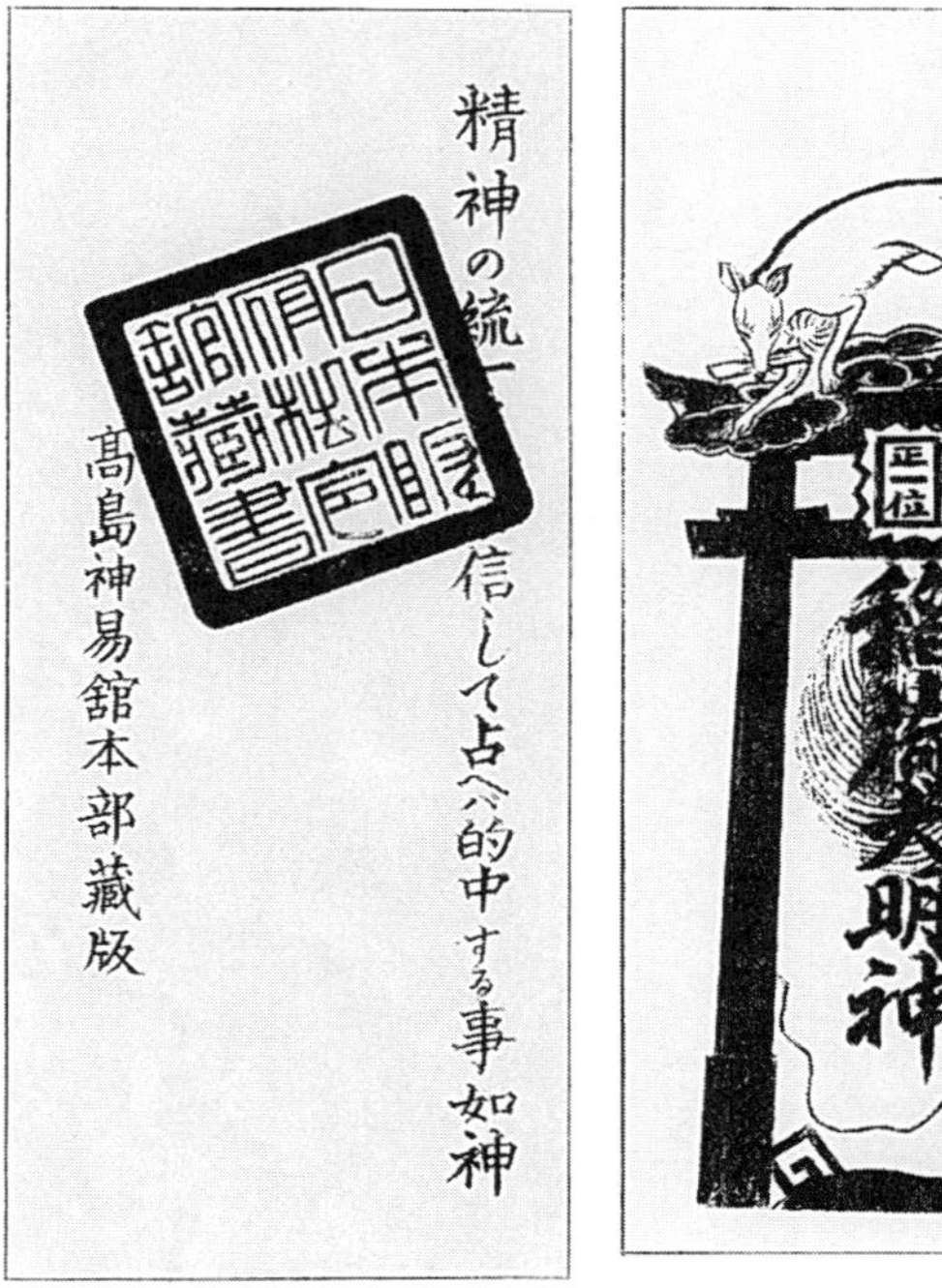

図3-1　辻村梁一模写「神易辻占第十一番」袋両面
（「狐とみくじ」『土のいろ』より）

に来ていた。小鳥のおみくじを売るような人も来たという。寿ゞ氏は、戦後すぐから毎日十冊づつ暦を買いに来ていた露天商のことや、昭和の終わり頃まで長年暦を仕入れに来ていた親分のことを覚えている。大阪の大道では、「べしゃり」の上手い男性が、法令館の漫画を繁華街やお祭りの場で売り捌く光景や、壮士風の男性が、バイオリンを弾きながら千日前で流行歌の歌本を売っていたのを見たことがあるという。

法令館は、明治時代に、それまで一般的であった書籍専門の販路に加え、売子を書店で直接大量採用して移動式販売を行う積極的な方法で成功する。それに加えて赤本業者が持つ各種兼業者の販路を経由し、発行物は大道や祭りの露店、農村の荒物屋でも扱われ、都市はもちろん農村の子供達にも届いたのである。

1-4　「神易辻占」

「神易辻占」は、法令館より大正から昭和初期まで継続して発行され、また、販売者の様子が記事に書かれており、資料も現存して記事と比較対照もできる貴重な辻占である。この辻占が過去に流通していたことは、青木元の

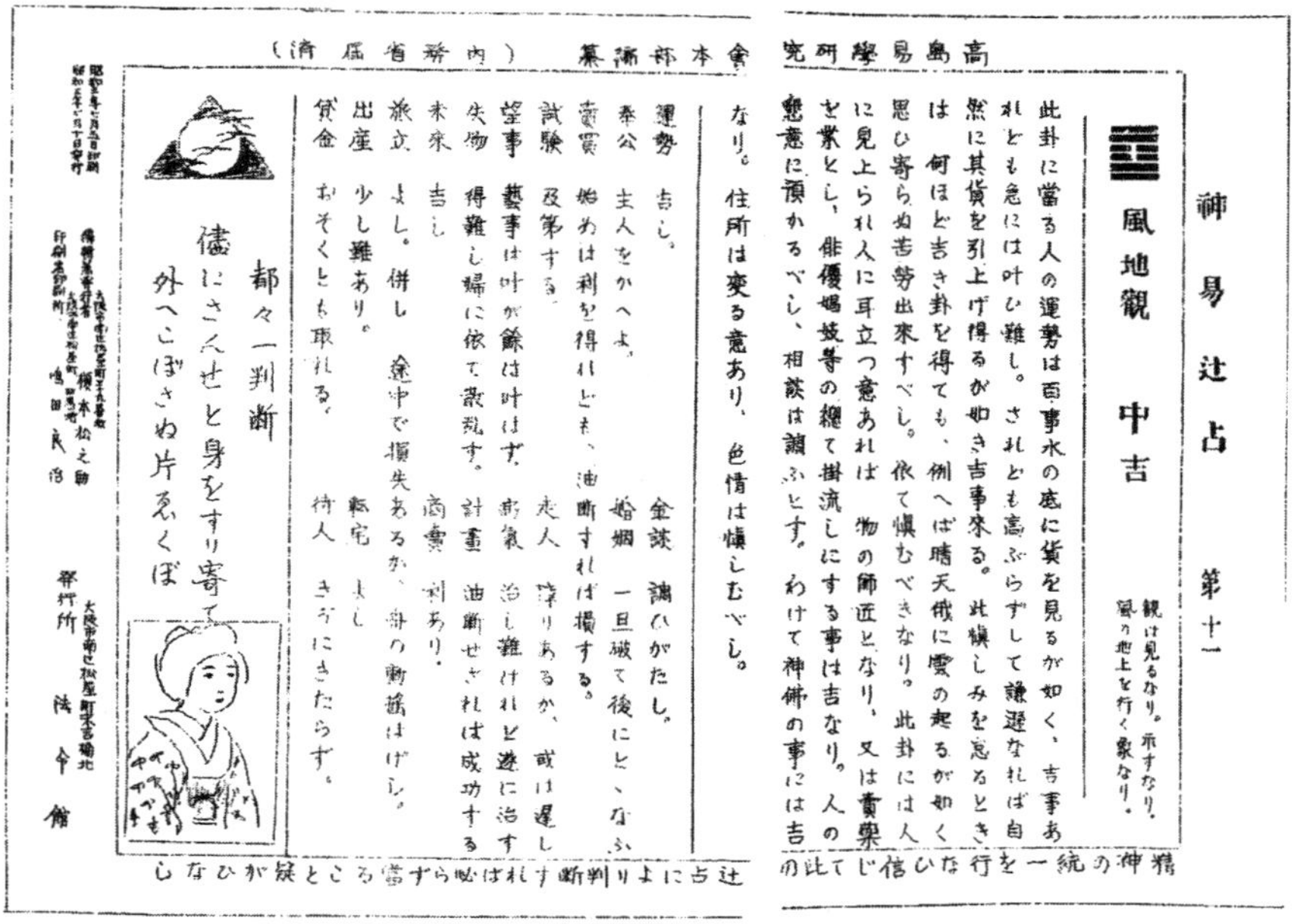

図３－２　辻村梁一模写「神易辻占第十一番」辻占図
（「狐とみくじ」『土のいろ』より）

先行研究で指摘がある。遠江の郷土研究誌『土のいろ』（第七巻第二号・昭和五（一九三〇）年）の、辻村梁一「狐とみくじ」で、「神易辻占」の報告がなされている（青木　一九九七：一九頁）。辻村の辻占模写を入れた報告から、辻占一枚刷りは、袋入りで袋の両面に印刷がされ、裁断タイプではなく、単体で販売されたものであることがわかる。内容は易占に加えて複数の項目判断と都々逸判断に芸妓の図が盛り込まれた豊かなものである。後述する現存の「神易辻占」との比較のため、ここに辻村梁一の模写を転載し、占紙全文を引用する（図３－１、２）。

袋表　正一位　稲荷大明神　印

袋裏　精神の統一〇〇〇信して占へバ的中する事如神　高島神易館本部蔵版　印

枠外　神易辻占　第十一

　高島易學研究會本部編纂（内務省届済）

　精神の統一を行なひ信じて此の辻占により判断すれば必らず當ること疑がひなし

昭和三年七月五日印刷
昭和三年七月十日発行
編集兼発行者　大阪市南区松屋町三十九番地　榎本松之助
印刷者印刷所　大阪市南区松屋町四番地　鳴田良治
発行所　大阪市南区松屋町末吉橋北　法令館

枠内　風地観　中吉　観は見るなり。示すなり。風の地上を行く象なり。

此卦に當る人の運勢は百事水の底に貨を見るが如く、吉事あれども急には叶ひ難し。されども高ぶらずして謙遜なれば自然に其貨を引上げ得るが如き吉事来る。此慎しみを怠るときは何ほど吉き卦を得ても、例へば晴天俄に雲の起るが如く思ひ寄らぬ苦労出来すべし。依て慎むべきなり。此卦には人に見上られ人に耳立つ意あれば、物の師匠となり、又は売薬を業とし、俳優娼妓等の総て掛け流しにする事は吉なり。人の懇意に預かるべし、相談は調ふとす。わけて神佛の事には吉なり。住所は変わる意あり、色情は慎むべし。

運勢　吉し。　　金談　調ひがたし。
奉公　主人をかへよ。　　婚姻　一旦破て後にとゝなふ
賣買　始めは利を得れども、油断すれば損する。
試験　及第する。　　走人　障りあるか、或は遅し
望事　藝事は叶が餘は叶はず。　　病氣　治し難けれど遂に治す
失物　得難し婦に依て散乱す。　　計畫　油断せざれば成功する
未來　吉し　　商賣　利あり。
旅立　よし。併し途中で損失あるか、舟の動揺はげし。
出産　少し難あり。　　轉宅　よし
貸金　おそくとも取れる。　　待人　きうにきたらず。

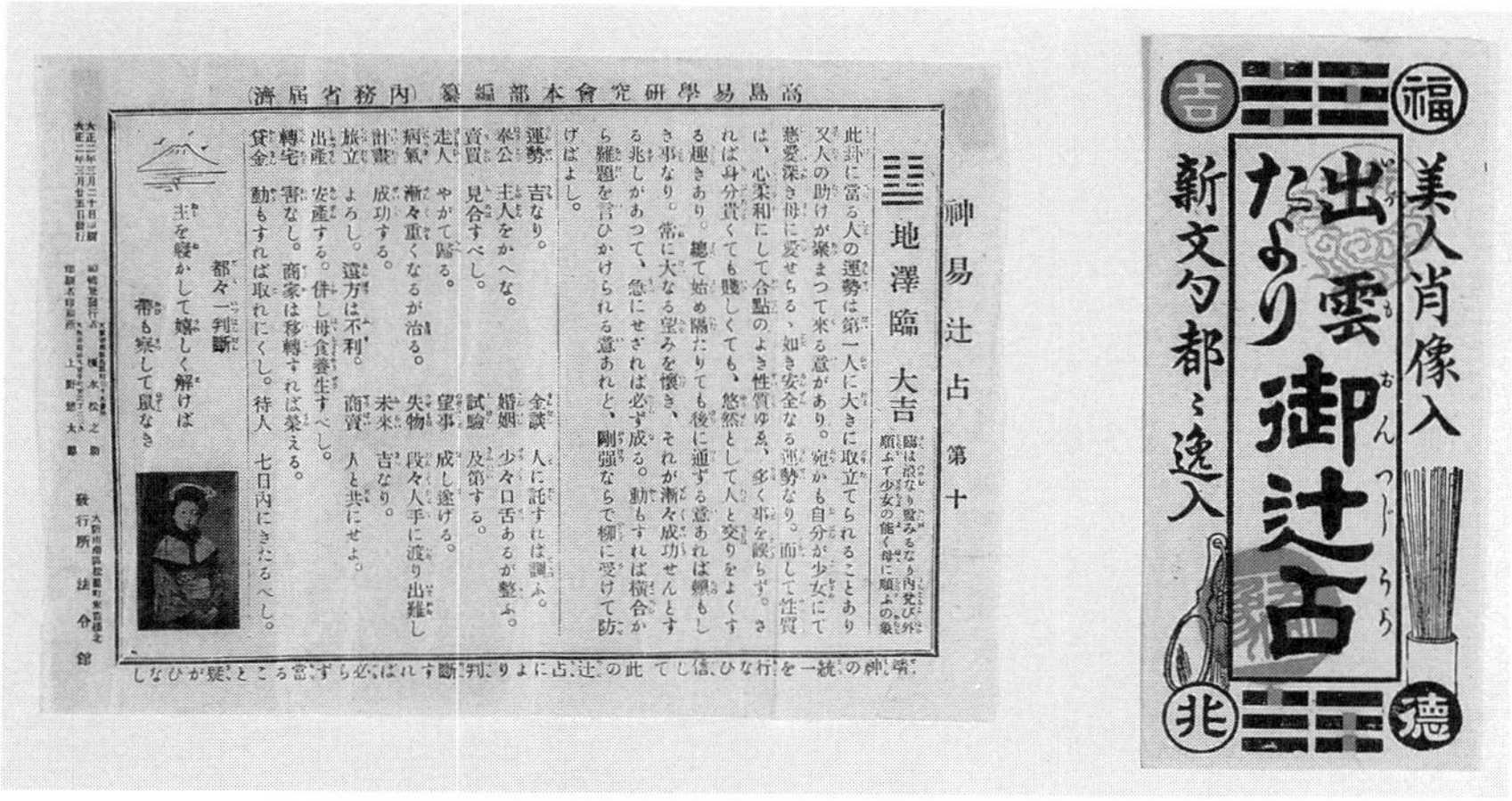

図3－3　『神易辻占第十番』（川崎市市民ミュージアム蔵）

都々一判断

儘にさんせと身をすり寄て外へこぼさぬ片ゑくぼ

さて、模写された「神易辻占」の実物が、川崎市市民ミュージアムに所蔵されていることが判明した。発行は大正二年、模写では挿絵のように見えた女性図が白黒写真であることが確認でき、袋の文字も全て判読できた。印刷は袋の表が赤と黒の二色刷り、裏は黒のみ、占紙自体は黒の単色刷りである。写真と全文を提示するので、辻村模写と比較していただきたい（原文の振り仮名は省略）（図3－3）。

袋表

福徳吉兆　美人肖像入

印　出雲たより　御辻占　印

新文句都々逸入

袋裏

一、精神の統一を行ひ信して占へバ的中する事如神

高島神易館本部蔵版印

占紙

枠外上部　神易辻占　第十

高島易學研究會本部編纂（内務省届済）

枠外下部　精神の統一を行なひ、信じて此の辻占により判断

すれば必らず當ること疑がひなし

枠外右　神易辻占　第十

枠外左

大正二年三月二十日印刷
大正二年三月二十五日発行
編集兼発行者　大阪市南区松屋町三十九番地　榎本松之助
印刷者印刷所　大阪市南区大宝寺東之丁二三九　上野惣太郎
発行所　大阪市南区松屋町末吉橋北　法令館

枠内　地澤臨　大吉　臨むは泣なり監みるなり内兌び外順ふて少女の能く母に順ふの象

此卦に當る人の運勢は第一人に大きに取り立てられることあり又人の助けが聚まつて来る意があり。宛かも自分が少女にて慈愛深き母に愛せらるゝ如き安全なる運勢なり。而して性質は、心柔和にして合點のよき性質ゆゑ、多く事を誤らず。されば身分貴くても賎しくても、悠然として人と交りをよくする趣きあり。總て始め隔たりても後に通ずる意あれば頼もしき事なり。常に大なる望みを懐き、それが漸々成功せんとする兆しがあつて、急にせざれば必ず成る。動もすれば横合から難題を言ひかけられる意あれど、剛強ならで柳に受けて防げばよし。

運勢　吉なり。
金談　人に託すれば調ふ。
奉公　主人をかへな。
婚姻　少々口舌あるが整ふ。
賣買　見合すべし。
試験　及第する。
走人　やがて歸る。
望事　成し遂げる。
病氣　漸々重くなるが治る。
失物　段々人手に渡り出難し。
計畫　成功する。
未來　吉なり

旅立　よろし。遠方は不利。　商賣　人と共にせよ。
出産　安産する。併し母食養生すべし。待人　七日以内にきたるべし。
轉宅　害なし。商売は移轉すれば榮える。
賃金　動もすれば取れにくし。

都々一判斷
主を寝かして嬉しく解けば帯の察して鼠なき

二点の「神易辻占」の比較より、内容構成が変えられずに大正初期から昭和初期にかけて発行されていたことが理解される。事象判断の項目数、都々逸に写真を配する構成に変化はない。印刷者印刷所は大阪市南区松屋町四番地の鳴田良治から、同市同区大宝寺東之丁二三九上野惣太郎へ変わっている。

さらに注意を払うべき箇所は袋の表である。市民ミュージアム蔵の袋には「出雲たより御辻占」とあり、出雲大社を想起させるが、辻村模写による袋には、稲荷の鳥居の上に眷属の狐が飛び「正一位　稲荷大明神」と伏見稲荷を連想させる。どうやら法令館は「神易辻占」の袋のデザインを複数刷り分けていたようなのである。辻村模写と「神易辻占第十」の比較後に、別の神易辻占を収集・調査することができた。そこで確認した「神易辻占第三」（大正五年）の袋には、表に「吉凶はんじ辻占」と印刷され、星座や算木、懸想文売りなどの挿絵がある。また、「神易辻占第十六」（大正二年）の袋は、赤い鳥居の下に瓢箪の挿絵で「正一位　美人肖像及ドド一入　御つじうら　稲荷大明神」と入っていた。裏面は双方とも高島神易館本部蔵版、「一　精神の統一を行ひ信して占へバ的中する事如神」とあった。法令館としては、これが中に入れる刷り物を変えずに、袋で新版に見せる工夫であったのかもしれない。

1-5 「神易辻占」の販売法

「神易辻占」は、どこで誰によって販売されたのだろうか。神霊館には、辻占やそれにまつわる記録が残っていない。寿〻氏からは、一つの流通経路として、辻占は卸業者へ卸され、子供の辻占売りの商品になるのだと聞いたが、それ以上のことは不明であった。しかし、前掲の辻村梁一「狐とみくじ」から、その流通の一端を理解することができるのである。

昨日、中泉駅前善導寺前へ、一人の若者が一寸《ちょっと》した袴《はかま》をつけて小箱をしょって来たが、道端に小箱を下ろして通行人を呼（び）集めた。小箱の中には、五貫目程の茶色の狐が一匹入れてあった。その狐が、若者の差（し）出すみくじの中で、何々の年のを引けと命ぜらるるがままに、その年相当のみくじを引く。その年のがなければ、引かない。集まった人々は、狐がよく知ってたもんだとしきりに感心して、吾（われ）も吾もと引かせる。一枚が十銭、京都本山の稲荷だが、年に一度づつ当地へ出張するんだとしきりに説明して居った。みくじは袋入りで、袋は口絵にある通りで図は実物大である。（昭和三、一一、二六）

この狐つかいは浜松にも居って、しばらく停車場近くの大通り、夜店にまじって盛（ん）に人を集めて居ったときいてゐる。自分はつひに実見する折を得なかった。思ふにこれは同一人で、浜松から中泉へうつったものであろう。其の後、私はやはり夜店の出る通りで、古本屋の大道店にこの袋がならべてあるのを見た。何だろう、買ってみようかと思ってゐるうちに、辻村氏からこの報告があった次第である。（以上飯尾追記）

（辻村　一九三〇：一三七～一三九頁）

本報告から、辻占売りの営業地、売り子、買い手の様子を捉えてみたい。辻村は昭和三年に、静岡県中泉駅前善導寺前で若い男性の辻占売りを見かけて辻占を購入した。この男性は袴を付け、小箱に入れて運んできた狐に芸をさせて辻占を売り捌いていた。男性は狐を連れ、京都本山の稲荷から、年に一度の出張だとしきりに説明していたという点から、やはり伏見稲荷からの出張販売という前提で営業していたことになろう。一枚は一〇銭。買い手は狐の不思議な芸に惹かれた一般の人々で、辻村観察時には、一度に何人もが購入したようだ。また、同一人物らしき男性が、浜松の大通りの夜店に混じって商売をしていたところを目撃されている。男性が販売していたのと同一らしき辻占が古本屋の大道店に並べられているのを、飯尾哲爾が発見している。ここで、男性が移動販売を行う行商人であること、また、夜店の出る古本屋の大道店に並べてあったことからも、辻占は香具師の商品流通経路に乗り、大阪から静岡に運ばれ、路上、あるいは仮設店舗で販売されたとみなすことができる。

そして法令館は、中の辻占は同じでも、袋は移動する販売先を考慮してか、あるいは外から新版に見せるための工夫としてなのか、「稲荷大明神」「出雲たより御辻占」、「吉凶はんじ辻占」といった異なるタイトルと挿絵で袋を印刷していた可能性が考えられる。各地を移動しながら辻占販売をする者は、営業地の信仰圏や、縁日を睨んだ上で、袋を選んで購入することをしていたのではないかと推測する。

神霊館榎本書店存続を確認し、聞き書きをさせていただけたことは、実物資料から発行元を辿ることが叶った幸運なケースである。それまでは、辻占印刷物に発行人や発行所在地、発行年月日などの記載を見ることはあれ、そこから詳細を把握するに至らず、おそらく辻占は、営業年数の長くない、小規模な出版社や印刷所から発行されたものと考えていた。しかし、法令館に対する調査で、その考えは覆された。法令館は、かつて出版品目を豊かに持つ大手赤本出版社であり、その縦横な販路に乗せて出版物は全国に運ばれた。これは、近代の辻占印刷物流通に大きな示唆を与えることになる。

昭和三年の法令館発行「神易辻占」に関する辻村梁一の報告からは、地方回りの露天商と大道の古本店が、法令館の辻占を仕入れ、静岡県の浜松、中泉駅前といった繁華な場所で一般の人々に向けて営業をしていたことがわかった。露天商の男性は狐を操り、見世物として辻占販売を行っており、香具師であることが濃厚である。

こうした移動を伴う販売地、販売方法の実例は、赤本業者が持っていた各種業者の販路に、実際に辻占が乗っていたことを示す事例となる。榎本寿ゞ氏からは、過去に縁日の玩具屋、駄菓子屋、農村の荒物屋といった業者からも豆本、ベビー漫画などの仕入れがあったとうかがい、幅広い販路を教えられた。[9] 裁断するタイプの「新文句辻占ら」や「安来節辻占」など、玩具屋や駄菓子店で扱われていても違和感のない刷り物である。こうしたことから、出版物、印刷物を扱う各種兼業者の販路が、辻占の販路と重なっているため、改めて調査する必要があることに気付かされた。このような問題は、辻占印刷物に限定されず、紙製玩具類、子供向けの絵本、豆本といった赤本出版物の販路を考える上でのさらなる問題にも繋がってゆくだろう。書籍専門ではない各種兼業者が持つ、出版物、印刷物の販路を視野に入れた辻占流通の問題は、発展的な課題である。[10]

2　法令館と大阪の版元による辻占比較

2-1　法令館の辻占

ここからは、まず、法令館発行の各種辻占を提示し、それに続けて、ほぼ同時代に大阪市内の版元から発行された辻占との図像や内容の比較検討を行っていきたい。夥しく出版を行った法令館であるので、今後も新資料が出てくる可能性はあるが、本節において、現時点における法令館の辻占資料の全容を明らかにすることができる。そして、ほぼ同時代に、別の版元から発行された辻占を並べることにより、法令館だけが独自のスタイルを打ち出していたわけではなく、辻占袋や項目立てた一言判断の占いなど、近似した様式が異なる版元の辻占でも採用されていることがわかる。また、タイトルや挿絵、辻占の文言などに部分的な変化を付け、新版として売り出されていたであろうことが実物から読み取れるのである。

以下に一点ずつ解説する法令館、田村聖光社、宮崎八十八の辻占コレクションの多くは、過去には占書、呪具、かわら版等の収集、研究を行っていたコレクター、故中山栄之助氏の所蔵品であり、当初は譲り受けた所有者より資料調査をさせて頂いていたが、その後筆者が譲り受けた。中山氏の辻占を含める占い関連のコレクションは、川崎市市民ミュージアムの企画展「呪いと占い」（二〇〇一）で展示されたことがある。それぞれを解説するにあたっては、内容によって型を分類した。「中吉　やまいハぜんくわい　よろづよし」、「上々吉　まつ事おそくも上々よし」（『絵入り辻占』）といったように、一言で吉凶を判断し、裁断のための線引きがなされているものを、一言判断・裁断型とし、易占が中心となる占い内容は易占型とした。裁断線がなく、販売を促進するおまけとして菓子に混ぜたりして販売されたのではなく、単体で販売されたと考えられる辻占は、単体型とした。占い文句が流行歌で書かれているものは、流行歌型、あぶり出しであるものはあぶり出し型、干支の生年占いが中心的な内容になっているのは生まれ年型、おみくじ風はおみくじ型とした。

口絵二頁上右　新文句辻占ら（大正三年）　一言判断・裁断型

法量　タテ二五・〇×ヨコ一七・三センチ、切断時の一片は二・七×一・六センチ。全体からの分割可能枚数は八〇枚。発行年月日は大正三年一一月五日。大阪市南区松屋町　著作印刷兼発行者　榎本松之助。左から右にかけて赤、青、紫、緑とグラデーションに色づけされた印刷が珍しい。挿絵は無く、全てのコマに吉凶が入り、運勢判断が容易になっている。「第三大吉　つんでのりこむ宝ぶね」「十二凶　あなたゆへなら命もおしまぬ」「十五吉　そんをしてのちはとく　まち人くる」「三九凶　のろけがすぎる」などの文句がある。恋愛だけでなく、商売、金運、出世、失せ物、待ち人、全般的な運勢を示す文句が書かれている。

図３－４　安来節辻占（大正一二年）　流行歌・裁断型

法量　タテ二二・〇×ヨコ一五・六センチ、切断時の一片は三・五×二・二センチ。分割可能枚数は四九枚。発行年月日は大正一二年四月五日。大阪市南区松屋町三九番地　発行兼印刷発行者　榎本松之助。

文字が藍色、横線と背景の挿絵が赤の二色刷りで、全てのコマに吉凶が入る。当時の流行歌である安来節にのせた文句が書かれ、背景には赤で小さな桜と千鳥らしき小花と水鳥が描かれている。各コマに人物、器物などの挿絵はない。この占紙は男女の恋愛の機微を文句にしたものが大半を占め、他に金運、全般的な運勢を述べるものが含まれる。「大吉安来節　運気開けた今日此頃はお金も出来ます蔵もたつ」「末吉安来節　お金ほしくば働きなされ　稼ぎにおひつく貧乏なし」「凶　安来節　お前松虫妾きりぎりす障子一重で泣きあかす」「小凶安来節　尽きぬ話に限ある夜に鳥恨むはこちの愚痴」（原文の振り仮名は省略。常用漢字に改めた。）

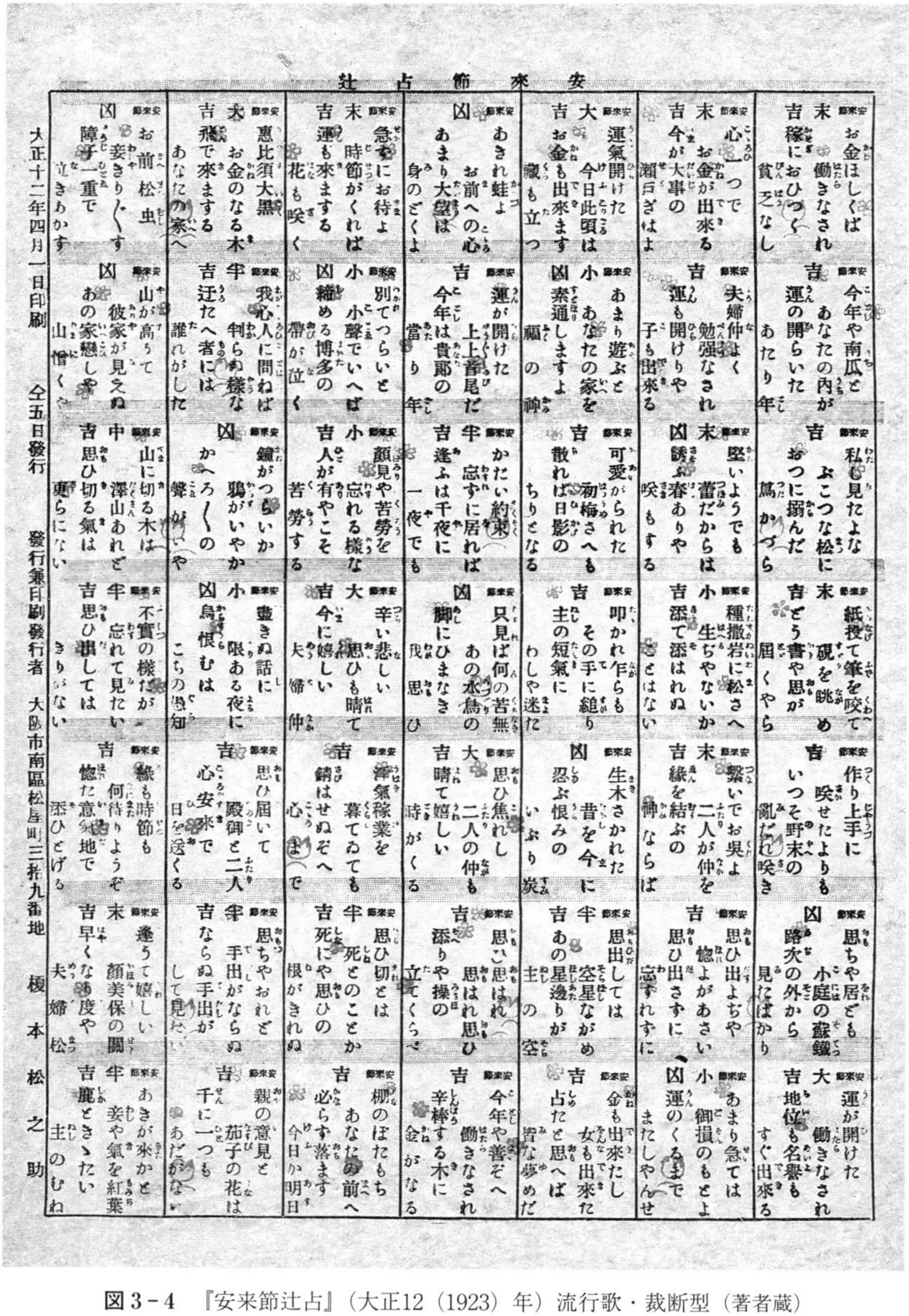

安來節辻占

安來節 末吉 お金はしくば 働きなされ 稼におひつく 貧乏なし
安來節 吉 今年や南瓜と 運の開らいた あなたの内が あたり年
安來節 吉 私も見たよな ぶこつな松に おつに搦んだ 蔦かづら
安來節 末吉 紙捩て筆を咬て 硯を眺め どう書や思が 届くやら
安來節 吉 作り上手に 咲せたよりも いつそ野末の 亂れ咲き
安來節 凶 思ちや居れども 小庭の露鐵 路次の外から 見たばかり
安來節 大吉 運が開けた 働きなされ 地位も名譽も すぐ出來る

安來節 末吉 心一つで お金が出來る 今が大事の 瀬戸ぎはよ
安來節 吉 夫婦仲よく 勉強なされ 運も開けりや 子も出來る
安來節 末凶 堅いようでも 蕾だからは 誘ふ春ありや 咲もする
安來節 小吉 種撒岩に松さへ 生ぢやないか 添て添はれぬ ことはない
安來節 末吉 繋いでお呉よ 二人が仲を 縁を結ぶの 神ならば
安來節 吉 思ひ出よぢや 惚よがあさい 思ひ出さずに 忘れずに
安來節 小凶 あまり急ては 御損のもとよ 運のくるまで またしやんせ

安來節 大吉 運氣開けた 今日此頃は お金も出來ます 藏も立つ
安來節 小凶 あまり遊ぶと あなたの家を 素通しますよ 福の神
安來節 吉 可愛がられた 初梅さへも 散れば日影の ちりとなる
安來節 吉 叩かれ乍らも その手に縋り 主の短氣に わしや迷た
安來節 凶 生木さかれた 昔を今に 忍ぶ恨みの いぶり炭
安來節 半吉 思出しては 空星ながめ あの星邊りが 主の空
安來節 吉 金も出來たし 女も出來た 占たと思へば 皆な夢めだ

安來節 凶 あきれ蛙よ お前への心 あまり大望は 身のどくよ
安來節 吉 運が開けた 上々首尾だ 今年は貴郎の 當り年
安來節 半吉 かたい約束 忘ずに居れば 逢ふは千夜に 一夜でも
安來節 凶 只見ば何の苦無 あの水鳥の 脚にひまなき 我思ひ
安來節 大吉 思ひ焦れし 二人の仲も 晴て嬉しい 時がくる
安來節 吉 思こ思はれ 思はれ思ひ 添りや操の 立てくらべ
安來節 吉 今年や善ぞへ 働きなされ 辛棒する木に 金がなる

安來節 末吉 急ずにお待よ 時節がくれば 運も來まする 花も咲く
安來節 小凶 別てつらいと 小聲でいへば 縮める博多の 帶が泣く
安來節 小吉 顔見や苦勞を 忘れる樣な 人が有やこそ 苦勞する
安來節 大吉 辛い悲しい 思ひも晴て 今に嬉しい 夫婦仲
安來節 吉 浮氣稼業を 暮てゐても 錆はせぬぞへ 心まで
安來節 半吉 思ひ切とは 死とのことか 死にや思ひの 根がきれぬ
安來節 吉 棚のぼたもち あなたの前へ 必らず落ます 今日か明日

安來節 大吉 惠比須大黒 お金のなる木 飛で來まする あなたの家へ
安來節 半吉 我心人に問ねば 判らぬ樣な 迂たへ者には 誰れがした
安來節 凶 鐘がつらいか 鶏がいやか かへろかへろの 聲がいや
安來節 小凶 盡きぬ話に 限ある夜に 烏恨むは こちの愚知
安來節 吉 思ひ届いて 殿御と二人 心安來で 日を送くる
安來節 半吉 思ちやおれど 手出がならぬ ならぬ手出が して見たい
安來節 吉 親の意見と 茄子の花は 千に一つも あだがない

安來節 凶 お前松虫 妾きりぎりす 障子一重で 泣きあかす
安來節 凶 山が高うて 彼家が見えぬ あの家戀しや 山憎くや
安來節 中吉 山に切る木は 澤山あれど 思ひ切る氣は 更らにない
安來節 半吉 不實の樣だが 忘れて見たい 思ひ掛しては きりがない
安來節 吉 縁も時節も 何待りようぞ 惚た意氣地で 添ひとげる
安來節 末吉 逢うて嬉しい 顏美保の關 早くなる度や 夫婦松
安來節 半吉 あきが來かと 妾や氣を紅葉 鹿ときゝたい 主のむね

大正十二年四月一日印刷　仝五日發行　發行兼印刷發行者　大阪市南區松屋町三拾九番地　榎本松之助

図 3－4　『安来節辻占』（大正12（1923）年）流行歌・裁断型（著者蔵）

図3－5　絵入り辻占（仮題）　一言判断・裁断型
法量　タテ三四・五×ヨコ二四・〇センチ、切断時の一片は四・〇×二・五センチ。全体からの分割可能枚数は八〇枚。発行年月日は大正五年三月一日か。大阪市南区松屋町　著作印刷兼発行者　榎本松之助。墨摺りであり、各片に吉凶、挿絵が入っている。

挿絵は、幕末の辻占にある、ひと筆描きのような素朴な線の絵よりも具体的になっており、当時の風俗が描かれている。兵隊姿の男性や、朝日新聞、白衣の看護婦、制服の学生たち、地方裁判所の門などが見える。辻占文句は都々逸、端唄などの歌謡ではなく、「半吉　いまがしあんのしどころなり」「吉　人のすすめをむにせずに」「大吉　たからてにいるよろづよし」といった一言判断である。

図3－6　御つじうら袋
袋の法量　一九・六×七・四センチ。袋は赤、黒の二色刷り。榎本松之助。
神易辻占第十六番を入れていた辻占袋である。表面には、鳥居に正一位、タイトルには稲荷大明神とあるので、伏見稲荷大社の権威を示していると見えるが、鳥居下に瓢箪が描かれているので瓢箪山稲荷神社をも示していると考えられる。

図3－7　神易辻占第十六番　易占・単体型
法量　一六・二×二三・〇センチ　発行年は大正二年五月二五日
編集兼発行者　大阪市南区松屋町三十九番地　榎本松之助　発行所　大阪市南区松屋町末吉橋北　法令館　白黒印刷。
この辻占の占い項目は一八で、この項目数は、法令館発行のどの神易辻占にも共通する。運勢、奉公、婚姻、売買、走人、病気、計画、旅立、出産、貸金、金談、試験、望事、失物、未来、商買、転宅、待人である。「神易辻占」は、高島嘉右衛門による高島易断に基づく辻占との触れ込みであるが、榎本寿々氏によれば、高島本人の手が入ったことも、高島易断本部による編集にもなっていなかったという話である。当辻占は第一六番であるが、他にも三、七、五番が残存する。易占から推測するに、おそらくは六四卦に合わせて六四種の神易辻占があったと考えられる。こうした袋入りの辻占は、線に沿って裁断して菓子などに使用する販促用のそれとは異なり、単体で販売されるものであり、中には狐使いの辻占売りによって売り捌かれたことが分かっている。

図3－8　吉凶はんじ辻占袋
袋の法量　一七・五×七・二センチ。法令館。

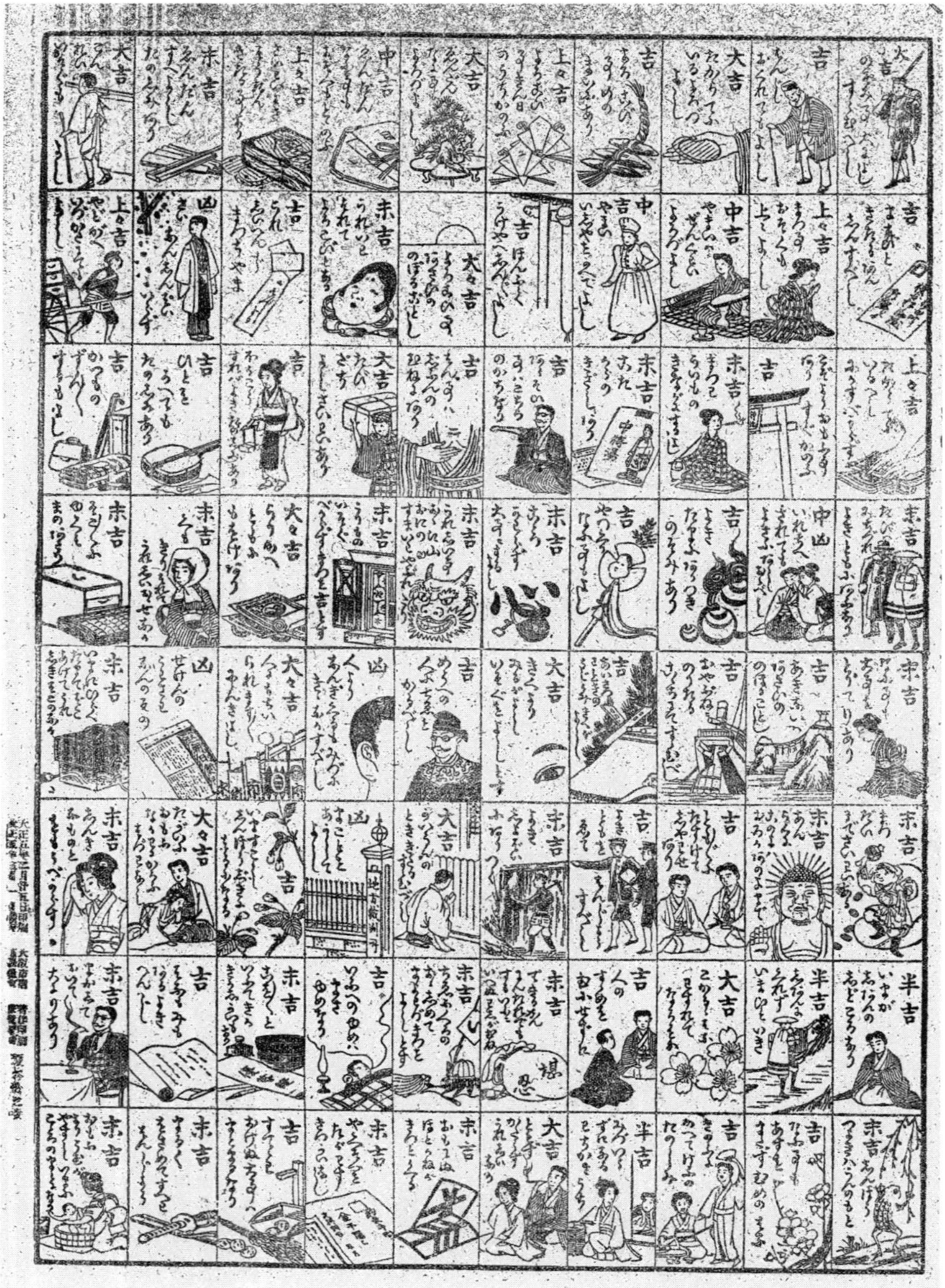

図3-5　『絵入り辻占（仮題）』榎本松之助（大正5（1916）年）（著者蔵）

図３－８　『吉凶はんじ辻占袋』榎本松之助（著者蔵）

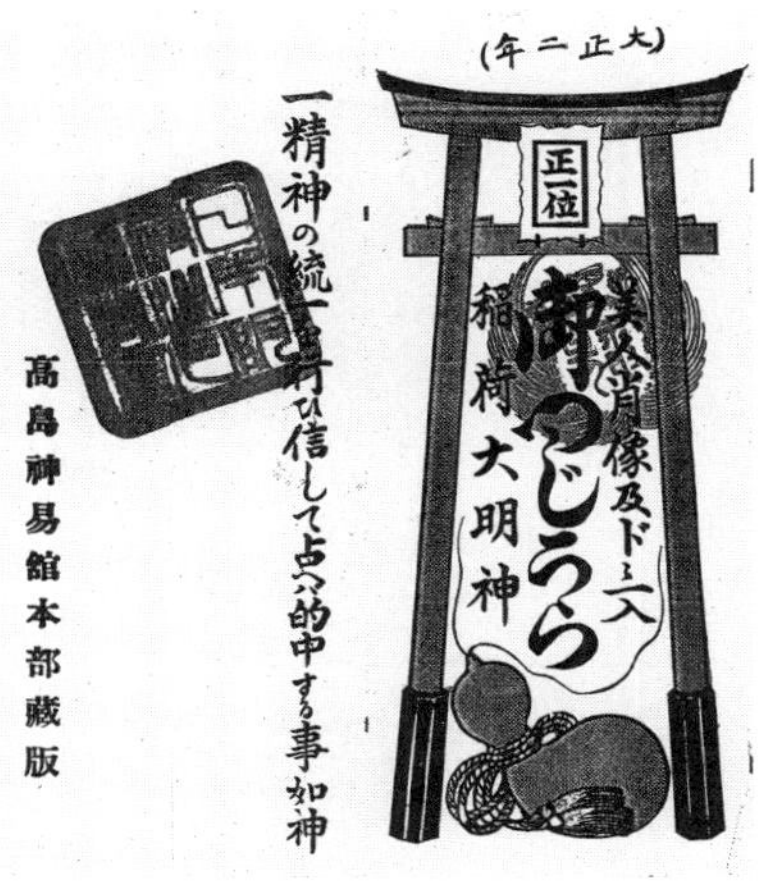

図３－６　『御つじうら袋』法令館（著者蔵）

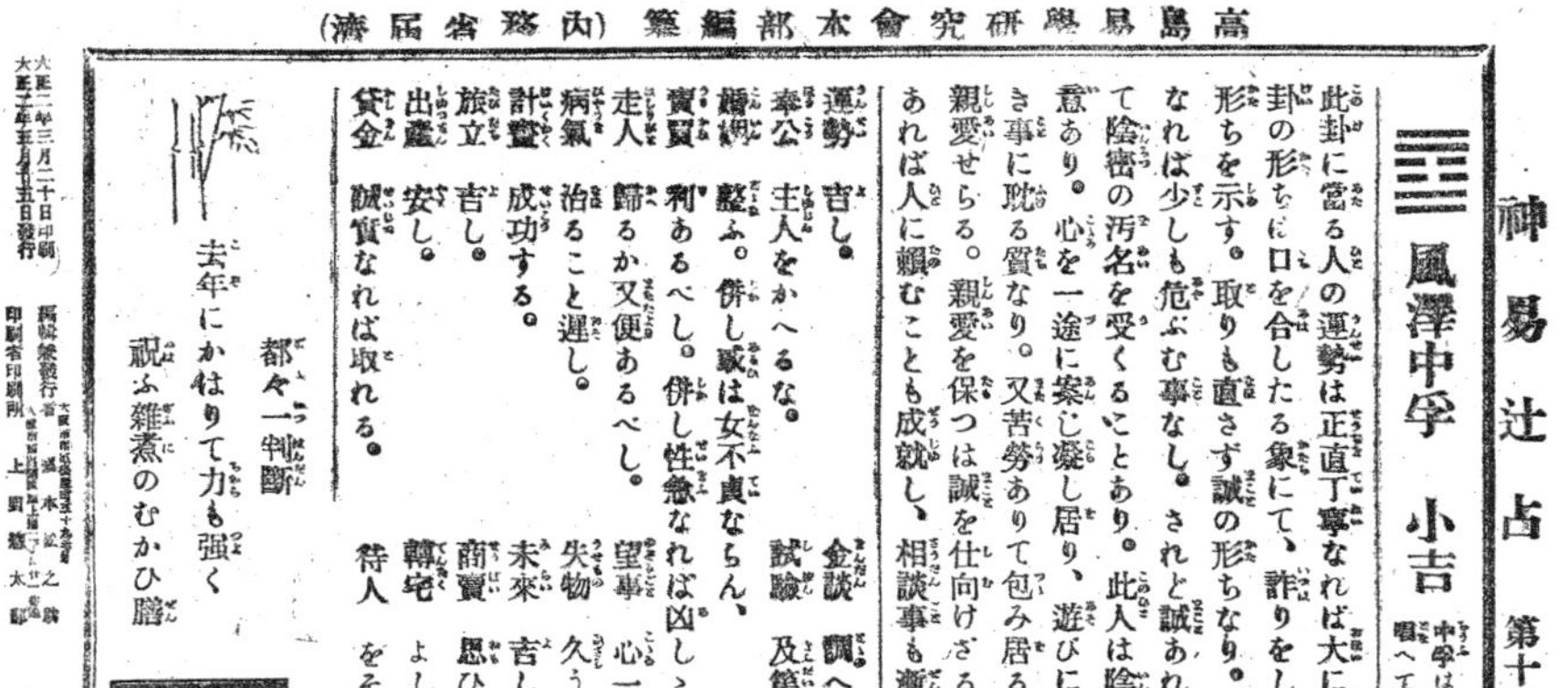
高島易學研究會本部編纂（内務省届濟）

神易辻占　第十六

風澤中孚　小吉

中孚は誠なり、信なり。我れ唱へて彼れ和する象なり。

此卦に當る人の運勢は正直丁寧なれば大に人の助けを得る。卦の形ちに口を合したる象にて、詐りをしては宜しからざる形ちを示す。取りも直さず誠の形ちなり。故に自分の行爲誠なれば少しも危ぶむ事なし。されど誠あれども人は知らずして陰密の汚名を受くることあり。此人は陰密に事を爲したき意あり。心を一途に案じ凝し居り、遊びに心を移すか、面白き事に耽る質なり。又苦勞ありて包み居る意あれども人より親愛せらる。親愛を保つは誠を仕向けざるべからず。故に誠あれば人に賴むことも成就し、相談事も漸次宜しきに向ふ。

運勢　吉し。　　金談　調へども口舌あり。
奉公　主人をかへるな。　　試驗　及第する。
婚姻　整ふ。併し或は女不貞ならん、
賣買　利あるべし。併し性急なれば凶しゝ。
走人　歸るか又便あるべし。　　望事　心一途なれば叶ふ。
病氣　治ること遲し。　　失物　久うして後在所を知る
計畫　成功する。　　未來　吉し。
旅立　吉し。　　商賣　思ひのまゝにすべし。
出産　安し。　　轉宅　よし。
貸金　誠實なれば取れる。　　待人　をそし

都々一判斷
去年にかはりて力も強く
祝ふ雑煮のむかひ膳

大正二年三月二十日印刷
大正二年五月二十五日發行
編輯兼發行者　榎本松之助
印刷者印刷所　上田熊太郎
發行所　大阪市南區…　法令館

精神の統一を行ひな信じて此の辻占によりて判斷すれば必らず當ること疑がひなし

図３－７　『神易辻占第十六番』（大正２（1913）年）（著者蔵）

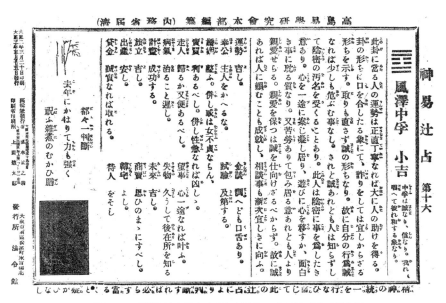

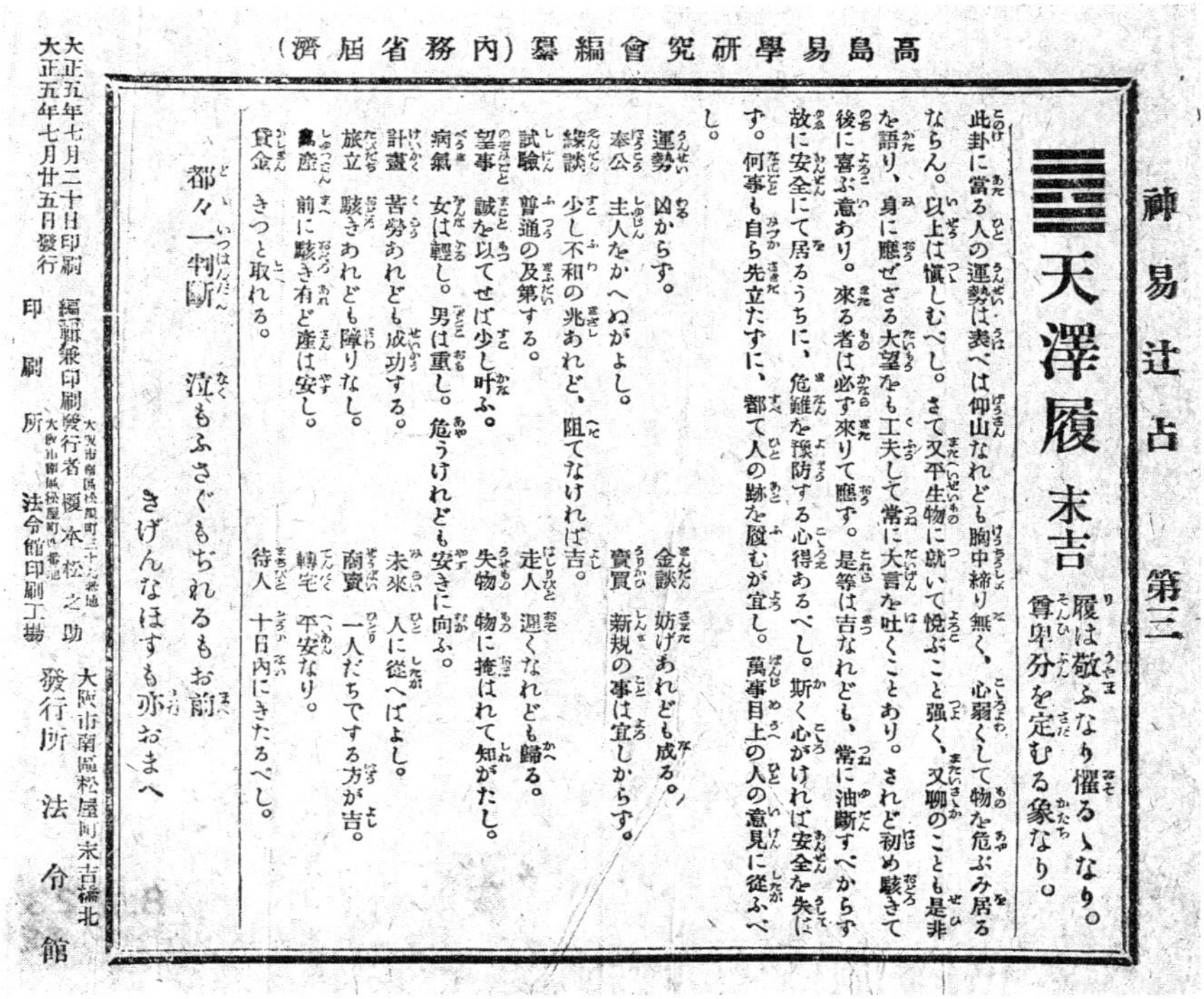
神易辻占　第三

高島易學研究會編纂（内務省屆濟）

天澤履　末吉

履は敬ふなり懼るゝなり。尊卑分を定むる象なり。

此卦に當る人の運勢は表べは仰山なれども胸中締り無く、心弱くして物を危ぶみ居るならん。以上は愼しむべし。さて又平生物に就いて悦ぶこと強く、又聊のことも是非を語り、身に應ぜざる大望をも工夫して常に大言を吐くことあり。されど初め駭きて後に喜ぶ意あり。來る者は必ず來りて應ず。是等は吉なれども、常に油斷すべからず。故に安全にて居ろうちに、危難を豫防する心得あるべし。斯く心がければ安全を失はず。何事も自ら先立たずに、都て人の跡を履むが宜し。萬事目上の人の意見に從ふべし。

運勢　凶からず。
奉公　主人をかへぬがよし。
縁談　少し不和の兆あれど、阻てなければ吉。
試驗　普通の及第する。
望事　誠を以てせば少し叶ふ。
病氣　女は輕し。男は重し。危うけれども安きに向ふ。
計畫　苦勞あれども成功する。
旅立　駭きあれども障りなし。
產　前に駭き有ど産は安し。
貸金　きつと取れる。
金談　妨げあれども成る。
賣買　新規の事は宜しからず。
走人　遲くなれども歸る。
失物　物に掩はれて知がたし。
未來　人に從へばよし。
商賣　一人だちでする方が吉。
轉宅　平安なり。
待人　十日內にきたるべし。

都々一判斷　泣くもふさぐもぢれるもお前　きげんなほすも亦おまへ

大正五年七月二十日印刷　大正五年七月廿五日發行　編輯兼印刷發行者　大阪市南區松屋町三十九番地　榎本松之助　大阪市南區松屋町末吉橋北　發行所　法令館　印刷所　法令館印刷工場

図3－9　『神易辻占第三番』（大正5（1916）年）（著者蔵）

袋は多色刷りで、表には算木や懸想文売り、星座に神社が描かれている。

図3－9　神易辻占第三番　易占・単体型

法量　一三・〇×一五・七センチ　発行年は大正五年七月二五日

編集兼印刷発行者　大阪市南区松屋町三十九番地　榎本松之助　発行所　大阪市南区松屋町末吉橋北　法令館。

辻占は黒の単色刷。都々逸判断の欄に芸者の写真がないのが、他の神易辻占と異なっている。神易辻占の構成は、枠外にタイトルと番号、上部に「高島易学研究会編纂（内務省届済）」とあり、枠内冒頭には、算木を並べた易占の卦の図、下にその卦固有の名称、みくじ風の吉凶、さらにその卦が意味するところの占いの説明が続く。本文には、この卦を引いた人物の傾向や現在の運勢の詳細が説かれ、注意すべき点や、運勢の後押しが得られる事柄についてなどが述べられる。後半は上述の一八項目についての一言判断であり、神社のおみくじ的である。最後に「都々一判断」が添えられているが、易占で導かれた卦と歌詞の意味が重なるようには見えない。し

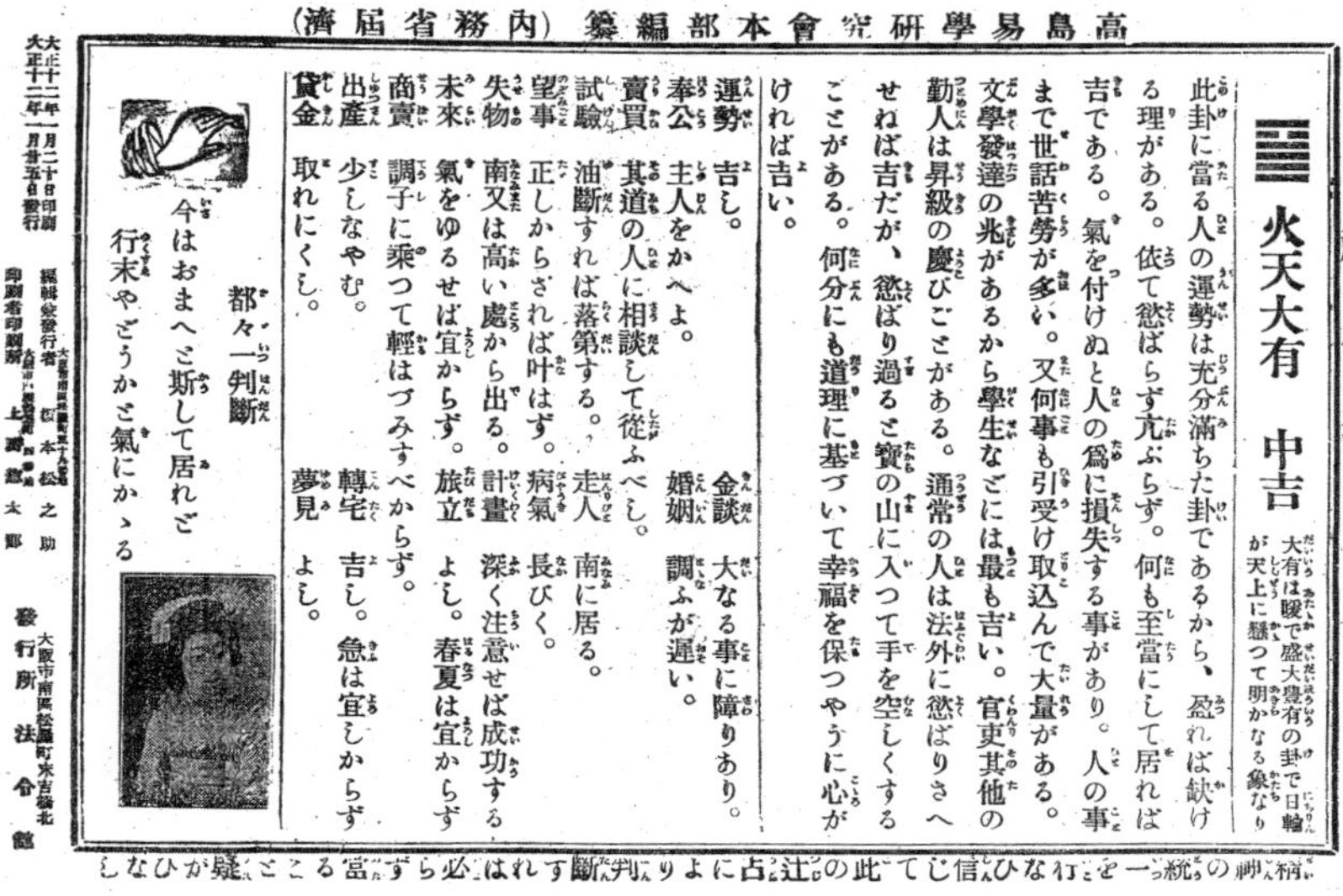

高島易學研究會本部編纂（內務省屆濟）

神易辻占 第七

☲ 火天大有 中吉

大有は暖で盛大豊有の卦で日輪が天上に懸つて明かなる象なり

此卦に當る人の運勢は充分滿ちた卦であるから、盈れば缺ける理がある。依て慾ばらず亢ぶらず。何も至當にして居れば吉である。氣を付けぬと人の爲に損失する事があり。人の事まで世話苦勢が多い。又何事も引受け取込んで大量がある。文學發達の兆があるから學生などには最も吉い。官吏其他の勤人は昇級の慶びごとがある。通常の人は法外に慾ばりさへせねば吉だが、慾ばり過ると寶の山に入つて手を空しくすることがある。何分にも道理に基づいて幸福を保つやうに心がければ吉い。

運勢　吉し。　金談　大なる事に障りあり。
奉公　主人をかへよ。　婚姻　調ふが遲い。
賣買　其道の人に相談して從ふべし。
試驗　油斷すれば落第する。　走人　南に居る。
望事　正しからざれば叶はず。　病氣　長びく。
失物　南又は高い處から出る。　計畫　深く注意せば成功する
未來　氣をゆるせば宜からず。　旅立　よし。春夏は宜からず
商賣　調子に乘つて輕はづみすべからず。
出產　少しなやむ。　轉宅　吉し。急は宜しからず
貸金　取れにくし。　夢見　よし。

都々一判斷
今はおまへと斷して居れど
行末やどうかと氣にかゝる

大正十二年一月二十日印刷
大正十二年一月廿五日發行
編輯兼發行者　榎本松之助
印刷者　上野□太郎
發行所　大阪市南區松屋町末吉橋北　法令館

精神の統一を行ひ信じて此の辻占によりて判斷すれば必ず當るところ疑ひなし

図 3‐10　『神易辻占第七番』榎本松之助（大正12（1923）年）（著者蔵）

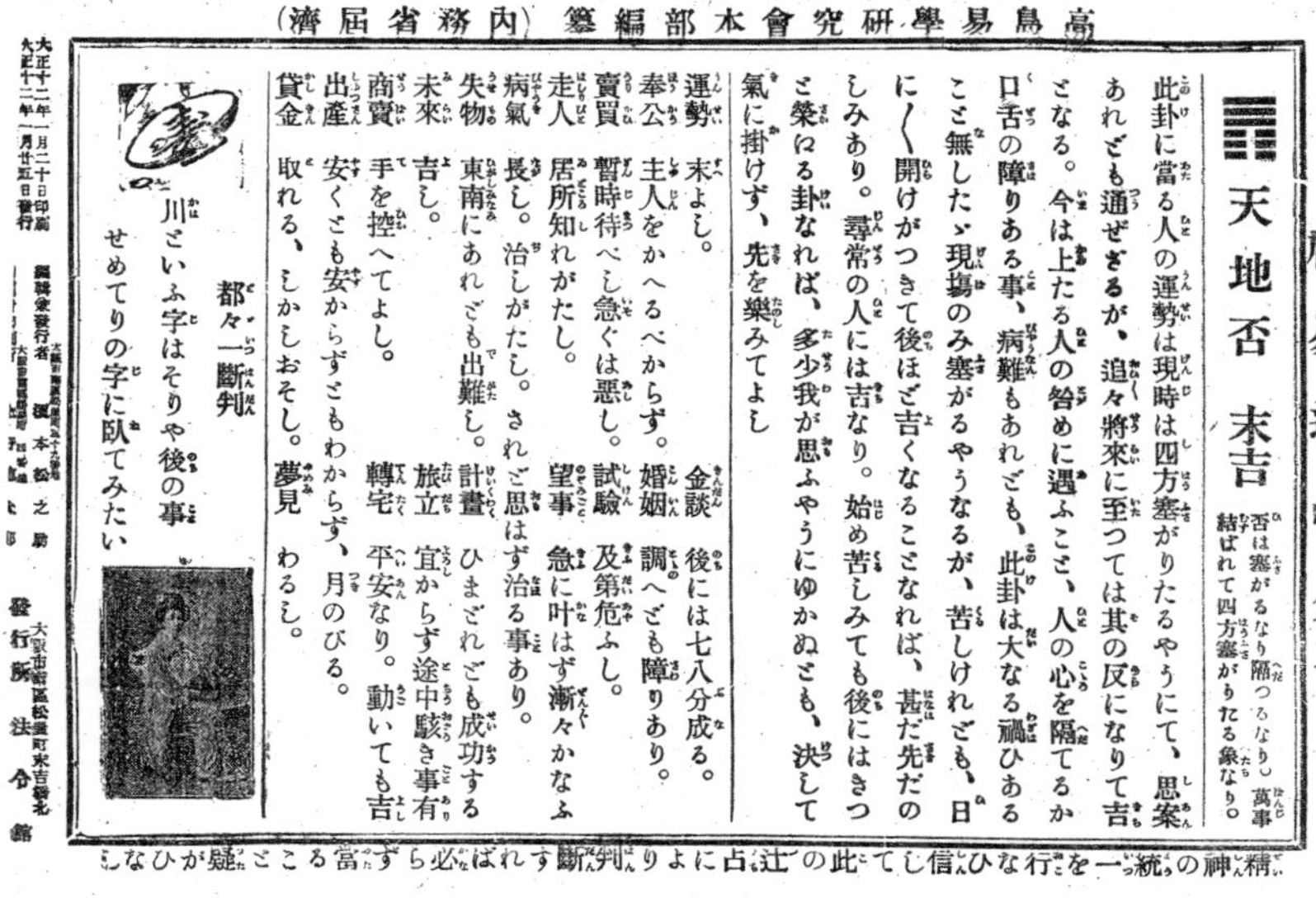

高島易學研究會本部編纂（內務省屆濟）

神易辻占 第五

☰☷ 天地否 末吉

否は塞がるなり隔つるなり、萬事結ばれて四方塞がりたる象なり。

此卦に當る人の運勢は現時は四方塞がりたるやうにて、思案あれども通ぜざるが、追々將來に至つては其の反になりて吉となる。今は上たる人の咎めに遇ふこと、人の心を隔てるか口舌の障りある事、病難もあれども、此卦は大なる禍ひあること無したゞ現場のみ塞がるやうなるが、苦しけれども、日にく開けがつきて後ほど吉くなることなれば、甚だ先だのしみあり。尋常の人には吉なり。始め苦しみても後にはきつと榮ゆる卦なれば、多少我が思ふやうにゆかぬとも、決して氣に掛けず、先を樂みてよし

運勢　末よし。　金談　後には七八分成る。
奉公　主人をかへるべからず。　婚姻　調へども障りあり。
賣買　暫時待べし急ぐは惡し。　試驗　及第危ふし。
走人　居所知れがたし。　望事　急に叶はず漸々かなふ
病氣　長し。治しがたし。されど思はず治る事あり。
失物　東南にあれども出難し。　計畫　ひまどれども成功する
未來　吉し。　旅立　宜からず途中駭き事有
商賣　手を控へてよし。　轉宅　平安なり。動いても吉
出產　安くとも安からずともわからず、月のびる。
貸金　取れる、しかしおそし。　夢見　わるし。

都々一判斷
川といふ字はそりや後の事
せめてりの字に臥てみたい

大正十二年一月二十日印刷
大正十二年一月廿五日發行
編輯兼發行者　榎本松之助
發行所　大阪市南區松屋町末吉橋北　法令館

精神の統一を行ひ信じて此の辻占によりて判斷すれば必ず當るところ疑ひなし

図 3‐11　『神易辻占第五番』榎本松之助（大正12（1923）年）（著者蔵）

図3－12 『活動写真辻占1（仮題）』表面　法令館（著者蔵）

吉　九尺二間にすぎたるものは紅のついたる火吹竹

凶　かほど慕ひつ此世の中で君にあかさん術は無し

小吉　今はお前とこうして居ど行末どうかと氣に掛る

大吉　今年や南瓜と貴郎の内が運の開らいたあたり年

吉　笑つて悲い座敷をはづし泣いてうれしい主の側

中吉　主を寢かして嬉しく解けば帶も察じて鼠なき

吉　ごこが好のか武骨な松に優しくまつはる蔦葛

半凶　思ちや居ども小庭の蘇鐵路次の外から見た斗り

吉　忘てゐたのに亦顔見て來ては泣たり泣かせたり

吉　今別れ道の半町も行ない内に斯も逢度成ものか

大吉　寢顔覗いてニッコリ笑ひごうして起そと胸の内

中吉　私見たよなぶつこな松におつに搦んだ蔦かづら

小吉　こぼれ松葉を羨やむやうなぐちな心に誰がした

吉　思案中にハイ郵便と投け込む名を見て片ゑくぼ

吉　泣もふさぐもちれるもお前氣嫌なほすも亦お前

大吉　運が開けた働きなされ地位も名譽もすぐ出來る

吉　夢の最中に枕がはずれ見ればはづかし主の側

半凶　人目無いなら胸襟取つて心行くまで泣いてやら

大吉　筆もふるへる嬉しい返事笑顔すりこむ硯石

小吉　紙投て筆を咬へて硯を眺めどう書や思が屆やら

吉　辛い人目に不實と見せて藤ぢや實意をつくす仲

吉　見へも飾も何いるものか眞から惚合ひ好た同志

半吉　可愛がられた初梅さへも散ば日影のちりとなる

吉　思ひ思はれ思はれ思ひ添りや操の立てくらべ

吉　お風召すよと蒲團を着て着たその手でゆり起す

中吉　去年にかはりて力も強し祝ふ雜煮のむかひ膳

小吉　儘にさんせと身をすり寄て外へは洩さぬ片笑窪

末吉　作上手に咲せたよりもいつそ野末の亂だれ咲き

凶　生木さかれた昔を今に殘る恨みのいぶり炭

半吉　我心人に問ねば判ぬ樣な迂たへ者には誰がした

吉　不實の樣だが忘て見たい思出してはきりがない

吉　主を寢かして四角を押さへお風召すなと笑ひ顔

末吉　種撒岩に松さへ生ちやないか添て添ぬ事はない

凶　思ひ出しては空の星ながめあの星邊りが主の家

小吉　別てつらいと小聲でいへば締る博多の帶が泣く

中吉　鐘が辛いか鴉がいやか歸へろかへろの聲がいや

凶　捨られさへせにや浮氣は承知とうせ妾に過た主

小吉　只見ば何の苦も無あの水鳥の脚にひまなき我思

半凶　思ひ切とは死ねこの事か死にや思の根がきれぬ

吉　親の意見と茄子の花は千に一つもあだがない

小吉　繫いでお呉よ二人が仲を緣を結ぶの神ならば

半凶　金も出來たし女も出來た占たと思へば皆な夢だ

中吉　顔見りや苦勞を忘る樣な人が有やこそ苦勞する

半吉　盡きぬ話に限ある夜に烏恨むはこちの愚知

凶　あまり遊ぶとあなたの家を素通しますよ福の神

末吉　思ひ焦れし二人の仲も晴て嬉しい時がくる

大吉　棚のぼたもち貴方の前へ必ず落ます今日か明日

凶　山が高て彼家が見えぬあの家戀しや山憎くや

中吉　思ひ出よちや惚よがあさい思ひ出さずに忘ずに

大吉　運が開けた上上首尾だ今年は貴郎の當り年

大吉　辛い悲しい思ひも晴れて今は嬉しい夫婦仲

大吉　思ひ屆いて殿御と二人心安來で日を送くる

大吉　惠比須大黑お金のなる木飛で來る貴方の家へ

末凶　可愛がられて撫さすられて見捨られたよ夏火鉢

吉　餘所へ披露も年始をかねて二人名前で出す葉書

吉　添て姿がかはりはせぬかと思案手桶で水かゞみ

末吉　あまり急ては御損のもとよ運の來まで待やんせ

小吉　かたい約束忘ずに居れば逢は千夜に一夜でも

吉　浮氣稼業で暮してゐても錆はせぬぞへ心まで

半吉　思ちやおれど手出が成ぬ成ぬ手出がして見たい

半吉　疑い晴れたら顔なと直せ俺の心のさける樣

吉　云ず語らず語らず云ず三筋に云せるあてこすり

大吉　風に行燈を消させて置てあとは二人の思ふまゝ

大吉　今年や善ぞへ働きなされ辛棒する木に金がなる

松屋町法令館製

図 3-13 『活動写真辻占 1』裏面　法令館（著者蔵）

かし、この部分が辻占都々逸らしさの名残をとどめている。

図3-10　神易辻占第七番　易占・単体型

袋なし。法量　一六・二×二三・〇センチ　発行年は大正一二年一月二五日。編集兼発行者　大阪市南区松屋町三十九番地　榎本松之助　発行所　大阪市南区松屋町末吉橋北　法令館。次の第五番とは発行が同日である。都々逸判断には芸妓の写真が載っている。

図3-11　神易辻占第五番　易占・単体型

袋なし。法量　一六・二×二三・〇センチ　発行年は大正一二年一月二五日。編集兼発行者　大阪市南区松屋町三十九番地　榎本松之助　発行所　大阪市南区松屋町末吉橋北　法令館。

辻占は「恋の辻占」として、若い男女が恋愛の行く末を占うために用いたとされているが、大正期の辻占の内容は豊かであり、神易辻占の項目ごとの占いでは、恋愛以外の問いにも答えている。辻占の書き手は、占いの享受者として、奉公をする男女や、試験を控えた学生、婚姻や出産を気に懸ける女性たち、それに、売買や商売、貸金を行うれっきとした成人男性事業家も想定して項目を立てている。神易辻占は、小紙片の一言文句の辻占よりも、内容をじっくりと読みたい人向けとなっている。

図3-12・13　活動写真辻占1（仮題）　流行歌（都々逸）・裁断型

法量　二六・〇×一七・五センチ。切断時の一片は三・〇×二・〇センチ。分割可能枚数六四枚。発行年月日記載なし。大正から昭和か。発行元については松屋町法令館製の明記のみ。両面印刷、白黒写真六四枚。タイトルの明記がないため、仮題を付した。

写真の内容は時代劇俳優、歌舞伎役者、邦画、洋画の女優、男優の顔写真と全身像であり、当時人気のスターを集めている。厚手コート紙に両面印刷であるところが裁断型の辻占としては丁寧なつくりであり、裏面が吉凶をつけた都々逸文句となっている。「活動写真辻占2」とは辻占文句に大半の重複が見え、本紙だけの文句は三種しかない。おそらくは当時流行の都々逸を参考に書かれた辻占の種が少なくとも七〇以上はあり、それらの組み合わせで「新版」辻占を次々と発行していたのであろう。「吉　九尺二間にすぎたるものは紅のついたる火吹竹」「凶　かほど慕ひつ此世の中で君にあかさん術は無し」「大吉　筆もふるへる嬉しい返事笑顔すりこむ硯石」「半凶　金も出来たし女も出来た占たと思へば皆な夢だ」（原文の振り仮名は省略）

図3-14 『活動写真辻占2（仮題)』表面　法令館（著者蔵）

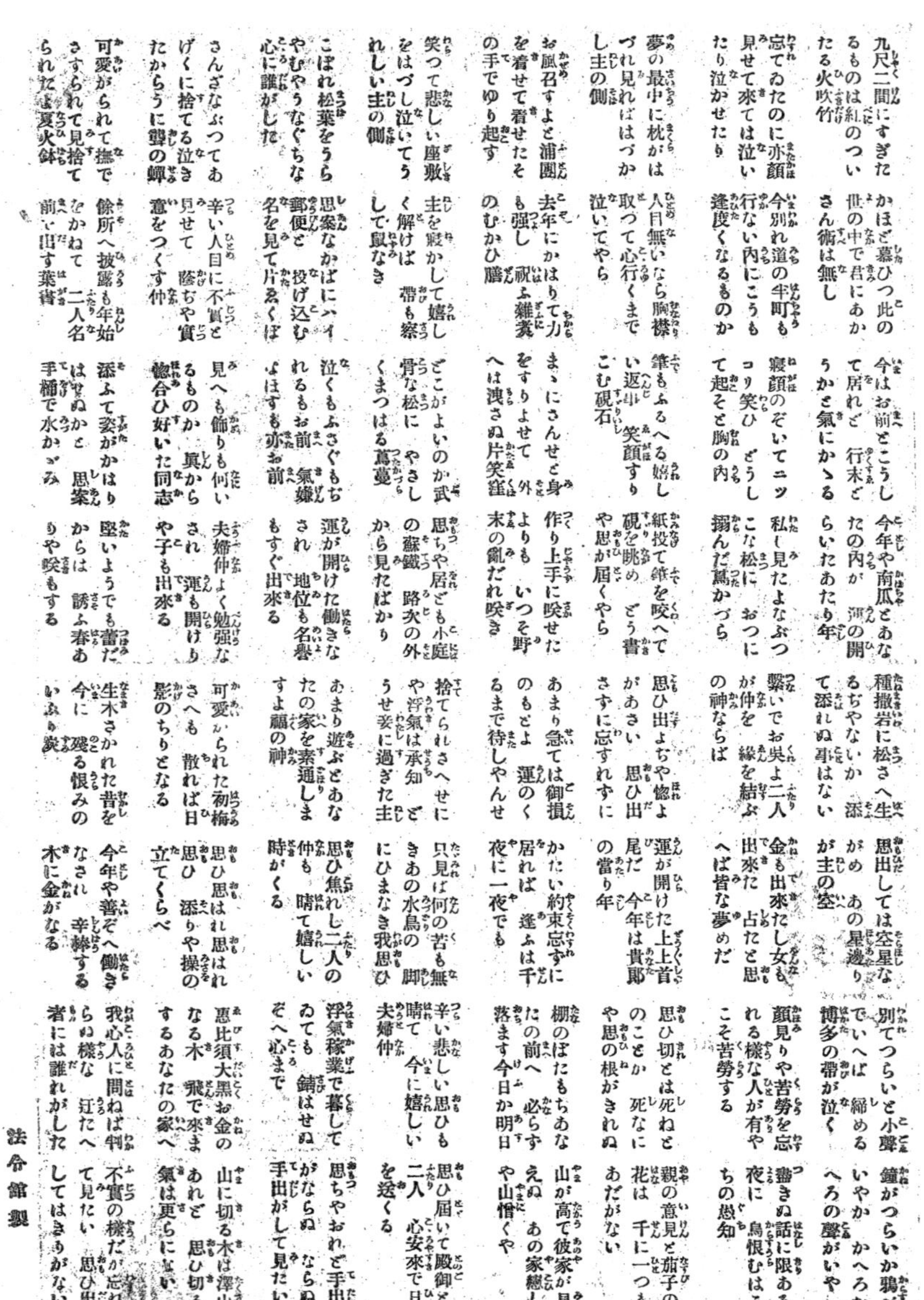
九尺《しやく》二間《けん》にすぎたるものは紅《べに》のついたる火吹竹《ひふきだけ》

忘《わすれ》てゐたのに亦顔《またかほ》見《み》せて來《き》ては泣《な》いたり泣《な》かせたり

夢《ゆめ》の最中《さいちう》に枕《まくら》がはづれ見《み》ればはづかし主《ぬし》の側《そば》

お風《かぜ》召すよと蒲團《ふとん》を着《き》せて着《き》せたその手《て》でゆり起《おこ》す

笑《わら》つて悲《かな》しい座敷《ざしき》をはづし泣《な》いてうれしい主《ぬし》の側《そば》

こぼれ松葉《まつば》をうらやむやうなぐちな心《こゝろ》に誰《だれ》がした

さんざなぶつてあげくに捨《す》てる泣《な》きたからうに鷲《わし》の蟬《せみ》

可愛《かあい》がられて撫《な》でさすられて見捨《みす》てられた夏火鉢《なつひばち》

かほど慕《した》ひつ此《こ》の世《よ》の中《なか》で君《きみ》にあかさん術《すべ》は無《な》し

今別《いまわか》れ道《みち》の半町《はんちやう》も行《ゆか》ない内《うち》にこうも逢度《あひた》くなるものか

人目《ひとめ》無《な》いなら胸襟《むなゑり》取《と》つて心行《こゝろゆ》くまで泣《な》いてやら

去年《こぞ》にかはりて力《ちから》も強《つよ》し祝《いは》ふ雜煮《ざふに》のむかひ膳《ぜん》

主《ぬし》を寢《ね》かして嬉《うれ》しく解《と》けば帶《おび》も察《さつ》して鼠《ねずみ》なき

思案《しあん》なかばにハイ郵便《いうびん》と投《な》げ込《こ》む名《な》を見《み》て片《かた》ゑくぼ

辛《つら》い人目《ひとめ》に不實《ふじつ》と見《み》せて蔭《かげ》ぢや實《じつ》意《い》をつくす仲《なか》

餘所《よそ》へ披露《ひろう》も年始《ねんし》をかねて二人《ふたり》名《な》前《まへ》い出《だ》す葉書《はがき》

今《いま》はお前《まへ》とこうして居《を》れど行末《ゆくすゑ》どうかと氣《き》にかゝる

寢顔《ねがほ》のぞいてニツコリ笑《わら》ひどうして起《おこ》そと胸《むね》の内《うち》

筆《ふで》もふるへる嬉《うれ》しい返事《へんじ》笑顔《ゑがほ》すりこむ硯石《すゞりいし》

まゝにさんせと身《み》をすりよせて外《そと》へは洩《もら》さぬ片笑窪《かたゑくぼ》

どこがよいのか武骨《ぶこつ》な松《まつ》にやさしくまつはる蔦蔓《つたかつら》

泣《な》くもふさぐもぢれるもお前《まへ》氣嫌《きげん》よほすも亦《また》お前《まへ》

見《み》へも飾《かざ》りも何《なに》いるものか眞《しん》から惚合《ほれあ》ひ好《す》いた同志《なか》

添《そ》ふて姿《すがた》がかはりはせぬかと思案《しあん》手桶《てをけ》で水《みづ》かゞみ

今年《ことし》や南瓜《かぼちや》とあなたの内《うち》が運《うん》の開《ひら》いたあたり年《どし》

私《わたし》見《み》たよなぶつこな松《まつ》におつに搦《から》んだ蔦《つた》かづら

紙投《かみなげ》て筆《ふで》を咬《くは》へて硯《すゞり》を眺《なが》めどう書《かき》や思《おもひ》が屆《とゞ》くやら

作《つく》り上手《じやうず》に咲《さか》せたよりもいつそ野《の》末《すゑ》の亂《みだ》れ咲《ざ》き

思《おもつ》ちや居《をれ》ども小庭《こには》の蘇鐵《そてつ》路次《ろじ》の外《そと》から見《み》たばかり

運《うん》が開《ひら》けた働《はたら》きなされ地位《ちゐ》も名譽《めいよ》もすぐ出來《でき》る

夫婦仲《ふうふなか》よく勉強《べんけう》なされ運《うん》も開《ひら》けりや子《こ》も出來《でき》る

堅《かた》いようでも蕾《つぼみ》だからは誘《さそ》ふ春《はる》ありや咲《さき》もする

種撒《たねまき》岩《いわ》に松《まつ》さへ生《はへ》るぢやないか添《そ》て添《そは》れぬ事《こと》はない

繋《つな》いでお呉《くれ》よ二人《ふたり》が仲《なか》を縁《えん》を結《むす》ぶの神《かみ》ならば

思《おも》ひ出《だす》よぢや惚《ほれ》よがあさい思《おも》ひ出《だ》さずに忘《わす》れずに

あまり急《せい》ては御損《ごそん》のもとよ運《うん》のくるまで待《また》しやんせ

捨《すて》てられさへせにや浮氣《うわき》は承知《せうち》どうせ妾《わたし》に過《す》ぎた主《ぬし》

あまり遊《あそ》ぶとあなたの家《いへ》を素通《すどほ》りしますよ福《ふく》の神《かみ》

可愛《かあい》ゝられた初梅《はつうめ》さへも散《ち》れば日影《ひかげ》のちりとなる

生木《なまき》さかれた昔《むかし》を今《いま》に殘《のこ》る恨《うら》みのいぶり炭《すみ》

思出《おもひだ》しては空星《そらほし》ながめあの星邊《ほしあた》りが主《ぬし》の家《いへ》

金《かね》も出來《でき》たし女《をんな》も出來《でき》た占《しめ》たと思《おも》へば皆《み》な夢《ゆ》めだ

運《うん》が開《ひら》けた上上首《ざうくしゆ》尾《び》だ今年《ことし》は貴郞《あなた》の當《あた》り年《どし》

かたい約束《やくそく》忘《わすれ》ずに居《を》れば逢《あ》ふは千《せん》夜《や》に一夜《や》でも

只見《たゞみれ》ば何《なん》の苦《く》も無《な》きあの水鳥《みづとり》の脚《あし》にひまなき我思《わがおも》ひ

思《おも》ひ焦《こが》れし二人《ふたり》の仲《なか》も晴《はれ》て嬉《うれ》しい時《とき》がくる

思《おも》ひ思《おも》はれ思《おも》はれ思《おも》ひ添《そへ》りや操《みさを》の立《た》てくらべ

今年《ことし》や善《よい》ぞへ働《はたら》きなされ辛棒《しんぼう》する木《き》に金《かね》がなる

別《わかれ》てつらいと小聲《こごゑ》でいへば締《し》める博多《はかた》の帶《おび》が泣《な》く

顔見《かほみ》りや苦勢《くらう》を忘《わす》れる樣《やう》な人《ひと》が有《あり》やこそ苦勢《くらう》する

思《おも》ひ切《きれ》とは死《し》ねとのことか死《し》なにや思《おもひ》の根《ね》がきれぬ

棚《たな》のぼたもちあなたの前《まへ》へ必《かな》らず落《おち》ます今日《けふ》か明日《あす》

辛《つら》い悲《かな》しい思《おも》ひも晴《はれ》て今《いま》に嬉《うれ》しい夫婦仲《めうとなか》

浮氣稼業《うはきかげふ》で暮《くら》してゐても錆《さび》はせぬぞへ心《こゝろ》まで

恵比須大黑《ゑびすだいこく》お金《かね》のなる木《き》飛《とん》で來《き》まするあなたの家《いへ》へ

我心人《わがこゝろひと》に問《とは》ねば判《わか》らぬ樣《やう》な迂《うろ》たへ者《もの》には誰《だ》れがした

鐘《かね》がつらいか鴉《からす》がいやかかへろかへろの聲《こゑ》がいや

盡《つ》きぬ話《はなし》に限《かぎ》りある夜《よる》に鳥《からす》恨《うら》むはこちの愚知《ぐち》

親《おや》の意見《いけん》と茄子《なすび》の花《はな》は千《せん》に一《ひと》つもあだがない

山《やま》が高《たかう》で彼家《あのや》が見《み》えぬあの家《や》戀《こひ》しや山憎《やまに》くや

思《おも》ひ屆《とゞ》いて殿御《とのご》と二人《ふたり》心安《こゝろやす》來で日《ひ》を送《お》くる

思《おもつ》ちやおれど手出《てだし》がならぬならぬ手出《てだ》しがして見《み》たい

山《やま》に切《き》る木《き》は澤山《たくさん》あれど思《おも》ひ切《き》る氣《き》は更《さ》らにない

不實《ふじつ》の樣《やう》だが忘《わす》れて見《み》たい思《おも》ひ出《だ》してはきりがない

法令館製

図3－15『活動写真辻占2』裏面　法令館（著者蔵）

図３－14・15　活動写真辻占２（仮題）　流行歌（都々逸）・裁断型

法量　二六・〇×一七・五センチ。切断時の一片は三・〇×二・〇センチ。分割可能枚数六四枚。発行年月日記載なし。大正から昭和か。発行元として法令館製の明記のみ。コート紙両面印刷、白黒写真。

「活動写真辻占１」に近い時期に発行されたのであろう。辻占文句は都々逸で、活動写真辻占１に重複しない文句は三種であり、各片に吉凶が振られていないところが違いである。

「親の意見と茄子の花は千に一つもあだがない」「棚のぼたもちあなたの前へ必ず落ます今日か明日」「思ひ思はれ思はれ思ひ添りや操の立てくらべ」「かたい約束忘れずに居れば逢ふは千夜に一夜でも」（原文の振り仮名は省略）

口絵二頁上左　活動写真辻占３（仮題）　流行歌（都々逸）・裁断型

法量　二六・二×一八・〇センチ。切断時の一片は三・七×二・三センチ。分割可能枚数五六枚。発行年月日、発行所記載なし。印刷は片面のみの多色刷り。吉凶入り。

発行元、発行者の記載はない。法令館以外からの発行物の可能性もあるが、洋画、邦画俳優の写真に都々逸の取り合わせという共通点と、前掲辻占との文句の重複から考えると、こちらも法令館発行の可能性が濃厚である。例えば、当該紙「見すてられたよ夏火鉢（末吉）」は、「活動写真辻占１」の「末凶　可愛がられて撫でさすられて見捨てられたよ夏火鉢」が原文、当該紙「どうせ妾しに過ぎた主（半吉）」もまた、「活動写真辻占１」にある、「凶　捨てられさへせにやあ浮気は承知どうせ妾に過ぎた主」が原文である。当該紙「祝ふ雑煮の向膳（大吉）」は、「神易辻占第十六番」の都々一判断「去年にかはりて力も強く祝ふ雑煮のむかひ膳」が原文、当該紙「行末どうかと気にかゝる（末吉）」は「神易辻占第七番」の都々一判断「今はおまへと斯して居れど行末やどうかと気にかゝる」が原文である。「活動写真辻占３」の文句は、原文の都々逸七七七五のうち、最後の七、五の部分を抜書しているのである。これらの歌詞の一致から、法令館製が濃厚と判断している。

２－２　法令館と同時代の辻占

近代の辻占一枚刷りは、近世後期の様式を継承しながら、ところどころに当時の流行や世相を取り入れ、また印刷技術向上を反映させた変化を遂げている。近世後期の様式とは、流行歌の節まわしやなぞかけ、しゃれなどに乗せて粋な占い文句を書き、脇には花街風俗である芸妓や男性客、あるいは歌舞伎役者といった人物像や、酒器、恋文、縁起物といった器物の挿絵を配する形である。近世には人気歌舞伎役者や芸妓の挿絵だったものが、近代には色刷りの活動写真俳優の写真や白黒の芸妓写真に替わるといった印刷技術向上に伴う新しさが見られる。辻占には、単体で販売されるものと、細かな分割線が印刷され、各々切り離しておまけ的用途に使用するものとがある。前者は辻占売りや本屋の店頭、自動販売機などで販売され、後者は線に沿って裁断され、煎餅や昆布に挟む、あるいはあられに混ぜるなど主に駄菓子のおまけとして用いられた。その用途から、紙は薄くぺらぺらとしたものがほとんどであり、裁断紙片は切手二枚分程の小さなものとなる。現存する辻占一枚刷りでは裁断型が多く、単独販売された大判の辻占は数が少ない。しかし、大判の辻占は情報量が多く貴重な資料であるため、ここからは、法令館と、それ以外の大阪の版元から発行された、単体型の辻占とその袋の比較検討を行いたい。

口絵二頁下右　辻占袋六種
上段左より「御つじうら」、「生駒聖天やきぬき辻うら」、「大入りげんや　辻占」
下段左より「巳年生運気」、「吉凶はんじ辻占」、「瓢箪山　稲荷大明神」
どの辻占袋もほぼ同寸であり、色刷りで目を引く。おまけにする辻占小紙片とは異なり、お客に単体で購入してもよいと思わせるつくりとなっている。法令館では、袋の表の寺社名を変え、中味は同じ神易辻占を入れて商品としていた。同時代の他の発行元も同様に、新版を謳って表紙の挿絵と寺社名など部分的な変化を付け、中味は同じ辻占を入れて売りだしていたのではないだろうか。

図３－16　生駒聖天やきぬき辻うら袋　両面
袋の法量　一七・六×七・四センチ。多色刷り。発売元　大阪市東区清水谷西之町二四八　田村聖光社
奈良県生駒聖天のやきぬき辻占として販売されていたことがわかる。万一不良品であった際には「最寄の売捌店にて御引換申上げます」とあるので、辻占には移動する売り子達だけでなく、複数の売捌店が存在していたことが示唆される。
図３－17　生駒聖天やきぬき辻うら　あぶり出し・単体型
法量　一二・六×一五・七センチ。白黒印刷。田村聖光社製。
中央の「火」と書かれた鳥居部分に火を近づけると、周囲の八つの吉凶付き占いのうち、どれかが焼き切れるようになっ

図 3 - 18　『大入りげんや辻占袋』
田村栄太郎（著者蔵）

図 3 - 16　『生駒聖天やきぬき辻うら袋』田村聖光社（著者蔵）

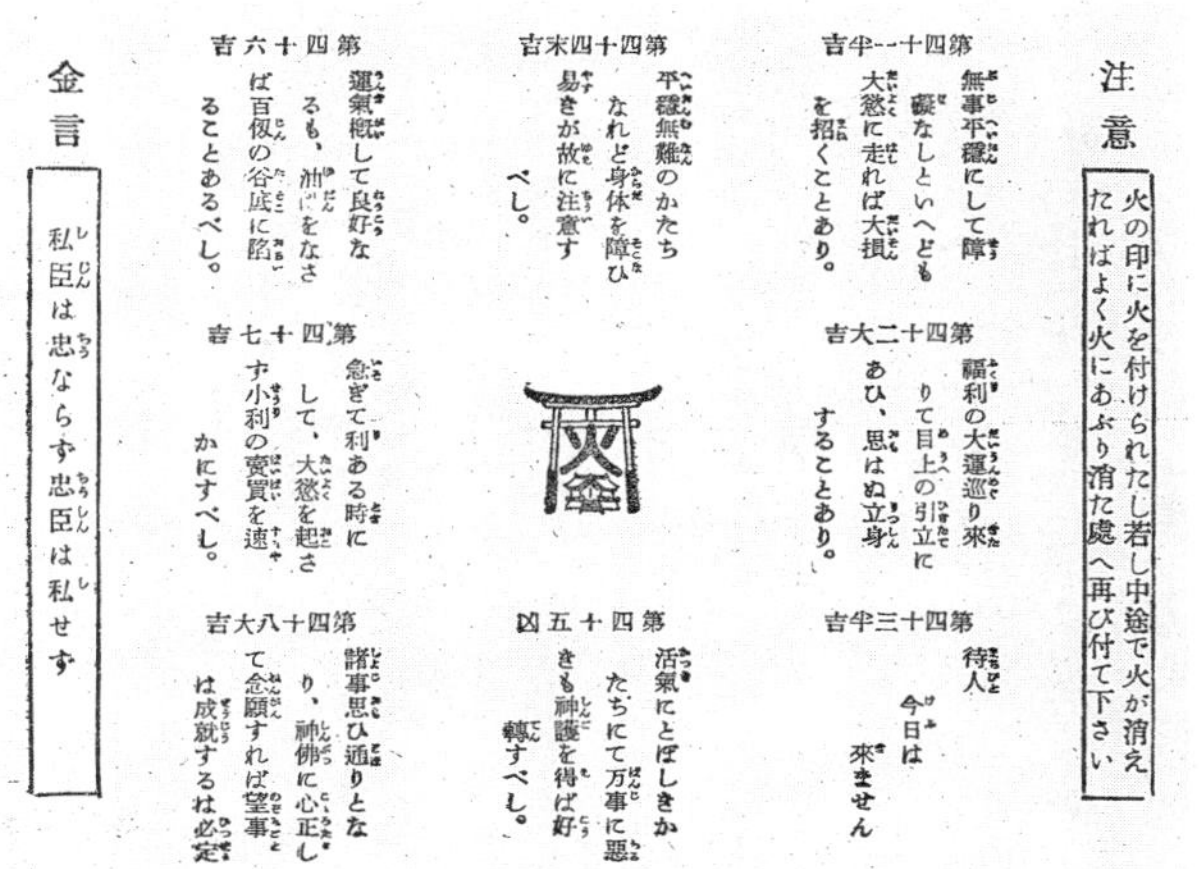

注意

火の印に火を付けられたし若し中途で火が消えたればよく火にあぶり消た處へ再び付て下さい

第四十一半吉

無事《ぶじ》平穏《へいおん》にして障《さはり》礙《げ》なしといへども大慾《たいよく》に走《はし》れば大損《たいそん》を招《まね》くことあり。

第四十二大吉

福利《ふくり》の大運《だいうん》巡《めぐ》り來《きた》りて目上《めうへ》の引立《ひきたて》にあひ、思《おも》はぬ立身《りつしん》することあり。

第四十三半吉

待人《まちびと》
今日《けふ》は
來《き》ません

第四十四末吉

平穏《へいおん》無難《ぶなん》のかたちなれど身体《からだ》を障《そこな》ひ易《やす》きが故《ゆゑ》に注意《ちうい》すべし。

第四十五凶

活氣《かつき》にとぼしきかたちにて万事《ばんじ》に悪《わる》きも神護《しんご》を得《え》ば好《かう》轉《てん》すべし。

第四十六吉

運氣《うんき》概《がい》して良好《りやうかう》なるも、油《ゆ》断《だん》をなさば百仭《じん》の谷底《たにそこ》に陥《おちい》ることあるべし。

第四十七吉

急《いそ》ぎて利《り》ある時《とき》にして、大慾《たいよく》を起《おこ》さず小利《せうり》の賣買《ばいばい》を速《すみや》かにすべし。

第四十八大吉

諸事《しよじ》思《おも》ひ通《とほ》りとなり、神佛《しんぶつ》に心正《こゝろただ》しく念願《ねんがん》すれば望事《のぞみごと》は成就《じやうじゆ》するは必定《ひつぢやう》

金言

私《し》臣《じん》は忠《ちう》ならず忠《ちう》臣《しん》は私《し》せず

図 3 - 17　『生駒聖天やきぬき辻うら』田村聖光社（著者蔵）

御みくじ判断　第拾壹番　大吉

勿頭中尾見
文萃須得理
禾刀自偶然
當遇非常喜

このみくじを判じて曰くに、運氣はすでにひらき、例へば追手に帆をあげたる船の如く、何事にても思ひ事はおのづからかなひ、人にこたへたる名をあげ、または利得のあることまさに農夫が豊年の秋に至りたるもの〻如くなるべし。この秋に於て力の限りとりいれをなすをこそ、ますます榮ゆるものなり。

運勢

このみくじにあたつた人は、今迄にちく〱と開いて來た運氣が、さつと開かれたやうなものである。追手に帆をはらませた船が、思ふま〻の快速力で、目的の港に走つてゐる姿である。其處には名譽も利得も両手をひろげて待つてゐる。けれども油斷をしてはならない。もう一歩といふ港の入口で船は沈沒することもある。運勢はよいが、油斷とおごりの心があれば、かへつて危いのである。油斷せずおごらずに、なるだけ目上の人に親しめばいよ〱榮ゆるものである。

運氣　これより十分にひらく。
金談　九分通りにて調ふ。
緣談　とゝのへてよろし。
戀愛　すゝみてます〱よろし。
待人　早く來る。
通信　かならずあり。
望事　万事かなふ。
賣買　うりもの十分よろし。
訴訟　かつ、進めてよろし。
失物　みなみの方より出づ。
走人　かへる。
轉居　よし、普請なすもよし。
旅行　道中氣をつけて行がよし。
勤先　油斷なく勤めよ。
職業　身を高くもつ事によろし。
病氣　本復す。
雇人　さわりなし。
相塲　手一ぱいのかたちなり。
子供　健かに育つ。
未來　總じてこの人は晩年になる程大いによろし。

内務省御屆濟
昭和七年六月一日印刷
昭和七年六月五日發行
大阪市東區清水谷西之町二四八番地
編輯兼發行者　田村榮太郎

図3－19　『大入りげんや辻占袋』の中身『御みくじ判断第十一番』
（昭和7（1932）年）田村栄太郎（著者蔵）

ている。開いた時にすぐわかるのではなく、どれが出るのか少しだけ手間をかけるのが一興の辻占である。現在でも東大阪市の瓢箪山稲荷神社では、このようなあぶり出しの辻占を授与している。

図3－18　大入げんや辻占袋　両面

袋の法量　一七・六×一五・二センチ。多色刷。両面。

華やかなおいらんが中央に描かれ「大入りげんや万直し　おいらん辻占」とある。

図3－19　御みくじ判断第拾壹番（大入りげんや辻占袋の中身）おみくじ・単体型

法量　一四・〇×二五・〇センチ。白黒印刷。昭和七年六月五日発行。編集兼発行者　大阪市東区清水谷西之町二四八　田村栄太郎

袋においらん姿が印刷されているため、流行の都々逸がイメージされ、遊び心のある中身を期待するが、辻占自体には意外にも都々逸も女性の図像も見えない。おそらくは袋の図像を変えたものが「御みくじ判断」としてはいくつか販売されていたのではないかと思われる。そして「大入りげんや辻占袋」に相応しい遊戯的な辻占も刷られていたのではないだろうか。冒頭には漢文、そしてその解釈、みくじを引いた人の運勢、最後に項目立てた一言判断の占いが二〇ある。運気、金談、縁談、恋愛、待人、通信、望事、売買、訴訟、失物、走人、転居、旅行、勤先、職業、病気、雇人、相場、子供、未来。

図3－20　巳年生運気辻占　一名　つじうら　袋両面

袋の法量　一七・七×三三・一センチ。多色刷り。

宮崎八十八《やそはち》は大阪在住の、暦や落とし話を執筆する作家でありながら、出版社「宮崎一二堂」も経営していた人物のようである。明治か

ら大正にかけて『いろはわけ民家日曜便』明治一八（一八八五）年、『永代暦吉凶便覧』明治一八（一八八五）年、『年鑑‥大正一五丙寅年』大正一四（一九二五）年、『陸海軍大勝利落としばなし』明治二七（一八九四）年といった著作が現存している。占書の書き手、あるいは占い師として名が通っていたからであろう、表面に宮崎八十八著と入っている。辻占で、書き手の名前が入っているものは非常に珍しい。確認できているのは巳年生の辻占だけだが、おそらく他の生まれ年の辻占も、袋と共に作られていたことだろう。

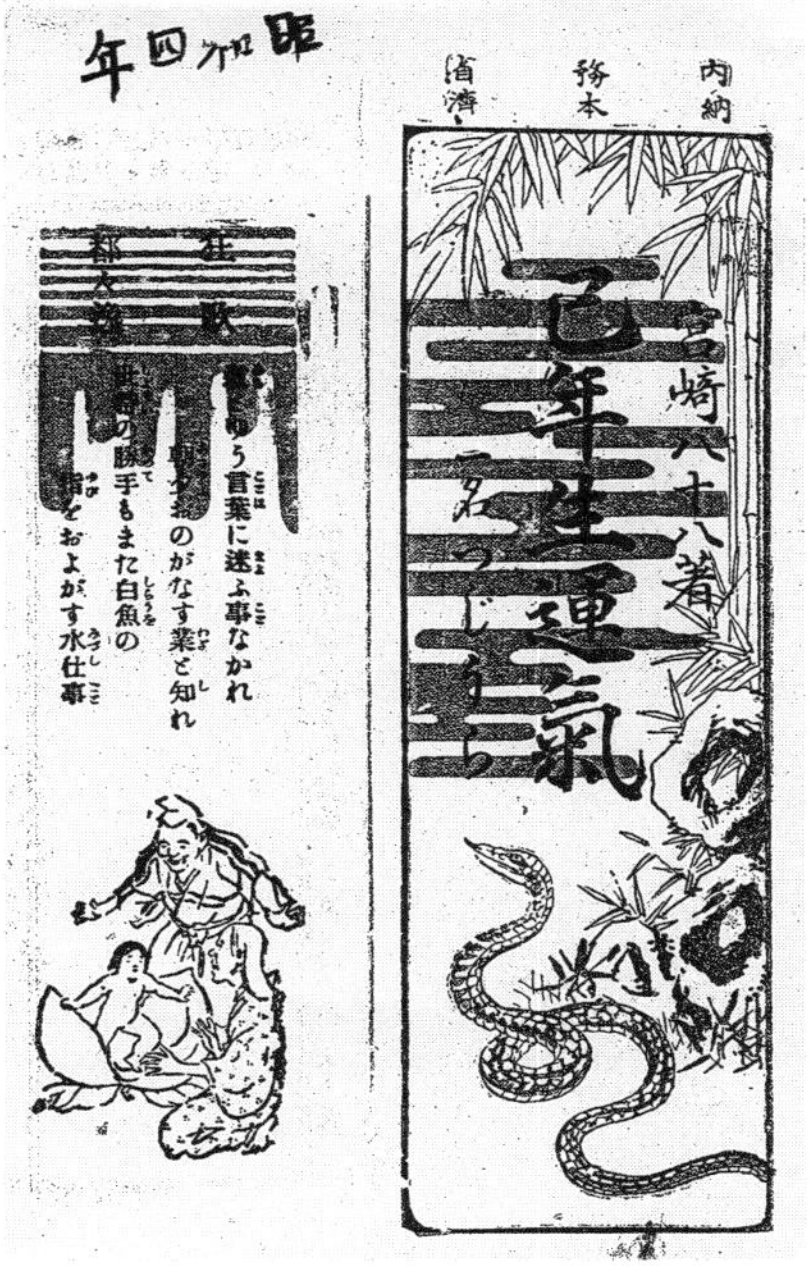

図3－20　『巳年生運気辻占袋』宮崎八十八（著者蔵）

図3－21　巳年生運気辻占　生まれ年・単体型

法量　一七・二×二二・七センチ。白黒印刷。昭和四年一月一〇日再版発行　著作兼発行者　大阪市北区地下町天神表門西　宮崎八十八。

辻占の構成は、冒頭に狂歌〇、裏表●とあるが、「裏表」の意味が不明である。銭占の裏表だろうか。本文は巳年生まれの人物の性格、仕事運、かかりやすい病気の傾向に続き、「業務」として、向いている職業が挙げられる。材木商から建築請負、金貸、官吏といった職種から、内容が男性向けであることがわかる。「男女相生」は、生まれ年による相性の善し悪しである。独自性が見られるところは「例證」で、巳年生まれの歴史上の人物が紹介されている。歴史的読み物の部分であり、平重盛、武田信玄が巳年生まれの有名人として俎上に載せられている。最後の枠内には、法令館の神易辻占同様の項目立てた一言判断が付いているが、項目数は少なく九種である。現今運気、願望、縁談、失物、相場、人意、待人、走人がある。

図3－22　瓢箪山稲荷大明神　袋両面

袋法量　一七・五×七・二センチ。多色刷り。表面に大きな瓢箪の絵あり。脇には「迷はず信して占ふ可し」とある。

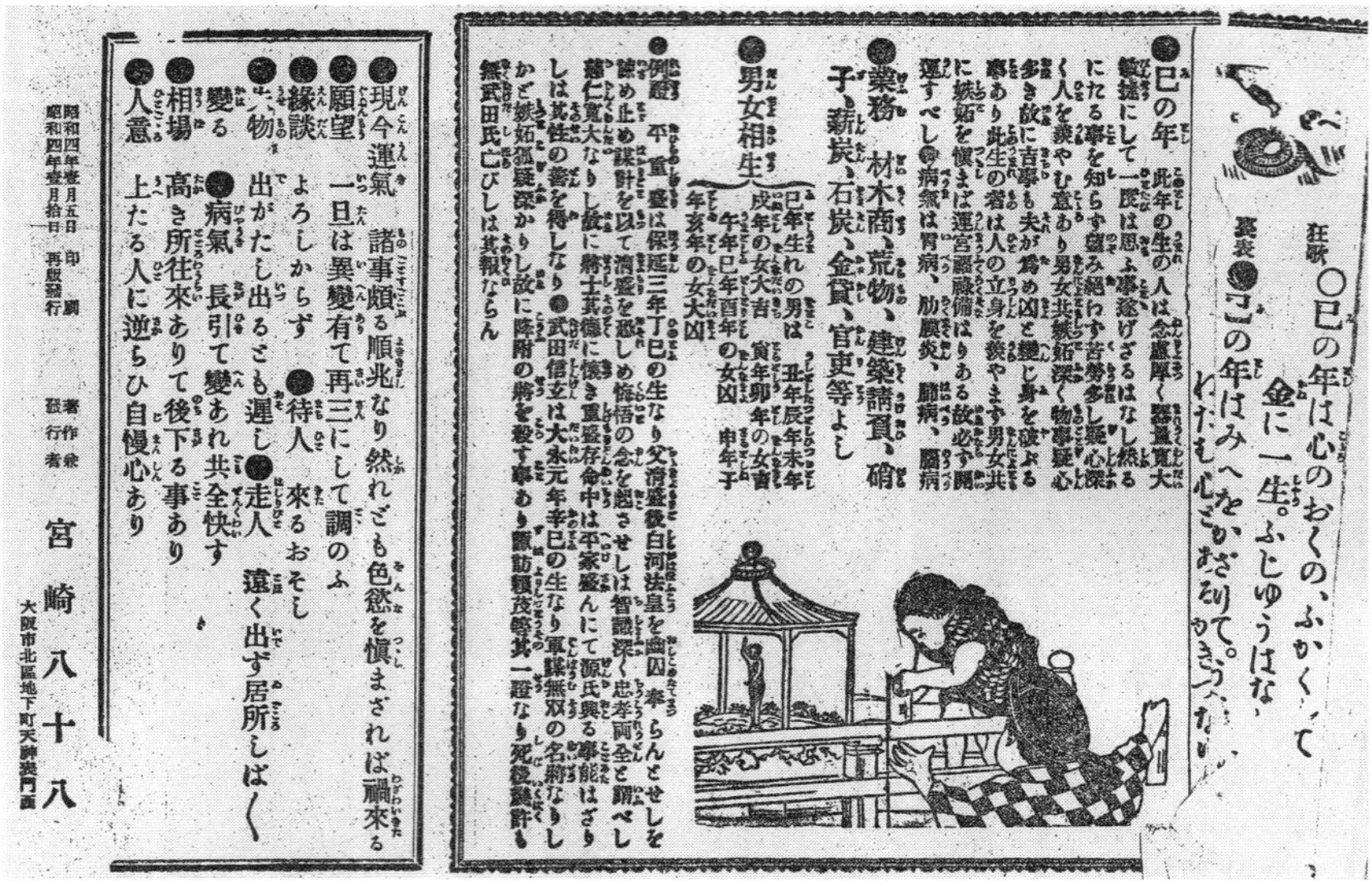

狂歌○巳の年は心のおくの、ふかくて　金に一生。ふじゆうはな、

裏表●巳の年はみへをかざりて。

●巳の年　此年の生の人は念慮厚く器量寛大敏捷にして一度は思ふ事遂げざるはなし然るにたる事を知らず望み絶わず苦労多し疑心深く人を羨やむ意あり男女共嫉妬深く物事疑心多き故に吉事も夫が為め凶と變じ身を破る事あり此生の者は人の立身を羨やます男女共に嫉妬を慎まば運宮福祿備はりある故必ず開運すべし●病氣は胃病、肋膜炎、肺病、腦病

●業務　材木商、荒物、建築請負、硝子、薪炭、石炭、金貸、官吏等よし

●男女相生　巳年生れの男は　丑年辰年未年戌年の女大吉　寅年卯年の女普　午年巳年酉年の女凶　申年子年亥年の女大凶

●例證　平重盛は保延三年丁巳の生なり父清盛後白河法皇を幽囚奉らんとせしを諫め止め謀計を以て清盛を恐しめ悔悟の念を起させしは智識深く忠孝両全と謂べし篤仁寛大なりし故に將士其德に懐き重盛存命中は平家盛んにて源氏興る事能はざりしは其性の善を得しなり●武田信玄は大永元年辛巳の生なり軍謀無双の名將なりしかど嫉妬孤疑深かりし故に降附の將を殺す事あり諏訪頼茂等其一證なり死後幾許も無く武田氏亡びしは其報ならん

●現今運氣　諸事頗る順兆なり然れども色慾を慎まざれば禍來る

●願望　一旦は異變有て再三にして調のふ

●縁談　よろしからず　●待人　來るおそし

●失物　出がたし出るとも遅し　●走人　遠く出ず居所しば〳〵變る

●病氣　長引て變あれ共全快す

●相場　高き所往來ありて後下る事あり

●人意　上たる人に逆らひ自慢心あり

昭和四年壹月五日印刷　昭和四年壹月拾日再版發行

著作兼發行者　宮崎八十八　大阪市北區地下町天神表門前

図3－21　『巳年生運気辻占』（昭和4（1929）年）宮崎八十八（著者蔵）

瓢簞山稲荷神社は、明治初期の山畑顕海宮司の代より、近世後期に増して辻占が当たる神社として崇敬を集め、評判の高い時代には、複数の版元がこの神社名称を入れた辻占を発行していた。恐らくは戦前に発行の資料で、表面には「河内瓢簞山稲荷　一才より九十才迄　年くりの辻うら」、裏面には「河内瓢簞山稲荷神社前　元祖本家辻うら製作元中村製」と印刷された辻占袋を川崎市市民ミュージアムが所蔵している。元祖、本家と念を押すように書いているのは、それだけ海賊版が多かったことを意味しているのだろう（川崎市市民ミュージアム　二〇〇一：七三頁）。

図3－23　御みくじ判断第五十九番（瓢簞山稲荷大明神辻占袋の中身）　おみくじ・単体型

法量　一一・三×二〇・七センチ。白黒印刷。昭和六年六月一日発行。大阪市東区清水谷西之町二四八番地　編集兼発行地か　田村栄太郎

発行番地は、生駒聖天やきぬき辻うらを発行していた印刷所と同所であり、田村栄太郎は、印刷物に応じて田村聖光社などといった社名を印刷していたのだろう。瓢簞山稲荷神社の威光を反映させた辻占の一点である。占紙は、「大入りげんや辻占」の袋に入っていた、同発行人の「御みくじ判断　第十一番　大吉」と同じ内容構成である。こちらは「御みくじ判断　第五十九番　吉」。

法令館、田村聖光社、宮崎八十八より発行の辻占

を一覧表にした。法令館の占紙については、前節において言及した辻占と、当節で新たに解説した資料をまとめている（表3－1「法令館他近代大阪の辻占一覧表」）。以下は一覧表の解説である。

法令館からは、大正から昭和にかけて、数多くの種類の辻占が発行されていたことと推測される。例えば、神易辻占は、第十、十六、三、七、五番が確認できたが、易は六十四卦であることから、他にも五九種類が発行されていたのではないかと考えることができる。また、「活動写真辻占3」に見られるように、一部の都々逸文句は、「神易辻占」と、「活動写真辻占1」、「活動写真辻占2」に見える文句と重複していた。このことか

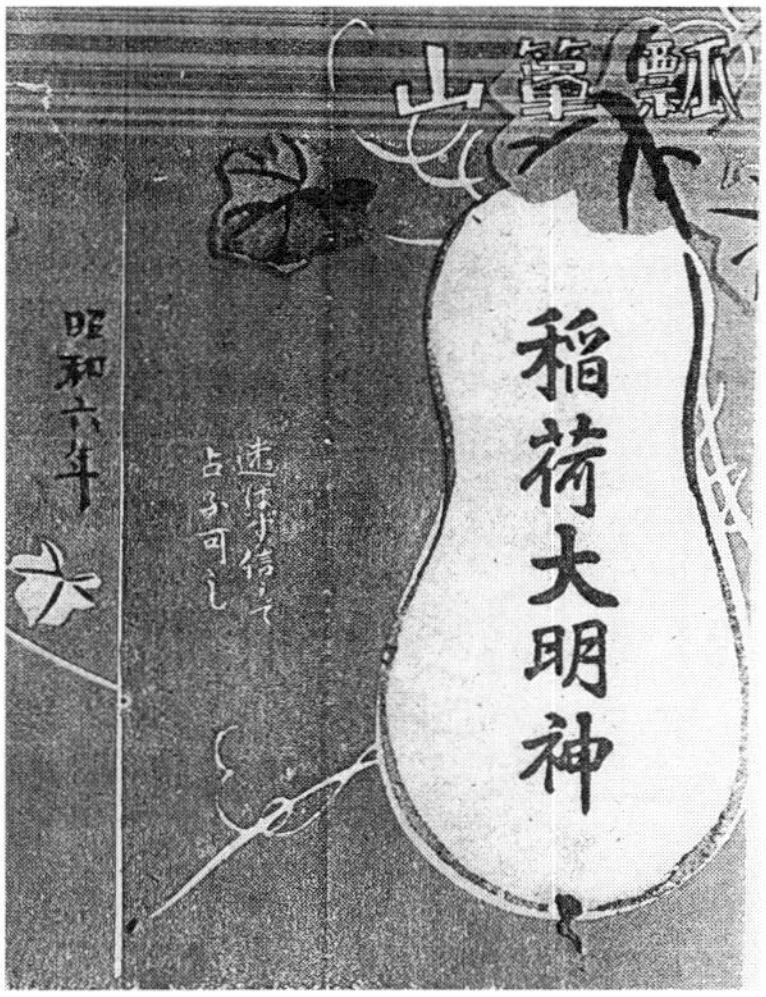

図3－22　『瓢箪山稲荷大明神袋』田村栄太郎（著者蔵）

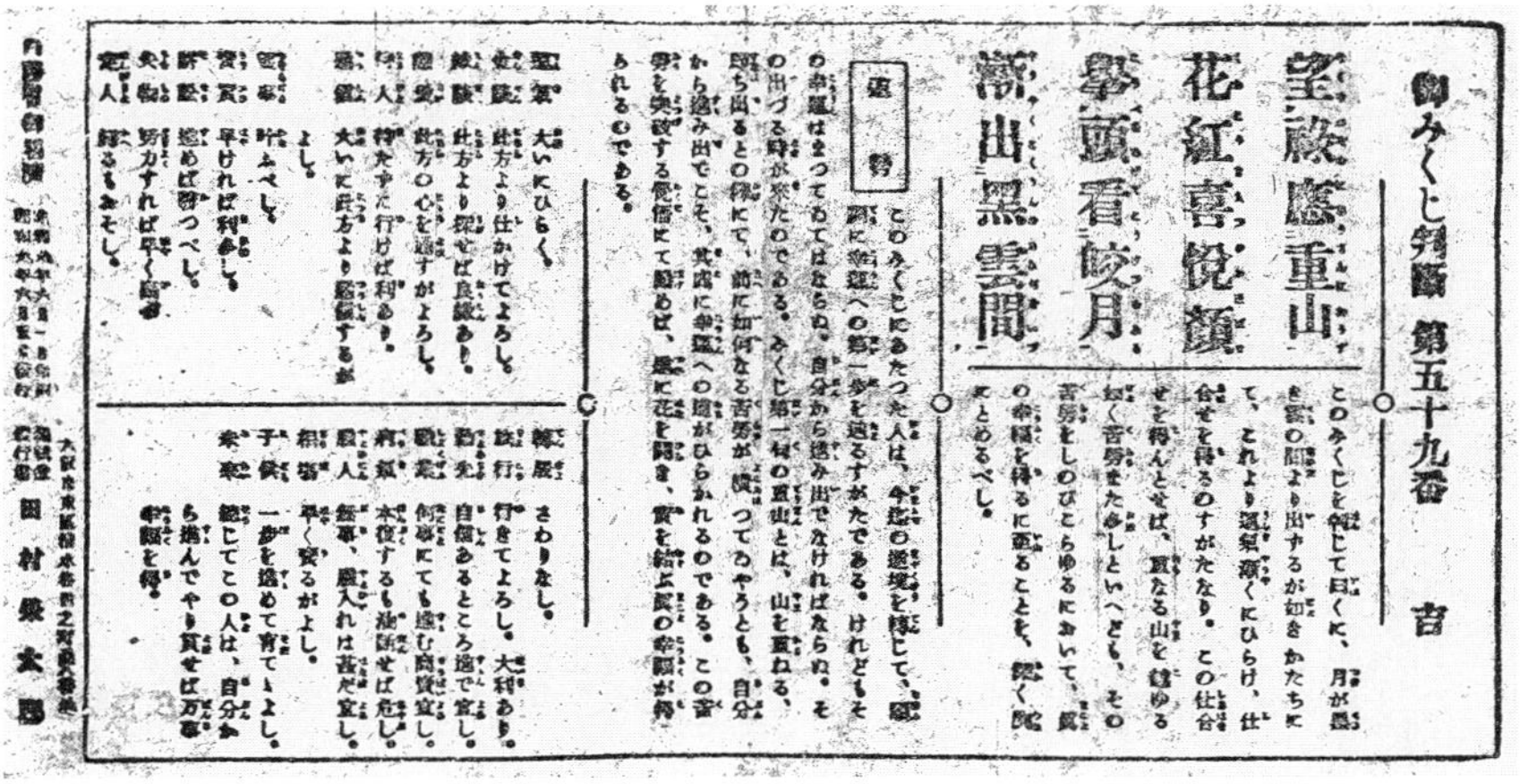

御みくじ判断　第五十九番　吉

望[illegible]重山
花紅喜悦顔
擧頭看皎月
漸出黒雲間

このみくじを解して曰くに、月が黒き雲の間より出ずるが如きかたちにて、これより運気漸くにひらけ、仕合せを得るのすがたなり。この仕合せを得んとせば、重なる山を越ゆる如く苦労もまた少しといへども、その苦労をしのびこらゆるにおいて、[illegible]の幸福を得るに至ることを、深く[illegible]にとめるべし。

運勢

このみくじにあたつた人は、今迄の逆境を脱して、幸運に転運への第一歩を進めるすがたである。けれどもその幸運はまつてゐてはならぬ。自分から進み出でなければならぬ。その出づる時が来たのである。みくじ第一句の重山とは、山を重ねる、即ち出るとの様にて、前に如何なる苦労が横つてゐやうとも、自分から進み出てこそ、其内に幸運への道がひらかれるのである。この苦労を突破する覚悟にて進めば、既に花を開き、実を結ぶ底の幸福が得られるのである。

運気　大いにひらく。
[illegible]　此方より仕かけてよろし。
縁談　此方より探せば良縁あり。
恋愛　此方の心を通すがよろし。
待人　待たずに行けば利あり。
[illegible]　大いに此方より活動するがよし。
[illegible]　[illegible]ふべし。
売買　早ければ利多し。
訴訟　進めば勝つべし。
失物　努力すれば早く出る。
[illegible]人　帰るもおそし。

[illegible]　さわりなし。
旅行　行きてよろし。大利あり。
[illegible]　自信あるところ進んで宜し。
[illegible]　何事にても進む商売宜し。
病気　本復するも油断せば危し。
[illegible]人　無事、雇入れは甚だ宜し。
[illegible]　早く突るがよし。
子供　一歩を進めて育てゝよし。
[illegible]　総じてこの人は、自分から進んでやり貫せば万事幸福を得。

内務省許可済　昭和六年六月一日印刷　昭和六年六月五日発行
著作兼発行者　田村栄太郎　大阪市東区[illegible]

図3－23　『瓢箪山稲荷大明神辻占袋』の中身『御みくじ判断第五十九番』（昭和6（1931）年）田村栄太郎（著者蔵）

大阪の辻占一覧表

発行年月日	発行者または発行所	発行者住所または発行所所在地	備　　考	所蔵先
大正３年11月５日	榎本松之助	大阪市南区松屋町39番地	挿絵無し。	著者蔵
大正５年月１日か	榎本松之助	大阪市南区松屋町	絵入り。末吉，大吉，上々吉などの吉凶入り。	著者蔵
大正２年３月25日	法令館	大阪市南区松屋町末吉橋北		川崎市市民ミュージアム蔵
大正２年５月25日	法令館	大阪市南区松屋町末吉橋北	編集兼発行者　榎本松之助 大阪市南区松屋町39番地	著者蔵
大正５年７月25日	法令館	大阪市南区松屋町末吉橋北	占紙は他の神易辻占に比較して小さい。印刷所は法令館印刷工場。写真は無し。	著者蔵
大正12年１月25日	法令館	大阪市南区松屋町末吉橋北	袋はなし	著者蔵
大正12年１月25日	法令館	大阪市南区松屋町末吉橋北	袋はなし	著者蔵
大正12年４月５日	榎本松之助	大阪市南区松屋町39番地	安来節にのせた占い文句。吉凶入り。	著者蔵
大正から昭和頃か。発行地，発行年月日記載なし。	法令館	松屋町	女優，俳優などのモノクロ写真入り。光沢のある厚手コート紙。占い文句は裏面に印刷されており，吉凶が入る。	著者蔵
大正から昭和頃か。発行地，発行年月日記載なし。	法令館	記載なし	コート紙印刷。歌舞伎役者，野球選手，洋画俳優のモノクロ写真入り。裏面の占い文句は都々逸。	著者蔵
大正から昭和頃か。発行地，発行年月日記載なし。	法令館か	記載なし	多色で片面印刷。歌舞伎役者，邦画，洋画俳優，野球選手の写真入り。文句は都々逸。法令館発行の可能性が濃厚。	著者蔵
記載なし。昭和初期頃か。	田村聖光社	発売元　大阪市東区清水谷西之町二四八	火を近づけると，占紙の一カ所が焼き切れ吉凶が分かる仕組み。	著者蔵
昭和７年６月５日発行	編集兼発行者 田村栄太郎	大阪市東区清水谷西之町二四八	「御みくじ判断第十五番」	著者蔵
昭和６年６月１日発行	田村栄太郎	大阪市東区清水谷西之町二四八	「御みくじ判断第五十九番」	著者蔵
昭和４年１月10日再版発行	著作権発行者 宮崎八十八	大阪市北区地下町天神表門西	暦，生まれ年の年鑑など占書の著作を持つ宮崎八十八が執筆発行。	著者蔵

表3－1　法令館他近代

	名　　称	版　元	内容分類	占紙法量	分割可能枚数
1	新文句辻占ら	法令館	一言判断・裁断型	25.0×17.3cm, 一片2.7×1.6cm	8×10=80
2	絵入り辻占 （仮題）	法令館	一言判断・裁断型	34.5×24.0cm, 一片4.0×2.5cm	8×10=80
3	出雲たより御辻占（袋）， 神易辻占第10	法令館	易占・単体型	16.7×23.4cm	分割なし
4	御つじうら（袋）， 神易辻占第16	法令館	易占・単体型	16.2×23.0cm	分割なし
5	吉凶はんじ辻占（袋）， 神易辻占第3	法令館	易占・単体型	13.0×15.7cm	分割なし
6	神易辻占第7	法令館	易占・単体型	16.2×23.0cm	分割なし
7	神易辻占第5	法令館	易占・単体型	16.2×23.0cm	分割なし
8	安来節辻占	法令館	流行歌（安来節）・ 裁断型	22.0×15.6cm, 一片3.5×2.2cm	7×7=49
9	活動写真辻占1（仮題）	法令館	流行歌（都々逸）・ 裁断型	26.0×17.5cm, 一片3.0×2.0cm	8×8=64
10	活動写真辻占2（仮題）	法令館	流行歌（都々逸）・ 裁断型	26.0×17.5cm, 一片3.0×2.0cm	8×8=64
11	活動写真辻占3（仮題）	法令館か	流行歌（都々逸）・ 裁断型	26.2×18.0cm, 一片3.7×2.3cm	7×8＝56
12	生駒聖天やきぬき辻占（袋）， 占紙	田村聖光社	あぶり出し・単体型	12.6×15.7cm	分割なし
13	大入げんや辻うら（袋）， 占紙	田村聖光社	おみくじ・単体型	14.0×25.0cm	分割なし
14	瓢箪山稲荷大明神（袋）， 占紙	田村聖光社	おみくじ・単体型	11.3×20.7cm	分割なし
15	巳年生運気辻占	宮崎八十八	生まれ年・単体型	17.2×22.7cm	分割なし

ら、法令館は、同じ辻占文句や当時の人気者の顔写真の組合せに多少の変化を付けて繰り返し使用しつつ、かつ、所々に新しい文句も混ぜ、「新版」として売り出していたのではないだろうか。「活動写真辻占3」は、法令館の別紙の文句と一部重複を見た為に、法令館発行と推測したが、全く異なる発行元からの海賊版であった可能性も否定できない。人気にあやかり「瓢箪山の辻占」を謳う複数からの辻占占紙が出回り、様々な場所に瓢箪山辻占を商う売り子がいた時代もある。どこかの人気版を模倣する行為は、流行の中で行われていたことであろう。

辻占袋については、袋の図像とタイトルを変え、実際には同じ占紙を入れることが法令館以外の版元でも行われていたことがわかった。法令館では、「神易辻占」を袋入りにしたが、それらの袋に印刷されたタイトルは、それぞれ「出雲たより」や「御つじうら」、「吉凶はんじ辻占」と一見すると中味が異なる辻占に見える。一方、田村栄太郎が発行した袋入り辻占は、袋表面に「大入げんや辻占」、「瓢箪山稲荷大明神」と全く異なるタイトルと図像を印刷しながらも、中味はどちらも「御みくじ判断」を入れていることが確認できた。辻占は文字化以降、「新版」「新文句」が売り物のひとつとなり、目新しい工夫が期待されるようになったが、近代に入り、そうした要望に答えるため、版元は、マイナーチェンジによる量産で応じていたのではないかと見解する。

発行地に関しては、大阪だけではなく、名古屋や東京からも辻占は発行されていた。しかし、名古屋や大阪の発行元、発行人について調べても、創業から廃業までの経緯、発行人の消息といった詳細を辿ることができず、唯一版元の現存を確認できたのが榎本法令館であった。東京にも辻占売りが多くいたことがわかっているが、大阪の新聞、雑誌といった風俗史料に表れる辻占売り、販売の記述や、法令館やその他の版元の豊富な辻占資料から、明治以降から戦後しばらくまでは、辻占発行地として大阪が主要な土地であったことが間違いないといえるだろう。

辻占の内容については、挿絵の人物や器物の描写が具体的になり、写真が入るといったモダンな変容を遂げたように見えても、様式の原型は既に近世にあったものと指摘できる。都々逸節、安来節の辻占文句は、近世の辻占俗謡占書や一枚摺りの辻占都々逸に原型があるといえ、活動写真俳優のあしらいも、かつては辻占一枚摺りに、木版で歌舞伎役者が用いられていたことを考えれば、当代の人気者達を登場させようとする発想には変わりがない。易占との融合も既に辻占俗謡占書に見えている。法令館にはそのように、はっきりと近世にあった様式を踏襲する占紙が認められるが、田村聖光社や、宮崎八十八は「辻占」を更に拡大し、それまでの辻占の範疇にはなかった占いや細工を採用している。田村聖光社からはやきぬき辻うら、宮崎八十八は生まれ年占いを「辻占」として売り出している。

前章にて、歌の呪術性への信仰を根底に持つ辻占俗謡占書、紙片を論じたが、大正以降には本来は歌とも辻占とも無関係である干支占いや、やきぬき占いなどの遊びが、辻占の名のもとに発行され、辻占はあらゆる占いを包括するような名称となっている。版元は、文字化辻占の本質のひとつである「難しい勉強や手続きを経なくとも、すぐに運勢がわかる」という点を拡大解釈し、実際には多様な占いに「辻占」と名付けたと見える。しかしながら、それほど多様に展開した辻占紙であったはずなのに、現代では、裁断型で、都々逸や一言判断、なぞの文句入り占紙しか残っていないのは、その他の占紙が長期の支持を得ることができなかったことを示している。

さて、辻占が、木版摺りから活版刷りに変化したことにより、何がどう変化したのかを考えてみよう。印刷、出版研究においては、辻占印刷物を研究対象とした成果は出ていないが、近代の雑誌や新聞、それに出版流通の先行研究の蓄積を周辺の考察材料として、状況を推し量る試みをしてみたい。

柴野京子は、「明治以降の近代日本の出版産業は雑誌を中心に成立・発展した。ここでいう雑誌とは、明治以降西洋ジャーナリズムの影響から新たに現われたものを指している。このような雑誌は、当初、同じく西洋の文脈から派生した近代的な新聞に付随して流通した。」と述べている（柴野　二〇〇七：一頁）。近代的な雑誌や新聞の発行を支えるのに必要だったのは、同じ紙面を大量に素早く、なるべくコストを下げて生産する印刷技術であり、そうした要求に答えることができたのが、活版印刷であった。雑誌や新聞の流通に対して、書籍に類する出版物のそれは、より多様であった。近世に発祥した物の本や、双紙類、古本、貸本の流通は、雑誌とは異なっており、赤本という出版物を登場させた。近代に分業化が進む出版産業にあって、赤本は製作から流通までを一社が担う近世的方式を継承し、明治期の赤本を販売したのは、一般書店、小売店をはじめ、絵草紙店、露天商、高町商人らも含まれた。「すなわち近代赤本とその出版社は、新聞・雑誌という中央集権型のマス・メディアシステムが成立しようとする明治期においても、中核的な存在として近世と近代とを架橋し、底辺で読書空間を支え、拡大する重要な役割を担っていたととらえることができる。」（柴野　二〇〇七：一頁）。

赤本が、「近世と近代とを架橋し、底辺で読書空間を支え、拡大する重要な役割を担っていた」とは刺激的な見方である。調査から理解できたように、確かに法令館では自社で販売人を募集し、また、その商品を露天商や高町商人が商うなど、近代的分業化とは異なる、近世的な製作、商法を継続させている。赤本は絵草紙店でも扱われたもので、赤本出版社の商品であった辻占が、文献では出てきていないが、そこでも販売されたものと想定すると、享受者は自らの目で選び、手にとって選ぶことが可能になっただけ、版元は人目を惹くように印刷に工夫を凝らしたのではないかと考える。

近世の絵草紙店に並ぶ草双紙の見かけについて、江戸の出版をテーマにした座談会の席で、中野三敏は次のように発言している。

果たして作り手は、享受する人間に向けて物を作っているのかどうなのか、流通を満足させるために作っているのではないかと思うのです。例えば、今の商品でも、パッケージ・デザインというのは非常に大事ですよね。ところが、あれは買った人を満足させるためなのか買った人が手にとってながめて喜ぶものなのかというと、必ずしもそうじゃないですね。店に並べた時に目立って、それに手が伸びるかどうかそこをねらっていると思うのです。（中野　二〇〇五：四四頁）

中野の発言は、店頭でぱっと目を惹き、手に取らせる草双紙の表紙や袋が、果たして本当に読者を喜ばせるものなのだろうか。実のところ、それは購入させるための仕掛けであり、本当は買い手の期待に応える意図で制作したわけではなかったのではという意味だろう。

活版印刷以降の、印刷物としての辻占の大きな変化は、大判で袋入りのものが登場したこと、それに大正期頃には写真入りが出てくることが挙げられる。同時代の雑誌分野ではグラビア雑誌が成立し、支持を受けたが、辻占もまた、木版時代に増してビジュアルに力を入れた刷り物が出てきた。映画俳優や芸者の写真など、雑誌的な関心を反映させた図柄と見える。法令館や宮崎八十八、田村聖光社が発行した袋入りの辻占は、袋の表を色刷りにし、美人芸妓や稲荷社、聖天の図像をあしらい魅力的にし、表の見かけで他との差別化を計っていたとも窺われる。辻占袋を夜店の古本屋で見かけ、「狐とみくじ」の辻村梁一のように「何だろう、買ってみようか」と思う人も現れるわけである。

明治時代には、まだ木版摺りの辻占も継続して印刷されており、活版での辻占が優勢になるのは大正期からである。活版印刷への変化が、流通ルートを広げ、営業地を増加させた主因になったとまでは考えないが、幅広い販路を支え、印刷の新技術により、一部雑誌的に情報豊かな新しい辻占を生み出すことに一役買ったのは活版の功績といえるだろう。

江戸期の辻占は、花街を回る辻占売りや、一部の和菓子屋など限られた場で販売されていたが、明治以降は一つの町の枠をはるかに飛び越えた。明治初期、瓢箪山稲荷神社公認の辻占売りは、九州や満州まで出かけている。大阪には辻占を卸す中継所が二カ所設けられていた他に、連絡があると辻占を地方の郵便局留めで発送した。賑やかな街頭には辻占自動販売機も設置され、実用新案資料から、明治四〇年には大阪在住の宮崎出身黒木信吾が、「自動双眼鏡辻占出装置」を登録させ、大正一一年にも山口県の宮本重胤が「自動辻占箱」の実用新案登録を許可されたことがわかる（青木　一九九七：二一一～二一二頁）。

赤本の営業地である古本屋、縁日の露天商、店舗販売の辻占屋、それに玩具に付いた辻占であれば玩具屋、和菓子に付けば和菓子屋でも扱われたであろうし、辻占は近代以降、販売の場を拡大させたと見てとれるのだ。「近世と近代とを架橋」する赤本屋の扱う商品であったためでもあるのだろう、歌舞伎役者や都々逸、洒落、花街文化など、江戸情緒豊かな辻占が、すっかり活版印刷化するのは遅かったようだ。しかし、周囲の雑誌、新聞、グラビア誌、絵本などの影響も受けながら、次第に紙面にはモダンなビジュアル化の変化が見え、大量印刷、大量販売に拍車がかかっていったのが、木版から活版への過渡期からそれ以降の辻占に見てとれる現象といえるだろう。

3 信仰・娯楽と辻占販売

3-1 図像・新聞・雑誌記事に見る辻占売りの姿

これまで法令館をはじめとする大阪の辻占発行元とその印刷物を見てきたが、それでは辻占は、どのような姿の売り子にどこで販売されていたのだろうか、また、購入して楽しんでいたのは誰だったのか。さらに、売り子に向けられていた視線はどのようなものであったのかといった問題を、大阪を取材地にした新聞、雑誌記事と、図像、写真を主な資料として辻占売りの年齢や性別、営業地、口上、服装、買い手の情報を読み取っていきたい。

①明治一五（一八八二）年二月一〇日『大阪朝日新聞』

河内瓢箪山辻占屋でござゐと毎夜南地の花街を駈歩行き日々の渡世にして居る難波村新金刀比羅神社前の井口利助五十八（ママ）といふ老爺ハ老て益々壮なるか（後略）

難波村新金刀比羅神社前に住む五八歳の井口利助が、毎晩南地の花街を営業地として「河内瓢箪山辻占屋でござい」と口上を歌いながら流し歩いていたことがわかる。

②明治二七（一八九四）年三月一三日　雑報欄「千日前の乞喰」『大阪朝日新聞』

南地千日前には買淫女多く其境界の大略は前号に記載したるが尚同所には諸国より入込みて乞喰を渡世同様にして居る者頗る多く其数凡そ百名に近きよしされど此等の者は公然と乞喰とは名乗らず表面ばかりの申訳に紙

屑拾、咽管の仕替、磨砂売、遊芸稼（祭文語り、阿房陀羅坊主等）車の挽子、辻占売等の鑑札を受けて居れど其実は皆物貰にて一人の頭ありて其指揮を受け諸方にて物を貰うて帰ることとなるが其貰高の最も多きは廿銭ぐらゐ少きは四五銭にて貰ひの多きは褒め少きは叱り又それ〳〵組合ありて病気のときなどは互に助け合ひ情交頗る親密なりといふ（仮名を省略）

南地は明治以降大阪最大の花街となった。当記事の書き手には偏見があり、紙屑拾、咽管の仕替、磨砂売、辻占売等の人々を、職業があるにもかかわらず、「乞食」であるとみなしている。辻占売り等は自己流で個人的に仕事をしているのではなく、頭がおり、その指揮を受けながら働いていた。売り子の性別、年齢の記載はないが、営業地として千日前が確認できる。

③明治三〇（一八九七）年三月二六日『大阪朝日新聞』

河内瓢箪山辻うらでございと愛らしき声張上げて呼ぶ後より運気縁談待人失物旅立方角恋の辻占とあどけなき声に和け行くは十九と十五の娘なり宵から廻る新町の廓には調子も合ぬ三味聞て撥を持つ手に二円三円握らせる客はあれど高が五厘一銭の辻占見向て呉れる人もなければ提燈の火に姉妹が手を温めしよんぼり佇立む（後略）

新町の廓を流している二人の姉妹は一九歳と一五歳。口上は「河内瓢箪山辻うらでござい」と一人が呼べば、もう一人は「運気縁談待人失物旅立方角恋の辻占」と後を続ける。これは法令館や田村聖光社、宮崎八十八の辻占にある、項目ごとの一言判断を想起させる。おそらくそうした辻占を売っていたのであろう。売り物の辻占には五厘と一銭がある。

図3－24　「行商畫報九（瓢箪山辻占）」（『大阪朝日新聞』明治32（1899）年10月11日）

④明治三二（一八九九）年一〇月一一日『大阪朝日新聞』

「行商畫報九（瓢箪山辻占）」

肩から下げる箱には瓢箪の絵が描かれ、手に持つ提灯には「辻うら」と書かれている。夜間に瓢箪山の辻占を売る成人男性（図3－24）。

⑤明治三四（一九〇一）年一月二八日『大阪朝日新聞』

「瓢箪山の辻うら」鈍泥翁

夏の夜は、引き入れられるやうな寝むい声、冬は、干からびて凍てた寒声を、カンに張上げて一調子高く、

河内瓢箪山、辻うらやでござい！

と薄汚い老爺や子供が売あるくのは、今も変はらぬ風俗史の材料である。

（後略）

記事冒頭に、長く変わらない風俗史の材料だとして「河内瓢箪山、辻うらやでござい！」と呼び歩く売り子の姿を伝えている。老人や子供が担い手になり、夏も冬も商売をしていたことがわかる。①、③にもあるように、明治時代から戦前までの、特に近畿圏の辻占売りは「瓢箪山の辻占」をよく口上にしている。現瓢箪山町、かつては四条村と呼ばれた瓢箪山稲荷は文化年間より次第に立派な社殿を持つようになり、占場で聞く辻占が当たるとの評判から、近隣の信仰者のみならず、大坂や江戸からも商運を願う人々を集めた。明治初期以降、山畑顕海宮司の代から辻占で信仰を集める流行の神社となり、辻占印刷物を授与し、占場では文字化以前の辻占の方法で当たる託宣を聞くことのできる神社として知名度が高まった。参道には土産物店や茶店、神社近くには占い師の店や旅館ができて賑わった。上記の記事では、その隆盛期の瓢箪山稲荷に記者が訪れ、占場へ赴き偶然の往来人の言葉を聞き、占断の結果を報告する。現在でも神社はおみくじ様式と、あぶりだし、やきぬき辻占の三種類をセットで販売するが、

過去には神社のみならず、参道の店でも辻占を販売する店があった。辻占人気を力にして、神社の辻占売りは九州や満州まで出かけた。大阪には辻占を卸す中継所が二カ所あったほかに、連絡があると地方の郵便局留めにして発送した。神社に関係のある辻占売りは、昭和四〇年代終わりにまだ十人ほどいた（川崎市市民ミュージアム　二〇〇一：七三頁）。

⑥明治三九（一九〇六）年『風俗画報』第三四六号
永井李蹊堂「大阪小商人の呼売」
　辻占売　是は瓢箪山の辻占を売歩くものとあぶり出しを売るものとあり此等は皆夜中呼売せり

明治三九年当時、大阪市内では、瓢箪山の辻占と売り歩く者と、あぶりだし辻占と呼び売りしながら売る者がおり、彼等は皆夜中に商売をしていた。

⑦明治三六（一九〇三）年八月一二日『大阪朝日新聞』第七七一八号
「夜の公園」

　行水にザツと汗を流して、扇子の他、物持たぬ袂は軽く歩を移して、中之島公園にさしかゝれば、樹の蔭、長床几の後よりチヨコ〳〵と走り出づる小さき姿あり。不意なれば、犬ころがそばへ付きしかと、俯向いて視るに児童なり、浴衣着たる合総頭の頭の児童なり、品格は左程にいやしからず、色も白し、手に数十枚の紙片を持ち、哀れなる声にて「辻占買ふとくなはれ、旦那様辻占を」といそがしくいふ。（中略）又忽ち黒きものチヨコ〳〵と走り寄る、今度は二人、姉妹らし、以前のより色黒く、着物も汚くやつれたり「辻占買ふとくなはれ、辻占、辻占」声細く慄へて夏なほ寒し、殊に妹と見ゆるは頑是なく、姉に手を引かれながら眠気なり、勿論母など影に附添へるなるべし、あはれこの小さき者の境遇よ。

夏の夜に中之島公園で出会った少女の辻占売りの姿を伝えている。一人目の幼女は浴衣を着ていて、賤しそうでなく、色も白い。手には数十枚の辻占紙片を持ち、突然近づいてきて「辻占買ふとくなはれ、旦那様辻占を」と忙しく言う。彼女は公園内で、「瓢箪山」と大きな呼び声を出したり、変わった服装はしておらず、これはと狙った大人に近寄り、同情を買い、ねだるように売る。省略した部分では、幼女は大人に近寄る売り方で、時折頭を叩かれると訴えている。次に現れた姉妹の辻占売りは、みすぼらしいみなりで、「辻占買ふとくなはれ、辻占、辻占」と声を震わせて乞う。影には母親がおり、様子をうかがっている。彼女らは毎夜中之島公園にやってきて、夜一二時頃まで仕事をし、約一〇銭を手に帰るのだが、経済的に困難な彼らが将来どうなるか、と記者は憂いている。明治時代より、彼等のような貧困層の児童が辻占売りに目立ち始める。元手が少なくとも始められ、紙片なので商品の持ち運びにも力がいらないとして、戦後しばらくになっても、引き続いて大阪では困窮する家庭の子供達が辻占売りを続けていた。写真誌が子供らの姿を捉えている。

⑧昭和二四（一九四九）年『アサヒグラフ』一月二六日号（一〇〜一一頁）
「辻占売りの少女——夜の綴り方教室」

夕方六時ころから家を出て十一時すぎに帰るのですからお腹はペコ〳〵になりますが、家にはなんにも食べるものがないことが多いのです　ケイ子はまだ六つですから　すぐにオンブオンブといいます。終戦の年、お父さんがなくなったとき、私の家には二十円しかお金がありませんでした。お母ちゃんと妹のケイ子と私の三人は泣きそうになりました。でも浮浪児やこじきにはなりたくなかったのでみんなで相談しました。お母ちゃんは近所のとんかつ屋の掃除婦になり、夜は三人で辻占売りをすることにしました。（後略）—大阪にて—
（図3-25、26、27）

さて、子供の辻占売りから目を転じて、成人の辻占売りを振り返ると、中には口上の外、流行歌を歌い、耳目を集める鳴り物を使うなど、見世物的な工夫を凝らしている者がいる。注目を集めて芸を見せる明るさがあるだけに、子供が深夜に震えながら辻占を売る哀れさとは違い、おかしみがある。風俗雑誌に見世物芸人的な辻占売りの姿が描き残されている。

⑨『風俗画報』七九号（明治二七（一八九四）年）大阪　安土一好「浪花拳骨飴賣」にはこのようにある。

我が大阪に「拳骨」なる行商人の現れしは去る明治二十四年の初夏南地遊郭に来たりしを以て始とし夫れより翌二十五年に跨り同業者続々増殖し一時盛に流行を極め其冬頃に至て跡を断ちたりさて其風体の一種奇妙奇体なる我大阪の方言に所謂「モッチャヤリ」とせし姿にて浅黄地石持の衣服を「おちよぼからげ」となし芝翫茶色の帯を締め白の脚絆を着け草鞋を穿ち緋金巾の丸絎紐を以て草刈籠などのものを背負ひ前には紙屑籠の如きものを附けたり背なるは其商品辻占豆を入れ前なるは収入を納むるなり而して頭には竹の皮笠の大なるを頂き所々に綿花を附着して雪の積りたる体を扮し右手に鳴子を持て左手に番提灯（商家の小僧なとか携ふる大方なる無格好の弓張りなり）に「田舎名物げんこつ」とさも無風流に書せしを携ふ而して其売品は飴にあらず小形の袋に入れたる豆にして之れに数枚の辻占を値に応じ添て売るなり其一時流行の極点に達せし時は同じ風俗をなせしもの二人連れ又は差三人連れにて昼間市内至る所に来たり又は熱鬧の神社遊園等に来りたれとも婦人の三弦を携へて附添ひ踊りに合奏せし抔は断て見し事なし其元祖は夜間遊郭を目的として来りしものにして提灯を携ふるを以て証するに足れり又売捌く辻占は一度焙り出し時を経れば再び元の白紙となる趣向となしたり其辻占豆を購ふときは奇体なる風体をなして踊れりしかして売行くは口上とも付かす唄とも付かぬ事を鄙卑なる句調を以て饒舌り廻れり其文句の一二を挙れば

アー、イーコトナア、コレ田舎の姉さん○○○○○○○○○ゲンコツ

アー、出たり消えたり。消えたり出たりゲンコツ、アーゲンヤノコツヤノコツ〳〵、アーゲンコツ

而して小供などが戯れに「ゲンコツ」と云へば「アイタヽ」抔と云て愛嬌を売り又断へず携ふる所の鳴子を

ガチヤ〳〵振り行けり

（安土　一八九四：一九～二〇頁）

これによれば売り物の拳骨飴は実はげんこつ豆であり、豆には価格に応じた枚数のあぶりだし辻占（図3-28）が付される。明治二四年の初夏に、南地遊郭に登場した新しいスタイルの辻占売りで、一時模倣者が続々現れるほどに流行したが、二五年の冬には消えてしまったと書かれている。しかし、実際には辻占を「ゲンコツ」の口上で菓子と共に売り歩くことは以降も続いていたらしく、年代は定かでないが、筆者は瓢箪山稲荷神社の宮司が、年配者から聞いたとして、「ゲンコツ」の口上の一部をそらんじるのを聞かせて頂いた。拳骨飴売りの扮装は奇妙奇体で大きな笠には綿で作った雪をのせ、右手に鳴子、左手には「田舎名物げんこつ」と書かれた大きな提灯を持ち、

図3-25　カフェーで辻占を売る少女（「辻占売りの少女――夜の綴り方教室」『アサヒグラフ』昭和24（1949）年1月26日号より）

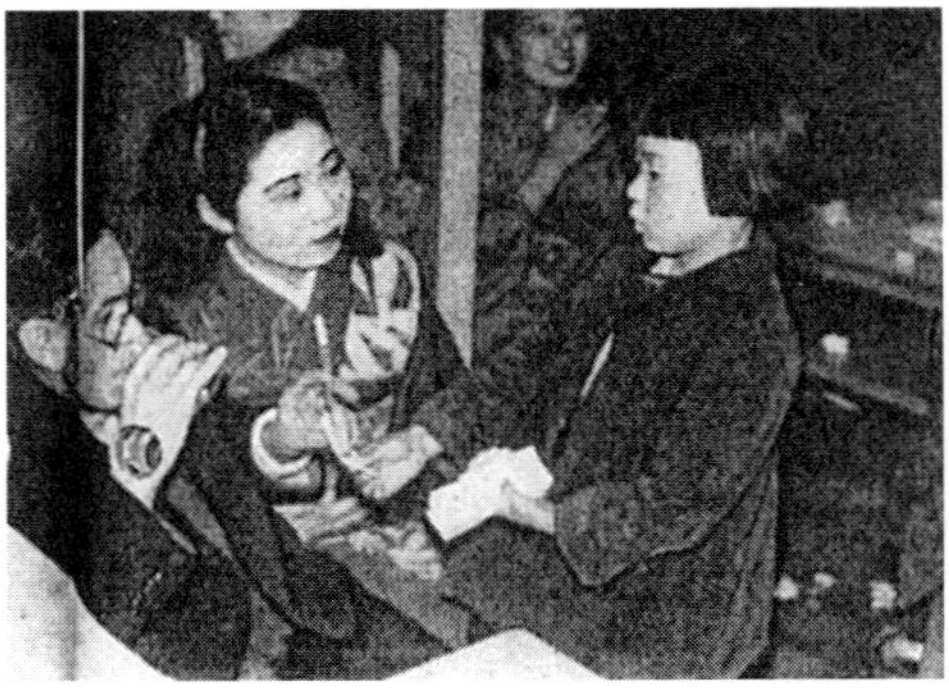

図3-26　カフェーの男女客に辻占を売る少女（前掲書より）

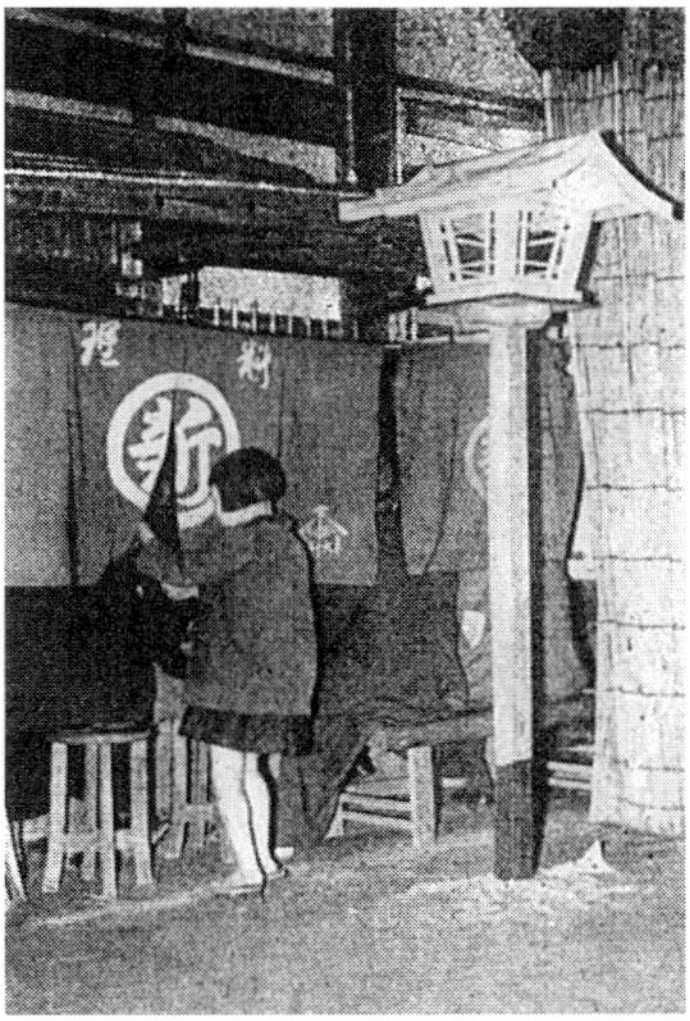

図 3－27　小料理屋の暖簾を上げて中をうかがう少女（前掲書より）

図 3－28　「浪花拳骨飴売り」（『風俗画報』79号より。明治27（1894）年）

草刈籠らしきものを背負って前には紙屑籠のようなものを付けていた。流行を極めた時期には、同風俗の売り子が二人または三人連れで、「昼間市内至る所に来たり又は熱閙の神社遊園等に来りたれとも婦人の三弦を携へて附添ひ踊りに合奏せし」という状況にまで至った。辻占売りは一般に夜の商売と見られているのに、営業が夜間に限定せず、神社遊園にまで足を伸ばしていたことに驚かされる。

また、『風俗画報』には、堺市の遊郭を主な営業地として、午後七時から一一時過ぎまで営業していた、見世物的芸をする辻占売りが記述されている。

⑩明治三八（一九〇五）年『風俗画報』第三二二号
岡田竹雲「和泉堺の行商人」より「十八、辻占買」これは堺市全体を廻るのではなく、大抵遊郭を主として、午後七時前から十一時過ぎまでに候。「買はしやんせー、買はしやんせー！わたしの辻占買はしやんせー云々と前口上を置き、流行謡なんど、歌つてくるのは、女の辻占賣で、手には馬の喉に付けてある様な鈴を、七八つ連串して、それをシヤン〳〵シヤン〳〵と鳴らし歩くの

である。編笠を深く被って居るから、年齢は判然しないが、着物を裾短に、草履を穿きヤサシイ声で呼ぶのだ。男の辻占賣もある、比較的大きな丸提灯を肩にし。「即席判断、恋の辻占」とか、「電信辻占早わかり！さァ買ひ玉へ！買ひ玉へ！」

（岡田　一九〇五：二五〜二六頁）

一人目は、編み笠を深く被り、着物を裾短に草履を穿いた大人の女性辻占売りで、馬の喉に付けるような鈴を七つ八つ付けた鳴物を持ち、それをシャンシャン鳴らしながら、「買はしやんせー、買はしやんせー！わたしの辻占買はしやんせー云々」と触れ、流行歌まで歌いながら辻占を売っている。もう一人は男性で、比較的大きな丸提灯を肩にして、「即席判断、恋の辻占」とか、「電信辻占早わかり！さァ買ひ玉へ！買ひ玉へ！」と威勢良く呼んでいる。辻占は新しい風俗を取り込むものだが、ここでは「電信辻占」なるものが登場していて目新しい。

ここで、売り子の年齢や性別、営業スタイルをまとめ、次に彼らへのメディアや庶民からの視線について考察してみたい。年齢、性別がおおよそでも記載されている売り子の事例は①の井口利助、男性、五八歳、③の一九と一五歳の姉妹、⑤では「薄汚い老爺や子供」、④の『大阪朝日新聞』明治三三年一〇月一一日「瓢箪山辻占売り」の図から若い男性、⑦の中之島公園で営業する二人の姉妹らしき少女、⑧の一〇歳前後の少女とその妹六歳、そして母親の三人。⑨は成人男性の売り子が女性の伴奏者まで連れている。⑩では女性と男性の辻占売りと書かれている。描写から、おそらくは成人のようである。売り子には子供から老人までがおり、男女を問わない。幕末までの辻占売りには子供の姿が描かれておらず、子供の売り子が一般化するのは近代になってからと見える。彼等は貧しく、しばしば親や兄弟と連れだって商いをしている。

営業スタイルには奇抜な見世物芸人風と、行商人風、そして物乞いに近く、芸も口上もなく、押し売りまがいの方法がある。奇抜な装束や口上、歌で人目を惹きつけたのは、⑨、⑩の事例で、⑨では遊郭で異装の辻占売りが、三味線の女性伴奏者を引き連れて、二三人で口上とも歌とも付かない台詞を歌い上げ、踊って見せて豆菓子と炙りだしの辻占を売っていた。⑩ではやはり遊郭において、成人の優しげな女性辻占売りが、流行歌を歌いつつ、鈴を鳴らしてやってくる。また成人男性の売り子も、大きな丸提灯を手にして口上を張り上げて売り歩いていた。それよりも大人しく、辻占売りのトレードマークである提灯を手にしたり、呼び声を上げたりしながら流しで行商をしているのは、①で南地の花街を「河内瓢箪屋でござい」と売り歩く五八歳男性、③では一九、一五の姉妹が新町の廓で、「河内瓢箪山辻うらでござい」「運気縁談待人失物旅立方角恋の辻占」と呼び声を出しながら回っている。⑤でも「河内瓢箪山、辻うらやでござい！」と老爺や子供が夏の夜に売り歩いている。⑥も詳細は不明であるが、夜中に瓢箪山の辻占とあぶり出し辻占の行商をしている者を伝えている。

最後の、物乞い視されてしまう、押し売りまがいの辻占売りであるが、彼らには芸や口上を覚えたり、奇抜な装束を用意する余裕もなく、みすぼらしい身なりで、寒い夜にも商売を続けている。⑦では夜の中之島公園で、浴衣の子供が男性新聞記者に向かって「辻占買ふとくなはれ、旦那辻占を」と忙しく寄ってきた。その後には、別の二人の薄汚れた着物の姉妹が「辻占買ふとくなはれ、辻占、辻占」と走り寄ってくる。押しつけがましい売り方に、うるさがる大人は子供を叩くことさえある。事例②では、売り子が児童か成人かが示されていないが、千日前に集まる各種雑業者は、辻占売りも含めて「千日前の乞食」と称されている。彼らに対して差別的なふるまいをする人も少なからず存在したであろう。

戦後に至っても困窮する子供の売り子達がおり、⑧では、父を亡くした少女が、他に選択肢なく辻占を売っているが、彼女は夜の歓楽街で、飲食店の中にまで入り込み、商売をしている。客と狙った大人たちに大いに接近する、あるいは店内にまで入り込むという積極的な方法を取るのは、明治以降の子供の辻占売り達である。辻占売りを題材にした大正時代の川柳に以下のようなものがある。

自動車へあくまでせがむ辻占や　愛之助
呼び込んで辻占賣りに泣かれたり　かづを
タクシーへ鈴なりになる辻占や　源太

辻占や雨の一ト夜は燐寸貼り　百合子
辻占を賣る子の恋はうろ覚え　久坊
賣れッ妓は元は流しの辻占や　簪花庵

（『大正川柳』一一号　一九一三：二二～二五頁）

上記の川柳から読み取れる、おそらくは子供の辻占売りは、当時まだ珍しい自動車、タクシーに鈴なりにおしかけたり、雨が降れば内職をしたり、成長したら芸妓になるなど、苦しい生活を強いられている様子だ。商売は強引な彼らも「恋はうろ覚え」とあるので、実際には年端もいかない子供なのだと読み取れる。『大正川柳』や『風俗画報』のように、風俗に注目し、関心を示す編集側と読者の間では、辻占売りは好意的な見方をされるのだが、新聞、雑誌などに取り上げられる際には、語り口に憐憫が含まれるか、あるいは排除的で、問題視する態度が示されるのである。彼らを見つめる世間の視線はどのようなものであったかを考えてみよう。

幕末までの辻占売りの図像には子供の姿がなく、辻占売りに向ける庶民の視線はおおむね中立的か、好意的であったようだ。売り物である辻占は「粋」な「流行物」であり、それを扱う売り子は、多少の憐みを持たれることがあったとしても、往来を行き交う数多くの行商人の一人とみなされ、特別に賤視はされていなかったようである。錦絵『夕涼市中の賑ひ』（口絵一頁下）では、夏の夜の縁台に座る若い男性が、一人の男性の辻占売りを呼びとめているが、買い手は「おめんちの辻うらじや、あてにはなるめへ。いろいろなことを考え世渡りをするが気の毒なものだ。」と言いつつ、同情心からか興味本位からか、買ってやろうと手を伸ばしている。この錦絵の画中には、他にも蕎麦の出前や豆売りの主婦、新内流しが描かれるが、並べて描かれる辻占売りを蔑むような視線は伝わってはこない。

しかし、明治以降の新聞、雑誌において、子供の売り子を伝える際には、記者は辻占売りをする老人や子供、母子家庭の家族を社会的問題の表出として見ており、彼らへの視線は時に辛らつで、憐みの色も目につくのである。事例②の、「千日前の乞喰」『大阪朝日新聞』では、「（前略）此等の者は公然と乞喰とは名乗らず表面ばかりの申訳に紙屑拾、咽管の仕替、磨砂売、遊芸稼（祭文語り、阿房陀羅坊主等）車の挽子、辻占売等の鑑札を受けて居れど其実は皆物貰にて」だとし、その日暮らしの行商人は皆「乞食」同然にみなされている。事例⑦では「あはれこの小さき者の境遇よ。」と結ばれ、⑧でも、父のいない少女の夜の辻占売りの仕事を、憐れむ色調で報告している。明治以降、辻占紙片、あるいは辻占菓子は、新聞などメディア上でしばしば批判を受けるのだが、それは、売り子の社会的背景や営業スタイル、花街という営業地に対する批判的な視線が、売り物そのものに影響を及ぼしていた部分があったのではないかと考えている。[11]

3-2　享受者像

それでは、辻占を買っていたのはどのような人々なのだろうか。新聞、雑誌記事から、夜間の小料理屋、カフェー、公園、遊郭においては成人男女が買い手であることが理解できる。子供客が傍に付いている辻占売りの挿絵もあることから、昼間の拳骨飴売りなどからは、子供が親から買ってもらうことや、少年少女が自分で求める機会もあったと思われる。前掲「辻占売りの少女――夜の綴り方教室」『アサヒグラフ』（一九四九）では、「カフェーで毎晩あうおじちゃんは「仕方がない」とい丶ながらもいつも買ってくれるから好きですが百円をくれて「いらんいらん」といわれたりするとお金をもらっても変な気がします」、「売れないので悪いと思ったけどリンタクのおじさんに相談したら買ってくれました。ほんとうに困つている人はほんとうに困つている人の気持ちがわかるのかと思いました」とキャプションにある。助け合いの気持ちから、自転車タクシーの男性から買ってもらうこともあったようだ。夜の酒場や公園などで、子供から辻占を買う男性は多かったようだが、彼らは辻占が読みたくて買うのではなく、同情心からか、あるいはすがってくる子供を追い払いたくて、仕方なく小銭を出している様子である。むしろ進んで辻占を読むために求めていたのは若い女性たちである。その様子が、図像、日記、文学作品などに描かれている。

また、大阪で発行された大衆小説誌の作品には、家の中から女性が辻占を買いに出る場面が描かれている箇所がある。そうした場面は、当時の読み手にとって現実味のある状況描写であったのだろう（口絵二頁下左）。

前田曙山「辻占賣」第一回

婢「お嬢様、もう平生の占辻賣（ママ）が来る時分ですねへ」と、二十三四の小肥の仲働きは、夜鍋仕事の針の手を止めて、待ち遠しげに主人の顔を見遣りぬ。

嬢「あ、左様ね、和女の好きな辻占でも買って貰ひましやうか」と三五の花の色麗しき娘は、片頬に愛嬌靨を仄めかして、読みさしの物語の書を炬燵の上に措きぬ。（中略）

婢「チョイト辻占屋さん、此方だよ、少し許りお呉な」と、婢は窓を明けて哀れなる辻占屋を呼び止めぬ。

辻「どうも毎度ありがとう厶《ござ》います。ハイ何程上ます、何時だけですか」と張交の函より辻占煎餅を取り出して、夥度礼を述べぬ。

（『小説辻占売』明治三五（一九〇二）年　一～三頁）

上記の小説の描写によく似た回想録がある。夜間に繁華街へ出歩くことのない、屋内にいる女性たちでも、住宅街に足を延ばす売り子から辻占を求めて、楽しむ者がいたということがわかる。大阪市中央区伏見町に大正五（一九一六）年に生まれ、子供時代の出来事を回想して、記録していた女性がいる。その女性の辻占についての文章を引用する。時代はおおよそ大正後期から昭和初期である[12]。

「カチカチ」遠くで拍子木の音がする。寒い冬の夜、台所で女中（おなごし）さん達が、火鉢を囲んで、昼間、丁稚さんや、番頭はんから頼まれたほころびを縫ったり、洗濯物の始末やら、足袋の繕い等をしていると、女中さんの一人が「アー辻占や、辻占が来た。」と言ふ。「シーッ」耳を澄ますと「辻占ァー」と聞こえたような気もする。段々と拍子木の音も近くなり、私の耳では「電信辻占、早わかりィー右に思わく書いといて左をあぶれば返事がでるゥー」と歌いつつ一段と声高に「瓢箪山辻占ァー」と大声で云っているのが聞こえる。「アー来た来た。」と女中さん達はそぞろ。早速一枚買おうか、皆相談が出来たらしい。その中の一人が皆のを一まとめにして買いにでる。それも奥へ気づかれん様に「ソーッ」と待人とか失せ物とか言った様な札を買いに。それもこの寒い夜に十二、十三の女の子が筒袖で脛より少し下位までの丈の着物を着て頭は小さな髷を結ひ、可哀想に毎晩こうして売り歩いているんやソーナ。そんな娘から二、三枚買って帰ってくる。早速と紙の右側にそれぞれの思ひを書いて火鉢の火に煤る。すると段々紙が焦げて来て、字が浮かんで、待人の場合は「きたる」又は「きたらず」と出る。失せ物の時は「出づ」。「いでず」とかの返事。その度にキャッキャッと声を上げて夜の更けるのも忘れてやっていると、奥の方から母の声で「もう戸締りしやはったか？火の用心頼んまっせ、お花どん、お竹どん、早う戸締りして寝なはれや」と声が掛る。

（「辻占」『ノスタルジック大阪船場』）

夜間にやってくる少女の辻占売りから、あぶりだしを買うのを楽しみにしているのは、商家の女中達である。まだ年若い彼女たちは主人に内証で辻占を買い、仲間内で楽しんでいる。売り子への同情心はあるが、それよりも純粋に、辻占で皆で遊戯的に占うのが楽しくて買い求めている様子が伝わってくる。

3-3　辻占図像に見る娯楽と信仰からの影響

購入して開いてみるまでは読めない辻占本紙に対して、辻占袋は表の図案と題字で一瞬にして人に情報を伝達し、手に取らせる力がある。色刷りで目立ち、道行く人々の目を惹きつける娯楽的な図像や、近畿圏の人々が信仰する神社仏閣の名称が入った辻占袋は、辻占受容地周辺の信仰や娯楽的世界を反映させて作られたものと考えられる。大阪の辻占のうち、法令館と田村聖光社（田村栄太郎）の辻占袋には、現世利益を望む人々の間に信仰が篤かった神社仏閣に対応する図案が刷り出され、また、辻占そのものには、販売地における新しい娯楽を取り込んだ図像を見ることができる。そのような、辻占紙面上に見える、盛り場の娯楽と信仰の関係について事例を挙げて説明していきたい。

辻占売りは、人出が多く見込まれる場所で商売をしていた。袋入りの辻占が屋台の古本屋で売られたことや、繁華街で自動販売機による販売がされていたこともわかっている。大阪に対象地域を絞ると、前掲の新聞、雑誌、回想録から、中之島公園、新町の廓、瓢箪山稲荷周辺、カフェー、小料理屋、神社遊園、船場の住宅地といった具体的な営業地の名が挙がる。売り子はそうした場所において、それぞれの場所を往来する人々、あるいは屋内にいる人々にもアピールするような辻占袋を準備して商売をしていた可能性がある。

(1) 活動写真からの影響

日本における活動写真の移入とその後の流行は、明治末期に始まり、大阪に限らず全国に広がったが、特に若い人々の余暇の過ごし方を変えるほどの大きな魅力があったようだ。大阪市社会部『余暇生活の研究』(労働調査報告一九、大正一二(一九二三)年)には、個々の市民に「余暇を大抵如何なさいますか」と質問した調査の結果が収録されている。二〇代の男性労働者については、「休養及娯楽的」な面では休日に活動写真や芝居を見にいくという回答が多い。平日の労働の後は読書に親しみ、休日には散歩を楽しむか、あるいは活動写真ないし芝居を見にいくというのが、当時の二〇代男性労働者のごく普通の余暇の過ごし方であったとされている。また、同市社会部が昭和二(一九二七)年に一〇六三軒の呉服店を調査したところ、そのうち八六%が奉公制であり、「当時は高等小学校を終えた十四、五歳で丁稚奉公に出るのが一般的で」、若い男女が労働者となって住み込みで働いていたが、「彼らが最も好んだ娯楽は、三〇銭あるいは五〇銭を払って活動写真を見ることであり、登山や野球もはやっていた。(中略)薬商店員の余暇の過ごし方をみると、運動方面では野球と散歩、室外娯楽では圧倒的に活動写真」とある(大阪市史編纂委員会　第七巻　一九九四:四七五~四八九頁)。活動写真は特に年若い人々に人気の娯楽であったのだ。

活動写真が日本で最初に興業されたのは明治三〇(一八九七)年二月一五日、大阪南地演舞場においてである。その後すぐに、映写だけでなく、国内での撮影も行われるようになったが、三〇年代前半にはフィルムの量が限定されていたため常設興業はできず、地方巡回興業が行われていた。三七(一九〇四)年に日露戦争が起きると、日露戦争実地撮影写真と称するものが好評を呼び、これが活動写真の爆発的な流行の契機となる。大阪における活動写真常設館の開業について述べると、明治四〇（一九〇七）年に電気館が誕生し、同年、千日前に文明館、道頓堀には仮浪花座が開業して盛況となり、以降活動写真館は大阪に急増する。四三（一九一〇）年には芦部倶楽部第一号館（活動写真館）、第二号館（活動写真館）、三号館（寄席向けの劇場）が出来、千日前には同種の活動写真館が、第一電気館、帝国館、敷島倶楽部と次々建てられ、以降大正、昭和期と庶民の人気をさらう娯楽場となった（大阪市史編纂委員会　第六巻　一九九四：八三八～八三九頁）。

法令館の活動写真辻占は、こうした活動写真人気にあやかり、俳優の顔写真を取り込んでいる。他社の辻占には活動写真図案を確認できておらず、ユニークである。俳優の顔写真は、当時の人にとっては同時代性があり、新鮮に感じられたことだろう。こうした辻占を喜んだのは、顔写真で俳優の名前や作品名がすぐに思い浮かぶような、若い映画好きの人たちであっただろう。活動写真館がひしめいた千日前は、辻占売りの営業地のひとつでもあった。映画にまつわる新しい口上で売り出す者もいたかもしれない。

（2）花街からの影響

紙面に芸妓をあしらうのは江戸時代以来の様式で、辻占という占いには特徴的な図像といえる。その他に三味線や酒器、恋文などがよく描かれた。売り子が花街周辺を流し歩くのは江戸時代から明治以降も続き、辻占文句には、遊興の場に相応しい、恋愛や金銭運、願い事の成就についての判断内容が書かれている。明治時代に入っても、やはり辻占売りは花街で行商を行っている。明治一五（一八八二）年、難波村の井口利助は、毎晩南地の花街を「河内瓢箪山辻占屋でござい」と口上を歌いながら歩き（明治一五（一八八二）年二月一〇日『大阪朝日新聞』）、明治三〇（一八九七）年にも、新町の廓で商う姉妹辻占売りの記事が見える（明治三〇（一八九七）年三月二六日『大阪朝日新聞』）。戦後に至ってさえ、まだカフェーで辻占を売る児童が存在する。大正以降の辻占売りは、遊郭周辺だけではなく、それに代わって台頭し、盛況ぶりでは花街を凌ぐほどになったカフェーにも出入りをするようになっている。

ているのは古典的絵柄といえる。

彼らは、カフェーが花街と共通する、飲酒や飲食をする娯楽の場であり、遊興的な恋愛の舞台であることを敏感に察して、営業の矛先をそちらにも向けていたと思われる。辻占といえば恋の占い、と結び付けられるのは、最大の受容地である花街と関連があるためであり、その点、「大入りげんや辻占」の袋においらんの図像が色刷りで入っているのは古典的絵柄といえる。

（3）庶民信仰との関わり

①聖天信仰

大阪発の辻占図像には、大阪を拠点とした西日本の庶民信仰世界を反映させた図像や内容が描かれているように見える。たとえば、大聖歓喜天、略して聖天、歓喜天は、もとは密教系寺院で祀られていたが、近世期の聖天行者や修験者の活動により庶民化し、豪農や商人、水商売をはじめとする飲食業者らから信仰を集めるようになった。近畿圏では、奈良県生駒市宝山寺の聖天の存在が大きく、大阪在住の信者も多い。聖天を信仰すると、財運上昇、男女和合、子孫繁栄の御利益があると信じられた。

田野登によれば、大阪市福島区の浦江聖天（現在の福島聖天・了徳院）は、北新地、松島新地の水商売関係者の崇敬が篤く、加えて、近世中期以降、商売人、とりわけ相場師からの信仰が盛んであったと述べられる。田野は、浦江聖天に奉納された手水鉢に、明治時代の貸し座敷の名称や、芸妓の名前が刻まれていたことを確認している。浦江聖天は開山年代が不詳ながら、一七三六年に再興された東寺真言宗寺院で、現在の寺院は、戦災のために戦後に再建されたものである。由来は本尊の聖天尊（十一面観音菩薩尊）が、浦江の海で漁師の網にかかり、祀られたのがはじまりとされ、そのためにか、大阪の廻船問屋達の間では「水」商売つながりがあるとして生駒の聖天と共に篤く信仰された（田野　二〇〇七：四三一頁）。

浦江聖天ゆかりの人物として、徳川時代の浪速の豪商高田屋嘉兵衛、易学の大家水野南北がいるが、それぞれ苦難の時期を聖天信仰によって乗り越え、社会的に成功を収めたといわれている。現在、大阪府内だけでも聖天像を所蔵し、祀っている寺院は二七カ所ある。辻占は祭りの日や正月などに特によく売れるため、聖天の祭りの日や縁日など、関連を持たせた日や、信仰者が多く通りかかりそうな場所で、写真のような辻占袋の辻占が販売されたのではないだろうか。

②稲荷信仰

稲荷は一般家庭でも祀られるが、特に、商家や、水商売の人々からの商売繁昌を祈願する信仰が篤かった。大阪の商売人の間では、今宮戎神社（浪速区恵比須西）、住吉大社（住吉区住吉）、伏見稲荷大社（京都市伏見区深草藪之内町）の信仰が篤い。伏見稲荷については、大阪の商家で鎮守神として庭の片隅に祠を建てて祀られることが浸透し、相場師は家族連れで秋に伏見稲荷へ参詣するほどであった。

飲食業者の事例として、中央区船場の老舗うどん家は、初午に近い日に毎年伏見稲荷大社にお参りをしている。このうどん家では、昭和一〇年以前の初午の日には「正一位稲荷」の幟を立て、太鼓を車に乗せてそれを叩き、「ここの家に福入れ」と触れ廻った（田野　二〇〇七：五六二～五八五頁）。また、法令館のある松屋町筋には玩具問屋街もあるのだが、今でも伏見稲荷神社に毎月参って商売繁昌を祈願する玩具問屋がある。

田野登によれば、直接には、稲荷信仰と水運とは関連性があまり認められないとしながらも、木津川岸の廻漕店（大正区三軒家東）や竹屋（大正区千島）、尻無川岸の船具問屋（港区南市岡）ら川筋の生業を持つ人々が、それぞれ稲荷を信仰し、決まった時期に祀り事を行っていることを確認している。船具問屋は京都の伏見稲荷から勧請した「末広稲荷」を祀っている。商人による社寺への寄進も盛んで、大阪市西区には、三菱の寄進による土佐稲荷神社（西区稲荷神社）が鎮座する。創始は近世の土佐藩の蔵屋敷内にある鎮守神であったが、明治初年に、土佐開成社及び大阪蔵屋敷の総支配人として岩崎彌太郎が赴任した後、稲荷社を尊崇した岩崎が、資材を投じて社殿の造替えを行い、立派な社殿とした。戦災により焼失したが、現在改修を経て壮観さを取り戻している。東大阪市の瓢箪山稲荷神社については先述したが、下記に提示した二点の辻占袋には、瓢箪図が見えるので、記号的に、辻占で評判の瓢箪山稲荷と示しているのかもしれない。

神戸の盛り場「新開地」は、明治末期から湊川を埋め立てて成立した街区であるが、大正時代までには、活動写真館や庶民向けの飲食店がひしめき、近くに福原遊郭を控える神戸随一の繁華街として集客を誇った。新開地の松尾稲荷神社（兵庫県神戸市兵庫区東）の社殿は、一九一四年に立てられたものだが、水商売の女性達から信仰が篤く、大正半ば以降は毎夜大賑わいであった。

かつて新開地で占い業や露天商など様々な仕事に携わり、その賑わいを経験した林喜芳（一九〇八～九四）の随筆には、夜の松尾稲荷傍の辻占屋を活写した文章がある。林によれば、松尾稲荷神社に向かう狭い小路の両側には三軒の辻占屋があり、女性の名前を書いた辻占が何百と並べられ、客は皆それぞれ気になっている人の名前が書かれた辻占を選んで購入していたという。価格は二銭で、「松尾さんは艶福の神さん」として店は客がひしめく大繁盛だった。そのような、常設店舗の売り物の辻占一枚刷りが、その店独自のものだったのか、あるいは出版社からの仕入れ品だったのかどうかは不明であるが、何百とある辻占ということであれば、多種類の辻占が刷られていたのであろう。

③出雲信仰

島根県出雲市大社町の出雲大社の御利益には商売繁昌もあるが、縁結びの神としての信仰が篤い。辻占を積極的に求める水商売の人々にとって、縁結びは気になるところとわかっていたためなのだろうか、「出雲たより　御辻占」の袋が出されている。

大阪は、明治以降から戦後しばらくまで、辻占の出版と受容地として重要な地域であったことが理解できた。そこで発行された辻占は、近畿地方から関東地方へ、さらには九州、満州へも運ばれた。本章では、大阪船場の神霊館榎本書店における調査と、そこから発行された辻占一枚刷り、それにほぼ同時代に大阪の版元から出版された辻占資料を対象にして、近代の辻占が、いつ、どのような版元から発行され、どこで誰に販売され、商品としてのそれら辻占の内容とはどのようなものであったのかを、図像に注目して論じた。

赤本大手であった榎本書店（法令館）の営業スタイルと歴史を知ることにより、辻占一枚刷りは、おそらく営業年数が短く、零細な版元か印刷所から発行されたものとしていたそれまでの推測は覆された。法令館は、かつて出版品目が幅広い、大阪では大手の赤本出版社であり、その縦横な販路に乗せて出版物は全国に運ばれていた。昭和初期の法令館の辻占が、静岡県において、狐を使う辻占売りや、夜店の古本屋の店先で売られていたことがわかっている。榎本寿〻氏からの聞き取りでは、各種兼業者が豆本やベビー漫画を仕入れに来ており、加えて定期的に小鳥のおみくじを買いに来ていた人もいた、と教えられたことから、香具師と思われる小鳥使いの辻占売りも来ていたことがわかった。法令館のような大きな出版元から辻占が発行されていたのは、むしろ特例だったのかもしれないが、その盛んな発行により、辻占流通の一端が把握できたことは幸いであった。

近代の辻占一枚刷りの内容については、法令館のものと、ほぼ同時代に大阪の別の版元から発行された辻占を比較することにより、辻占袋や項目立てた一言判断といった近似するスタイルが用いられていることを指摘でき、法令館だけが独自のスタイルで展開していたわけではないことが導かれた。ところで、辻占とは「新版」で「早わかり」であることが売り物な印刷物である。法令館では、既存の版のタイトルや挿絵を替えており、田村聖光社や、宮崎八十八といった版元では、炙りだしや干支占いといった、本来辻占とは無関係な占いや加工を加えて新しく見せ、人々の関心を惹こうとしていた。

また、辻占に見える活動写真俳優やおいらん写真といった娯楽に関する図像や、神社仏閣の名称が入った辻占袋は、娯楽的世界や、近畿圏の信仰を反映させている。そうした工夫は、買い手の需要に答えながら利益を上げようとなされたものであろう。大阪においての売り子は中之島公園、新町の廓、瓢箪山稲荷周辺、カフェー、小料理屋、船場の住宅地といった土地で商っている。売り子はどこの土地にどの神社仏閣があるか、あるいはどこに映画が好きそうな若い人がいるかといった情報が頭に入っており、仕入れの際には、行き先の需要に合わせた図柄の袋なり、占紙なりを求めたのではないかと推測される。写真入りや、字数の多い情報豊かな辻占を大量に早く印刷するには、活版印刷の技術が支えになったことだろう。

辻占を販売する担い手には、当時の下層民と見られていた、雑業者、日雇い労働者、困窮する児童など社会的弱者が目立っている。遊興、娯楽地において、押し売りまがいの辻占売りから、成り行き上、小銭と辻占を交換する大人も多かったようだが、彼等から辻占を進んで買い求める人々の中には、売り子とそう違わない立場におかれている者もいた。奉公をしている若年労働者や花街の女性達は、日々の厳しい労働の疲れを一時的にでも忘れさせる楽しみとして、辻占を求めていたように思える。日頃忍耐をしながら働いている若い人々にとって、辻占は安価で身近な慰めであり、ひととき笑い合うことのできる明るさを持った遊戯的占いであったのではないだろうか。

その一方で、大量に印刷された瓢箪山稲荷公認の辻占は、遠く九州や満州まで輸送され、古本屋や露天商、大阪の自販機までもが辻占を扱ったのであるから、享受者には困窮する人ばかりではなく、占いそのものが目当ての一般社会人も多く含まれていたと考えられる。

第四章　現代における文字化辻占

1　辻占菓子製造元

江戸時代後期に印刷物へ変容した辻占は、一枚摺りをはじめ、双六、かるた、俗謡占書といった流行に敏感な印刷物と融合して展開した。明治以降からは、印刷・出版物の境界を超え、文字が浮き出る辻占線香や、辻占紙片付きの生菓子、風船、郷土玩具、縁起物といった多様な商品も案出されて、さらに文字となった辻占の一般への普及が進んだ。戦前までは、そのように多様な辻占関連の品が展開されていたのだが、現代でも製造が続いているのは、瓢箪山稲荷で授与される辻占セットと縁起物、それに辻占楊枝と菓子だけになっている。戦前に比べると辻占を冠した商品の種類が減少し、既に流行期を過ぎたことは否めないが、それでもなお、現代でも文字化した辻占が製造、受容され続ける様相を、特に辻占菓子に注目して明らかにしたい。

菓子に添えられる辻占紙片に関心を寄せた研究者は過去にもおり、南方熊楠は『郷土研究』六巻第一号（昭和六（一九三一）年）に「辻占果子」を寄稿している。南方は「近年とんと外出しないから、見及ばぬが六十年も以前より、廿年斗りの昔し迄、大阪の町外れや和歌山田邊等の市町諸處に、辻占果子てふ物を賣た。日方も味もいと軽い煎餅質の果子を、八角なるシキミの實を三角にした形に造りある。其を破れば中から辻占を書いた紙片が出た。」と記憶を辿り、嬉遊笑覧、守貞謾稿を通覧したが載っていないので、この菓子がいつから本邦文献に現れるのかと読者に問いを投げかけている（南方　一九八六：一九頁）。同年の『郷土研究』六巻第二号には、それに尾島満が答えて「南方先生お記しのものは（六巻一九頁参照）、形が似てゐるので「つくばね」と呼んでゐるかと存じます。紅梅焼のやうな堅い菓子で、天地紅の小紙片に辻占文句が書いてあつたやうに覚えます。當前ではボーロ臺のやはらかい菓子に辻占の入つたものがあります。（後略）」（尾島　一九八六：八八頁）と記しているが、文献については答えておらず、自らの見聞を述べて終わっている。Ｅ・モースも明治初期に辻占菓子をスケッチし、文句を日記に書きとめているが、実体験を記すことにとどまり、菓子や紙片を収集、比較したり、訪問した地域での辻占享受のあり方を記録することはなかった。

1-1　全国の製造元について

本章では、まず全国の辻占菓子製造元について示し、辻占商品が消滅したわけではなく、今日まで継続的に受容され、活発に展開していることを述べる。そして、現代の辻占の内容を明らかにする目的で、各製造元が用いる裁断型の辻占一枚刷りを提示し、内容を比較分析して、過去の辻占印刷物からの連続性と非連続性を考えたい。なお、タイトルの「現代における文字化辻占」については、フィールドワークでの成果を基に論じる節があるため、そのように付けた理由もあるが、近世から引き続く辻占の歴史性を意識し、なおかつ現代において変化した側面も示したいとの考えから付けた。現代の辻占には過去から引き継がれたところと、新たに生み出されて定着した享受のあり方といった、継承と変化双方の要素があるのだが、どちらかだけに焦点を当てるのではなく、双方を伝えることを本章の役割としたい。

戦後の辻占菓子は、享受者が広く多様になり、日常生活における身近な占い駄菓子というよりも、正月菓子や縁起菓子、郷愁を誘う郷土菓子といった新しい意味合いや価値が付され、他の菓子とは差別化されたところに大きな変化が見られる。今日的な受容のあり方の事例として、長崎県北松地方、石川県加賀地方の正月菓子としての辻占菓子を取り上げ、それらの地域での享受のあり方の調査結果を報告する。

①新潟県

三条市五明の「小林製菓所」は、辻占煎餅の製造販売において、国内メーカーとして最も広い商圏を持っている。こちらでは、「辻占いせんべい」と称する占い紙片入り煎餅を、魚沼地方に正月期間のみ卸しているが、同じ煎餅を「おみくじせんべい」と称して、東北から近畿地方の観光地や寺社門前の土産物店に通年卸している。「辻占い」では何が入っているのか、他地域の人にはわかりにくいからである。

新潟県内では、かつて長岡や小千谷で辻占紙片入りの煎餅やあられ菓子が作られ、正月に限らず出回っていたが、手焼きの煎餅職人が高齢で廃業したり、他の菓子に押されるなどして人気が落ちてしまっていた。

小林製菓所では、一九七〇年代に、県内での可能性はこれまでと見て、この占い入りの煎餅を、珍しくて新しい菓子と喜ぶ、県外の買い手を求めて広く売りだすことにした。「おみくじせんべい」は、三条市では東三条駅前の菓子店、福島では飯盛山参道の土産店、長野では諏訪大社参道土産物店、栃木県では足尾銅山土産物店、東京は浅草仲見世通りの土産物店、河童橋の食品店、亀戸天神の煎餅店、穴八幡神社近くの土産物店、高尾山ロープウェーの売店、日本橋と表参道にある新潟物産館、日野市高幡不動尊前のまんじゅう店、神奈川では川崎大師の飴屋、鎌倉の菓子店、三重では伊勢の複合物販店街といった場所で扱われている。特に寺社参道の店舗では、現地に祀られる神仏と関わりのある、食べられるおみくじというイメージで売り出されている。

寺社参道以外では、都内のデパートや高速道路パーキングエリア内の売店で扱われ、このメーカーが、参拝客や観光客が見込める賑やかな場所を選択して売り込んでいることが理解できる。筆者がこれまで訪問した、京都や長崎県の辻占製造元が、地元中心の小さな商圏で商いをしているのに比較して、小林製菓所は初めから全国を視野に入れて売りこんでいたことが聞き書きからわかった。

代表取締役の小林進氏に聞いたところ、一九四九年創業の当社が辻占煎餅を製造し始めたのは三五年ほど前のことであり、それまでの主力商品だった卸し専門の煎餅菓子類の売れ行きが悪く、このままではいけないと新機軸を考えた際、当時魚沼地方の正月菓子として和菓子屋が製造していた辻占煎餅に注目したのがきっかけであったとい

図4－1　「おみくじせんべい」
（新潟県三条市・小林製菓所）

う。他県にはあまり見られないこの占い菓子に小林氏は目を付け、作り方を魚沼の和菓子屋に乞うが、教えてはもらえず、自分で製造工程を試行錯誤し完成させた。商品を完成させると、営業先には初めから県外を選んだ。訪問先を決めるにあたって、小林氏は全国の初詣案内の新聞記事を参考に、東京や神奈川を皮切りにして、各地の観光地や寺社周辺の菓子屋や菓子卸商に接触し、今日あるような各地の販売先を得た。小林氏は辻占菓子売りの歴史を学んで現在の取引先を獲得したわけではなく、持ち前の負けん気と商売の勘で道を切り開いてきた。

しかし、「商売の基本はテキヤ」という信念のもと、人の集まるところに行き、うまく口上述べて売り捌かなくては駄目だと動いているうちに、知らぬ間に戦前の辻占菓子売りが商っていた、寺社周辺や繁華な場所という営業地に辿りついている。小林製菓所では、板状の瓦煎餅類も作るが、年中製造している辻占煎餅が売上げの七～八割であり、正月前が最も製造量の増加する繁忙期となる。どこでも正月の初詣客を見込んで普段よりも多く仕入れるからである。社長自らが考案する辻占文句入りの煎餅は好評であり、今後もさらに初詣客の多い全国の寺社を狙って営業すると語っていた。

小林氏は、三五年程前には魚沼地方で何軒かの和菓子屋が辻占煎餅を製造していたと記憶しているが、現在そうした和菓子屋は残っておらず、煎餅屋も災害のために廃業してしまった。小千谷市本町で営業していた「田中屋」では、年間を通じて手焼きで瓦煎餅が焼かれ、「手焼きせんべい」と称した辻占煎餅も作られていたが、中越地震（二〇〇四）で被害を受け廃業し、店主も二〇〇九年に逝去した。同市船岡の「こいしや」でも、先代の店主が過去に辻占煎餅を作っていたが、高齢を理由に引退し、息子の代では辻占の製造をやめてしまった。そのため、県内では小林製菓所が唯一最大の辻占煎餅のメーカーとなっている（図4－1）。

②石川県

加賀地方は正月に向けて辻占菓子が盛んに作られ、受容されている地域である。製造元として一三軒を確認した。どれも手づくりである。小松市に「山海堂」、「浜原製菓」、「行松旭松堂」、「山上福寿堂」、金沢市には「諸江屋」、「森八」、「高砂屋」、「清香室町」、「浦田甘陽堂」、白山市湊町「谷保屋」、白山市鶴来町には「越原甘清堂」「むらもと」、「広野菓子店」がある（二〇一〇年時点）。

金沢市野町の「諸江屋」（創業一八四九年）は落雁を主力商品とする老舗の菓子屋である。辻占製造の歴史は古く、占い文句が彫られた版木を持つのはこちらだけである。三枚の版木を所蔵するが、どこで誰によって作られたのかは不明である。そのうち二枚の版木の図像から判断すると、その開化風俗から明治初期頃のものと見える。諸江吉太郎氏によれば、辻占は「曾祖父が明治の頃に近所の菓子屋で習った」とのことから、明治時代には既に諸江屋以外の菓子屋でも作られていたとわかるが、先がけて作っていた店は、今となっては不明になっている。諸江屋は創業当時は小さな店だったが、現在では支店もあり、落雁や生菓子などの幅広い菓子製造販売をしている。この店の辻占は「福寿草」の名称を付けた、種物（最中の皮）の菓子である。種物を赤、白、黄、緑に着色し、表面に砂糖をうすく刷き、折りたたんだ占い紙片を入れて、花の形につまんで仕上げている。紙片には、所蔵する一枚の版木を元に、挿絵は原図のままで、文字はかな文字を現代かなづかいに直して使用している。諸江屋の紙片には挿絵があるが、他店のものには無く、言葉だけである。言葉遣いは江戸時代後期そのままで、しゃれもあり、一般の人には理解しづらく思われるのだが、それがかえって「伝統的」で「江戸情緒」があると評判が良い。諸江氏によれば、わかりやすくしようと現代語に直した年もあったが、かえって不評で元に戻したとのことである（口絵三頁上）。同市「浦田甘陽堂」でも「辻占」を師走から正月限定で販売する。諸江屋の辻占よりもさらに小さく、種物で作った生地を三角形に寄せた菓子であり、赤、黄色、緑に薄く着色してある。同市の「森八」でも、二〇〇〇年頃より辻占の生産を開始した。菓子の色は紅白と薄緑に着色している。大きさ、形は諸江屋の「福寿草」に近似している。

白山市鶴来町は金沢から距離が近いが、こちらの辻占は種物ではなく、餅粉で作った柔らかな生地の餅菓子（しんこ）である。縁取りを緑、赤、黄に染めた三角の餅生地を薄く切り、中心をつまんで突羽根形にしている。占い紙片には透けるほど薄い紙を用い、丸めて生地に包む（口絵三頁中）。鶴来町で一一月から製造を始め、師走から正月にかけて辻占を販売するのは「むらもと」、「越原甘清堂」、「広野菓子店」である。越原甘清堂は、かつて金沢の正月菓子である福徳も作っていたが今はやめている。辻占はすべて手作業で、繁忙期には一日五〇〇〇個を作り、ほとんどを金沢、小松の業者に納めている。ビニールの商品パッケージには、辻占は三つ取って占い言葉を繋げて楽しむものと方法が書いてある。むらもとではシーズンに店主夫婦で五万個を製造するが、先代の時代には臨時に人を雇い、四〇万個を作って卸していた。同市湊町の「谷保屋菓子舗」では、例年一一月上旬から一二月中旬にかけて、家族総出で一八万個を製造する。辻占は鶴来と同じタイプの餅粉を使ったものであり、同型である。創業は昭和四〇年であり、辻占を製造するようになったのは、八〇年代後半頃ということである。問屋を通して料亭などに卸されている。金沢にはお茶屋街があり、そこには戦前まで辻占売りがいた。かつてはこの菓子が主に花街向け、大人向けの茶菓子であることが認識されていたはずだが、現在ではそれが忘れられ、粋な菓子、江戸情緒のある菓子と肯定的にみなされ、老若男女が一緒に楽しむ菓子として、家族皆で享受されている。

小松市粟津町の「山海堂」は一九四〇年代初頭の創業であり、辻占は五〇年頃から作り始めた。創業当時は粟津線があり、温泉街も繁昌して人通りが多かったのだが、六二年に廃線後は客足が減少し、閉店する店も相次いだ。そこで山海堂は店頭での小売をやめ、卸し業者に商品を卸す製造元となった。この店の辻占は鶴来の餅粉タイプのものである。店主は、辻占は正月に食べるもので、子供の頃からずっとあった。この菓子の楽しみ方には特に決まりがなく、こたつでみかんでも食べながら、家族で開いて楽しむもの、これがお年玉になるということはなく、茶道家が初釜に使うこともあると述べた。店主の談話で印象的だったのは、辻占を神様の託宣、神聖なものと捉えているところで、印刷所から仕入れた辻占紙は、菓子に入れる前に神社でお祓いをしているとのことだった。同市須天町「浜原製菓」（一九一三年創業）の辻占も同タイプである。店頭販売はわずかで、商品の大半は卸業者が小売店やスーパーに流通させる。正月は繁忙期であり、辻占、福梅、餅作りのため、人を頼んで手づくりしている。

③富山県

富山県南栃市福光の「山道製菓所」では、他に類を見ない有平糖の辻占を、正月前の時期にのみ製造している。商品名は「つじうら」で、主人の談では、かつては隣町の城端にも飴職人がいて、同様に辻占入りの飴を作っていたということだが、現在ではこの一軒になっている。小売りはせず、菓子卸商を通じて地元のスーパーなどに卸されている。光沢があり、ぱりぱりと口の中で砕ける軽い味わいの飴の中には、切手大の辻占紙片が入っている。主人の山道実氏は、あちこちの辻占文句を参考に、自分で考えたオリジナルの文句であるというが、比較してみると金沢市の長野印刷の文句に五一％の重複があった（現在は仕入品を使用しているとのことである。二〇一四年山道氏談。）（図4－2）。

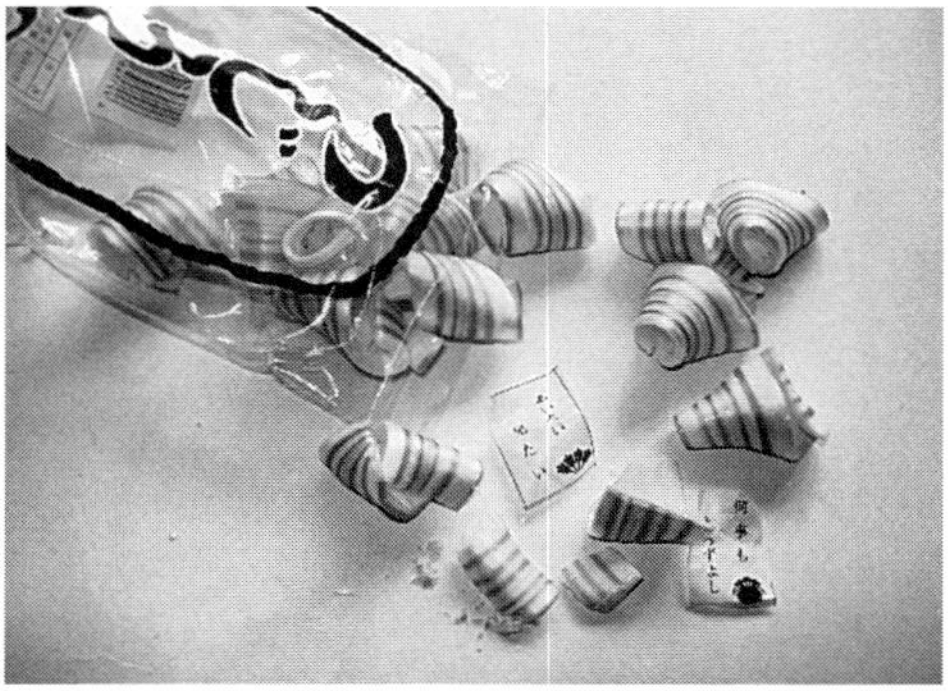

図4－2　「つじうら」（富山県南栃市・山道製菓所）

④京都府

京都府伏見区深草伏見稲荷参道には手焼きの瓦煎餅屋が複数店舗並んでいる。境内には「いなりや」店主が自ら考案した占い紙片を入れた「おみくじ入り」（辻占煎餅）、「松屋」の「辻占入り鈴」、「総本家宝玉堂」の「おみくじ入り鈴」、「ふしみや」の「いなり煎餅」を始め、南区西九条で製造された辻占煎餅を仕入れて販売する土産物店も見られた。商品名に工夫をして差異を付け、瓦煎餅を曲げた形が神社の鈴のようなので「鈴」なのだ、あるいは稲荷にちなんだのでいなり煎餅だといわれを作って競い合っている。伏見の瓦煎餅には白味噌が入って表面にツヤもあり、他地域の辻占煎餅とは異なる味わいである（図4－3）。

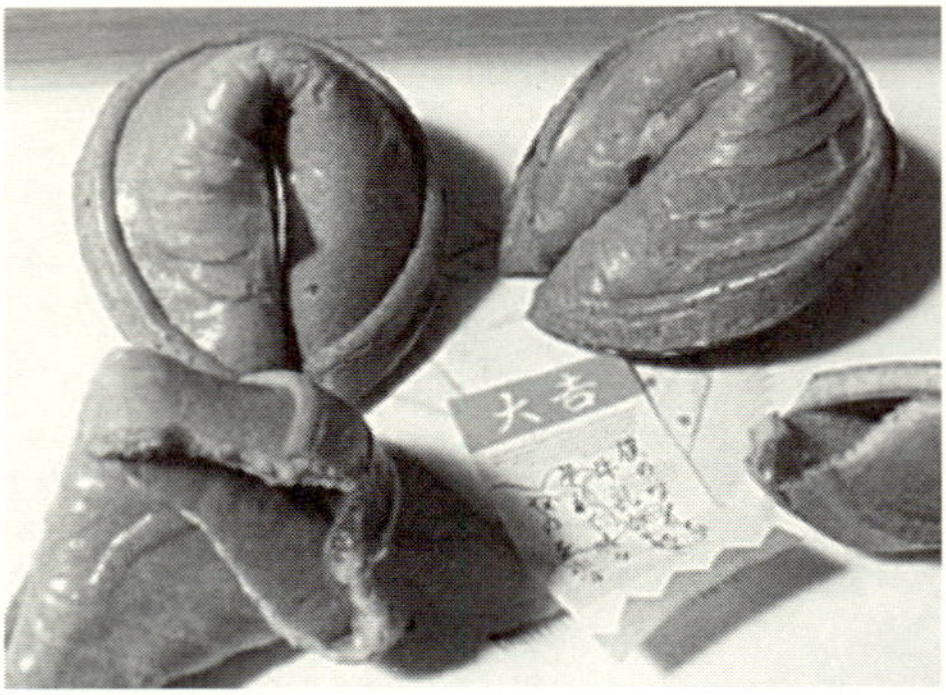

図4-3　「おみくじ入り鈴」（京都市・宝玉堂）菓子袋には「いなり煎餅」のラベルが貼ってある。

⑤兵庫県

宝塚市清荒神清澄寺の参道で、伏見の宝玉堂より暖簾わけをした「宝玉堂」が営業をしている。参拝者が主な購入客で、辻占煎餅も土産物として人気である。京都店同様に鉄製の煎餅カタを用い、職人が手焼きで辻占煎餅を焼いている。主力の商品は豆類の入った瓦煎餅である。

⑥長崎県

佐世保市「丸津製菓」が辻占煎餅の製造を始めたのは一九九〇年頃である。佐世保においても辻占菓子は正月菓子として定着しているので、製造は例年一一月から開始され、年末から正月まで販売される。長崎の辻占煎餅は瓦煎餅が紅白に着色されているところが特徴である。平戸市の「江代商店」でも、紅白の瓦煎餅を作るが、焼き上げた煎餅の上に生姜味の砂糖を刷いているところが独特である。二軒で製造された辻占煎餅は、北松地方と呼ばれる平戸と佐世保の一部にのみ行き渡り、正月の飾りやお茶菓子、家族での遊戯的な占いとして楽しまれている（二〇一四年、丸津製菓は辻占製造を終えている）（図4-4）。

⑦福岡県

朝倉市に所在地のある創業明治一八年の「ハトマメ屋仲山製菓合資会社」では、四二種類の「つじきり」紙片（辻占）を豆菓子に混ぜ、赤と緑の三角形の小袋に入れたハトマメの「金トキ豆」と「そばこ豆」を年間を通して製造している。豆菓子といっても、原料に豆は使用せず、小麦粉を砂糖水で練った生地を伸ばし、さいころ状に切って丸めながら焼き上げ、機械で回し焼きしながら砂糖蜜をしみこませた、豆形状の焼き菓子である。三代目の仲山良幹氏が、ハトマメを金太郎の絵柄の三角の小袋に詰めることを考案した。観光客向けではなく、地元客の日常の茶菓子として受け入れられている（図4－5）。

1－2　現代辻占印刷物の内容分析

辻占菓子に用いられる占い紙片にはどのようなことが書かれているのだろうか。「辻占」と表記しても理解されにくいと考えた製造元では、「おみくじ入り」、「おみくじせんべい」と名付けて売り出しているところもあるが、その内容は、神社で授与されるおみくじとは違いがある。ここからは、製造元の協力を得て、裁断前の全文の状態で提供を受けた六店の一枚刷り、そして三店の複数紙片を分析し、一枚から裁断できる紙片の数量、占い文句の内容、異なる版中に重複する言葉、重複して用いられ、好まれる図像、使用色、一片の法量といった項目について比

図4－4　「辻占」（長崎県平戸市・江代商店）

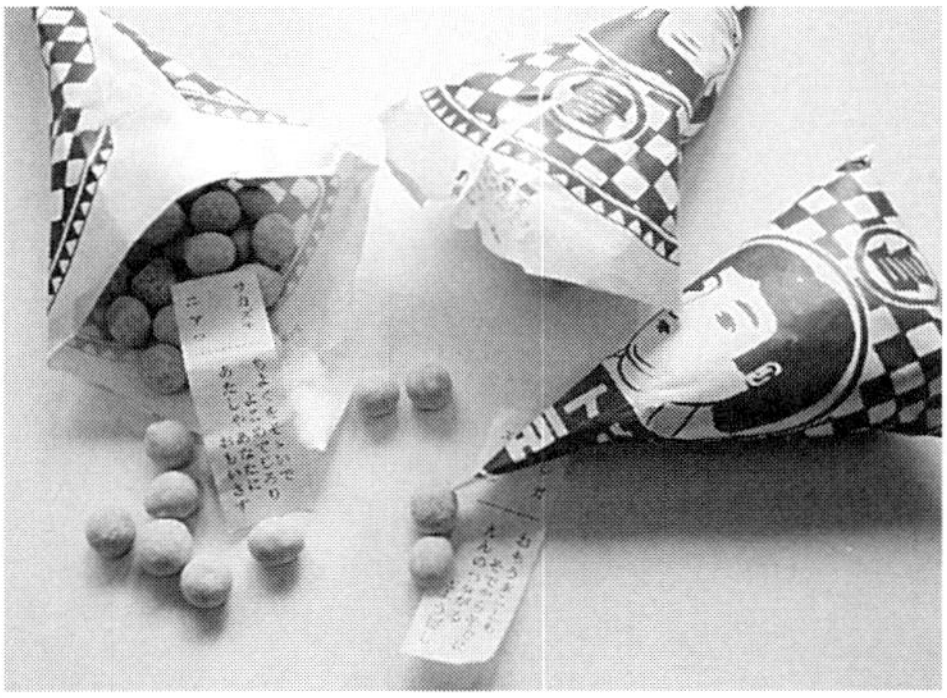

図4－5　「ハトマメ」（金トキ豆）（福岡県朝倉市・仲山製菓合資会社）

較検討し、報告する。図表を参考されたい。

（1）一枚刷りから裁断できる紙片の数量

一枚刷りから裁断できる紙片の枚数は、その一枚から抽出できる辻占文句の種類の数と同数であることがほとんどである。つまり、文句は繰り返し書かれてはいないということである。田中屋（小千谷市）の版からは一四四片裁断できるが、この店のオリジナルではなく、印刷所からの仕入れ品である。裁断前の版を確認することができなかったが、小林製菓所（三条市）では文句は五〇種程あるとの談であるので、一枚五〇片前後の版を使用していると思われる。山道製菓所（南砺市）の版は一五二片が取れる細かなものであったが、文句には他店版との大幅な重複があったことを指摘できる。内容比較のところで詳しく述べたい。諸江屋（金沢市）は六〇片でありオリジナル、浜原製菓（小松市）使用版は永野印刷（金沢市）からの仕入れ品で、七八片。金沢、小松市内の辻占製造元の多くがこの版を使用している。丸津製菓（佐世保市）では一〇二片で仕入れ品、ハトマメ屋（朝倉市）はオリジナルで四二片とバラつきがあった。最も少ないところで四二片、最多で一五二片である。

裁断前の一枚刷りは、以下の製造元より提供を受けた。新潟県小千谷市田中屋（廃業。以下田中屋と表記する）、富山県南砺市山道製菓所、石川県金沢市諸江屋、同県小松市浜原製菓、京都市伏見区宝玉堂、長崎県佐世保市丸津製菓、福岡県朝倉市ハトマメ屋仲山製菓合資会社である。一枚刷り（あるいは全種類紙片）が揃わなかった、新潟県三条市小林製菓所、石川県小松市山海堂からは、断片的ではあるが複数枚紙片を分析材料にした。

（2）辻占菓子製造開始時期

辻占菓子製造を開始した時期が、現在の版の使用開始期に重なる製造元がある。仕入れではなく、自家で作成したオリジナルの版を持つ店である。「昔ながら」で「変わらない正月菓子」を求める享受者のために、版を変えないことにも意味があると考える製造元では、長年に渡って同じ版を使い続ける。聞き書きから、諸江屋とハトマメ屋が、辻占菓子を作り始めた当初の版を使用し続けていることがわかった。諸江屋では明治期に辻占製造を開始している。ハトマメ屋では昭和初期から辻占を入れた豆菓子を売り出し、版の使用を継続させている。上記二店以外の店は、現使用版が製造開始時期に重ならない。印刷所や卸し業者から仕入れた一枚刷りは、初版の発行年が不明である上、途中で菓子屋が気付かぬうちに内容が改訂されている可能性もある。そうした版では、製造開始年が刷り物の成立年代を示すことにはならない。

丸津製菓は製造開始年が一九九〇年頃と遅いが、版自体はそれ以前のものだ。一九八〇年頃に佐賀県唐津市の菓子屋が廃業のため、辻占煎餅の製造を依頼されて版を譲り受け、以降使用し続けている経緯がある。田中屋（現在は廃業）では一九三〇年代に製造を開始し、版は仕入れていた。山道製菓所では一九六〇年代から製造を開始し、提示の版は既製品にオリジナルを追加したものという。浜原製菓は一九一三年頃から開始し、版は仕入れ品である。山海堂は一九五〇年代より開始、版は仕入れている。宝玉堂は一九三四年より仕入れの版で製造開始しているが途中で自ら版を起こしている。小林製菓所は一九七〇年代から製造を開始している。

（3）各製造元使用版の辻占文句・図像・色彩・一片の法量

それぞれの辻占内容について、占い項目や、「恋の辻占」と呼ばれることから全体における恋占いの割合、図像の有無とそのモチーフといった比較点について検討していきたい。

①小林製菓所の「辻占い煎餅」向け紙片は、「おみくじせんべい」向けに比較して小さく、色も吉凶に赤、文章は黒字印刷で挿絵なしである。文句は短い一言判断で、警句的なものなどが見える。「おみくじせんべい」用の内容は、各片に財運、健康運、愛情運と三項目盛り込まれた文字数が多い紙片であり、五年ごとに新しくなる。日本全国に一年中商品を卸すため、時々の目新しさが必要とされる事情があり、社長が占い雑誌や本を参考に自ら新しい文句を考案している。以前には、他店の辻占同様に、小さな赤黒二色刷りの正方形の紙片を入れていたが、初め

内容比較表

全体における恋愛占いの割合	図像	図像の内容	印刷使用色	一片の法量	備　　考
100％（全てに愛情運項目の記載あり）	無し	図像無し	赤, 緑, 黒	4.8×3.0cm	占い本や雑誌などを参照。5年ごとに改編。オリジナル。
27%	無し	図像無し	黒	2.5×2.0cm	仕入れ品。中越地震により田中屋は廃業。
36%	有り	紋, 砂金袋, 梅, 瓢箪, 矢扇, 帆掛け船, 浜千鳥, 竹など	黒	3.0×2.0cm	金沢市の永野印刷製辻占（浜原製菓使用版）に51パーセントの重複あり。仕入れ品。
60%	有り	お多福, 打ち出の小槌, 瓢箪, 算盤など人物・器物・風景	黒	2.9×2.4cm	辻占文句は明治のなぞかけ本を参照。
28%	無し	図像無し	青	3.0×2.0cm	永野印刷からの仕入れ品。金沢, 小松市内の辻占製造元の多くがこの版を使用。
不明	有り	宝珠, 御幣, 打ち出の小槌, 瓢箪, 帆掛け舟など器物	赤, 黒	3.0×2.3cm	金沢の印刷所からの仕入れ品。
不明だが, 大半が恋愛に関係している。	有り	お多福, 鞄, 鳥居, 満月, 刀など器物と風景	赤, 緑, 黒	4.8×2.7cm	過去に日進社から仕入れた版を起こして使用する。
23%	無し	図像無し	黒	3.8×2.0cm	同業者から引き継いだ。（製造終了）
100%	無し	図像無し	黒	6.3×2.0cm	辻占入りハトマメは三代目仲山良幹考案。

表4－1　現代辻占

	辻占一枚刷り・紙片入手先	所在地	商品名称	菓子種類	占い文句の数量	辻占菓子製造開始時期	内容分類
1	小林製菓所	新潟県三条市	辻占い煎餅・おみくじせんべいなど	瓦煎餅	約50	1970年代	おみくじ（吉凶入り財運，健康，愛情運）
2	田中屋	新潟県小千谷市	手焼きせんべい	瓦煎餅	144	1930年代頃	一言判断・流行歌（ことわざ，都々逸）
3	山道製菓所	富山県南砺市福光	つじうら	有平糖	152	1960年代頃	一言判断（愛情，運気，出世）
4	諸江屋	石川県金沢市	辻占福寿草	種物	60	明治期。戦後ワープロで仮名を直す。	一言判断（なぞ，運気，愛情運）
5	浜原製菓	石川県小松市	辻占	しんこ	78	1913年頃	一言判断（ことわざ，愛情，出世，運気）
6	山海堂	石川県小松市	辻占	しんこ	非公開	1950年代頃	おみくじ・一言判断（吉凶，方角，愛情，運気）
7	宝玉堂	京都市伏見区	おみくじ入り鈴	瓦煎餅	22	1934年	おみくじ・流行歌（都々逸，吉凶）
8	丸津製菓	長崎県佐世保市	辻占せんべい	瓦煎餅	102	1990年頃	おみくじ・一言判断（ことわざ，吉凶，方角，運気）
9	仲山製菓	福岡県朝倉市	ハトマメ（おみくじ入りそばこ豆・金トキ豆）	豆菓子	42	昭和初期	おみくじ・流行歌（都々逸，吉凶）

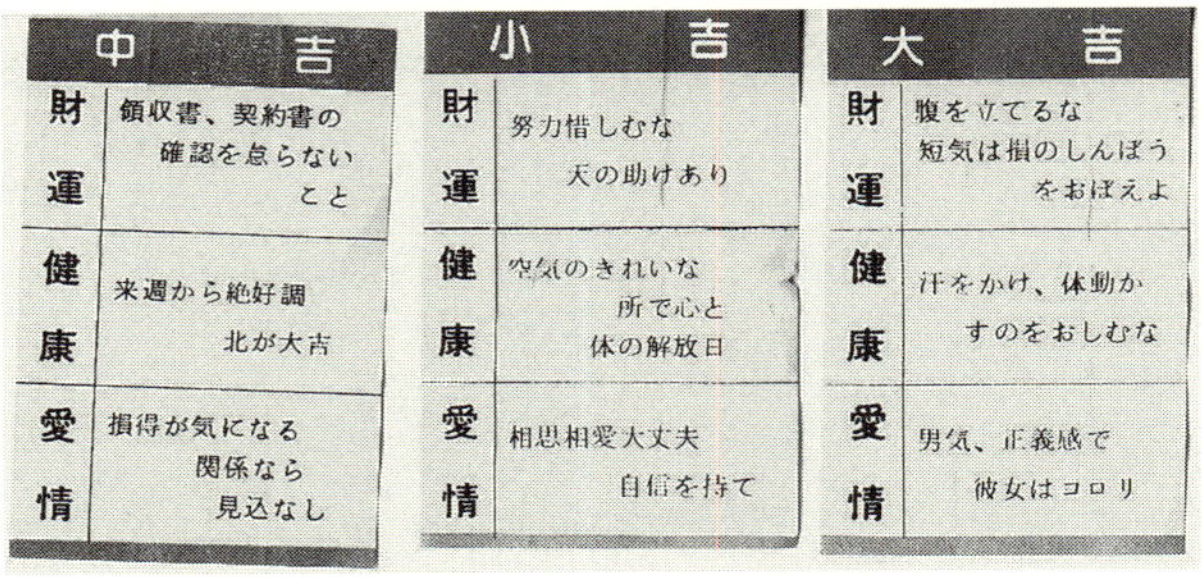

図4-6　「おみくじせんべい」紙片（小林製菓所）

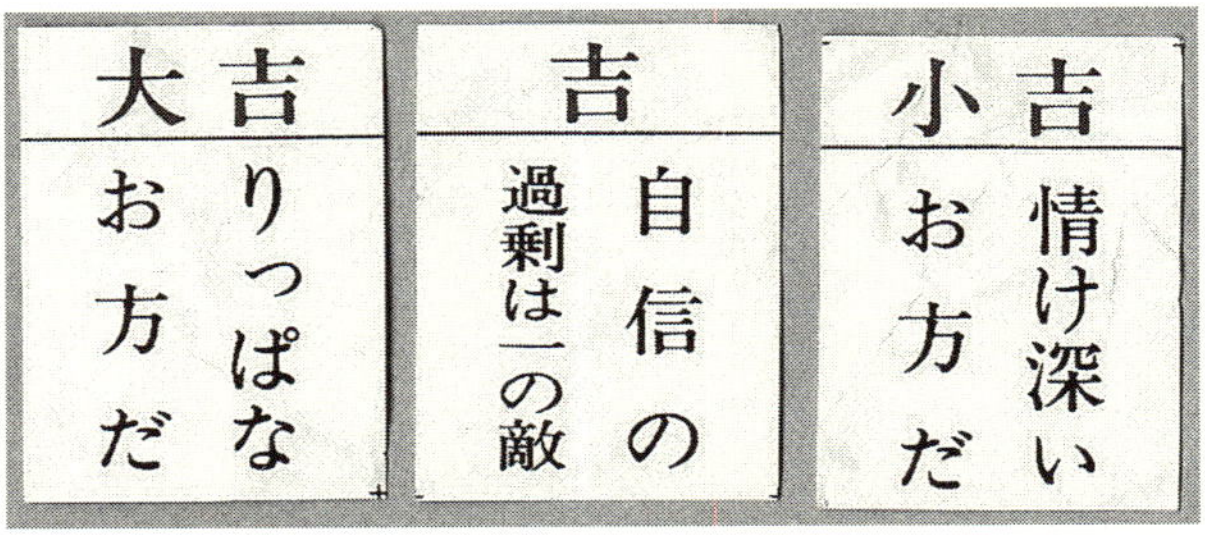

図4-7　「辻占い煎餅」紙片（小林製菓所）

て手にした客が、「ゴミのような紙が入っていたぞ」と苦情の電話をかけてくることが毎年何件か続いたために、おみくじとはっきりとわかるように占い項目を区切り、大きめの紙片に色刷りにして充実させたという変遷があった。これは、一地域の正月菓子を超えたからこそ起こる事態であっただろう。一片の法量は四・八×三・〇センチで、辻占紙片としては大きく目立つ（図4-6、7）。

②田中屋版には「待てば海路の日和あり」といったことわざや、一つの都々逸を文節で区切ったらしき文言が見られる。「お前切れてもわしゃ切れやせぬ」「結ぶ出雲も困るだろ」、「妻と書くのもうらはづかしい」「どんな貧苦も主のため」「共に稼いで添いとげる」といった紙片は、遊び方として、三枚を繋げて一文にして楽しむ、金沢における享受のあり方が行われていたのではと推測させる。文句の数量が一四四あるのも、繋げて読むことを前提にした種類の多さではなかったか。小千谷市にその遊び方は残っていないが、かつては行われていたのかもしれない。恋愛占いの割合は二七％であり、それ以外には「油断大敵」といった警告や、「すえほど吉です」といった吉凶判断、「幸運手近です」といった運気全般への一言判断がある。図像は無く、モノクロ印刷である。一片の法量は二・五×二・〇センチと小さめである（図4-8）。

心がけ一つで
あなたがむりです
運がむいた
しんぱいするな
お酒はどくだ
おやにしたがい
もとは他人だ
百万円があたる
一人と定めよ

お前切れてもわしや切れやせぬ
結ぶ出雲も困るだろ
たった浮名を反古にやせぬ
どんな貧苦も主のため
呼ぶに呼ばれず戸はたゝかれず柱抱いたり空見たり
粋をきかした雲かくれ
主も忍んでこしところ
共に稼いで添ひとげる
咲かぬ蕾のうちが花

月が鏡になればよい
晴れて添ふ日をまつばかり
辛抱する木に金がなる
妻と書くのもうらはづかしい
人は見かけによらぬもの
いはぬ思ひを胸に持つ
さはらぬ神にたゝりなし
渡る世間に鬼はなし
枯れて落ちても二人づれ

たよりがあります
あんしんしなさい
わがみのさびだ
くちさきばかりだ
あきれたお方だ
女のおもいで
みれんをのこすな
あの子を愛せ
ぜんせのやくそく

女のよわみで
わがみがだいじ
ときどきあいます
笑ってすませ
心にまかして
いふ丈けやぼだ
みがまえしなさい
山もうかる
喜び事ある

待てば海路の日和あり
思ひ立ったが吉日
ならぬ勘忍するがかんにん
油断大敵
逢へば互に想ひがかなう
目顔で思ひを見せなさい
今日こそ日頃の願ひがかなう
有りそうな様でも無いのがお金
急いでは事を仕損ずる

はなよりおぬしを
まけずにやりなよ
うぬぼれするな
ねがいは叶う
幸運手近です
心をただしく
かくごをしなさい
円満にすませ
短気をおこすな

かくしておきな
おごってやりな
金にほれるな
まいたたねです
あとでもうかる
うそも宝だ
親切な人だ
先祖を大事に
時間をまもれ

闇夜なれども忍ばゝ忍べ
手出ししたのはあなたから
積り積りて深〳〵なる
あずまおとこにきようおんな
惚れりや三途の川も越す
主とねた夜のみじかさよ
苦労しがひのある様に
思いを通すは神だのみ
おぼろ月夜に待つ身はうれし

図4－8　「田中屋版部分」

③山道製菓所の紙片は、有平糖の飴に巻き込まれている。文句の数は一五二と最多であるが、金沢、小松市で使用されている永野印刷版と重複が著しく五一％が同文句であり、残りがオリジナルである。一片の法量も永野版と同寸で、三・〇×二・〇センチである。各片の文句は繋げて楽しむことが可能な短い文句で、内容は「かわいいあのコに」「もう一ふんばりなのよ」「ロマンスが待っている」「中途ハンパはやめて」「色よい話が進みます」「運勢盛んで商売はんじょう」「今年は当たり年」といった恋愛と運勢全般、出世への一言判断となっている。山道版には各片に紋のような小さな図像が添えられているのが独特である。全てモノクロ印刷であるが、矢扇、瓢箪、砂金袋、梅、浜千鳥、帆掛け船、松、笠、文箱などの図がある（図4－9）。

④諸江屋版は、明治期成立の版木を起こした独自のもので、図像と文句が当時のままに伝わる。当時の辻占が持つ、文学的で遊戯的な側面がよく理解できる貴重な版である。桜の木に彫られた原板を確認したところ、くずし字で文句が彫られ、図像が添えられていたが、現在使用の版では字の部分だけを楷書に替え、誰にでも読みやすくしているところが変更点である。近年、その文句は同店が所蔵する幕末～明治頃のなぞの本を参照して案出されたと広報されたが、筆者が一〇年前に、諸江吉太郎氏に聞き書きした際には、そのようには話されておらず、ただ、なぞの本を所蔵しているが、こうした本を参照して誰かが作ったのではないかと推測されていただけであった。

内容は、文言（なぞ）と図像で答えを問いかける形式で、例を数片挙げると、「きてほしい」の図には黒マント。その心は「待ち人に来て欲しい」と読み解くのか「あなたに来て欲しいと誰かが伝えたがっているよ」という託宣だろうか。「ままになりたい」の横には釜と枡の図。答えは「あなたの思うままになりたい」だろう。「わけを」の次に徳利の絵「ときいてくれ」では、「わけをとっくりと聞いてくれ」と繋げるのが正解だろう。「くちをすうて下んせ」には煙管らしき図。答えは、キスしてください。「はやくる」には糸車。糸を早く繰るように、いとしい人が早く来るという意味だろう。「はなれんなか」には拍子木図で相思相愛。このような色恋に関した文句は全体の六〇％である。他は「すへひろ」「めでたいはる」など運気全般に対する一言判断となっている。

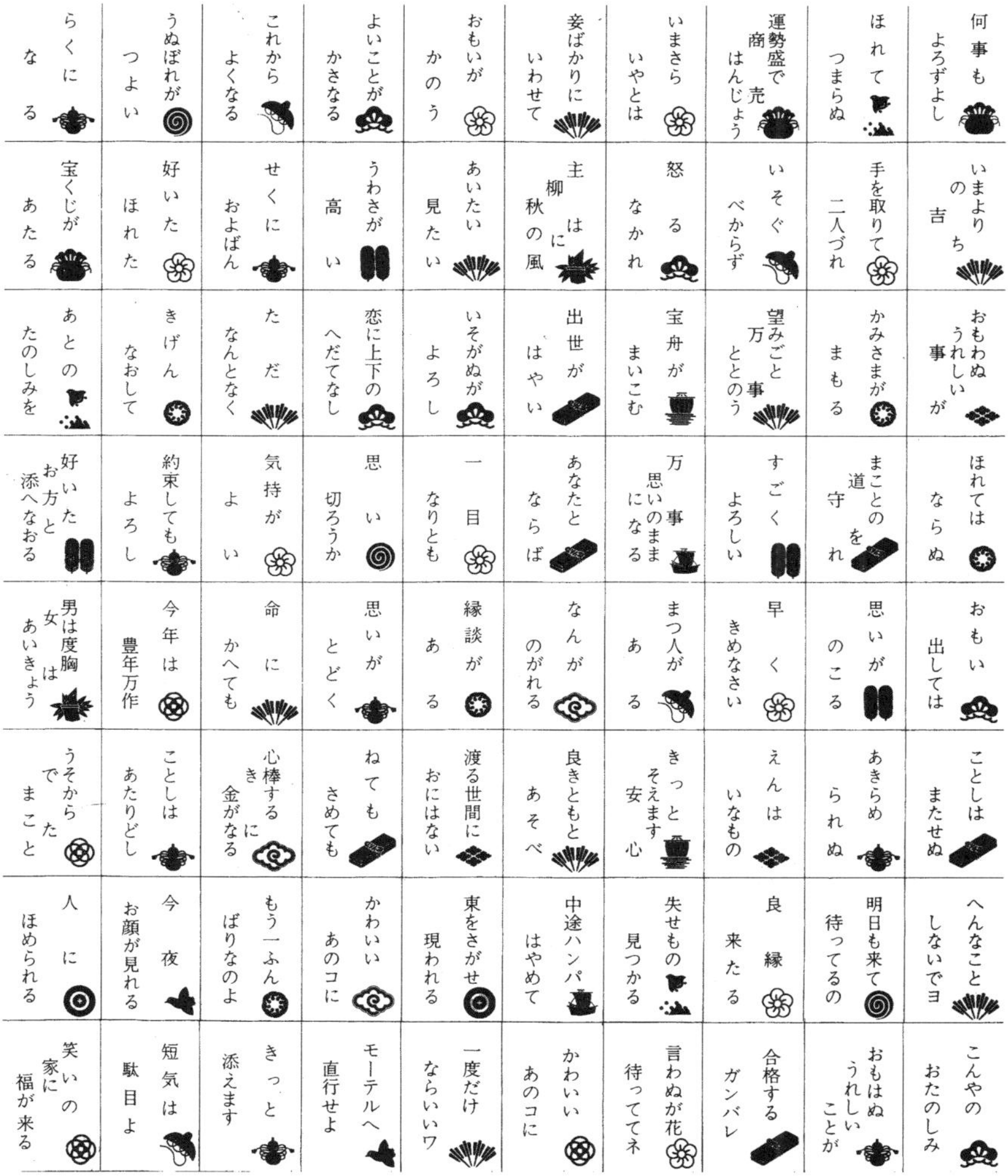

何事も よろずよし
ほれて つまらぬ
運勢盛で 商売 はんじょう
いまさら いやとは
妾ばかりに いわせて
おもいが かのう
よいことが かさなる
これから よくなる
うぬぼれが つよい
らくに なる
いまよりのち 吉
手を取りて 二人づれ
いそぐ べからず
怒る なかれ
主は柳に 秋の風
あいたい 見たい
うわさが 高い
せくに およばん
好いた ほれた
宝くじが あたる
おもわぬ うれしい 事が
かみさまが まもる
望みごと 万事 ととのう
宝舟が まいこむ
出世が はやい
いそがぬが よろし
恋に上下の へだてなし
ただ なんとなく
きげん なおして
あとの たのしみを
ほれては ならぬ
まことの 道を 守れ
すごく よろしい
万事 思いのまま になる
あなたと ならば
一目 なりとも
思い 切ろうか
気持が よい
約束しても よろし
好いた お方と 添へなおる
おもい 出しては
思いが のこる
早く きめなさい
まつ人が ある
なんが のがれる
縁談が ある
思いが とどく
命に かへても
今年は 豊年万作
男は度胸 女は あいきょう
ことしは またせぬ
あきらめ られぬ
えんは いなもの
きっと そえます 安心
良きともと あそべ
渡る世間に おにはない
ねても さめても
心棒するきに 金がなる
ことしは あたりどし
うそから でた まこと
へんなこと しないでヨ
明日も来て 待ってるの
良縁 来たる
失せもの 見つかる
中途ハンパ はやめて
東をさがせ 現われる
かわいい あのコに
もう一ふん ばりなのよ
今夜 お顔が見れる
人に ほめられる
こんやの おたのしみ
おもはぬ うれしい ことが
合格する ガンバレ
言わぬが花 待っててネ
かわいい あのコに
一度だけ ならいいワ
モーテルへ 直行せよ
きっと 添えます
短気は 駄目よ
笑いの 家に 福が来る

図４－９　「山道製菓所版部分」

図像は各片全て異なり六〇種、答えを連想させるための図なので、縁起物に限定せず、鋏や割れ茶碗、算盤、将棋の駒など様々である。一片は二・九〇×二・四センチである。諸江屋では他に、幕末〜明治期頃の版木で、辻占文句だけのものと挿絵だけのものを所蔵している（口絵三頁下）。

⑤浜原製菓が使用する版は、金沢市の永野印刷株式会社（創業大正三年）から仕入れている。永野版は、白山市の「谷保屋」、「越原甘清堂」、「広野菓子店」でも用いられ、金沢市の「高砂屋」、「清香室町」、「浦田甘陽堂」でも使用されている可能性が強い。永野印刷に、版の成立について問い合わせたところ、「大正一〇年頃より菓子の掛け紙、菓子袋、包装紙などを作って納める商売を始め、辻占の版もその頃に印刷し始めたと思われる。七八種の辻占文句は、初版から内容を変えていないが、作者は不明である。おそらく当時手元にあった品々を参考に作ったのではないか」ということであった。そうなると、大正時代の辻占版が今に伝わり、広く使われていることとなる。

永野版に図像は一つも無い。青または紫色のインクで薄色に印刷されているのは、密着するしんこ生地に色を付けない配慮からと思われ、ティッシュのような薄紙（不織紙）を使用しているのは、丸めるのが容易になるからだろう。上記製造元では全てしんこ細工の辻占菓子を作る。しんこには紙片は折られるのではなく、丸められ、「玉」と呼ばれる状態になって包まれる。さて、文言だが、「渡る世間におにはない」「手を取りて二人づれ」「出世がはやい」「福がまいこむ」などと、ことわざ、出世、運気全般、恋愛占いの内容となっており、全体における恋愛占いの割合は二八％となっている。一片は三・〇×二・〇センチである（図4-10）。

⑥山海堂の版は金沢の印刷所からの仕入れ品だが、永野版とは異なる。一枚刷りの状態で提供を受けることがかなわなかったが、読み取れるところだけでも述べていきたい。こちらの版には、小さな縁起物の図像が描かれている。宝珠や御幣、打出の小槌、瓢箪に帆掛け船、福俵に酒徳利などが赤で印刷されている。その上に重なる辻占文句は方角、愛情、ことわざ、運気全般への一言判断で、「辰巳のほうがよろしい」「交際すれば好となる」「待ち人

福がまいこむ	何事もよろずよし	ほれてつまらぬ	運勢盛で商売はんじよ	いまさらいやとは	妾ばかりにいわせて	おもいがかのう	よいことがかさなる	これからよくなる	うぬぼれがつよい	らくになる	天才が生れる	あなたばかりが
いそがぬがよろし	いまよりのち吉	手を取りて二人づれ	いそぐべからず	怒るなかれ	主は[illegible]に秋の風	あいたい見たい	うわさが高い	せくにおよばん	好いたほれた	宝くじがあたる	嬉しい涙がこぼれる	すまないなどと水くさい
あきらめなさい	おもわぬうれしい事が	かみさまがまもる	望みごと万事ととのう	宝舟がまいこむ	出世がはやい	いそがぬがよろし	恋に上下のへだてなし	ただなんとなく	きげんなおして	あとのたのしみを	勝負にこるな	酔わせて聞きたい事がある
おまえとならば	ほれてはならぬ	まことの道を守れ	しごくよろしい	万事思いのままになる	あなたとならば	一目なりとも	思い切ろうか	気持がよい	約束してもよろし	好いたお方と添へなおる	くよくよするな	わたしやあなたのお心任せ
何事も要心	おもい出しては	思いがのこる	早くきめなさい	まつ人がある	なんがのがれる	縁談がある	思いがとどく	命にかへても	今年は豊年万作	男は度胸女はあいきよう	善にかてる悪はなし	仏様よりあなたがたより
へんじをまつ	ことしはまたせぬ	あきらめられぬ	えんはいなもの	きっとそえます安心	良きともとあそべ	渡る世間におにはない	ねてもさめても	辛抱する木に金がなる	ことしはあたりどし	うそからでたまこと	うわさが高い	共に三途の川までも

図 4－10　「浜原製菓使用版全図」（永野印刷版）

来る」、「果報は寝て待て」「なんでも叶う」といった紙片がある。一片は三・〇×二・〇センチである。小林製菓所を除き、新潟、石川、富山の一片の法量はほぼ同じである（図4－11）。

⑦宝玉堂使用の版は、過去に辻占紙片を納める業者として大手だった大阪の印刷会社、日進社から仕入れていたが、この会社が「辻占折り」の卸しを辞めたため、自らそれまでの版を別業者に持ちこんで使い続けているものである。創業が昭和二二年の日進社によれば、辻占文句は創業者が考えたとのことである。既に第一章で述べているので繰り返しになるが、宝玉堂の辻占文句二つは、幕末頃の俗謡占書に見える歌を元歌とすることが明確になった。宝玉堂紙片「大吉　諦めましょうとどう諦めた諦められぬと諦めた」は、豆本『よしこの辻占図会　上之巻』（幕末頃か）に見える「第十一平　あきらめましたよどふあきらめた　あきらめられぬとあきらめた」が元歌と判断できる。

また、宝玉堂「末吉　爪弾きの心意地からふ

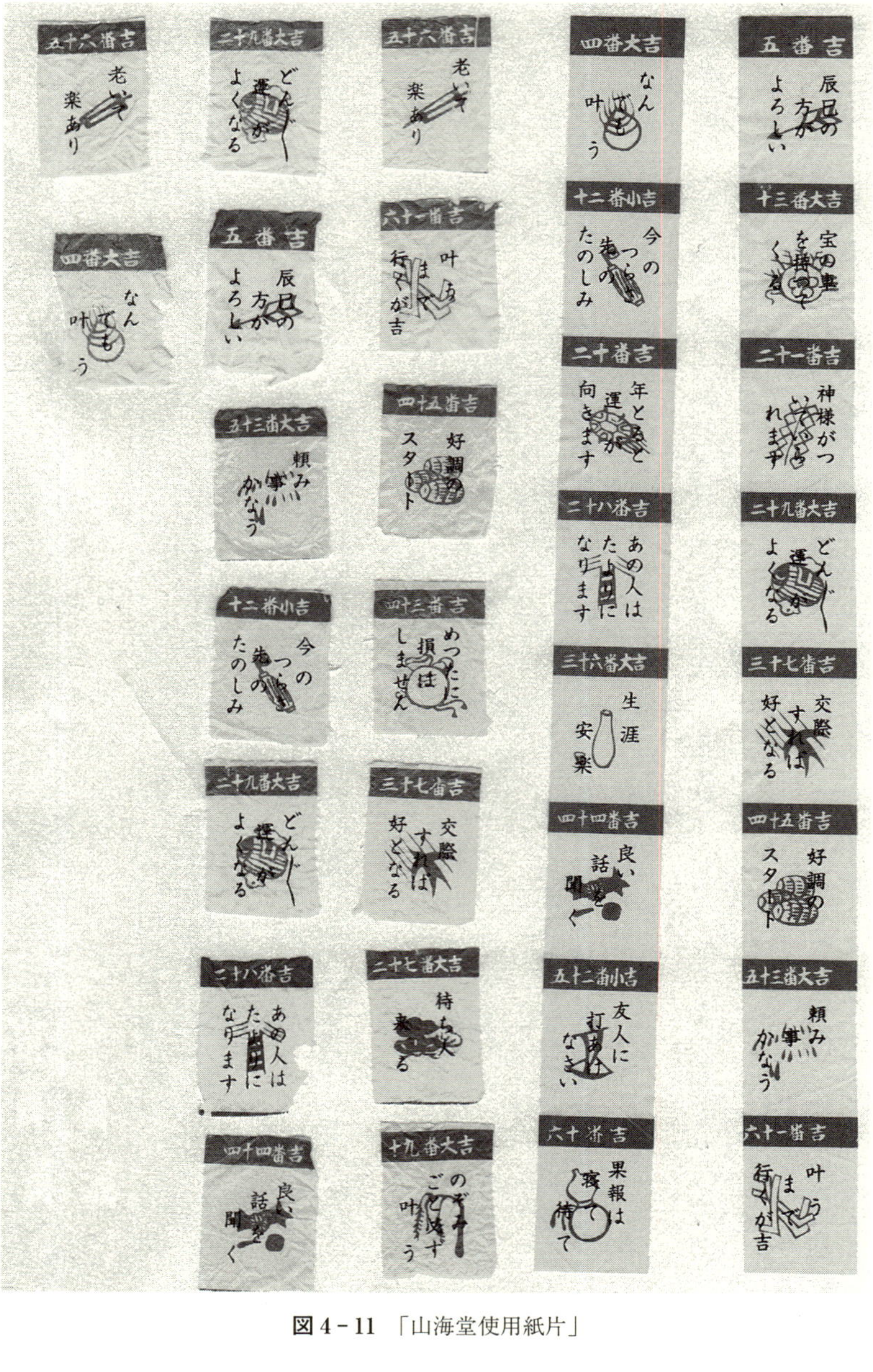

図4－11 「山海堂使用紙片」

とした縁で今じゃ人目をしのぶ駒」は、『都々一葉うたあだくらべ』（幕末頃か）に見える「爪びきの心意気からふとした縁で今は人目をしのび駒」が元歌であり、心意気を心意地に変えただけと指摘できる。辻占文句は二二種であり、文句の全てに都々逸、歌に呼応した図像が混じるのが特徴である。

それぞれの辻占への挿絵は「信州信濃の新そばよりもわたしやお前のそばがよい」にはざる蕎麦の図。「紺の前だれ松葉に染めてまつにこんとは気がもめる」には松葉に前垂れの図。「僕のワイフは牛乳がお好きそれで時々つのを出す」には牛の顔と牛乳瓶。各片上部には大吉、吉、小吉など吉凶が明示されるが、歌と吉凶は必ずしも合致しているわけではないようだ。「波に浮草流れの身でもすこしや実のなる花も咲く」は「末吉」で、「今朝も今朝とて柱で頭あいたかったと眼に涙」には「大吉」である。吉凶はおそらく後付けと思われる。図像にはお多福、紅葉、恋文もあり、赤、緑、黒の三色使いで、辻占紙片としては色と図像が派手である。一片は四・八〇×二・七センチで縦長、折り曲げた煎餅に飛び出すように挟みこんでいる（口絵四頁上右）。

⑧丸津製菓の版は文字のみで、黒一色刷りである。一九八〇年頃に唐津市の菓子屋から版を譲り受けた。考案者、成立年も不明だが、文句の種類は一〇二種、そのうち恋愛占いは二三％、都々逸は含まれない。今ではあまり聞かれなくなったことわざ「ちょうちんにつりがね」「なまずにひょうたん」「たまごの木上り」が見られる。その他には「大吉」「半吉」といった吉凶判断と「東によきことあり」「西はふさがり」という方角、「女にえんなし」「すいた方にあう」「二人はなれぬもやいがさ」といった恋愛一言判断が盛り込まれる。一片は三・八〇×二・〇センチで、紙片を折り、瓦煎餅の中に封じ込めている（図4-12）。

⑨ハトマメ屋の版は、四二種と少ないが、この店独自で作成された内容を持つ。全て都々逸仕立ての辻占文句の内容から、明治期頃に流行した都々逸を参考にしたのではないかと推測される。明治一八年創業の当店では、豆菓子のみの販売が先行し、それに辻占紙片を入れた小袋を売り出したのは三代目の昭和時代からだが、文句自体は時

ぬれでにあわの　つかみどり
たんきは　そんき
しょうばい　はんじょう
うんきは　あさひの如し
らくが　ちかまる
カンニンは　福の神
たまごの　木上り
おうてうれしや　むかしなじみ
こいのやみじも　心から
福はねてまて　ほうてくる
まち人　おそし

三日の内に　よき事あり
ふうふけんかは　じこのもと
今年から　よきことあり
七福神　入り込
よきことは　いそいでよし
おもいきるが　よし
負けるが　勝ち
福はねてまて　ほうてくる
あじな心も　うわきから
女のすかぬ　いろ男
西にもうけ事　あり

金は一時に　もうかる
たびたち　よし
半吉
二人はなれぬ　もやいがさ
楽あれば　苦ある
つんでのりくる　たから船
おもえば　なみだ
思い事　かれきに花
うんきは　あさひの如し
行とゆかんで　ひとしあん
小吉

はやくさきを　いそげ
おもう人に　えんあり
ちりもつもりて　山となる
こいにこがれた　人がある
このこいは　みのる
カンニンは　福の神
やみよに　てつぽう
ちようちんに　つりがね
半吉
ぜんは　いそげ
女に　よけろ

大吉
金銀山の　ごとし
男に　ふられる
えんだんは　東にあり
すいた方に　あう
西は　ふさがり
おもう人に　えんあり
らくは　くのたね
あけくれこがれて　居たわいな
酒に　えんなし
しつても　しらぬふり

つんでのりくる　たから船
金にゝげだす　びんぼう神
大吉
がくもんに　はげめ
しけんは　あがる
東は　そんがみえた
たなより　ぼたもち
思うお方は　西にあり
酒さかなに　えんあり
せじようの　くいつぶし
おうてうれしや　主のそば

図4－12　「丸津製菓版部分」

代とずれた、明治風俗を表現している。当時にまだ出回っていた、他店の辻占紙片を参考にしたか、辻占紙片を知る初代か二代目、あるいは出入りの印刷業者が考案したのではなかっただろうか。

現代人には同時代感を持っての理解が難しいと思われる都々逸だが、昭和初期から版を変えずに使われている。「郷土おやつ　おみくじ入り」の豆菓子として、文句を変えないことに意義があるとされ、看板商品として製造され続ける。紙片には上部に吉凶あるいは一言判断、下部には都々逸が書かれ、図像は無く、モノクロ印刷である。「大吉　あらいかみほどこころもとけてぬしにまことのつげのくし」これは恋愛成就の意味だが、「つげのくし」で辻占という意味もかけてある。「ゴガンジヨウジユ　うれしさあまりておろしたまゆげゆめではないかとなでてみる」江戸時代には結婚、出産を機に女性が眉を剃る風俗があったので、それを表現して、思いが実って結婚叶うという判断だろう。「ニンキヨシ　いつもおまえはほどよしはらでほんにいやみがなかのちよう」。人気良しで、いつもお前がほど吉原でほんに嫌みが中野町という歌は、人気の遊女にそつなくもてなされる客の風情を表現していると解釈してみたが、このハトマメの買い手は主に福岡の人であろう。しかし、江戸東京の遊郭吉原中野町をしゃれて読み込んであり、文句は随分と東京向きである。

さて、福岡でも、辻占菓子の最も需要が高くなる時期は正月前後である。現在は年間を通じて製造されるが、以下の紙片は正月向けの内容だ。「マス〳〵ハンジヨウ　ふくはからいのむつまじなかにわらうかどにはまつかざり」「マス〳〵ハンジヨ　しめをかざりてかどまつたて、　そしてはるまつゆきのけさ」「イノチナガシ　はるのはつひがゆたかにさしてのむはめでたしとそのさけ」。ハトマメ屋版の特徴は、文句が都々逸によっており、よく読み込めばそこから商売運や運気全般も読み取れるが、全てが愛情運に集約されていくところが、つまりは都々逸文芸を楽しむ仕組みとなっているところだ。一片が六・三×二・〇センチと最も縦長なのは、煎餅や飴に挟みこむわけではなく、小袋に菓子と混ぜ込むため制約が少ないからである（図4-13）。

それぞれの辻占の内容を比較すると、都々逸にのせた辻占文句を採用するものは、田中屋、宝玉堂、仲山製菓の

八合 マンサク	おぼろづきよと たがいのなかは はてそのまが おもしろい	モウハ オキ アガリ	きみとできたと ひとめをしのび ゆびをあてる かんとつくり	三月 ダイ〱	きようはかをみに きたばかり ちわやくぜつは あすのばん
ウレ シイ	はおりきせかけ ゆきたけながめ たゝいたむかしを おもいだす	シンノ ヤミ	つらいつとめも しばしのつきひ えんとつきひを まつがよい	ヒトニ ヨウジン	こゝろありげな ことばのはしが ぬしのくろうの たねとなる
オモイ ゴト タエヌ	さけでわすれて またたばこでは おもいだしては ものあんじ	大吉	あらいかみほど こころもとけて ぬしにまことの つげのくし	ユケバ アメ	すきやちとみと みはさだめても ぬしはそろ〱 あきのかぜ
サキハ ヨシ	きみはなじやと みておるわたし ほかにちるきは ないわいな	半吉	はれてまどから さしこむつきに おもわずみあわす かおとかお	カミノ ヒキ アワセ	ぬしとあたしは きもあいおいの まつにうれしき きようのしゆび
クロウガ アル	ぶんめいかいかの みよとはなれど やはりくろうは もとのまゝ	コレガ エン	おもうおかたに さかずきさゝれ のまぬうちから あかいかお	ツツシム ベシ	ひとはなんでも たましらゆきの うちはほころび うめのはな
ゴガンジ ヨウジユ	うれしさあまりて おろしたまゆげ ゆめではないかと なでてみる	ヨノナカ ヨウジン	みずとうおとの なかでもふつと かぜがかわれば なみがたつ	大吉	かぜにみだるゝ やなぎのえだも とけてしずまる あさげしき
ニンキ ヨシ	いつもおまえは ほどよしはらで ほんにいやみが なかのちよう	ミズニ ウキクサ	ぬしはするすみ わたしはすずり くろうするほど ふかくなる	テニ イラヌ	ひとこえもらして はずかしそうに くもにかくるゝ ほとゝぎす
カミノヒ キアワセ	うわきしとげて くろうをしとげ りんきしといて そいとげる	エン フカシ	どびんはよきもの みずくみこんで おとしてわれても てはきれぬ	トニカク シンボウ	うけながされても やなぎのえだも またときかえる ときがくる
コレガ エン	おもうまことも そでからそでに えんのつながる どようぼし	イソイデ ワルシ	じせつまたねば はなさえさかぬ そしてのぞみの あるみには	トツクリ トシアン	はなのいろかに まよいができて みちをわするゝ よしのやま
イノチ ナガシ	はるのはつひが ゆたかにさして のむはめでたし とそのさけ	マヽニ ナラヌ	じゆのけんなら かちよのなかに ひいていれたい まどのつき	マス〱 ハン ジヨウ	ふくはからいの むつまじなかに わらうかどには まつかざり
エダガ サカエル	むねもうれしく ひらいたさくら ほんにいろよい はなざかり	シアワセ ヨシ	よするにんきの なみにぎやかく きようもいりくる たからぶね	マス〱 ハンジヨ	しめをかざりて かどまつたてゝ そしてはるまつ ゆきのけさ
大吉	うれしいことばに えだしださかえ ほんにいろよい はなざかり	エンガ ナイ	一寸うれしく さゝれたちよくを とればとなりへ おとりつぎ	サカニ車	むねとこゝろに まちもうけて かつ娼妓に だまされた
トカク カンニン	きげんなおして でてみやしやんせ まるくなれとの つきがさす	サカズキ ニアウ	ちよくをそゝいで よくこめでじろり あたしやあなたに おもいさす	オモイガ トドカヌ	あんじすごして しやしんみれば いつもかわらぬ わらいがお
半吉	そうてふたりが せたいとなれば どんなくろうも するわいな	オモイガ トドカヌ	しやしんとどけた ゆうびんきよくで こいのかわせが してみたい	トカク シンボウ	とめたこゝろが おさえてかえし あとでこゝろが みをせめる

図 4－13 「ハトマメ屋版全図」

もので、なかでも宝玉堂の辻占文句二つは、幕末頃の俗謡占書に見える歌を元歌とすることが明確となった。辻占文句としては、一言判断型も初期からの様式であるが、これは田中屋、山道製菓所、諸江屋、浜原製菓、山海堂、丸津製菓のものに見えている。一言判断には口語体も含まれ、初期の辻占一枚摺り、「辻占言葉の種」（『浪花みやげ』）には、「ばんにおいでまつている」「どんなむりでもいわさんせ」「おまいさんのきがしれぬ」といった読み手に呼びかけるような言葉が書かれているが、現代に使用されている辻占の文句には、「かならずおいで」「もうよいぞ」「ひろげておるぞ」（諸江屋）、「短気は駄目よ」「言わぬが花待ってテネ」（山道製菓所）、「かくしておきな」「しんぱいするな」（田中屋）といったものが見える。辻占流行期であった江戸期から戦前までの辻占には、易占との融合が見られ、各紙片に易の卦や漢詩、そこからの判断文が書かれているものが多かったが、現代ではそれは陰をひそめている。

　吉凶入りをおみくじ型とみなすと、小林製菓所、山海堂、宝玉堂、丸津製菓、仲山製菓がそれを採用しており、特に小林製菓所は吉凶のみだけでなく、財運、健康、愛情運と項目に分けた判断文をのせている。都々逸に馴染みのない人が多くなり、歌の内容から運の善し悪しを判断することが難しいため、買い手にわかりやすいように現代的な項目判断と吉凶を入れている事情があるようだ。また、辻占菓子は地域的な菓子となっているので、「辻占」名称の菓子では伝わりにくい事情があり、「おみくじ入り」と付けて販売している背景もある。辻占文句のおみくじ型も江戸期から始まっており、辻占俗謡占書には『〔新撰吉凶〕辻占都々逸稽古本』、『辻占都々逸御鬮箱』などがある。

ところで、版を比較すると、共通して用いられる言葉があることに気付くのだ。それはことわざや、一言で示す運勢判断なのだが、繰り返し使われることで、「辻占文句らしさ」を形成することに繋がっている。たとえば、ことわざの「辛抱する木に金がなる」「渡る世間に鬼はなし」「女は愛嬌男は度胸」は、田中屋、浜原商店、山道製菓が使用する。田中屋は新潟、浜原商店は石川、山道製菓は富山に所在があり、浜原商店使用版の影響を受けているが、それぞれ離れた場所の辻占に、同じことわざが見えているのは、これらが辻占文句として好まれた言葉であるといえるだろう。

辻占を、簡易な神様からの託宣として新年に享受する人も多いが、確かに「神様」や「神仏」に関する文句も見えており、「かみさまがまもる」山道製菓、浜原商店、「神様へ願いよ」「思いを通すは神だのみ」田中屋、「これからしんじんせろ」「七福神入り込」「カンニンは福の神」丸津製菓、「神様がついていられます」山海堂が見えている。「叶う」に関する文句としては、「ねがいは叶う」田中屋、「頼み事かなう」山海堂、「おもいがかのう」がある。山道製菓、浜原商店。

恋愛にまつわる文句と読み取れる「三途の川」が入る文句に「共に三途の川までも」山道製菓、浜原商店、「惚れりゃ三途の川も越す」田中屋がある。「切れる」に関する文句として「お前切れてもわしや切れやせぬ」田中屋、「お前正宗わしゃ錆刀お前切れてもわしゃ切れぬ」宝玉堂、「切っても切れぬ仲だ」山道製菓、がある。「へんじ」に関する文句として「へんじをまつ」（山道）（浜原）、「よいへんじ」（諸江）が指摘できる。

現代の辻占には、都々逸文句の流行歌、一言判断、おみくじ型といった、辻占印刷物の初期以来の様式が継承されていることがわかるが、過去において盛んであった、流行最先端の娯楽や人気者の図像を取り込むことはなくなっている。かつて世相を表す流行歌であった都々逸文句の辻占は、現代では昔ながらの辻占といった、伝統的イメージを持って伝えられている。

（4）図像比較

辻占には、好まれて使われる言葉と同様に、複数の版で用いられる、好まれる図像がある。図像入りの版を使用するのは、山道製菓所、諸江屋、山海堂、宝玉堂であるが、重複する図像には縁起物が確認できる。打ち出の小槌（諸江屋）（山海堂）、花〔桜・梅・菖蒲〕（山道製菓）（山海堂）（宝玉堂）、松（山道製菓）（山海堂）（宝玉堂）、矢羽根（山道製菓）（山海堂）、お多福（諸江屋）（宝玉堂）、瓢箪（山道製菓）（諸江屋）（山海堂）（宝玉堂）、浜千鳥（山道製菓）（宝玉堂）、帆掛け船（山道製菓）（山海堂）、福俵（諸江屋）（山海堂）が見られた。文句に縁起物の図像をあしらうと、より正月向けらしくなる。宝玉堂を除き、他三店では正月限定品のため、このような意匠になっていると考えられる。

さて、全ての版に描かれていたのは瓢箪の図像である。瓢箪には千成り瓢箪などお目出度いいわれや俗信があり、縁起物の図像として選択されるのに不思議はないが、辻占紙片に共通して描かれるところに、東大阪市の瓢箪山稲荷神社の影響を思わせられる。明治三十〜四〇年代の大阪では、瓢箪山稲荷神社から授与された辻占を売っていると呼び声を上げる辻占売りが盛んに商売をしており、瓢箪印はトレードマークであった。瓢箪図入りの版は富山、石川、京都と大阪とは離れているが、「辻うらといえば瓢箪山、河内といへば瓢箪山。瓢箪山の勢力の分布は、五畿内はいふにおよばず、東国、北国、中国から、四国、九州の果は愚か、新領土の台湾あたりへも及ぼされて…」（「瓢箪山の辻うら」『大阪朝日新聞』明治三四（一九〇一）年一月二八日号）とあるので、製造元それぞれの所在地へもその勢力が届いていた時期もあったのだろう。明治期の辻占には、繰り返し好まれて描かれた図像があり、明治以後に、それを見たことのある人の記憶の中から版に起こされたのかもしれない。

辻占の特性といえる、図像の諧謔性についても述べておきたい。例として、宝玉堂の都々逸文句に即した図と、諸江屋のなぞに即した図像が挙げられる。宝玉堂では、嫉妬する妻が角を出すという歌詞から、牛と牛乳瓶の図が添えられ、「信州信濃の新そばよりもわたしやお前のそばがよい」ではざる蕎麦、「紺の前だれ松葉に染めてまつにこんとは気がもめる」では松に前垂れの図があり、おかしみがある。最も滑稽味がある図像は、なぞを占い文句にした諸江屋のもので、「はなしはせん」には松茸に絡みつく蛸、「おもいがよい」で漬物石を描いている。「きてほしい」の図には黒マント。「ままになりたい」の横には釜と枡の図。ままはご飯に「あなたの思うままになりたい」をかけている。「わけを」の次に徳利の絵「ときいてくれ」で、「わけをとっくりと聞いてくれ」である。「くちをすうて下んせ」には煙管らしき図。「はなれんなか」には相思相愛で切っても切れない拍子木の図といった展開である。

こうした図像と文句で笑わせる諧謔性こそが辻占紙片の持ち味であろう。神社や仏閣で授与されるおみくじ図像には、人物が何らかの動作をしている図が描かれているものがあるが、大抵描かれているのは男性であり、辻占に描かれるような滑稽な器物や、特に芸者などの女性が描かれることはない。このような図像の違いと占い文句に含まれるユーモア、遊戯的精神、享受の機会の違いなどが、「辻占はおみくじとは違う」と享受者に印象付ける要因となっていると思われる。

戦後の辻占菓子は、戦前に良識派の大人から排除された過去を忘れられ、なつかしの郷土菓子、珍しい占い菓子、あるいは正月に皆で楽しめる縁起菓子として新しいイメージを獲得し、作られ続けている。寺社や行事、儀礼にまつわる菓子を縁起菓子と呼ぶが、辻占も今やそのひとつとみなされ、特に女性や高齢者に支持されている。金沢と新潟三条で製造される辻占菓子は、郷土の菓子であることを超え、盛んに販路を広げて、関東地方や関西にまで進出している。それらは、深刻になるような託宣ではなく、複数人で遊戯的な占いを楽しみたい人々によって求められている。現在の辻占菓子には時期を問わずに日常の茶菓子として用いられる用途と、観光地や寺社の食べられるおみくじとして楽しまれる土産物的用途が見られ、加えて石川県や富山県、長崎県の事例のように、一一月から一二月の限られた期間に製造され、地域で正月菓子として盛んに享受される状況がある。

次節では、伏見稲荷大社参道に店を構える「総本家宝玉堂」の辻占煎餅の調査を基に、文献上の煎餅職人の図像と実際の職人の技術と道具とを比較して導かれた考察を提示する。煎餅の製造法とその道具を提示するのは、辻占煎餅の製造が、近世からの歴史性があることを主張したいがためである。このあたり、辻占煎餅とフォーチュンクッキーの起源と歴史性をめぐる中国系と日系移民のアメリカでの議論に答えようとするものであるが、本論の問題からは逸れてしまうのでここで多くは語らない(1)。もちろん、炭火で焼いていた煎餅がガス火に替わり、味に味噌を加えるなど店独自の工夫が加えられてはいるが、カタと呼ばれる道具を用いて職人が煎餅を焼き、一つひとつに紙片を挟みこむのは過去の方法と変わらない。盛んに製造され、ありふれた菓子と思われていても、時代の移り変わりで消えていってしまうものが多くある。現在の調査を行い、使用される道具や製法の連続性を知り、記録にとどめることには意義があり、また、辻占の今の販売のされ方、購買者を知ることが現代の辻占享受の実態を知る上でも有効であると考えている。

2 信仰と縁起物・縁起菓子の創製

2-1 伏見稲荷大社と縁起物としての辻占菓子

京都市伏見区深草伏見稲荷大社周辺には複数の手焼き瓦煎餅屋が並んでおり、それぞれ「いなり煎餅」として狐のお面型や豆入り味噌煎餅などを土産物に販売している。境内には「いなりや」が「おみくじ入り」(辻占煎餅)を並べ、参道では「松屋」が「辻占入り鈴」、「総本家宝玉堂」では「おみくじ入り鈴」(ラベルは手焼いなり煎餅)、「ふしみや」は「いなり煎餅」として辻占紙片入りの煎餅を製造販売している。他地域では、辻占煎餅のことを「鈴」とは呼ばないため、背景を調べてみると昭和初期の縁起物ブームに関係があることがわかってきた。

伏見稲荷周辺に手焼き煎餅店が集まっているのは、総本家宝玉堂がこの地で営業を開始したことによる。煎餅職人の松久喜久氏（明治三六〜昭和四八）が、大垣から東福寺近くに創業したのが昭和九（一九三四）年であったが、翌年の一〇（一九三五）年には、参詣客が多く、もっと人通りが見込まれる伏見稲荷参道へ移転した。手焼き煎餅の商売が成功したため、親戚がそれに続き、それぞれ屋号を変えて参道周辺に店を持った経緯がある。周辺のどの煎餅店でも作っている辻占煎餅だが、宝玉堂の松久武史氏の談話では、最初に創業者である祖父が、辻占煎餅を伏見稲荷の紐のついた鈴に見立てて「鈴」と名付けたという。当初は紙片をこよりのように捻り、煎餅に挟んでいた。後にはそれを煎餅の中に折り込み外から見えないようにしたことがあるが、保健所からの指導で現在のように外から見えるように挟む形に変えたとのことであった。

鈴といえば、土鈴は稲荷詣の土産物のひとつとして古くから作られていた。深草の里は、古代から既に土師が居住する地として有名で、大森恵子によれば、十六世紀後期には、初午に深草で作られる土細工が稲荷土産として購入されており、十八世紀に入ってからは、『日本山海名物図会』巻之四（宝暦四（一七五四）年）の図像に、土人形を製作する情景の中、縁台に狐や牛の像、土鈴が並べられているのを確認できる。また、『都名所図会』巻三（安永九（一七八〇）年）の挿絵には、稲荷の二月初午図の中に、木の台の上に布袋、狐像、つぼつぼ、でんぼの他、土鈴が並べられて女性が売り捌く様子が見えていることから、十八世紀後期には、参詣者は稲荷土産に伏見人形や土細工を好んで買い求めていたことが分かる。土人形が好まれたのは、古来、稲荷山の土には様々な霊力や呪力があるとの信仰からきており、そうした信仰は伏見稲荷大社行事の授与品に伝わっている。伏見稲荷では、初詣から初午にかけて、御膳谷奉拝所で土鈴を授与するが、そこで以前に授与されていた土鈴は、「稲荷鈴」とか「埴鈴」と呼ばれる無彩色の小さな土鈴を五個から十個紐で繋いだものであった。年初めに詣でた人々は、この鈴を身につけて帰り、その年の息災と多幸を祈ったといわれ、小正月や節分には、土鈴を果樹の枝につるして豊作を祈願したとも伝えられる（大森　一九九四：一六〜二四頁）。「伏見稲荷大社の初春の行事では、土人形が授与される。これらの品々は、五穀豊穰・果実豊作・虫除け・商売繁盛・武運長久・良質酒醸造などの祈願に霊力がある、と信じられてきたのである。（中略）伏見稲荷大社で授与される土細工は、稲荷山の土を持って帰り、自らの田畑に撒けば農作物が豊作になるといった素朴な信仰から発生し、のちに「福をもたらす土」とする福神信仰が付加されたものとおもわれる。」（大森　一九九四：一八頁）。

神仏の霊験にあやかって作られ、信仰の対象ともなった様々なモノが縁起物である。田野登は、昭和初期は郷土玩具および縁起物が復興されもしたが、創作された時代でもあるとしている。田野は縁起物について「縁起物を受けようと殺到する心意には、呪物を渇望する心意が根強く認められる。」と述べる。そして、「縁起物には流行り廃り」があり、縁起物が社寺創建時代に遡ることはなく、社寺の過去に遡って縁起を語るモノであっても、「新たに霊験譚を創出する契機となる呪物でもある」と分析している（田野　二〇〇七：一二二頁）。

川崎巨泉は、そうした郷土玩具や縁起物の復興、創製の活発な状況に関心を向け、「上方郷土玩具」に記し、また写生画帳『巨泉玩具帖』六〇冊（大正八（一九一九）年から昭和七（一九三二）年に制作）や、『玩具帖』五二冊に（昭和六年から昭和一七年頃迄に制作）自らが蒐集した縁起物、お守り、郷土玩具などを描き残している。巨泉『玩具

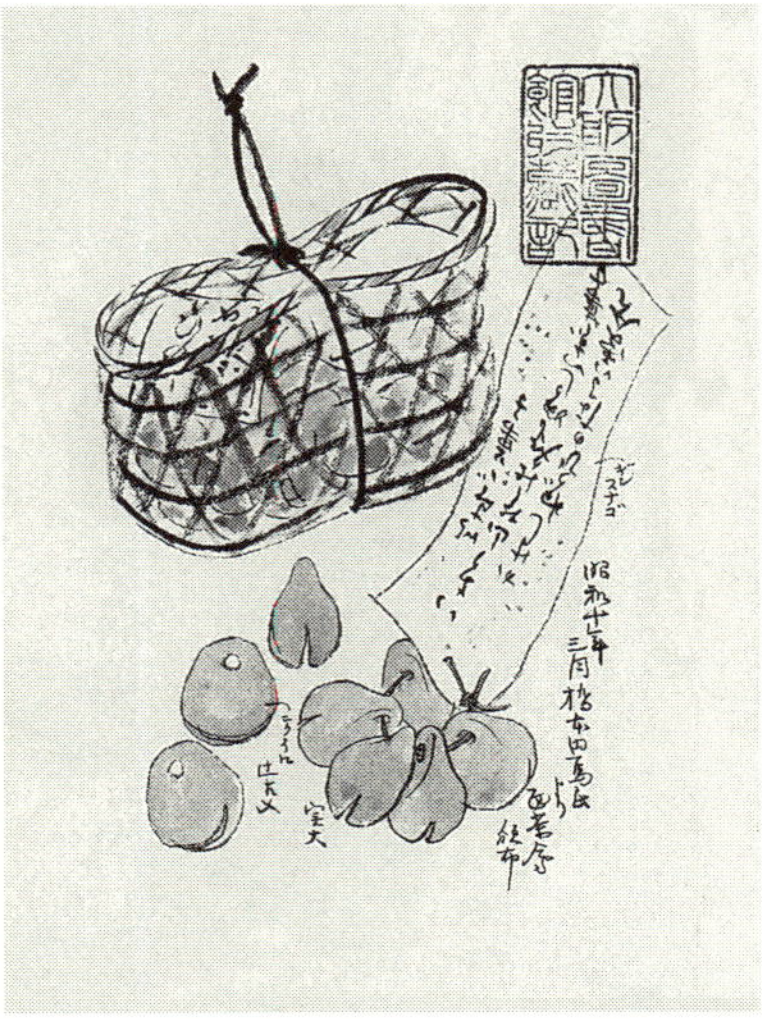

図４－14　籠入りのいすず菓子　『玩具帖』25号３より（大阪府立中之島図書館蔵）

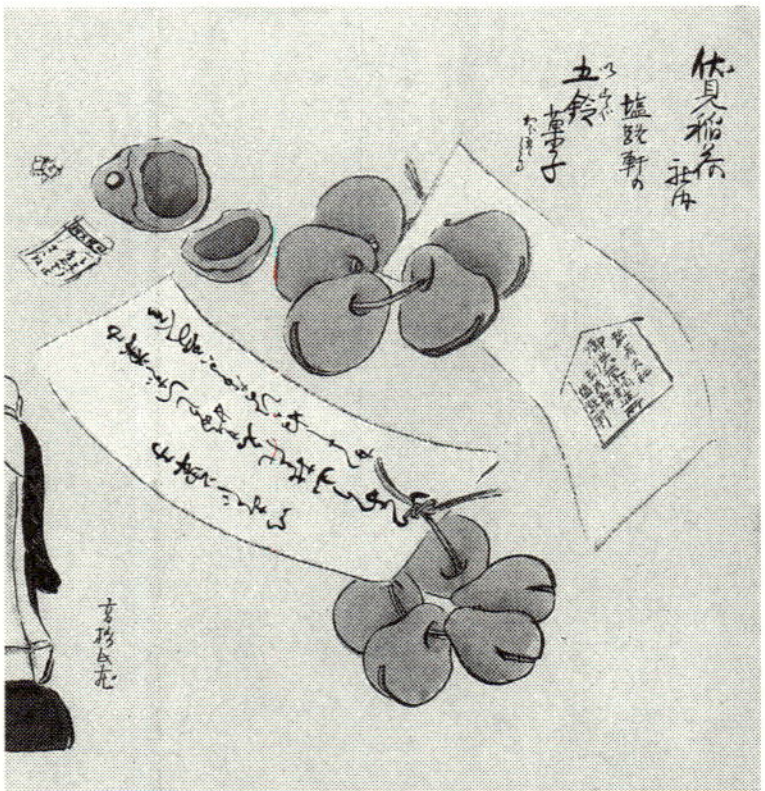

図４－15　中を割ったいすず菓子と短冊　『巨泉玩具帖』２巻９号29より（大阪府蔵／Osaka Archives）

帖』中の昭和初期の伏見稲荷大社にちなんだ縁起物は、中に辻占が入っているらしい、宝珠や狐、瓢箪の形の土鈴（「伏見辻占鈴」三四号一五）も見えるが、中でも注目されるのは、「伏見いすず菓子」の図である。『巨泉玩具帖』には画題「伏見稲荷の社内塩路軒の五鈴菓子」があるのだが、そこにはまるで土細工のように見える小さな鈴型の菓子の中から、辻占紙片が飛び出している様子が描かれている。餅種製らしき鈴は、五個を一つに紐で繋がれ、それは過去に伏見稲荷の御膳谷奉拝所で授与されていたという縁起物、小さな土鈴を五個から十個、紐で繋いだ「稲荷鈴」あるいは「埴鈴」と呼ばれたものを想起させる形態である。巨泉は、『玩具帖』にも「伏見いすず菓子」を描いており、この菓子が五個を一結びにして三つ籠に入れて売られていたらしいことがわかる。添え書きには「実大　昭和十一年三月　橋本円馬氏より面茶会頒布」とあり、菓子についている短冊には「いすゞ菓子　いなり山その名もふりしいすゞ菓子かけしねがひのなるハ受合」と印刷されている。

　この伏見いすず菓子は、当時全国的にも有名な縁起菓子であったようで、張り込帖『日本全国菓子譜』（昭和期か）には、いすず菓子の図に添えて、菓子の短冊と菓子から出てきた一〇枚の辻占紙片が張り付けてある。稲荷山に無数存在する「お塚」の神名が、紙片上部にそれぞれ入っている稲荷独特の辻占紙片である。お塚とは、稲荷山の順拝路の各所に群集する石碑で、そのほとんどが明治以降に信者によって私的に建立された拝所であり、神名には明神や大神を付けた種々雑多なものがある。『日本全国菓子譜』に貼付された辻占紙片には「玉勝明神　まち人くる　うせもの出る」「八嶋明神　をかねもあり　うけもよし」「福玉明神　わらうてまてば大吉」「末丸明神　正ぢきにして　つゝしむべし」「大杉明神　なにごともひかゑてよし」といった

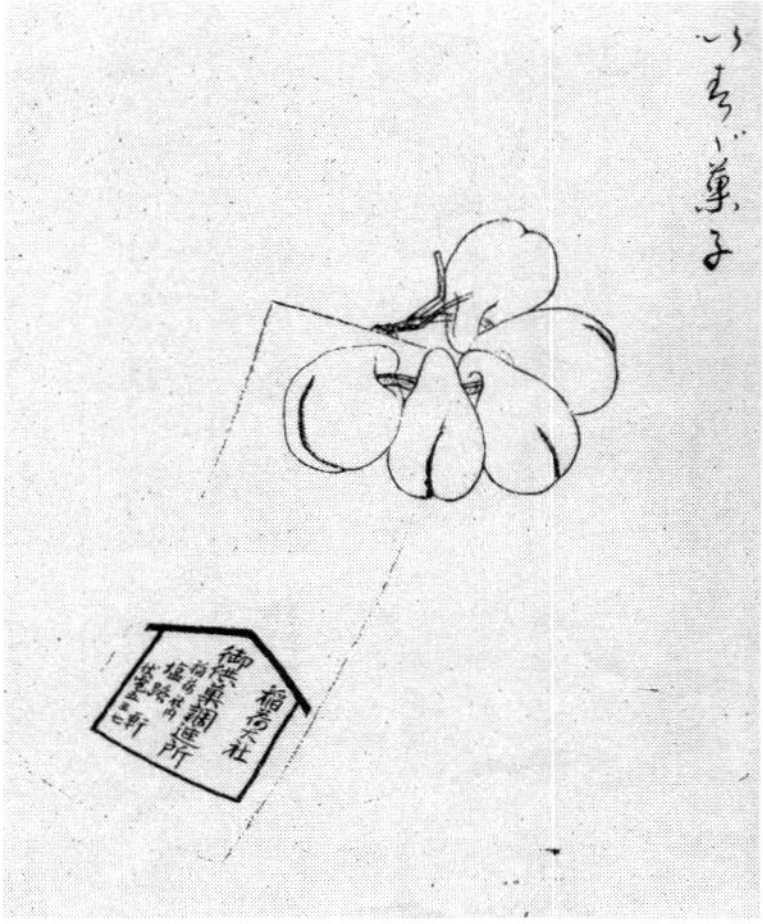

図4－16　いすず菓子と短冊のスケッチ　『日本全国菓子譜　壱』より（東京都立中央図書館特別文庫室蔵）

文句が見えている（図4-14、15、16、口絵四頁上左）。

昭和初期の縁起物ブームの時代には、伏見稲荷大社からだけではなく、多くの神社仏閣から、土鈴が授与されており、郷土玩具、縁起物の愛好家の中には土鈴蒐集家も多くいた。そうした流行期を振り返れば、伏見稲荷大社の参道に、宝玉堂が開業した昭和一〇年は、まさにブームのただ中にあり、伏見の土細工である土鈴や、それに因んだいすず菓子の評判は身近に見聞きする状況であったことだろう。宝玉堂の創業者が、鈴をモチーフにして創作したという煎餅は、神社の拝殿に高く据え付けられた金属製の鈴を象ったというよりも、先行するいすず菓子や、土鈴の鈴といった縁起物に追随する菓子であったのではないかと考える。

2-2 辻占煎餅職人の技術と道具

「縁起物には流行り廃り」があると田野登がいうように、昭和初期には川崎巨泉に描かれ、『日本全国菓子譜』にも紙片とスケッチが残る「いすず菓子」はなくなり、その製造元であった伏見稲荷大社の御供菓調進所、塩路軒は廃業して詳細が不明となっている。「いなり煎餅」と名付けた参道の土産菓子は『都林泉名勝図会』（寛政一一（一七九九）年）の挿絵によれば、植木や伏見人形、土細工と一緒に売られていたようだが、形状や味、製造法など詳しいことまではわからない。その当時にありふれた縁起物、縁起菓子、土産物とみなされていても、廃絶すると由来も形状も不明になってしまう。

辻占が流行していた幕末から明治、その後一般化してからの昭和初期頃までの時代には、多様な辻占関連品が流通していたが、現代でも製造が続くのは、瓢箪山稲荷で授与される辻占と縁起物、それに辻占楊枝と菓子だけとなっている。辻占煎餅もそのひとつで、伏見稲荷の瓦煎餅店がそれぞれ年間を通じて製造販売している。辻占菓子の中でも、辻占煎餅は歴史の古いもので、天保年間の作品『春の若草』では芸妓たちがそれを開いている情景が描写される。また、豊國の浮世絵が入った遠月堂の役者似顔辻占煎餅は評判が高く、複数の店で模倣されるほどであった。現代まで製造が続いている菓子であるのに、辻占煎餅そのものの図は少なく、さらに、それを製造する場面の図像や文献は、これまで発見されたことがなく、詳細がわからなかった。

辻占煎餅は、どのように作られてきたのだろうか。そうした疑問を持って調査しているうちに、明治期の文芸作品に辻占煎餅職人の図像があるのを発見した。そこで本節では、縁起菓子流行期の系譜を引く伏見稲荷の辻占煎餅を俎上に載せ、図像と実際の工程の観察から、辻占煎餅がいつ頃から、どのように作られてきたのかを明らかにしたい。そこでは明治期の図像を近世に遡る辻占煎餅製造の技術を読み解く資料として、職人技術の観察と比較し、道具の形状や、製造工程、作業姿勢など図像より読み取れる情報の精査を行いたい。これは現在の製造法と道具の歴史性を、明治期の資料で裏付けようとするものである。

伏見稲荷大社と宝玉堂

京都市伏見区深草の伏見稲荷大社は、商売繁盛、家内安全、厄除けなどを祈願する参拝客で、年間を通じて賑わいを見せている。境内には神具店や京漬物、玩具を売る土産物店、雀焼き、いなり寿司などを売る飲食店が並び、その中には手焼きの辻占煎餅を製造販売する煎餅店もある。稲荷と辻占を結び付け、食べられるおみくじとして辻占煎餅を販売している。宝玉堂は駅前通りに二店舗を構え、創業は昭和九（一九三四）年頃。二代目の松久保氏の父、松久喜八氏（明治三六～昭和四八）が大垣から京都の東福寺近くに出てきて創業した。当初は、「味噌入加茂川煎餅」と名付けて売り出し、好評を博していたが、東福寺周辺はあまり人出がないために、昭和一〇年に参詣客の多い伏見稲荷の近くに移転してきた。当時から機械焼きをせず、手焼きで各種の小麦煎餅を焼いてきた。二店舗のうち、小麦煎餅を製造販売する一店では、店頭で職人が実演をし、家族が店を手伝う。店舗の黄色いビニール製の庇には「総本家　いなり煎餅　宝玉堂　手焼き」とある。店を切り盛りするのは、二代目の松久保さん（昭和一八年生）夫妻と、長男で三代目の松久武史さん（昭和五一年生）夫妻である。この店は二代目と三代目の二人の職人が働く活気ある店だ。年中無休で毎朝七時半には開店し、閉店は一九時である。二代目保さんは早朝五時から焼き始め、午前一〇時から閉店時までは三代目の武史さんが焼いている。

店先のショーケースのすぐ後ろに一段高くなった火床があり、そこで一日煎餅を焼いている職人の様子を、通行人が通りから眺めることができる。調子よい手つきで着々と煎餅の山を作っていく職人の姿と「手焼」の文字は、客の足を止めるのに十分な魅力を持つ。店先から火床の間には遮るガラスなどの壁もなく、客と職人の間のやりとりは活発で、関心を示して近づいてきた客には話しかけ、焼き立ての煎餅を手渡すなどのサービスが行われている。当店で販売している煎餅の種類は二〇種類である。(2)

2-3 辻占煎餅の製造道具

ここで辻占煎餅製造に使用する道具を提示したい。

①カタ(煎餅型)

煎餅を焼くこの道具を、職人はカタと呼ぶ。カタは小麦煎餅を成形する鉄製の製菓道具で、大小がある。宝玉堂が所持するカタは四種類である。図4-17はシンプルな円形平型の煎餅用であり、一丁約一五〇〇グラムの重さがある。持ってみると、かなり重量感があり、一日中これを上げ下げするのは、大変な力仕事に思えたが、職人はやすやすとこれを操る。(3)一日一種類のカタを使用し、当日はずっと同じ種類の煎餅を焼く。

辻占煎餅を焼く時に、ここではカタを一二丁火床に並べるが、よそでは一三丁を用いる職人もいる。扱うカタの本数の違いは職人それぞれの使い易さで決まる、と教えられたが製造量によっても違ってくるのかもしれない。境内に店を構える「いなりや」では、かつて八丁を使用していたが、次第に増えて、現在は一三丁になったと語っていた。(4)

カタのつくりはアタマとハシに分かれる。アタマとは先端に付けられた鉄板二枚を指し、ウラオモテがある。一枚がオモテ、もう一枚がウラだ。ウラは溝もなく、鏡のように平板であるが、オモテは厚みがあって溝が彫られており、そこに種を流し入れる。二枚の凹凸によって、煎餅種が流れ出ないようになっている。宝玉堂のカタのオモテの底面には、伏見稲荷の鳥居と、その上を飛ぶ神使である狐が彫刻されている。ハシと呼ばれる二本の持ち手は、交差するように付いている。型の全長は四九センチで、そのうちハシ部分は三五センチ、箸の最後部にはカンが付いておおり、これを留めるとアタマがぴったり閉じる。アタマのずれは焼き上げの失敗のもとになる。

②火　床

火床は、焼成作業をする場のことである。初代は炭を火力にする火床で煎餅を焼いていた。その火加減はとても神経を使うものであり、二代目の記憶によれば、後述するつやつけという作業には、特に微妙な火力調整を必要としたため、周りで賑やかに話していたら、父親から物が飛んでくるほど叱られたことがあったという。火力調整が上手くいかずにつやつけに失敗すると、翌日の焼き上げも上手くいかず、やり直しせざるを得ないためだった。現在その作業は、ガスの火床に変わったため話しながらでもできないことはないが、かつては張り詰めた集中力を必要とした。

職人は、火床に正面を向いて座っているが、あぐらではない。火床の高さは二代目の発案によって変えられ、脚を付けて高くなり、下には台としてブロックが置かれた。これに合わせて職人は腰かけて作業ができるようになった。

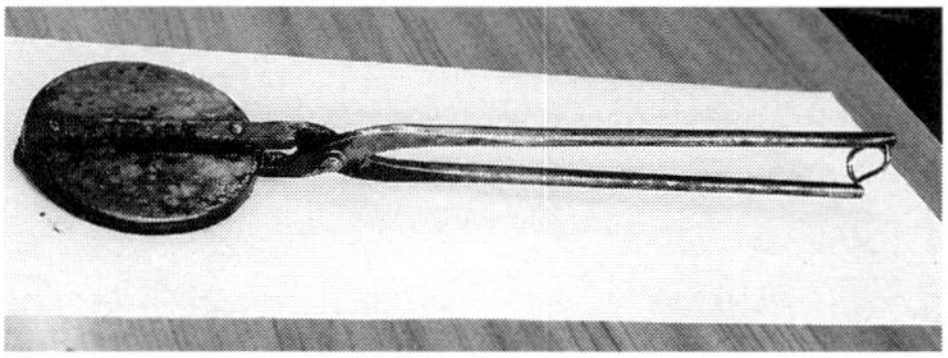

図 4－17　辻占煎餅のカタ

③バーナー

煎餅を焼成するときには、カタの深さに合わせたバーナーを火床にセットする。バーナーは、ガス火が出る金属の管であり、表面に無数の穴が空いている。カタを乗せない端の部分からは無駄に炎が出ないように釘を刺して穴を塞いでいる。店では三種類のバーナーを持つ。管が三本、四本付いたものがある。カタの深さに合わせるとは、例えば狐面型のように凹凸の際立ったものにはそれに合わせて管の位置に高低差のある「深め」バーナーを、また平型のものには管の高低差がなく、高い位置に管が付いている「浅め」のものを選択するということを意味する。設置したバーナーはその日一日使用するため、使用するカタはそれに深さを合わせたものに限定する。

④ハ　ケ

ここでハケと呼ぶのは獣毛などを束ねて柄を付けた刷毛とは異なり、職人手づくりのさらしを巻いて作った小さな用具である。開いたアタマの内側に油を塗るため使用する。材質、形状が異なっても刷毛と機能を同じくするのでこの名称が付いたのだろう。刷毛の形状は二種類で、方形に小さく切った布を棒先に糸で固定し、布の縁の糸を抜いて毛羽立たせたものは、平面的なカタに使用し、もう一種類の棒先に布をきっちりと円く糸でくくりつけたものは、立体的な狐面などに使用する。

⑤辻占煎餅の木型

辻占煎餅の鈴形を形作るには木型が必要である。生地が熱く柔らかなうちに素早く占いの紙片を挟みこんで折り、形を固定させるために、六個の鈴型が彫られた木製の型に入れる。木型は真ん中に切断面があり、開いて取り出せるようになっている（図4－18）。

2－4　製造工程

各種小麦煎餅に共通する製造手順は、まず前日の種の仕込みである。そして翌日表面の艶が必要な煎餅を焼くのであれば、カタにつやつけを行う。仕込み作業は「練る」と呼ばれるが、それは材料をボウルで混ぜる動作からくる名称なのだろう。焼成は翌日早朝から始まり、夜までに全ての種を使いきる。以下各工程ごとの説明を行う。

①つやつけ

味噌煎餅は艶が命であるそうだ。小麦煎餅の中でも味噌を入れない卵煎餅や、豆を入れた煎餅などには艶を求めないが、狐面、辻占、二つ折り、四つ折りといった、生地に何も混ぜ込まない煎餅は、表面の均質な艶を良しとする。磨いたような照り（つや）が表面にきれいに出ると上出来である。こうした照りは、つやつけが上手くいった煎餅のカタからしか生まれない。カタのつやとは、アタマの内側に、均一で滑らかな油膜が張られている状態のことをいう。つやがうまく付いていれば、焼き上げた時に煎餅がカタから抵抗なくはがれ、表面につやが出る。状態がよければカタのつやは一日か二日は保たれている。

武史さんによるつやつけの手順を観察したが、要する時間は三〇分であった。まず翌日使用するつもりの、きれいに洗ったカタを取り出し、そのカタの高さに合わせたバーナーを火床に設置する。その日は辻占のカタ用に浅いバーナーを使用した。カタをバーナーの上にかけ、煎餅を焼く時と同様に回転させてしばらくあたためてから温度を確かめるために、時折一丁を火から降ろす。そしてアタマの左右を開き、まるでカタの声を聞いているかのように頬を挟む。もちろん頬は熱くなった鉄に触れてはいないが、間近に近付けたカタと頬の間の熱を感じ取っている。十分に熱くなったことを確かめて、前述の方形の布が付いたハケで油を塗り始める。

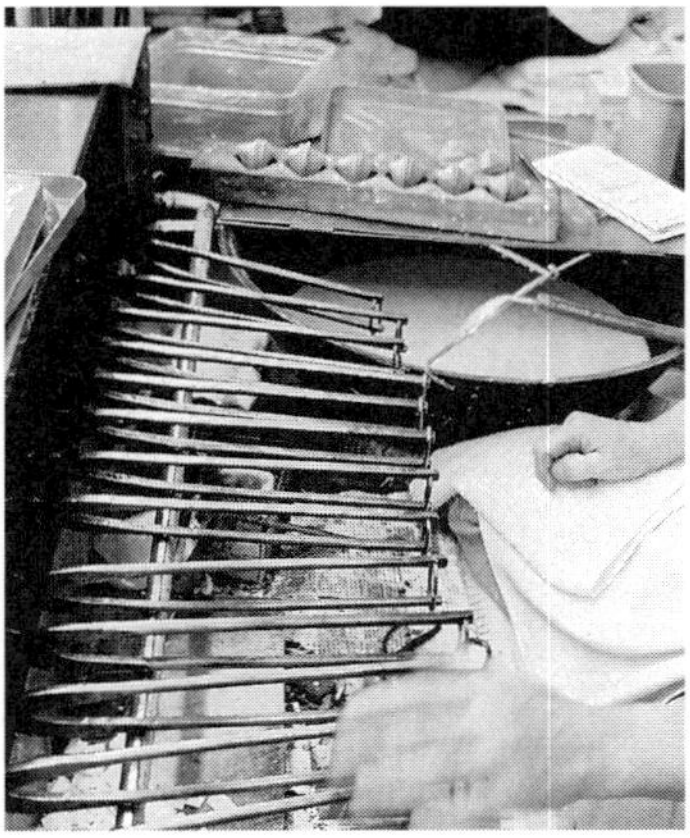

図4－18　辻占煎餅の木型
奥に見える，煎餅を穴に入れているのが木型（宝玉堂での使用品と同型のものをいなりやで撮影）

つやつけに用いるのは、ごま油を主体にした数種の油の混合油だ。火床に並べた、既に油を塗ったカタからは煙が上がり、ごま油の香りが店内に漂う。うんと焼けたカタに塗りつけている最中が、最も香りが立ってくる時だ。ハケで塗りつけ、また火床に戻し、回転させながら油を定着させ、しばらく焼いてはまた塗る作業を繰り返すうち、次第に盤面にはテフロン加工のような油膜ができてくる。これがつやである。
つやを十分につけた後に火から下ろすタイミングも重要だが、毎回がカン頼りである。この時だという決定的瞬間があるらしいが、それは他人には伝えられるものではなく、親子間であれ教えたくとも教えられないという。武史さんによれば、持ちがよく完璧なつやを仕上げた父親に、その秘訣を尋ねた時、自分でも説明ができないので、「教えられない」と返されたそうである（図4－19）。

図4－19　つやのついたアタマ

②種の仕込み

実見はできなかったが、味噌煎餅であれば、材料の小麦粉、砂糖、ごま、白砂糖、水を混ぜて一晩寝かせるのだそうだ。一晩置くと味が良くなるという。ただし、夏は悪くなるので、当日に仕込む。一日に使用する分量は、小麦粉を約二キロ、砂糖やゴマなど他の材料を入れると、水を除いて二〇キロになる。出来上がった種は一日で使いきる。

③焼き上げ

観察したところ、辻占煎餅一枚が焼き上がるまでに要する時間は一〇分、分量の種を掬ってアタマに流し入れ、火床に並べて数度回転させ、取り出す作業までを計った。

まず職人と道具の位置関係を説明したい。火床正面に職人が座っている。バーナーの上にはつやつけを終えたカタが並べられ、正面のフード上には、同じ長さで作られた長方形のトレイがセットされ、焼き上げた煎餅を入れる。職人が座る右手のすぐ近くには、口の半分を覆う蓋付きのステンレス製ボウルが置かれ、口の渡した一本の棒には、おたま杓子が掛けてある。たっぷりと煎餅種が入ったボウルには、たくさんのごまのつぶが浮いている。ボウルの蓋には時折つやを補うために塗る、小皿に入ったごま油とハケが乗っている。また、右手近くには辻占の木型とブリキの缶に入った辻占紙片が置いてある。

辻占煎餅のカタは一二丁、アタマを開いて溝のあるオモテ側に種を流し入れ、カンも留めてぴったり閉じ、火床に戻す。カタを上げ下げする順は決まっており、焼き上げた煎餅を取り出すには、ずらりと並んだ列の左端からで、種を入れて列に戻す位置は列の右端である。つまり煎餅は、ベルトコンベアーの流れのように、右から左に向かって次々焼き上げられていくのである。一二丁は三丁ごとに区切られて回され、三丁オモテ、三丁ウラ、三丁オモテ、三丁ウラといった状態になる。焼き上がるまでに一丁のカタはオモテを二回、ウラを二回を返される（図4－20）。

図4－20　焼き上げ作業中の松久武史氏

カタは左右で煎餅の焼きムラができないように傾斜をつけて置く。この状態は、隣り合わせた左右のカタと重なった状態である。このようにするとバーナーの火が均一に当たるのだそうだ。

焼き上がりの頃あいを見計らってアタマを開き、煎餅の表面にへこみがないかを見る。焼きが足りないと白っぽい。いい焼き具合かを確かめるには、触ってみてへこまないかを見る。焼きが足りなければ、少しはがしてしまったとしても再度貼り付けて焼く。興味深いのは煎餅を焼いている時の音だ。キュウウウー、ピュイーというような、小さな笛から空気が漏れるような音が時折聞こえてくるのである。最初はどこから何が鳴っているのかと思ったが、種を入れたカタから音が漏れているのだ。手焼きならではの音かもしれない（図4－21）。

焼き上げた煎餅は、素早く指ではずして二つ折りにし、端を持って中心に力を入れ、四つ折りにする。鈴型になったところで、煎餅の縁からはみ出した部分を丁寧に、しかも早く鋏を使って切り落とす。硬くならないうちに、折り目に辻占煎餅を挟み込み木型に入れる。木型に煎餅が全て入るとトレイに移す（図4－22）。

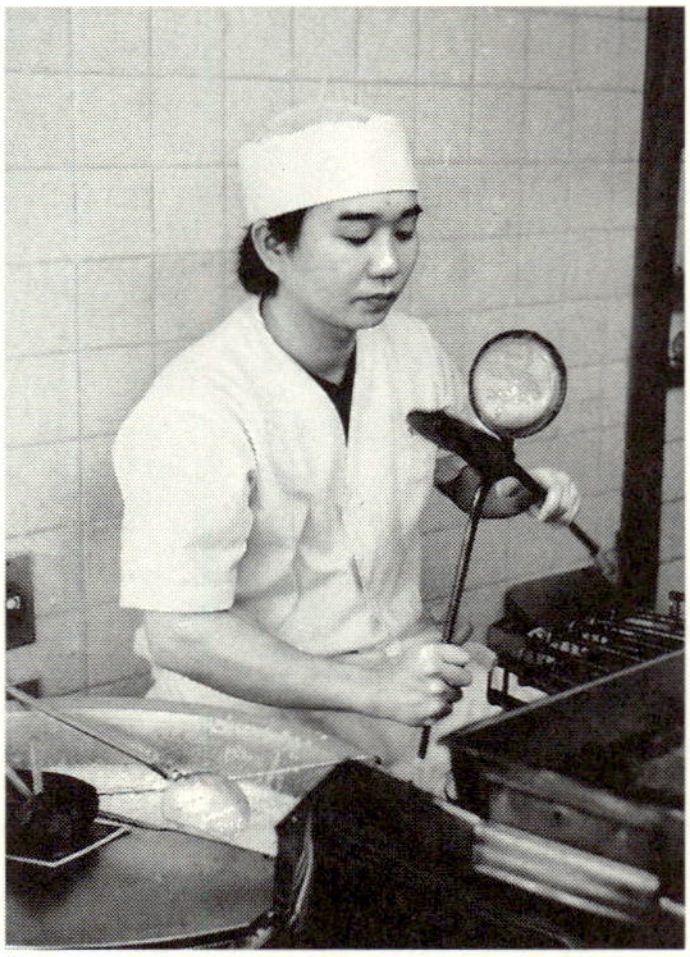

図4－21　煎餅の焼き上がりを見る

図4－22　焼き上げた辻占煎餅

2－5　明治期職人図像との比較分析

文芸作品『藻塩草近世奇談』三篇下（明治一一（一八七八）年）には、主人公金之助が大坂、天神橋通り一丁目の煎餅屋で奉公をするエピソードが挟まれる。この場面は、それまで仕事がなく困っていた主人公が、まず最初に手にする仕事の場面で、読者に幸先の良さを感じさせる転換期にあたる。主人公は、それまでの人に頼る生活から抜け出そうと張り切って働き始める。描かれているのは、煎餅を焼くカタを載せた火床を前に、勤勉に働く主人公の姿である（口絵四頁下）。本書は文芸作品であるために、画像周囲に文章が書き込まれてはいるが、料理書や技術書ではないので、道具名称や製造工程に関わる記述は見られない。刊行当時は小麦煎餅を焼く職人の姿が日常的に見られたため、読者に対する説明的文章は必要とされなかったのであろう。文章には手掛かりがないので、画像そのものから読解を試みることになる。この図像から、辻占煎餅製造に関わる道具の形状、機能、扱い方、製造工程、職人の作業姿勢といった読み取りを試みてみたい。

煎餅屋の暖簾には白抜きで「つじうらせんべい」とあり、これがこの店の主力商品であることを示す。今や煎餅職人となって働く主人公は、襷掛けであぐらをかき、座布団の上に座っている。炭火が燃える火床の上には、八丁のカタが熱くなっているようだ。火床は床から高さがなく、とても低い位置にあり、これが職人の作業姿勢を決めている。カタの先端には円盤状の鉄板が二枚付き（アタマ）、ここに種を入れて形を写した煎餅を焼成する機能を持つ。下には二本の柄が鋏のように交差して付いている。この図では主人公の右手はカタに触れておらず、これでは扱い方は不明である。ただ製造工程として、カタを火床に乗せて、煎餅を焼いていることは理解できる。

彼の体の右側には、煎餅種（溶液）の入った大きな鉢があり、箸が入っている。主人公が左手でつかんでいるのは焼き上がった煎餅を入れる甕であるようだ。中に入っている小さく丸みを帯びたそれは、焼き上がった辻占煎餅だろうか。甕の後方には桶が並んでいる。貯蔵内容物は不明。左端の小僧が持ち上げている甕には「辻うら」の紙が貼付してあり、そこには焼き上げた辻占煎餅を入れることを示す。また、床に置いた大きな甕には「役者」の紙が貼付されているので、そこには役者煎餅が入れられているのだろう。中央で声を掛けているのは雇い主だろうか。

この図像からは、道具の形状と機能、製造工程の一場面、職人の作業姿勢を知ることができるが、道具の名称、製造工程の全体を知ることはできない。可能であれば図像という資料から、作業の早さやリズム、道具の重み、材質、人物に比した道具のスケールの正確さ、誇張や簡略化の有無などを読み取りたいと思うが、それには対象に関連する知識が十分に必要とされるであろう。

当図は煎餅職人の使用道具、作業姿勢、作業の一工程を描くものとして、かなり写実的といえる一方で、画面から省略された道具がある可能性も疑われる。文芸作品の挿絵は、物語を補足し、登場人物や舞台となる場のイメージを喚起させる機能を持つ。画師は確かに煎餅職人を描きたかったに違いないが、全体像に込められたメッセージは、「忙しく、勤勉に働く主人公」の姿であり、細部のリアリティーはさほど重視していないと思われる。以下で図像と聞き書きとの照合から得られた見解をまとめたい。

黒く描かれたカタは、実物の鉄の材質と円形平型の形状を正しく伝え、丁数も四丁で一揃いという決まりに則り、八丁が描かれている。宝玉堂では十二丁を使用していたが、これも四丁の倍数である。画中のカタは重ならないように置かれているが、宝玉堂では隣り合わせる左右の型と、重なり合うように置かれていた。これはガスと炭火の火力の違いから来るもののようだ。宝玉堂の職人は、このように傾けると火が均等に当たると言っていた。描かれた火床では炭を利用している。現代の火床はガス火であるが、炭火の火床は昭和になっても使用され続け、火力調整が難しかったことを教えられた。当時の職人が身に付けなければならない技術は、種の仕込みや焼き上げのコツに加えて、微妙な火の調節であったことだろう。

職人の作業姿勢だが、図ではあぐらをかいている。宝玉堂では二代目が火床を高くし、腰掛け姿勢に移行する以前はあぐらの姿勢で仕事をしており、また伏見の他店舗では依然としてあぐらで作業する職人を確認したことから、事実に即した描写といえる。

図像の人物はカタに手を触れていない。種をちょうど流し終わり、短い間手を休めているところだろうか。焼成時にも、確かにこのように手を離す時間は見られた。そうであれば、この後すぐにカタは回され、左右どちらかの定められた進行方向に流れていくはずである。

ここまでの技術に関わる読み取りは、聞き書きと観察からの情報に拠っている。一点の図像から、補完情報なく道具や人間の一連の動作を読み取ろうとするのは易しいことではない。伏見での聞き書きや観察から知識を得ることができなかったならば、検証はさらに難しくなっていただろう。

写実性に疑義が生じた箇所もある。暖簾は実物に比して不自然に長すぎないだろうか。吊り下げ位置は人物や器物に対して斜めになっている。これが店先ならば正面に吊り下げられるはずである。伏見の煎餅店には、暖簾を下げた店はなかったが、「手焼き」「いなり煎餅」などと印刷したビニールの庇は同じ役割を果たしていた。暖簾や庇は、道行く人に向かって煎餅店と商品のアピールをする看板的役割を果たしているのだ。けれども、画中の場は本当に店頭なのだろうか。商品を並べる棚や台も見えない。目立つのは保存用の甕や桶ばかりで、作業場のように見て取れる。

仮に暖簾が描かれていなかったとすると、ここがどこなのか、すぐにわかるだろうか。描かれた人物が何をしているのか、一目では理解しにくくなるだろう。つまりこの暖簾は、制約のある紙面で画師が講じた画面処理といえないだろうか。文章が空白にびっしりと書き込まれる読み物の挿図であることに加え、見開きになる、本という媒体の制約の中、物語の情景の煎餅屋を一目瞭然で表す効果を考えると、作業場にかけるのはおかしいが、画面に暖簾を斜めに描かざるを得なかったというところではないだろうか。このような処理から気付かされるのは、描かれる紙面の制約からも写実性に歪みが生じる可能性であり、これは他の図像資料を見る時にも必要な注意点と思われる。

また、やはり紙面の限界や、美術的な判断から生じたのかもしれない省略の問題もある。聞き書きで実見したハケや木型といった道具類は図像に登場していない。小さな道具であるために省略された可能性があるとはいえ、木型を使用しないことは、それで成形しないことを意味し、それによって辻占煎餅の完成形は現在のものと異なることも考えられて、興味深い。比較の上での描かれていない道具の発見は、単に省略された可能性にとどまらず、作業工程の変化や省略された手順、煎餅の形状の違いの可能性をも示唆し、別の道具の存在も考えさせるため、見過ごすことのできない情報と捉えている。描かれたモノが伝承され、使用され続けている場を実見する幸運に恵まれるとは限らない。そうした場合、いかに図像情報の写実性と虚偽を読み取っていくかが問題になるだろう。

本節では、明治時代の煎餅職人の製造工程を描く一点の図像と、現代の製造現場における観察と聞き書きから得た情報を照合することにより、使用道具の形状や、機能、職人の作業姿勢、製造工程といった職人の技術と道具の情報を読み取り、比較考察した。その結果、宝玉堂での知識を得て理解を深めることができた部分と、疑問が生じたところがあった。むろん明治期と現代では、火床が炭からガスに変わるなど、技術の発展によって変化した道具があり、観察で得た情報をそのまま図像に当てはめることはできない。それでも、カタの形状と使用法には、図像と比較して大きな変化は見られず、読み取りに十分活かす価値のある情報を得ることができたと考えている。(5)

3　正月習俗と辻占菓子

正月という神聖で特別な節目の時期には、全国的に目出度い言葉が選ばれ、凶事を思わせるような言葉は避け、吉兆を示す言葉の力によって、新年からの幸運を引き寄せようとする風が、儀礼や習俗、遊びの中に見られる。新年に縁起の良い言葉や、言葉遊びを含めた笑いを誘うような言葉が選ばれるのは、縁起のよい言葉は現実になるという信仰からくるものであろう。正月とはまた、言葉遊びの生成がなされる時間でもあった。第二章「懸想文と辻占を繋ぐ祝い言葉」では、懸想文売りと、師走から正月にかけて商う一部の辻占売りは、祝い言葉の刷り物と、縁起を売るのが共通する本質と述べたが、そのような辻占売りは加賀地方に戦前頃まで存在していた。また、長崎県の平戸市では、新年のお供え飾りとして、あるいは供応の際に、儀礼的に辻占煎餅を食べることが習わしとなっている。加賀地方でも平戸においても、正月に辻占菓子を開き、お目出度い言葉を受け取り、笑い合うことが習俗と化している。地域的ではあるが、辻占菓子を媒介にして、占いに出てきた縁起の良い言葉から願望を叶えようとする呪術的な心意が、新しい習俗に結び付き、定着している様相を明らかにしたい。(6)

3-1　長崎県平戸・生月・的山大島のおてがけ習俗と辻占

新年には付き物とする占い菓子、「辻占」を家族で楽しむことや、正月の飾り物にする習俗が行われている地域がある。石川県金沢市では、辻占が新年の菓子の象徴として、師走になると例年のように製造風景が風物詩としてメディアに取り上げられる。県外からの観光客には金沢の新年らしい景品として、ホテルや旅行会社から振る舞われるなど、地域で認識されている。(7)

しかし、長崎県平戸市における受容となると、市外にはほとんど知られていない。特に儀礼的な習俗における辻占の享受は、伝承者間だけに知られる習俗として存続し、これまでの民俗調査でも、新年の習俗としては新しい形態と受け止められたためか、詳しい調査や報告がされたことはなかった。筆者が平戸市に存続する、この正月習俗に気付かされたのは、佐世保の菓子製造業者とのやりとりからであった。佐世保で製造された辻占煎餅の大半が、平戸に送られると聞いたのだ。本来は年間を通して製造、享受されるはずの辻占菓子が、なぜ平戸では新年限定の受容がされているのかと疑問を持ち、そこではどのような享受のあり方が見られ、金沢と比較すると何がわかるのだろうかと考えたのが平戸調査の契機となった。

本節では、二〇〇七年から二〇一〇年にかけて行った、平戸市内と金沢、小松、白山市におけるフィールドワークに、近世の日記や新聞記事といった文献資料も援用して考察を行う。新年の飲食の機会には、辻占がどのように享受され、菓子はそこでどのような役割を果たしているのか、そして占い菓子である辻占が正月菓子となった成立背景には、それぞれの地域において何があるのかを問題にする。

（1）おてがけの現況

平戸市は、二〇〇五年に長崎県北西部の平戸島と周辺の田平町、生月町、大島村と合併して新しい市となった。人口はおよそ三万九〇〇〇人であり、平戸島、生月島、大島、度島、高島といった有人島、それに九州本土北部の沿岸部に位置する田平町と周辺多数の島々で構成されている。天文一九（一五五〇）年にザビエルが平戸に来訪し、キリスト教布教を行い信仰が広まったが、江戸時代には厳しく弾圧され、犠牲になった殉教者の遺跡が数多く残されている。また、平戸は古くから大陸交流の窓口として重要視され、慶長一八（一六一三）年にはオランダ、イギリス商館が開設され、以後鎖国政策による商館移転となるまで、貿易、交流が盛んな港として繁栄した。『平戸市史　民俗編』によると、平戸島は長崎県の中でも壱岐、対馬と比肩できるほど伝統的な民俗事象がよく保存されているると記される（地図4－1）。

平戸には、新年に辻占を食べるならわしがあると聞き、二〇〇七年一二月一四～一六日にかけて、現地にて第一

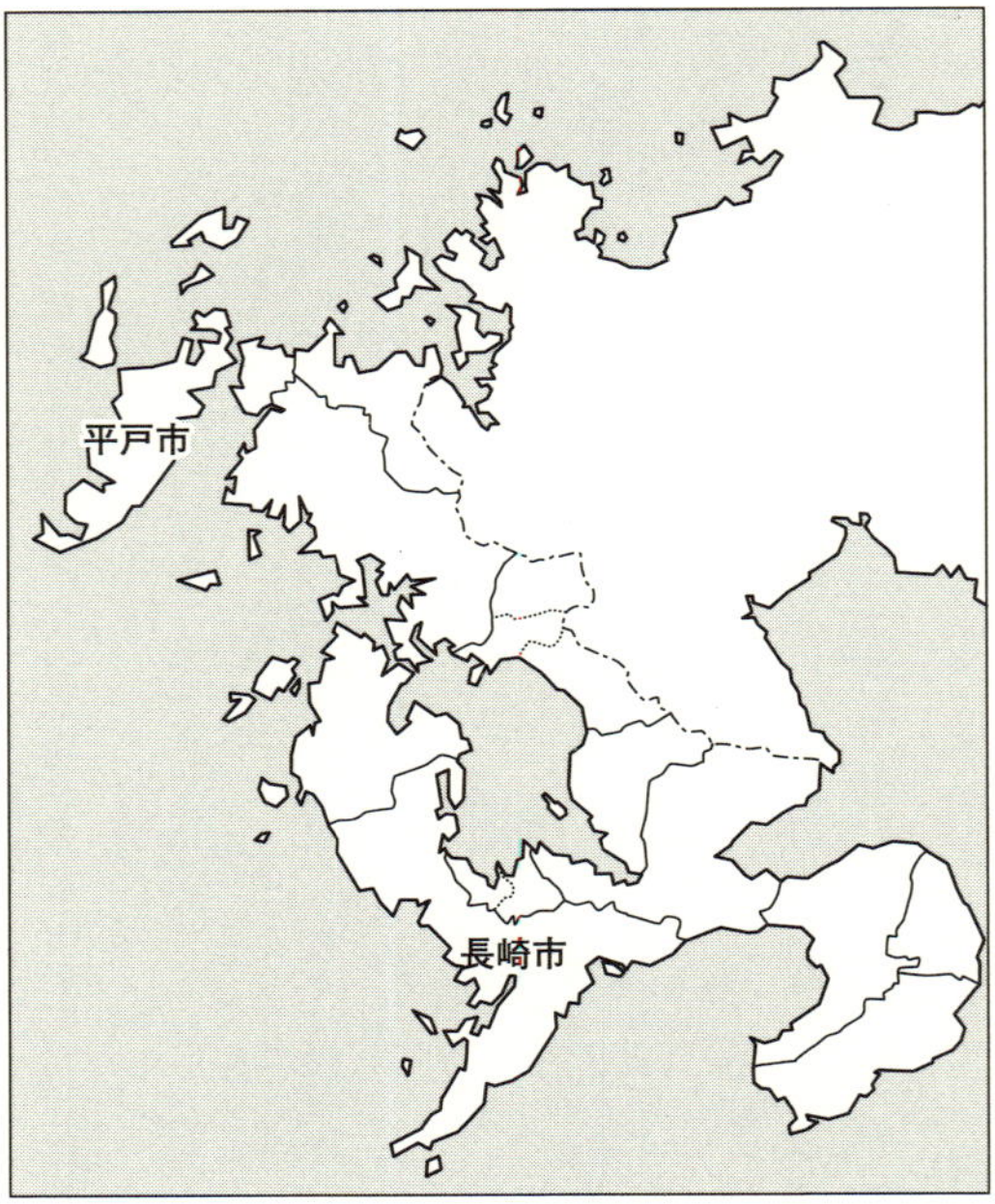

地図4－1　長崎県関係地図

回目の調査を行う中、「おてがけ」という習俗の中で、辻占煎餅が用いられることを知った。平戸の辻占煎餅は、瓦煎餅に生姜味の砂糖をかけ、紅白二色があるのが特徴である。中には小さな占い紙片が入っている。辻占が「おてがけ」に入り込み、習俗化している現象は平戸市内で明らかである。なぜそれに辻占が必要とされ、続けられているのだろうか。

　まず市街地、商店街で出会い、協力していただいた四〇代以上の市内在住者(8)の方に辻占について尋ねてみた。皆がそれを知っており、新年にはもう今では買わなくなったという人もいたが、毎年買う女性もおり、皆子供の頃はお年玉としてもらうのを楽しみにしていたと答えた。幾人かの談話を抽出してみる。

①「家族で食べる新年の菓子」

私の家では略式だけれど、（辻占は）子供を交えてお正月に毎年食べます。お節と食べるなどといった決まり事はありません。家族と交換して何が出たとか、わいわいやるのが楽しい。これには今年の運勢を占う意味があると思うけど、神社のおみくじとは別物でしょう。子供時代にはお年玉として、辻占煎餅と一緒に、寒菊、へそ菓子、丸ぼうろといった菓子をもらったものです。これが無いとさみしい。（四〇代女性）

②「お年玉」

毎年子供達が好きなので、買って用意します。遠くに移り住んだ家族にも送るのです。おてがけは子供の頃の楽しみでしたね。やらなくなったのは高度経済成長の後あたりでしょうか。お金のお年玉以前の話です。（五〇代男性）

③「お年玉」

おてがけとは新年に松浦家の殿様から、家臣が菓子とお金と辻占の組み合わせを賜ったことが始まり。それを次第に庶民も真似するようになったから、うちでも辻占や一口香といった菓子とお金を組み合わせたお年玉をあげるのです。（女性）

事例③の内容とは差異があるが、江戸時代、確かに松浦家ではおてがけを飾り、新年を祝っていたことが、当家の御祝行事食の記録である『御祝帳』（成立年不詳、江戸時代）から明らかである。松浦家には、おてがけに用いた三方、瓶子、樽など器類が残る。『御祝帳』には、年間を通じた御祝膳や料理が、彩色された鮮やかな図像で描かれ、おてがけ鉢の図には、米が全体に盛られている。米の上には昆布、蜜柑、中央に譲葉を挿した橙、熨斗鮑、かち栗、干し柿がのせられ、鉢の縁からは裏白の葉が五枚垂らされている。武家の御手掛として図像が明瞭な好資料である（図4－23）。

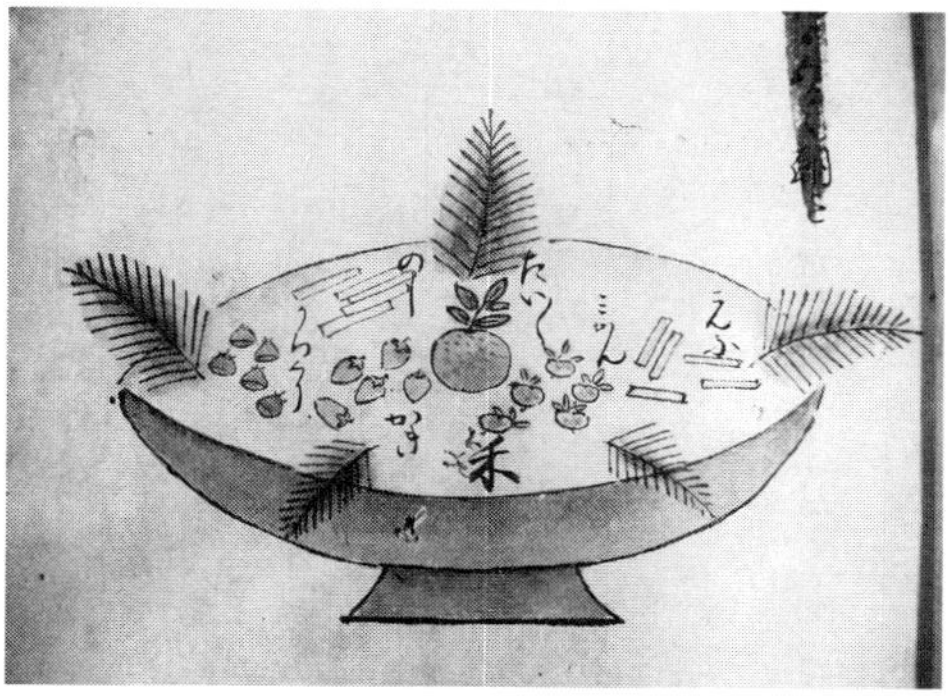

図4－23　『御祝帳』に見えるおてがけの図
（松浦史料博物館蔵）

鉢には米，昆布，蜜柑，橙，のし，かち栗，柿が盛られている。

④「おてがけ膳」

辻占煎餅は、おてがけというお膳に付ける菓子の一つです。おてがけに盛る菓子として決まっている七色菓子（七種類の菓子）の一つなのです。おてがけには、盆に半紙を載せて、丸餅、丸ぼうろ、一口香、へそ菓子、みかん、辻占煎餅、干し柿、昆布、するめをのせ、昔は一人ひとりのお膳に付けました。お土産にする時には、半紙に包んで紙をきゅっと絞ってあげた。正月のほかには、年取りの晩に用意しておき、縁起がいいといわれる八十八夜のお茶と一緒に頂くのです。年が明けたら年始のお年玉として出します。（七〇代女性）

商店が並ぶ崎方町に店舗があり、市内で唯一の辻占煎餅製造所である江代商店を訪問すると、店主の江代光男氏と江代マサ子氏（昭和一〇年生）は、おてがけについて次のように語った。

⑤「元朝の菓子・お年玉・お供え」

辻占煎餅は、北松地方だけに残る菓子。生月、大島にも残っている。新年になったら、お節の前に、その年最初のお茶と一緒に食べるものだ。昭和三〇年代頃までは、「おてがけ」といって正月に年始に回ってくる子供達へのお年玉として、するめ、昆布、蜜柑、干し柿と辻占を紙に包んであげていた。神様にお供えもされていたけれど、今そうしたことをする家はあまりないのじゃないか。うちではそうしていない。でも、今でもお節の前や正月の客が来た時には開いて楽しむ習慣があるから、年末から正月にかけてはよく売れる。（江代マサ子氏・平戸市崎方町・戦前から居住）

平戸の辻占享受は「おてがけ」に関係し、お茶（福茶）と一緒に新年最初に食べるもの、あるいはお供え、お年玉として、旧家に限られていたわけではなく、一般家庭に広く浸透していた。同呼称「おてがけ」のもとに実態が混在している状況を、伝承者へ面会と観察をもってさらに把握したいと考え、話者を探しながら、翌年以降はおてがけ中心に聞き取りを進めた。二〇〇八年七月一～四日の調査では、前回と同じエリアに加えて生月島に渡り、二軒の一般家庭を訪問した。生月島では、館浦のS家において、毎年の正月準備から新年のしきたりを中心に聞いた。

⑥「正月飾り」

今もしているのは正月飾りのおてがけで、新年には金屏風を立て、その前に緑色をしたビロードのテーブルセンターをかけたテーブルを置きます。テーブルの上にはその年の干支の形の酒瓶、生花、宝船の置物、そして三方に米や辻占をのせたおてがけを飾るのです。おてがけの内容は、米八合、つるしば、橙、干し柿、一口香、丸ぼうろ、へそ菓子、辻占。年賀に訪れた僧侶が置いていったお札は、おてがけの三方の上に置きます。一月一五日にはこの米を下げてお粥を炊いて食べ、残りの粥は糊にして、頂いたお札を貼り付けます。この三方のおてがけの菓子や米は食べません。飾るだけです。食べるおてがけとしては、お年玉を一〇年ほど前まで子供にあげていたけれど、最近の子供は昔風の菓子を喜ばないのでやめてしまいました。辻占は元旦のお茶を飲む時に頂くもの。お節を頂く前の早朝六時頃、お茶と一緒に家族で開いてみるのです。（S家の主婦談・大正一二年生）

S家の正月飾りとしてのおてがけは、座敷に金屏風を立て、ビロードのテーブルセンターや縁起物類が傍に置かれるなど現代的な工夫がなされ、豪華に変化を遂げているように見えた。賀詞客が多く、僧侶も来訪することから、歳神を迎えるとともに、訪れる人たちへも丁重な供応をしたいという気持ちが表れていると見えた。S家では、小さな子供と暮らしてはおらず、成人ばかりの家族構成でこの毎年のしきたりを守っている。元旦の朝、年頭の挨拶を交わし、大人だけで辻占を開いてみるという話に、遊戯的というよりも真面目な新年の占いとして辻占が受け止められている印象を持った（図4-24、25）。

生月の境目で訪問したM家は農家であり、隠れキリシタン信仰を持つ家族である。御当主と奥様にうかがったところ、M家のおてがけは床の間の正月飾りということだった。

図 4－24　金屏風の前の正月飾り
（生月島館浦Ｓ家。中園成生氏撮影）
手前三方にあるのがおてがけである。

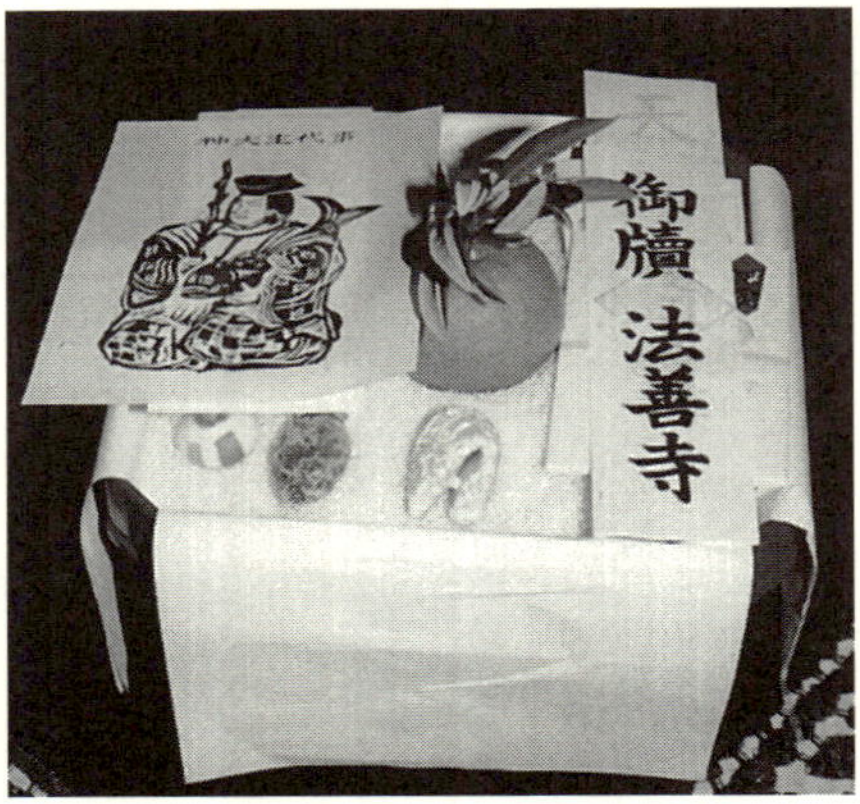

図 4－25　おてがけ
（生月島館浦Ｓ家。中園成生氏撮影）
新年に訪れた僧侶からのお札などが次々に重ねられていく。

⑦「床の間の正月飾り」

おてがけは床の間に飾る。年賀の客人が来ても下ろしたり摘まんだりすることはない。もろもきの葉（裏白）は使わず、三方に半紙二枚に米一升、橙、椎の木の葉を使い、菓子は何も飾らない。昔は蜜柑が手に入らなかったので、夏蜜柑を使っていた。辻占は新年に食べるが、いつ食べるなどの決まりはなく、家族が集まった時に摘まむ。（M家当主）（図4－26）

M家の親戚で近くに住んでいます。うちではおてがけに、三方に米、夏ミカンに椎の木しば、中央を高く盛った米の周囲に金柑をたくさん飾った。祝い事はみんな潮の満ちる時にするので、おてがけも同様に、一二月二八日の満潮時に、鏡餅飾りと一緒に飾りつけを行うのです。一月一五日には、おてがけの米で粥を炊き、それを糊にして御守りを貼る。辻占は農協などで買います。（M家の親戚女性）

おてがけに用いる縁起担ぎの食品には、時代や状況、家々によって変化がある。おてがけ飾りはするが、辻占や他の菓子は飾らない家もあることを知った。また、子供がいないと辻占は買わなくなるのかと予測していたが、そうでもなく、正月の縁起菓子として年配の方が主体となる家庭でも継続して享受されていることが分かった。

二〇〇九年八月一二〜一六日にかけての訪問では、平戸島調査の他、的山大島に渡り、おてがけの膳を伝承している家を訪問した。大島村神浦で、盆や正月に仏壇に供える様々な形の金華糖の供え菓子、「おもりもの」を製造する平松菓子店を訪問した。店主の女性からは、当家で銘々に付けるお膳のおてがけに辻占を用いていることを聞いた。

⑧「おてがけの膳」

元旦のお節料理の前にお茶を飲むのだけれど、その時摘まむのが辻占。おてがけの膳といって、銘々丸いお膳に蜜柑、干し柿、丸ぼうろ、一口香、千代香、紅白の辻占を一つづつ付ける。昔から家族めいめいに、このおてがけの膳をお節の膳とは別に付けている。おてがけの膳をやっているところは、もうこのあたりにほとんどないんじゃないかしら。（平松菓子店店主・女性・七六歳・戦前から居住）

同じく神浦の屋号「菓子屋」（現在は雑貨店）で聞いてみると、こちらの家でもかつては各人のお膳に付けた菓子を盛るおてがけをしていたが、今ではもうやめたということだった。

⑨「おてがけの膳」

昔用意した正月のお膳には、四角くて猫足の「高お膳」に、歯

図 4－26　新年の様子
（生月島境目M家。中園成生氏撮影）
床の間の手前に飾られているのがおてがけ。
床の間には鏡餅。

図 4－27　2010年の新年に向けて準備された館浦Ｓ家のおてがけ

四隅に紅白の辻占煎餅。中央には橙，それを取り巻くように一口香，へそ菓子が米の上に四つずつ飾られている。

固めの大根とお米、干した鰯を二本、いりこ、塩、干し魚、小餅を載せた。お雑煮には丸く切った大根、かまぼこ、玉子焼き、椎茸、野菜、人参、白菜、丸餅を入れます。おてがけの膳はこれとは別で、丸盆に紙を敷き、その上に千代香、蜜柑、辻占、一口香、へそ菓子を載せた。辻占は開けて食べるのが楽しい。年始客には、お茶請けとして同じ盛り合わせの菓子を出していた。

（女性・九〇歳・戦前から居住）

的山大島のおてがけ膳の事例は、菓子盆や三方の盛り物とは意味が少し異なるようである。それは元朝の屠蘇の口取り肴に近いように思われ、ちょっと喰い摘まむためのお節であり、菓子だけを盛った別の盆も、同じく口取りとみなせるだろう。亀井千歩子は、島台、蓬莱、喰積を考察し、それらがもとは饗宴の飾り物であり、酒宴の取り肴を盛ったのが正月の蓬莱であるとする。蓬莱は、「平安時代には貴族の祝儀や酒宴の装飾用に用いられた。だが、室町頃から武家の正月の祝儀に用いられ、江戸時代には商家などでも取り肴を盛って賀客に出すようになった。」、「また、江戸で行われていた「喰積」は「蓬莱」から変化したものとされ、装飾的な蓬莱に対して実用的に「取り肴」となっていた。」と述べている。（亀井　一九九六：二二五～二二六頁）

二〇〇九年一二月二七日～二〇一〇年一月二日の調査においては、平戸、生月島にて正月準備と元旦の様子を調査した。

⑩「おてがけ飾りの準備」

生月島館浦のS家（事例⑥に同じ）では、毎年一二月二八日におてがけの準備を行う。二八日当日は午前七時過ぎより、注連飾りを作ってもらうために男性を頼んだ。注連飾りを作り終え、飾り付けも終盤近くの昼一二時近く、正月の生花を整える作業を終えたお嫁さんとお姑さんに、今からおてがけを作るよと声をかけてもらった。お嫁さんがお米を八合枡で計りお姑さんに渡すと、彼女は居間のテーブルに用意しておいた深い朱色の塗りの三方に、半紙四枚を時計回りに端を垂らすように敷いていく。そこに米八合を入れ、米の中心部にもろもきを挿した橙を置き、周囲を取り巻くように一口香を四つ、へそ菓子を四つ、三方の四隅には辻占煎餅の紅白を二つずつ飾った。

中園氏撮影の写真と比較すると飾り付けが異なるが、飾り方に決まりはないのかもしれない。飾り付けが終わると、床の間に置かれた。一二月三〇か三一日に、金屏風を出してその前に台を出し、干支の酒器や生花と共にこれを飾るということだった。元朝には、家族で六時頃には起床して新年の挨拶をし、お茶と一緒に辻占を開いてみるとのことだった（図4－27）。

⑪「喰い摘まむおてがけ（三方）」

二〇一〇年一月一日、平戸の大久保町O家は藩政時代より続く一家である。午前八時一五分頃に到着したところ、既に座敷のテーブルには昨晩用意したおてがけの三方が置いてあり、端にはお屠蘇の酒器が見える。八時半頃に家族六名が集まり、「あけましておめでとうございます」と新年の挨拶をする。お屠蘇が家長から順に家族に振る舞われた後はおてがけの時間である。これを摘まむのに家族間で順番はなく、一人ひとつずつの辻占を手に取った。そのほか好きなお菓子を自由に摘まむ。

O家には小中学生の子供たちがおり、毎年大晦日に子供たちの手によっておてがけが整えられる。お米を八合盛り、その中心に橙、それにつるしばを挿す。周りには子供たちや祖母の好みの菓子をたくさん入れる。チョコ

図4－28　2010年元朝の様子（平戸市大久保町O家）
まず家族でおてがけの菓子を摘まむ。

レート、へそ菓子、羽二重、松風、松葉の形の煎餅などとりどりである。そして「お取り肴」としてするめと昆布。小学生のA君が「稼ぐにおいつく貧乏なし」と出てきたと母親に報告していると、「お金のことね。ああ自分でがんばらんと」と祖母が答える。「勤勉は幸運の母なり」だったと、中学生のBさんが読み上げると、「あんたにぴったり。一生懸命地道に勉強したら、いいことがあるってことだよ。」と母。この春受験のBさんに相応しい占いが出てきたと祖母も同意する。

おてがけは、ひととおり楽しまれると、床の間に飾られた。アマテラスの掛け軸の前に、鏡餅を飾った三方とおてがけの三方が並べられている。年始客が来る際には、床の間から下ろし、足りない場合は菓子を補充して供する。辻占を開く際には、子供が引くと座が盛り上がる。子供にとって、意味がよくわからない文句だと大人に解説してもらい、そこから日常の話題や今年の目標に関連付けた話題に広がっていくことになるようだ。辻占の偶然のメッセージを開くことで、話題が展開し、今年の目標設定に繋がるところが新年の菓子らしい。おてがけのあとはお節料理となった（図4－28）。

⑫「喰い摘まむおてがけ（菓子盆）」

二〇一〇年一月一日一三時、平戸魚の棚町M家にて、おてがけの菓子を盆に盛るところから家族で摘まむところまでを拝見。当家の主婦（七〇代）より、本来のおてがけは銘々へ付ける膳であり、正月飾りのおてがけをする場合には、その準備は一二月三〇日の満潮時を新聞で見て飾ると教えられる。ただし、当家にとってのおてがけは、正月飾りではなく、実際に摘まむ菓子盛りの盆である。準備する菓子は例年決まっている。時刻は特に決まっておらず、正月の間は来客にも供する。菓子盛りの手順だが、まず、赤い塗り物で半月形をしたお盆に半紙を敷き、娘さんがお菓子の袋を開け、菓子を盛っていった。蜜柑、干し柿、丸ぼうろ、松風、一茶、へそ菓子、辻占煎餅、雪の花、小さい丸餅。他家でも盛り込まれる丸ぼうろ、寒菊、へそ菓子、辻占といった郷土菓子の組み合わせは、縁起を担いだ七色菓子（七種の菓子）といわれる。菓子の傍にアルミホイルの小皿に載せた、ナマノクサケと呼ぶ小さな短冊に切った昆布とするめを添える。傍らにはお屠蘇の酒器とお節の重箱も並んでいる。階上から子供たちが呼ばれて今年初めてのおてがけを摘まみ始めた。辻占は一人ひとつだけといった決まりはなく、好きなだけ盛られている菓子を取って食べても良い。娘さんが、自分の辻占は「勤勉は幸運の母なり」だったと読み上げると、その息子A君は「捨てる神あれば拾う神あり」、Bちゃんは「負けるが勝ち」、最後にC君が「勘定合って銭足らず」だったと読み上げたので一同大笑いとなった。

図４－29　2010年元旦の様子（平戸市魚の棚町M家）
家族で菓子盆のおてがけを摘まむ。

初めは静かに菓子を摘まんでいたのだが、辻占に面白い言葉が出てくると、笑いがはじけてくだけた雰囲気になった。平戸の辻占煎餅は、紅白で祝い事に相応しい色なので好まれているともいえるだろうが、そもそも悪い文句がとても少なく、大概良い文句やことわざなどが出てくるので、七色菓子に選ばれているのではないかと思われる。辻占文句はちょっとした話題提供にもなり、そこから新年の目標や今年の運勢と結び付けて考えることができるなど、コミュニケーションを促進させる小道具としても役立っている（図４－29）。

⑬「供応のおてがけ菓子」

平戸市石川町の浄土宗誓願寺を二〇〇九年一二月三〇日に訪問した。大晦日に除夜の鐘をつきに来る大勢の人々へ振る舞う蕎麦の準備や正月飾り、鏡餅など新年の準備で忙しい最中であった。この寺のおてがけについて尋ねたところ、住職の御家族の女性が、皿に盛り合わせた菓子を出してくれた。昔は三〇組分ほど用意したが、今は一〇組程度に減ったという。年々お寺の住職にわざわざ新年の挨拶をしにくる方が減り、そうした方々も高齢化したからということだった。年始客以外には、お寺手伝いをしにきてくれている、役員や婦人会の方などにあげる。それを含めると三〇組ほどおてがけ菓子をあげることになる。誓願寺では元旦から三が日まで応接するお客さんに出している。お皿に半紙を敷き、丸ぼうろ、寒菊、一口香、蜜柑、干し柿を添える。これが毎年の決まりである。女性は戦後に福岡から嫁いできた方で、平戸のおてがけ習俗については詳しくなかった。私の代になってからは辻占をのせることはないのだが、昔はしていたのかもしれないと話した。

年明け二〇一〇年一月一日午前一一時過ぎに再訪。住職に応接間へ通して頂くと、磨かれたテーブルの上にはお屠蘇の酒器とおてがけ菓子が用意されている。新年らしく、住職の法衣は明るい鶯色で、背後には南天や花を描いた金屏風が立てられており、正月らしい華やかさが感じられる。テーブルの後ろの盆には、次に来る客のために用意されている二組のおてがけ菓子セットが見える。ちょうど来訪した住職の親戚にあたる平戸在住の家族五人への供応の様子を拝見した。年始客の家族は、夫婦と息子二人に、その妻一人である。この寺のおてがけは、佐世保や佐賀の和菓子店からも取り寄せた高級な菓子を組み合わせており、それを見た一家の姑（平戸出身）は、昔はこんなではなかった、昔のおてがけはもっと質素なもので、飴や干し柿、蜜柑程度を半紙に包んだものだったと回想した。その中には辻占も入っていたと記憶しているという。一家は短い間歓談した後、次に訪問する家があるからとおてがけ菓子には全く手を付けずに、出されたビニール袋に入れて持ち帰って行った。

おてがけ菓子が茶菓子として供される様子を、複数の場所で観察できたわけではないので断言できないが、現在ではお茶請けとしての菓子も、過去には口取り肴としての意味が明確で、手を付けずに持ち帰られる形式が決められていた時期があったかもしれない。上記の家族は、今回はたまたま次の訪問先に急いでいたという理由で、手を付けなかったのかもしれないが、そのようなことを思わされた光景であった。あるいはまた、近年まで行われていたお年玉としてのおてがけは、もとはこうした形の供応であったのだろうと考えた。なお、現代は半紙ではなく白いビニール袋に入れて持ち帰られていた。

（２）おてがけについての先行研究

話者の談話から、現在も当地では辻占煎餅が、主に家族での新年の団欒のひとときや、賀詞客への供応の菓子として受容されていることが理解された。また、遡れば昭和四〇年代初頭頃までは、お年玉として揃える七種の菓子（七色菓子）の一つとして欠かせない菓子であったことや、一部の家では同呼称の正月飾りとして飾られ、おてがけ膳としても供されていることが聞き取れた。そのように実態が混然としている「おてがけ」とはそもそも何であったのか。先行研究を整理して考えてみたい。

おてがけはかつて全国で広く行われた正月習俗である。地域によって、御手掛、手掛、蓬莱、喰積、オクヒツギ、テカキバチ、オテカケ盆などと呼称される、供物の盛り物飾りや正月の床飾りのことを指した。実際盛られた物を食べることもあったが、食べる所作だけをする地域もあり、作法には地域や時代で変遷が見られた。江戸、京坂では、正月の床の間に蓬莱を飾り物のように飾った。全国でもおてがけ習俗が残存している地域はごく少ないと思われ、柳田が『歳時習俗語彙』にて「御手掛又は手掛といふ風習は、日本では分布が広く、そうしてもう消えかかって居る。」（柳田　一九八七：八七頁）と述べたように三〇年代後半にして、既にそれは廃絶寸前と考えられていた。

そうしたことから、おてがけが平戸に残存すること自体が貴重な状況といえるだろう。『平戸市史　民俗編』には、餅飾りの「オテガキ」として、次のように記述されている。「三一日―正月飾り　餅飾りは一家の主人が行う。オテガキと呼ばれるもので、米を三方に盛って干柿や昆布などを飾り供えるところもあった」（平戸市史編さん委員会　一九九八：八一頁）。また、「十五日の小正月行事　オテガキの粥　粥を作り神仏に供える。粥の米は歳末に三方の上に米を盛って床の間に供えた、オテガキと呼ばれる正月の供え物から作る。餅米のお粥を炊くところもある

（南部）。その粥を糊にして神社や寺からもらったお札をはる」（前掲書　一九九八：八四頁）。

おてがけに関連する史料を見ていこう。『守貞漫稿』「蓬莱」の項によると、江戸ではこれを喰積と呼び、年始の客には三方に積んだ食べ物を摘まむように勧め、客はその一つを取ってまた元に戻すしきたりであり、京坂では床の間の飾り物としてそのまま置いてあったと説明される。

蓬莱　古は正月のみの用にあらず。式正の具と云ふにもあらず。貴人の宴には、ただ臨時風流にこれを製す。今も貴人の家には、蓬莱の島台と云ふ。（中略）今世は、三都とも蓬莱同制なれども、京坂にては蓬莱と云ふ。あるひは俗に宝来の字を用ふるもあり。江戸にては蓬莱と云はず、喰積と云ふ。くひつみと訓ず。その制は、三方に中央松竹梅、けだし真物なり。造り花にはあらず。三方一面に白米を敷くもあり。その上に橙一つ、蜜柑、橘、榧、搗栗、革薢《ところ》、ほんだわら、串柿、昆布、伊勢海老等を積む。注連縄の飾りと同物なれども、池田炭はなし。裏白、ゆづる葉、野老《ところ》、神馬藻《ほんだわら》を必ず置く。蓬莱、京坂にては正月、床の間の飾り物のごとく、置き居へしままなり。江戸の喰積は、正月初めて来る客には、必ずまづこれを出す。客もいささかこれを受くの一揖すれば、元の処に居へ置くなり。あるひは、喰積を製せず、熨斗鮑を出すもあり。熨斗鮑も、江戸にては長のしを用ふれども、近年俵熨斗と云ひて、図のごとき物流布す。熨斗三方にも居へれども、図のごとき遠山台を本とす。『嘉多比佐志』に曰く、喰積、初春の祝物のくひつみと云ふは、春の始めに食して、菜となるべき物のみ取り集めて、客も主も物語しながら、つまみとりて、くひしゆへに、食ひつみとは云へるなり。今は食はぬこととして、生米を積むれど、昔ははぜと云ひて、糯をいりて、はぜさせたるなり。天明中比までは、元日早朝より、江戸中、はぜうり、あまた歩行きしを、つきつぎに絶へて、御丸の内のみ、あまたありきしが、それも寛政比より、やうやうすくなくなりて、今は稀にうり歩行くのみ。これ食積台に置くべき料なり。その食積台に小土器を添へおくは、食ふ人自から、いりやきて食ふためなり、云々。（『守貞漫稿』喜多川　二〇〇一：一五〇〜一五二頁）

松下幸子は喰積が食べられなくなった時期の根拠として『傍廂《かたびさし》』（一八五三）（『嘉多比佐志』）の下記の箇所に注目した。「初春の祝物くひつみといふは、春の始めに食て薬となるべき物のみ取りあつめて、客も主も物語りしながら、つまみとりてくひし故に、くひつみとはいへるなり。今はくはぬ事として、なま米をつめど（中略）当世はくはぬつみとぞなりにける」。そして松下は、「天明ごろには食べられる喰積というものがあったが、嘉永頃にはそれは飾るだけのものになっている。その中間の文化ごろは、数の子、田作り、たたき牛蒡、煮豆など現在の祝い肴を詰めた重箱が通例となっている。また嘉永より後の安政の公家、慶応の大名の祝膳の例にも祝い肴の重詰がある。数少ない例による独断ではあるけれども、喰積が食べられないものになった寛政頃（一七八九～一八〇〇）から、食べられる祝い肴を詰めた重詰が作られるようになり、飾るだけの喰積は形式的なものとして重詰めと並存し、明治になると飾る喰積は廃れて、祝い肴の重詰めに喰積の名だけが残ったのではないだろうか」と見解を述べている（松下　一九九四：一一二～一一五頁）。『傍廂』で初春の薬として挙げられている食品は、米、かや、かち栗、梅干、蜜柑、乾柿、熨斗、昆布、楪葉、裏白、山橘、小松、橙、九年母、野老、神馬藻などであり、米、蜜柑、柿、昆布、裏白、橙は、今のおてがけに伝わっている。

松下説では、明治以降に早くも飾る喰積は廃れており、喰積はそもそもお節料理の原型と考えられ、ある時期飾り物も並存したが、次第に存在感が薄くなり、祝い肴の重詰が主に作られ続けて名称だけが残ったことになる。柳田國男もまた、蓬萊、喰積、手掛に大いに関心を寄せ、『歳時習俗語彙』では異例なほど多くの諸事例を収録している。その一部を引用したい。

オテカケ　御手掛又は手掛といふ風習は、日本では分布が広く、そうしてもう消えかかって居る。各地の仕来たりを比較して見れば、
イ、薩摩出水郡では、正月座敷その他にも飾る腰高重箱又は三宝を手掛といひ、是に重ね餅と米と橙・炭などを載せてある。来客の応接には用いて居らぬらしく、又別に此以外に大きな鏡餅はあって、其方は手掛とは

言って居らぬ。

ロ、肥後阿蘇郡の波野村などで、正月白米を一升三方の上に盛り、更に鏡餅蜜柑などを載せて、其向ふに大きな熨斗を飾ったものを手掛といふ。元日は主人を始め一同の家族、皆御祝いのものとして之をいただくので、新年の気持ちを起こさしめるものと謂って居る。

ハ、肥前馬渡島などは、米八合を三方に盛り、上に橙を載せ、其他に串柿蜜柑数の子昆布等に飾ったものをテカキと謂ふ。此島では鏡餅は載せぬらしく、又今は何の用に是を飾るかを知って居ない。米は正月十五日の粥に炊くといふ。（民俗学四巻八号）

ニ、壱岐のテガキの米は、十二月十三日の荒神祭の神供の米を用いるといふ家が多い。大晦日の夕から神酒と共に是を年神様に供えて置き、元朝には拝礼して家の者がそれを戴く。御神米の他に昆布・釣柿・切餅などを飾り又栗の実を三粒置く家もある。正月十五日の粥節供に、このオテガキの米以って（ママ）オンダラ粥を煮る。橙は竈の上にアマダにあげて置いて火除けの呪とし、又風引きの薬と謂って服用する（民俗誌、旅伝・七巻四号）

ホ、越後北蒲原郡の一部では、三宝に白紙を敷いて上に白米を盛り、長さ四五寸もある木炭を、橡葉で包み昆布で結んで飾って置く。正月年始の回礼者が之を戴く真似をする。是をお手掛と謂ふのである。（高志路二巻一号）。同じ国南魚沼郡で手掛と謂ったのも是と同じで、家によっては松・竹・と熨斗・昆布・栗・柏の実・蜜柑なども飾る・又ツモノボンとも呼び盆を用ゐる家も多かった。年始の礼者が来ると一人毎にこの手掛を出し、客は片手を出して戴く風情をしたといふ（同上三巻一号）（後略）（旧字は常用漢字に改めた）

ホウライボン　但馬の大杉村では正月の飾り物にホウレエボンといふのを用意する。三方の上に餅串柿榧栗などを載せて、更に蓬莱といふ飾りをする。それは蜜柑を花のやうに割って昆布でくくり水引を掛けたものである。年礼に来訪した人の前へ是を持出すといふ。ここから東の方は近畿一帯にかけて、ホウライサンといふものが是と同じで、其名の起りは若松などを結んで、蓬莱山の風情をなした飾りが一般化した為であろうが、主たる目的は有る限りの正月の食物を、目に快く盛り立てるに在って、動機は頗る北九州の幸木と近い。是と年桶との相違は一方は餅を入れ、此方は餅が無いことに在ると謂った人もあるが事実と反する。播磨多可郡などには年桶も別にあって、二つながら白米の上に鏡餅を置いて居る。（旅伝・七巻三号）。さうして付近にはもう年桶は無い村も多いのである。正月元日の祝に家の者一同が、各々之を目の上に捧げて祝言を述べることは、年桶の方には無いかと思ふ。この蓬莱盆の方の食物は、ほつほつと摘んで食べるのだから、もし区別をするならば一方を神供、こちらを人供と見ることも出来る。三方に飾った個々の食品には、次々に時代の変化が見え、生米や榧の実などは長熨斗と同じに、旧規を存するのみで之を食べる者はもう無くなって居る。此米を隠岐では取米と謂って、若水迎の時にも包んで持って行く。又オトビにも此米を紙に捻じって行く処は多いやうである。終りに正月十五日の粥に煮て食べることは、先ず一般の風習かと思はれる。（柳田編　一九八七：八七～九一頁）

柳田は年桶と蓬莱盆を比較して、「この蓬莱盆の方の食物は、ほつほつと摘んで食べるのだから、もし区別をするならば一方を神供、こちらを人供と見ることも出来る。」（柳田　一九八七：九一頁）と述べているが、それには異論もあるようだ。長沢利明は、蓬莱、喰積、手掛の意味と目的を考察し、それに盛られる供物が乾物、乾菜を中心にしていることから、基本的に人間がそのまま直接食べられるものではないと考え、蓬莱を前にして、人は食べる真似事をしたのであり、食べられないゆえに、作法は形式化したと述べる。そして誰に供えられたかという対象の問題については、餅や雑煮など最大級にもてなされる歳神とは対照的な地位にある、下級の精霊であったのではないかと指摘している。「蓬莱・喰積・手掛はもともと、その後者の類のために用意された供物の盛物であったと見るべきではないであろうか。」（長沢　二〇〇七：二二頁）という見解であるが、それぞれの家庭における観察、面会を経てきた上では、伝承者達にその意図は無いようであった。床の間に飾る人達は歳神を意識し、菓子盆や三方などに、摘まみ菓子としてそれを準備する人達は、賀詞客への供応や家族との祝賀の気持ちの交換を最も意識している。過去の心意は衰退、忘却されているに過ぎないという可能性も拭えないが、結論については、より慎重な観察と資料収集など調査が必要と考えられた。

「平戸の正月行事の一端」(9)で、市内の北部大久保町、旧町部、川内町、南部早福町の家庭内における正月行事を調査した松浦史料博物館館長木田昌弘氏は、O家（事例⑪）の調査を行い、元旦のおてがけからお節までの流れを「お年とり順」として報告している。それによると、元旦のお年取りはまず、お屠蘇よりも先におてがけから始まる。お茶と共に頂くその内容は、三方に半紙、米八合、だいだい、つるしば、お菓子、丸ボーロ、一口香、つじうら他となっている。木田氏の記録と比較すると二〇一〇年の順はお屠蘇が先になるなど、多少の順の前後が見られたが、大きな変更、省略といった変化はない。尚、旧町部の某家では、元旦に、過去行っていたこととして、足の付いた丸いお膳に、寒菊、丸ボーロ、一口香、小みかん、干し柿などを乗せ、大人と子供銘々に準備したと報告されている（木田　一九九九：九二頁）。

（3）平戸における辻占の享受

平戸の辻占享受の背景にはおてがけ習俗があった。摘まむおてがけ（口取りの御膳、三方、菓子盆、お茶菓子として）を伝承する家では、家族や親戚、賀詞客と共に、あるいは、我が家は略式と謙遜する家でも、新年の家族団欒の機会や新年会といった宴会の機会に、家族や友人、仕事仲間という共同体で集まり、辻占を楽しんでいる。そこには、縁起の良い食べ物を絆の深い人と共に分かち合い、皆で開運の機運を取り込もうとする、年占に期待するような心意があるように思われる。いうまでもなく、本来は根底に神人共食の心意があっただろう。

おてがけに盛られる食べ物は、それぞれ縁起の良い食べ物の組み合わせとされるが、中でも辻占煎餅は、中から占い紙片が出てくるだけに、運気を見ることができる特別な菓子と期待されている。しかし、本来のおてがけには占い菓子は含まれないので、なぜ、いつ、そこに辻占煎餅が入り込んできたかと考えてみた。要因の一つとしては、特別なお目出度い節目である新年に、豪華で縁起の良い供え物で祝いたい気持ちから、乾物、乾菜といった素朴な組み合わせに、いつからか見た目の華やかさや縁起担ぎの目新しさを加えるために、次第に新しい菓子や珍しい菓子を飾るようになったのではないかと考える。辻占煎餅は、もとは大坂や江戸など都市部で流行した菓子である。それがおてがけに入り込んだ理由として、桜田勝徳の分析を参考にしてみたい。

ことに年中行事は晴れのものであり、はなばなしい消費が伴いがちのものであるゆえ、旧慣墨守をたてまえとしながらも、上層の華美なものを民衆生活の中にとり入れる一つの窓口でもあったことが、村々における晴着やその儀礼用の膳椀などの調度類のあり方、あるいは儀礼の際に用いる座敷・玄関などの構えやそこの装飾の上にも十分にうかがうことができる。すなわち年中行事は旧慣墨守というその性格からみると、そこには新しい展開を期待することはむずかしいのであるが、晴れがましい状態をいっそう強調するために、上層の外来要素をいつも多分に持った文化をとり入れてきたことも見のがせないし、そういう傾向に巧みに取り入った商人の働きなどによって、その新しい消費が多いに刺激され、さらにそれに伴ってその生産を刺激するという行事と生産との関係のあったことも見逃せない。

（桜田　一九五九：一二頁・傍線部筆者）

辻占や丸ぼうろ、へそ菓子、一口香など郷土の菓子は、今でこそ「上層の華美な」外来要素とは受け止められないだろうが、もともとはぼうろは南蛮菓子であり、一口香も外来菓子と言われる。初めは辻占も都市部から来た目新しい占い菓子であった。それらを加えることは、それまで行っていた旧慣に、新風を送り込む工夫となり、そこに「商人の働き」や「行事と生産との関係」が重なった背景があったかと思われる。新年に辻占を飾る、食べることは新しい習俗と思われるとの指摘があり、筆者も同意するが、生月、平戸に戦前から居住する八〇代の方の談話によれば、遅くとも戦前、さらに遡れば大正頃からはしていたのではないかということであった。

地図4－2　石川県関係地図

3－2　石川県加賀地方の正月菓子としての辻占の受容

（1）福梅・福徳・辻占

二〇〇七年一二月下旬に石川県小松市粟津町、須天町、金沢市内の菓子製造元、デパート、販売小売店を訪問し、また市街地では、市内在住者に聞き取り調査を行った。その結果を基にして、二〇一〇年一月一〇～一三日、同年二月二二～二四日に金沢市、白山市鶴来町、小松市須天町の製造元、販売店、一般家庭を訪問して調査を行った。上記地域を調査地に選択した理由は、それらの地域に辻占製造元、販売店が集まっているため、そこを拠点に享受者を探して聞き取りを行うことが可能ではないかと考えたからであった。新年の辻占受容者やその楽しみ方に注目した先行研究や統計は、菓子業界においてもこれまで出ておらず、人脈もない状況で話者を探すには、辻占が販売されている場所に行き、目の前で購入している人や、あるいは購入経験のある人を探して質問することと考えたのだが、これはたやすいことではなかった。実際には店舗を中心とした聞き取りだけではなかなか話者が見つからず、菓子販売店とは離れた市内の商業地などで、新年に辻占享受をした経験のある方を見つけ出し、協力を得る運びとなった。また二度目以降の調査では、現地の研究者や博物館学芸員の協力を得て、享受の機会の観察や話者の紹介を受け、幅広い層の方に面会することができた。

調査地、金沢は約三〇〇年にわたり、加賀藩の前田家が治めた城下町で、菓子文化を含めて豊かな伝統的文化が残る都市である。金沢駅前周辺の近江町市場、片町、香林坊周辺が商業的な中心地で、一度目の調査では、商業的に活発で繁華なこうしたエリアで女性を中心に話者を探した。女性を対象としたのは、正月準備の買い物や、正月料理、茶菓子の準備は、女性がする役割となっているからである。二度目以降は、商業地、商店周辺に加えて、観光茶屋、話者宅を訪問した。また、製造元を訪問した白山市鶴来町は石川県の南に位置する。かつては石川郡に属していたが、二〇〇五年より松任市と合併して白山市となった。手取川を有し、白山を御神体とする白山信仰の本社、白山比咩神社が祀られている。小松市は県西南部に広がる加賀平野の中央に位置し、東西には白山市と加賀市がある。東は白山を臨み、西は日本海に面している。人口は県内第二位である。訪問した「浜原製菓」は須天町にあり、旧北国街道沿いである。同市粟津町には、養老二（七一八）年に泰澄大師が開湯したといわれる粟津温泉がある。「山海堂」を訪問した（地図4−2）。

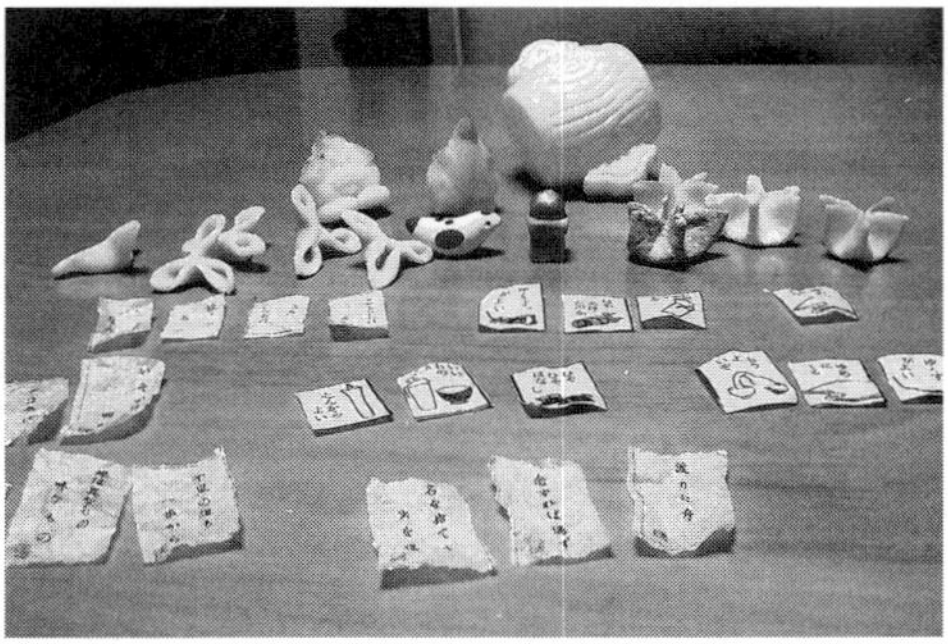

図4－30　辻占と福梅（金沢市。所村幸子氏撮影）
奥に見える打出の小槌が福徳で，一つにつき一玩具が入っている。小さな金華糖や土人形は福徳から出てきた玩具である。左はしんこ，右は種物製の辻占であり，紙片は出てきた辻占文句である。

さて他県にも行事や儀礼、季節に因んだ郷土の菓子があろうが、石川県にもそうした菓子が存在し、それぞれの製造期や店頭販売期が近付くと、例年風物詩として取り上げられて注目を集める。七月には氷室饅頭、冬には輪島の柚餅子《ゆべし》、新年には福梅、辻占、福徳の三種が正月菓子として位置付けられているために、年に一度のシーズン到来と歓迎される。辻占は加賀地方での「伝統的」な新年の縁起菓子、正月菓子と捉えられているが、実はそれは新しい習俗であるようだ。福徳（福徳煎餅）は、辻占よりも早く正月菓子として受容されたらしく、文献を根拠にすれば、藩政末期の儒学者金子鶴村[10]による『鶴村日記』、文政六（一八二三）年一二月の日記には、東岳寺へ福徳煎餅を一袋という一文が残されている（金子　一九七八：三六一〜三七一頁）（図4－30）。

鶴村は、文化四（一八〇七）年から天保九（一八三八）年までの約三一年の間、この日記に、毎日の食事献立や食品贈答、茶会や報恩講の精進料理などといった食の記録を克明に残している。そのため、当時の金沢の食文化について有力な手掛かりとなる史料なのだが、全日記中の一二月と一月の記述を調べた限りでは福徳煎餅が出てくるのは、文政六年に一度記録された限りであり、他はむしろ寿（寿煎餅か）、粟餅、御所落雁、浜納豆、玉あめという菓子名が散見され、現在の、新年に福梅、福徳、辻占が例年消費される状況とは異なっている。

金沢の菓子屋「諸江屋」（創業一八四九年）の先代店主諸江吉太郎氏によれば、福徳は文化六（一八〇九）年、金沢城二ノ丸御殿が新造された折、その祝賀用に創案された菓子である。創案者は前田家御用の七代樫田吉蔵の内儀とされる。菓子そのものについて述べると、福徳は最中皮で打出の小槌や砂金袋、俵型などを象り、中には餡ではなく、金華糖や土人形の玩具を入れている。カラカラと振り、何が入っているのかわからない中味を期待しながら開くのは、辻占にも通じる面白みである。福梅は加賀藩主前田家の家紋「剣梅鉢」を象ったといわれる最中菓子であり、明治時代には作られていた。梅の形で紅白をした最中皮に、日持ちがするよう水飴を加えて練った固めの餡を入れている。加賀から珠洲まで県内全域で製造され、県外にも販売されている。福梅は、仕事納めの日、「よいお年を」と蜜柑と一緒に配る職場もあるといい、そんな職場を二軒も回るとポケットがいっぱいになるそうだ。正月の挨拶の贈答用にとたくさん購入する家もある。

それら二つの菓子が、権威付けされた由来を持つのに対して、辻占は本来庶民的な、日常の茶菓子、駄菓子である。金沢における辻占は、藩政時代に作られ始めたとする説があるが、はっきりした成立時期は不明である。前述した『鶴村日記』には辻占の文字は見えない。ただ、「諸江屋」が所蔵する辻占の版木は明治頃の成立であり、諸江吉太郎氏が、「曾祖父が明治の頃に近所の菓子屋で習った」と述べていることから、別の土地から運んだのではなく、明治期には金沢で作られていたことが確実である。金沢、白山、小松の辻占は平戸の小麦煎餅の辻占とは異なり二種類がある。一つは米粉で作った柔らかな食感の皮の縁に、赤や緑、黄の色が入り、突羽根形に整えられたしんこタイプ、もう一つは種物（最中の皮などを指す）でぱりっと焼き上げ、福寿草の花の形に似せたタイプである。双方とも、中にはことわざ、格言、恋愛を占う切手大の辻占が入っている。金沢には種物タイプと米粉タイプを製造する店がそれぞれあるが、白山市、小松市では皆、米粉の突羽根タイプを製造する。

（2）家族中心で楽しむ正月菓子

新年の飲食の機会には、辻占がどのように享受されているかを問題に、経験のある方々に対して、いつ、どこで誰とどのように楽しむのかと質問してみた。すると、辻占は、正月に家で家族と共に分け合って楽しむという返答をされる方が多くいた。この傾向は金沢市、小松市、白山市で共通している。反対に、独身であったり、子供が独立して年配者だけとなった世帯では、わざわざ辻占を買うことはしなくなったと語る方もおり、菓子を含めた新年の特別な祝いの食事は、家族の輪を中心とした人間関係の中で成り立っていることに気付かされた。また、県外に離れて暮らしている家族や、結婚して家を出た子供に対して、郷里の新年を思い起こさせ、家族との結び付きを強化、持続させるために、辻占、福徳、福梅といった菓子が届けられていることが伝わってきた。以下話者の談話を報告していきたい。

金沢のデパート「エムザ」（金沢市武蔵町）で辻占と福徳を購入していた主婦に聞いた。

図4－31　2010年新年の様子
（小松市須天町Ａ家。協力者撮影）

家族で辻占を開き，子供の開いた辻占文句を見て大人が説明している。

図4－32　2010年新年の様子
（小松市須天町Ｂ家。協力者撮影）

辻占を新年の食事の席で開き，読み上げて楽しむ。

①「帰省する家族のために用意」

辻占を買うのは、正月の食卓が華やかになるからです。関東に住む家族が正月には帰ってくるから、これがないとさみしがるのです。いつも期待されているから買います。

（女性・八〇歳）

②「成人した子供も好んでいる」

毎年辻占と福梅を買います。縁起物だし、この時期しか食べられないし、辻占がないと正月が来ない気がします。若い人は関心がない？　いえ、うちの二人の成人した子供たちは好きで、いつも買ってきてと言われますよ。食べる時の決まりは特になく、あればあるだけ取っています。でも、やっぱりこれは「占い」だと思う。毎年どの店のを買うとは決めていません。その時々でいろいろ。スーパーの商品は固く、専門店のものは柔らかくておいしいと思う。紙片は楽しんだらその場で捨ててしまい、取っておくことはしませんね。

（女性・五〇代・金沢市片町雑貨店主）

③「家族で新年の食卓を囲み辻占を開く情景」

A家の写真では、元旦にお節料理の並ぶテーブルで、祖父母と一緒に小さな子供達四人が辻占を開いて話している。出てきた占い紙片をじっと見つめる子もいるが、三人は祖母の占い解説を聞いている様子だ。平戸でも見てきたが、子供のいる家庭では、大抵大人が出てきた辻占の解説をしてやり、吉凶の判断や、今年の運勢、目標に結び付けた話をしてあげている。こちらもそのような光景であろう。B家の写真には、高学年の子供達二人に、両親、祖父母、その兄弟と見られる家族揃っての食事風景が写っている。食事も半ばだろうか、料理には箸が付けられている。女性達がそれぞれ出てきた紙片を読み上げている様子である（図4-31、32）。

（A家・B家・小松市須天町）(11)

金沢くらしの博物館（同市飛梅町）学芸員、東條さやか氏の協力を得て、同博物館内のボランティア組織、金沢都市民俗文化研究所「探偵団」会員を対象に、二〇〇九年一一月下旬に、辻占享受の経験を問うアンケート調査を行って頂いた。

質問は、「1．毎年辻占を購入されますか？　2．買った辻占はどのように楽しまれていますか？　また自家用ではなく、贈答される場合はその旨をお書き下さい」という内容であった。結果三名から回答を得、後日筆者が質問を補って聞き取った（事例④〜⑥）。

④「三つ取って繋げて読み上げる」

我が家は旧家で正月の室礼などはしっかりする家です。辻占は毎年越山まんじゅう店で二袋買います。毎年元旦か、一月二日の少しくつろいだ雰囲気の時に、家族揃って楽しみます。家族は大学生の息子がいて四人です。二袋買った辻占を開けて中身を全部出し、一人三つ取ります。それらを丁寧にむいて、中にしまわれている紙を出し、書かれている文節を上の句、中の句、下の句として繋ぎ合わせて読み上げ、その滑稽ぶりをみんなで笑い合います。妙にうまい組み合せのものができたりしてとても面白く、みんな大好きなのです。三つ取ることは、結婚してから始めたのですが、確かまんじゅう店の辻占袋の裏に、そうすると書いてあったからだと思います。印象に残っている辻占の文句ですか？　金運、金儲けについてでしょうか。辻占はおみくじのようだと思います。

（T氏・女性・四五歳・金沢市）

⑤「家族が寄った時に食べるもの」

辻占は毎年ではないが、時どきに買うこともあります。どんな時に食べるかというと、お正月に家族が寄った時で、食べて中味を話し合うのです。何年前からそうしていたかというと、子供の頃からで、四〇～五〇年前からこうしています。辻占を摘まむのは一人一つずつで、お正月には福梅と辻占と決まっています。

（F氏・女性・六二歳）

⑥「嫁いだ娘達に送る福梅・福徳・辻占」

辻占は毎年買います。子供の頃から正月の辻占に親しんでいます。中に入っている紙に書いてある意味がわからなくとも開いて読み合っています。嫁いだ娘達にも毎年福梅、福徳、辻占と三点セットで送っています。

（S氏・女性・六七歳・金沢市長町在住）

⑦「毎年の福徳と辻占」

戦前、京都・東京・川崎などにおりましたが、母（金沢出身）はお正月ごとに、福徳や辻占などをどこからか手に入れてきたものです。辻占の言葉は当時の私達子供にはわからず、福徳の中身だけが楽しみでした。しかしその時にいたネエヤが顔を真っ赤にしてそれをこっそり読んでいたのが、すごく印象的でした。また、明治三五年に金沢市で生まれた母は、辻占売りの姿を見聞きしたことがあり、その声の真似をしてくれたことがあります。売り子は大人よりも子供単独のことが多く、声が高く、寒い夜などは悲しげに聞こえ、その声につられて買ってやっていたようです。

（前田佐智子氏・金沢市寺地）

⑧「辻占は家族のある人が楽しむもの」

戦後にあまりお菓子を食べる機会もなかったので、お正月に毎年食べられる辻占は楽しみだった。毎年ではないが、今でも新年に買うことがある。辻占は家族のある人が買い、楽しむもの。

（T氏・女性・六七歳・金沢市主計町）

⑨「家族で開いて楽しむもの」

辻占は正月に食べるもので、子供の頃からずっとあった。この菓子の楽しみ方には特に決まりがなく、こたつでみかんでも食べながら、家族で開いて楽しむもの、これがお年玉になるということはない。印刷所から仕入れた辻占紙は、菓子に入れる前に神社でお祓いをしている。

（「山海堂」店主・女性・小松市粟津町）

⑩「毎年辻占と福梅を関東に送る」

子供が関東に住んでいるので、毎年正月には辻占と福梅をセットにして送ります。これらは地元の正月と切り離せない菓子ですから。辻占は一人一つずつ取って食べています。

（女性・八〇歳・小松市粟津町）

⑪「家族がいないと買う気にならない」

小松駅前にあった地元百貨店「ダイワ」(二〇一〇年六月閉店)地下正月用品コーナーで、餅や正月飾りと共に辻占が並べられていた。市内在住の買い物客や販売員に質問すると、「辻占は家族がいないと買う気にならない。」(七〇代女性)、「自分は独身なので買わない。あれは家族がいる人が楽しむもの。」(五〇代男性)という声が聞かれた。

(小松市土井原町)

(3)新年を演出する菓子としての展開

新年会、初釜、初句会といった、新春を祝い、飲食を伴う機会においても辻占が享受されている。また、数は少ないながらも金沢市内の飲食店、料亭などでは景品や座興的な用途で辻占が用いられ、過去には初売りの景品につけられていたこともあった。

⑫「新年互礼会・銭湯の景品」

鶴来出身の議員が、毎年「互礼会」で配るために購入してくれる。互礼会とは新年互礼会のことで、一般でも、新年会ではよく使われている。一〇日頃からが新年会の時期で、その頃によく食べられている。福井だったか、県外の銭湯で、正月にお客さんに配るからとたくさん買ってくれたこともあった。

(村本賢治氏(「むらもと」店主)・四六歳・白山市鶴来町)

⑬「景品」

「かぶら寿司」はいまでは高価なものとなっていますが、昔は年末になるとお得意さまに、魚屋が配ったと聞きました。またお菓子屋もお得意のお客様に、お正月のお菓子を届けたついでに、おまけとして辻占をつけ添えたということです。

(前田佐智子氏・金沢市寺地)

⑭「景品」

「懐華樓」は東茶屋街にあり、築一八〇年の金沢で最も大きいお茶屋（旧越濱）である。現在は観光茶屋となり、昼間に内部を公開し、夜はお座敷を上げている。一階にはカフェを設けている。

正月三が日は、カフェで出す茶菓子に辻占をひとつ添えて出しています。中に占いが入っていて、新年だけの菓子であることをその都度説明していますが、県外からのお客さんには初めての菓子だと喜ばれて好評です。

（「懐華樓」広報担当者・女性・金沢市東山）

⑮「座興の小道具として」

昔からというわけではなく、毎年でもないのですが、元旦から松の内まで、お客さんにお酒の後でお盆に乗せた辻占を出すことがあります。都々逸などが書いてあるので、皆でそれを開けて読んで楽しみます。お正月には辻占の他にも、七福神の絵が描いてある杯を伏せておき、お客さんがそれを取って、布袋が出たら〇〇運が良い、大黒だったら〇〇運が良いと占い遊びをすることがあります。この店ではそうしていますが、主計町のお茶屋が皆そうしているわけではないと思います。

（柄崎たか子氏（お茶屋「一葉」女将）・金沢市主計町）

⑯「かるた取りの座興」

一昔前の話。かつては、二十歳前後の青年男女が揃う、数少ない機会として正月のかるた取りがあり、札の取り合いの中で手が触れた、袖が擦れたといっては秘かに胸をときめかせているところへ辻占が出てくる。開いた辻占に、ちょっときわどい文句が出てくると座がわっと盛り上がり、その面白さで、若い人の間でかるた取りに辻占という組合せが流行になっていった。

（諸江吉太郎氏・七四歳・野町三丁目）※一九九九年調査に拠る。

図４－33　2010年１月の様子（金沢市）
辻占を題材にした俳句結社の初句会。

⑰「初句会」
何年か前、正月の初句会で、お茶菓子に辻占が添えて出されました。先ず辻占の文字をそれぞれで読み上げ、大笑いをし、句を作る人もおりました。「初笑ひ恋の辻占引き当てて」がその時の私の句でした。

（X氏・金沢市在住）

⑱「初句会」
みんなが集まると、辻占を三つずつ摘まみ、それで俳句を作った。
（T氏・男性・七一歳・金沢市寺中町在住）

⑲「俳句結社の初句会」
二〇一〇年一月一一日、金沢駅近くの料理屋で行われた俳句結社「橡の会」による新年初句会に参加した。当日の参加者は男性三名、女性四名であった。辻占を席題に、兼題は雪起こし、初売り、竜の玉として句を作り、最終的には選句、句評を行った。最初に題材である辻占をそれぞれが三つ取り、繋げた言葉からヒントを得て句を作る趣向となった。「だますだますでだまされた」、「好いたお方に添えなおす」、「主は柳に秋の風」というそれぞれバラバラな辻占をひいたS氏は、「辻占の言葉の本音たづねたし」と作り、「いそがぬがよろし」、「たびだちよし」、「おもわぬうれしいことが」の三枚をひいたK氏は「辻占は旅立ちよしとありにけり」と詠んだ（図４－33）。

３－３　辻占売りの記憶と正月菓子への習俗化

本来季節を問わない日常の茶菓子・駄菓子であったはずの辻占は、加賀地方の正月菓子として、師走から正月にかけて盛んに流通するようになっている。スーパー、食料品店、デパートを観察して歩いたところ、一例を挙げれば、金沢駅にほど近いデパート「めいてつエムザ」（金沢市武蔵町）では、暮れの正月食料品コーナーの丸餅、鏡餅の横、そして各和菓子店の店頭にも辻占が並べられ、正月用としてのアピールがされていた。製造所の数に注目しても、平戸、佐世保市内には辻占煎餅製造元がそれぞれ一軒だけなのに対して、加賀地方の製造元は、把握しているだけでも一三軒である（二〇一〇年時点）。小松市に「山海堂」、「浜原製菓」、「行松旭松堂」、「山上福寿堂」、金沢市には「諸江屋」、「森八」、「株式会社高砂屋」、「清香室町」、「浦田甘陽堂」、白山市湊町「谷保屋」、鶴来町に「越原商店」、「むらもと」、「広野菓子舗」がある。鶴来の「むらもと」ではシーズンに五万個を製造するが、先代の時代には臨時に人を雇い、四〇万個を作って卸していた。「谷保屋」では、例年一一月上旬から一二月中旬にかけて、家族総出で一八万個を製造する。正月を前に、大量の辻占菓子が製造され、人々の手に渡ることになっている。金沢を中心に、当地方では、いつから、なぜ新年に辻占を家族で食べる習俗が成立し、普及していったのだろうか。

いつから辻占が正月菓子として位置付けられるようになったのかという疑問だが、前述の金子鶴村による『鶴村日記』には辻占の文字は見えない。しかし創業嘉永二（一八四九）年の諸江屋が、明治期によそから習って辻占を作り始めたということからも、明治期頃から、金沢では菓子屋が「正月菓子」として辻占を店頭で売り始め、一般の人々が気軽に買い求められる状況が現れ始めたのかもしれない。ただし、菓子屋店頭での販売が当たり前になる以前の段階では、家庭の主婦や若い女性が、昼間に気がねなく購入できる商品ではなかったはずである。なぜなら、辻占は、主に花街や盛り場で、売り子が夕方から深夜遅くにかけて、大人の男性相手に売り歩く「粋すじの菓子」であり、現在のように正月の買い出しの主婦が、日中簡単に入手できるような菓子ではなかったからである。正月菓子としての店頭販売が一般的になる以前には、夜中に売り子を呼びとめて手に入れる機会のほうが多かったと考えられる。

金沢には文政三（一八二〇）年に、犀川筋の石坂新地、浅野川筋の卯辰茶屋町（単に西・東とも呼ぶ）の二つの公認の廓設置が認められた。江戸や大坂の花街風俗と同様と考えると、売り子は茶屋町中心に営業していたはずである。藩政時代の廓における売り子史料はまだ発見できないでいるが、明治時代には、講談や銅像にもなった美談「乃木将軍と辻占売りの少年」のモデルとなった今越清三朗氏のエピソードが有名である。主計町出身で、困窮する家庭の幼い今越少年が、家族を助けるために、「犀川沿いの町」まで毎夜辻占を売りに行き、偶然にもある夜に乃木将軍に出会い、思いがけず大金を受け取る美談はその後繰り返し語られた。少年は明治二二年の正月から商売を始め、乃木に遭遇したのは明治二四年の三月一八日の夜だと述べている（阿部 一九七八：一〜三頁）。当時金沢には東西両新地の他に、新たに北の新地が加わっていた。今越氏の、三月になっても商売をしていたという証言から、当時の金沢の廓では正月に限定せず、売り子が商いをしていたことが分かるのだが、一部の売り子は、師走から新年に限り、廓を超えて住宅地や郊外の町まで足を延ばして商売をしていたようなのだ。

『北陸新聞』（一九一五年一月二日号）に、天保時代に生まれた馬角斎聾人の記事「我が幼児の正月」[12]が掲載されている。同記事には、藩政時代の正月の記憶として、師走から新年にかけて、萬歳や福の神といった門付け芸人や、各種商売人が訪れたことについて書かれているが、中に「棒飴、かんかん糖、辻占、玉飴賣り」のくだりがある。それによれば、男が首から下げた箱に菓子を入れ、呼び声を上げて売りに来るとある。藩政時代、決まってこの時期になると辻占を売る人物がやってきていたのである。時代は下って昭和初年頃から二〇年代頃になってもその風俗は続いており、師走になると、寒い冬の晩に辻占売りが七尾やかほく市、羽咋市のあたりまでやってきていたことがわかってきた。前述の初句会開催の「椽の会」メンバー（事例⑲）から、売り子の思い出を聞かせていただいた。どれも子供時代である昭和一五〜二〇年代までの、生まれ育った町における記憶である。

辻占売りの記憶

①七尾　自分が姿を見たことのある辻占売りは二人連れで、寒い雪の降る夜に、男の人は黒い服を着て、ピンクの着物を着た女の子を連れていた。自分では買ってもらったことはないが、ああいう人達は門付けと一緒で

はないだろうか。戦後は来ていない。

（T氏・女性・七二歳）

②河北郡津幡町　裁着袴を履いた辻占売りの男の人が、夕飯も終わった時刻に何かカチカチと鳴らし、口上を歌いながらやってきた。大人には「じっと見てはだめ。連れて行かれる」といわれた。彼らが来たのは賑やかな時期だったと思う。正月の前後だったろうか。辻占は、自分は買ってもらったことがないが、大人たちは買ったりしていたのかもしれない。

（K氏・女性・八四歳）

③羽咋市金丸町　物心がついたかどうかといった頃に、辻占売りの声を聞いたことがある。辻占売りは何か歌を歌いながらやってきた。確か「きたわいの　きたわいの　○○の辻占きたわいの　○○のんきな辻占～」とかいっていた。○○がなんだったかは思い出せない。どんな姿だったかも覚えていないが、来たのはやはり寒い冬の夜だった。戦後は聞いていない。明治三七年生まれの母ははっきりと聞いているらしく、時々思い出しては それを真似たりしておりました。

（T氏・男性・七三歳）

④松任（『ふるさとの風俗誌――昭和初年の松任』より）

しぐれたり、雪がふったりする冬の夜道はさらに暗かった。寒に入ると中川寺の和尚さんがお経を唱えながら、もの音のたえ、雪のふりしきる道を修行に歩いた。足駄の足は、赤くかじかんでいたことであろう。あんまさんが笛を吹いて通ることもあった。辻占売りのびんざさらの音や夜泣きそばのラッパの音もした。

（安嶋　一九九二：四三頁）

①～③事例の話者達は、子供時代、大人に何か悪さを注意される時には、「いいつけを聞かないとあんなことになるぞ（辻占売りに連れて行かれるぞ）」と脅され、辻占売りはサーカスや門付けと似た存在と捉えていたそうである。

寒い歳の暮れの晩に、どこからともなくやってくる辻占売りは、おそらく異人としての存在感を持ち、占いの菓子という商品にはいくらかの効果を加えただろう。そんな彼らから占い菓子を求め、新年の飲食や遊びの機会に占いに興ずることは、家族をはじめとする身近な人々と共に託宣を開いて開運を願い、幸運を分かち合う、非日常の節目の機会として特別に思われ、習俗化して現在に至っているのかもしれないと考えた。

鶴来の菓子屋「むらもと」店主によれば、菓子の売れ行きから、現在、新年に辻占が食べられているのは大聖寺、羽咋、津幡あたりの河北郡まではないかということだった。店主自身は能登出身で、子供時代に辻占のことは知らずに正月を過ごした。話者の記憶から、辻占が正月菓子として一般に普及していく時期は、辻占売りが消えていった戦後からとなるようだ。売り子の消滅により、「粋筋の菓子」や「困窮する子供の商売物」といった暗さを伴うイメージが忘却され、健康的で楽しげな占い菓子としての辻占のイメージがそこから台頭してきたのではないだろうか。

平戸市と金沢市を中心とした二地域における辻占の享受は、同じ正月菓子という位置付けながら、共通点と相違点が見られた。平戸における辻占菓子の享受は、おてがけを背景にした成り立ちが特色である。蓬莱の系譜を持つ床の間の飾り物や、三方や菓子盆に盛る賀詞客への供応の菓子、家族銘々のお膳として伝承されていることは、他地域のおてがけがほぼ消えてしまった今では、貴重な状況である。縁起担ぎの食べ物を揃えて三方や盆に整え、元旦にお茶と共に辻占を開く決まりごとを守るのは手間がかかるが、伝承者達には食にまつわる儀式的な家の決め事を続けようとする意思が見て取れた。また、近年まで盛んに行われていたお年玉としてのおてがけは、手渡す相手が家族親戚から、新年に出入りする配達人や近所の子供達までと年齢層も関係性も幅広く、おてがけといったら、まずお年玉のそれを連想すると述べた方もいた。

しかし、近年まで不特定多数に手渡されていたはずのおてがけの内容が、お金に変化した以降の現在では、商業施設や飲食店でも、辻占を含むおてがけ菓子が提供される形は見られない。一方、金沢の辻占は、商業的に展開し、家庭内を飛び出した受容のあり方が特色であるように見える。これは近代以降の新しい形ではあろうが、都市的な文化の中で、茶道では初釜に、俳句では初句会に、料亭では新春の遊芸の席で、また一般の新年会や互礼会などで広く楽しまれているのは、辻占が新春の季語のように象徴性を持ち、土地に定着していることの表れであると見た。まずそれぞれの家庭内に正月菓子として定着し、その後外での享受が展開したのであろう。季節ごとの行事菓子や儀礼の菓子が伝承されている金沢だが、平戸とは異なり、辻占菓子がおてがけなど儀礼的な様式に組み込まれることはなかった。

平戸、金沢、小松、白山市における辻占の享受で共通するのは、辻占は新年に、家族揃って家で食べるものだと話者達が答えたところにある。彼らが言葉にして意識化していない部分には、正月行事における普遍的な、歳神を迎えて五穀豊穣や家内安全を祈り、神に供えた特別な神饌を、家族という共同体で食べようとする気持ちがあるのだろう。ささやかな辻占の文句で初笑いして縁起を担ぎ、良い年であることを願う行為には、年占的な意味も込められていることであろう。大抵が良い占いで、時に面白おかしい文句入りであることが初めから承知されている辻占菓子には、幸先の良さや笑い、明るさをもたらすことが期待され、コミュニケーションを促す役割も果たしている(13)。そこには、縁起の良い食べ物を縁のある人々と共に分かち合い、皆で開運の機運を取り込もうとする心意があると読み取れた(14)。

現代を扱う第四章においては、文字化辻占の受容が今日においても続き、地域的にではあるが、正月菓子や縁起菓子として享受されている様相を論じた。また、全国の辻占菓子製造元の調査とそれぞれが使用する現代辻占印刷物の内容分析を行った。

辻占菓子製造元が使用する現代辻占印刷物の比較からは、複数の共通点が導かれた。それは、打出の小槌、松、お多福、福俵、矢羽、帆掛け船といった新年に相応しい図が見られることで、縁起の良さ、めでたさを伝えていることがわかる。また文句には、笑いを誘うなぞかけに、図像で落ちを付けたり、しゃれでユーモアを伝える紙片もある。うちの辻占文句は今時に作り替えていないという店にこそ、古い辻占文句の型が残っている。「辛抱する木に金がなる」「渡る世間に鬼はなし」など、好まれて使われることわざや、「七福神入り込み」「かみさまがまもる」

といった神に関する文句も、新潟、北陸、福岡の版に見えていた。めでたさを表現する図像や、神に関する言葉は、新年を意識したものと考えられる。笑いを誘うなぞやしゃれも、その場に明るさを呼び、正月の席に相応しい。悪い託宣はなく、時に戒めのアドバイスはあっても、ほとんどが幸運をもたらす言葉であるのが、求められ、作られ続けている辻占の内容である。

京都の製造元におけるフィールドワークからは、どのような道具と技術によって、辻占煎餅が作られるかを、明治時代の辻占煎餅職人の図像と比較して論じた。そして、辻占煎餅を正月菓子として受容している長崎県平戸市、石川県金沢市を中心とした地域の調査からは、これが誰によってどのように楽しまれ、なぜ習俗化したのかという問題を考察したが、この調査からは、習俗として定着した、現代的な辻占菓子受容の形態を明らかにできたと考えている。

終章　辻占の文字化と変容

占いには、多様な種類と方法があり、様々な目的のもとに実践されている。村落の共同体においては、その年の天候や農作物の出来不出来を知ろうとする目的で行うものがあり、個人では、待ち人の来訪や、出世、商売運、縁談がまとまるかといった日常生活における様々な願望や問題を扱うもの、そして権力者が宗教者に占わせる政治的な指針を求めるものまで、目的も方法もそれを行う担い手層にも広がりが見られる。

占いでは、なんらかの状態や現象を見る、聞く、触れる、あるいは霊的な印象を感受するなど身体感覚を働かせ、文字を使わずに判断を下す方法のものがある一方、紙に書いた文字や図像で判断するものがある。本来は書く過程、読む手順を必要とせず、文字を介さない占いであったものが書かれる形へと変化し、さらにそれが発展した後は印刷物となって続いていく変容現象を、占いの文字化と見ている。

本書では、言葉を聞くことで判断していた辻占が、同呼称の印刷物が成立したことで、その内容を読むことで託宣を得る方法に変容し、一般化した現象を辻占の文字化とみなして考察してきた。しかし、歌占が短冊になり、さらには俗謡占書になったように、占いが文字化する現象は辻占だけに起きていたわけではないことがわかってきた。ここから視野を広げて、歌占、夢占を比較対象として挙げ、改めて辻占の文字化とは何であったのかを問うてみたい。

1　占いの文字化がもたらす変容

1-1　文字化した歌占・夢占

文字化以前の歌占は、巫女が神懸かりして感知した神の言葉を、歌に変換して依頼者に伝える形式であり、依頼者が巫女の発声をしばらく待って聞くことが重要な過程であった。巫女に霊感が降りてきて、歌を発声するまでには、時には長時間待たなくてはならず、また、簡単に次の依頼者に繰り返されるものでもなかった。それが文字化した変容の第一段階として、短冊に書かれた歌を、既に発声された歌と同価値を持つ託宣とみなして依頼者が引く形に変化する。この文字化の時点で、巫女が発声する一度限りの歌を聞く過程が消失している。文字化後、起源は同じであり、書かれた歌は発声された歌と同価値であるとみなされても、やはり占う過程は簡略化、省略がなされたということになる。

そして書かれた呪具としての短冊は、占いの反復を容易にし、そこから複製、応用といった展開もなされていくと思われる。さらに文字化が進み、出版物と化した近世後期の歌占俗謡占書『縁の糸恋の哥占』にあっては、託宣を導くのに宗教的職能者の手を必要とせず、一般の人々が扱い、容易に占うことのできる本の形に変化している。文字化の過程には、実践手順の省略や、変化、また、紙面の上での情報の付加や省略など編集作業が付随してくると見て取れる。

次に夢占いであるが、この占いは、本来、夢の中に立ち現われる、神秘的で霊妙な、夢主固有の個性的な体験を解釈する、夢信仰に基づく占いであったが、近世には文字化が進み、庶民向けの夢占い書が版行され、一意対応的な解釈をする内容へと変容して一般化が進んだ。江口孝夫によると、夢占い書として代表的なのは、『八卦蓬莱鈔』（宝永六（一七〇九）年）、『諸夢吉凶和語鈔』（正徳三（一七一三）年）、『夢卜集要指南』（宝暦四（一七五四）年）、『夢判事』（文久二（一八六二）年）などがあるとし、江戸期には多種多様な夢占いの解説書が出現したと述べる。

日本の夢信仰を研究した河東仁は、江口の先行研究を参照しながら、代表的な夢占い書を三分類している。第一群が、中国の夢占い書『周公釈夢』の邦訳『諸夢吉凶和語鈔』であり、夢占いだけを集めた書物としては最も古い。これは応用しがたく、あまり実用的とはいいがたかったが、この書によって中国の夢占いが邦訳されたことにより、それまで一部の専門家のものでしかなかった知識に庶民も触れることができるようになった。

第二群は『夢合延寿袋大成』（安永六（一七七七）年序）である。一群の影響を受けて生まれたが、日本固有の夢占いを集めた内容となっている。夢占い情報の「簡約化」が進んでおり、夢解きの文章が要約され、日常生活に見合う表現になっている。「こうした簡約化は、中国における夢占いの歴史においてもそうであったように、一般大衆を対象とする夢占い書に見られる基本的な傾向である。」（河東　二〇〇二：四六二〜四六五頁）。

第三群は易をはじめとする卜占全般を独習するための解説書であり、夢占い書として独立したものではないが、その中に収録されている。ここに分類されるのは『八卦蓬莱鈔』、『夢合早占大成』である。

河東は、これら夢占い書の出版を「夢信仰の衰退」とみなし、「これら三つの系列の全体にわたって共通しているのが、これまで見てきたように、「〇〇の夢を見たら△△」という簡約化の傾向である。あるいは多義性を排した、一意対応的で紋切り型の解釈である。この傾向は中国においても同様であり、夢占い書の持つ宿命ともいえる。つまりこうした夢占い書が江戸期に相次いで刊行されたことは、決して夢信仰の興隆を意味するものではなかった。王朝期のように、さらには戦国末期の長実房英俊のように、夢の内容に一喜一憂し人生の指針とする姿は、これらの書物からは浮かんでこない。むしろ夢占いが、現代と同様、その場限りの娯楽と化しつつあったとみなすべきである。」（河東　二〇〇二：四六六頁）。と解釈している。河東は夢信仰を背景とした王朝期、戦国末期の夢占いの方法と読み解きを、本来のものと考えるために、文字化し、内容が「簡約化」された夢占い書の様相は、その場限りの「娯楽と化しつつあった」ものとみなしている。

しかし、河東が批判的に捉える「簡約化」「娯楽化」、そして「多義性を排した、一意対応的で紋切り型の解釈」が「中国においても同様」であることは、文字を介在させなかった占いが、文字化して庶民向けの印刷物や占書になる変容過程で避けられない普遍的な現象を示していると考え得るのではないだろうか。そのような変容過程は、歌占の文字化に際しての占法の簡略化にも見られ、娯楽化といえば、歌占、辻占が俗謡と結び付き、辻占がかるたや双六と融合して、流行の風俗を図像に取り込んだことにも通じる。

そもそも、歌占、辻占俗謡占書であれ、夢占い書であれ、なぜ占いの手順や内容が「簡約化」し「娯楽化」されたのだろうか。それは、読者である庶民が、宗教者の手を必要とせずに、自ら占いを享受することを可能にさせるためであり、それこそが当時の庶民の要望だったからである。様々な占い知識の情報を、簡易に目的に応じて使いたい、娯楽性の付加価値を楽しみたいという需要が高まったからこそ、多様な庶民向け占い印刷物や占書が夥しく発行された時代が存在していたと理解する。近世以降の庶民向け占い出版物は、占いの変容を伝える資料であるのは勿論のこと、庶民の願望、精神的拠り所といった精神的側面を読み解く重要な資料であると認識している。

辻占が出版物として盛んに発行されたことにより、同時代の占書の動きと連動し、影響を相互に受けていたといえる。また辻占文句に注目すれば、ことわざ、なぞ、しゃれといった庶民向けの文芸からの影響を受けていることが明らかである。辻占の文字化は文字化以前の方法と解釈が簡略に書き留められることによって印刷物と化したのではなく、近世後期から近代までの庶民の文芸と並走して展開したということができるだろう。

さて、辻占が文字化してから現在にかけて、何が変化し失われ、そして何が残って来たのかを考えてみたい。

1-2　文字化後の変化と継承するもの

辻占印刷物についていえば、初期の頃から辻占を構成する一言判断やなぞ、しゃれ、俗謡の歌詞による占い文句は現代に至っても継承されていることを確認できた。しゃれやなぞ入りの辻占は、諸江屋の版に認められる。俗謡の辻占文句は、初期の辻占である「辻占よしこのぶし」に、口語体の一言文句は「つじうらもんく」に見え、どちらも土産物本『浪花みやげ』に所収されているが、俗謡に関しては、宝玉堂、仲山製菓の使用する版が都々逸による辻占文句であることを指摘できる。口語体の一言文句は現代辻占にも多く見られ、小林製菓、田中屋、山道製菓、諸江屋、浜原製菓、山海堂、丸津製菓がそれを継承している。

また、恋の辻占と称されたように、辻占には男女の心情の機微をうかがわせる託宣が書かれるものが多かったが、そのような側面も引き継がれ、特に都々逸文句の版にはその傾向が強い。しかし、一言判断型の辻占であれ、恋愛に関する占い文句は必ず含まれている。辻占文句には、恋愛占いを得意とし、なおかつしゃれやなぞといった笑いを誘う要素に、挿絵や縁起のよい文句を織り交ぜる遊戯性が見られるところに特徴があるが、その精神は確かに現代の辻占にも引き継がれている。

そして、辻占流行期に多く刊行された辻占俗謡占書や一枚摺りには、おみくじ様式の吉凶や、項目ごとの判断が書かれていたが、元三大師御籤本の影響を汲む五言四句や注釈は省略されたとはいえ、現代の辻占紙片にも一部吉凶や項目判断が採り入れられているものがあることから、引き続きおみくじ様式を取り入れた辻占が刷られているといえる。

一方、変化、消滅したものは、時流にのった辻占印刷物や関連品であり、これらは流行期の産物であったが、近世の辻占を冠した俗謡占書、かるた、双六、歌舞伎役者を描いた紙片、近代以降では、芸妓や俳優など人気の人物写真を配した辻占、それに辻占紙片を用いた和菓子や昆布菓子といった菓子類や雑貨、玩具、タバコの景品などは作られなくなった。かつては「電信辻占」が存在したように、辻占は「新版」で「早わかり」、それに新しい風俗や娯楽、既存の異なる占いをも取り込んだ、目新しい工夫のある版を次々出すことが売り物であった。しかし、現代では、辻占菓子に用いる一枚刷りでいえば「伝統的」文句が嗜好される傾向が見てとれ、むしろ変化させないことを大切にしたいと考える製造元、享受者がいることが特色である。ことに伏見稲荷大社参道の縁起菓子として辻占煎餅を売る宝玉堂や、加賀地方や北松地方における正月菓子としての辻占受容には、そのような傾向が顕著である。

印刷物そのものから離れ、辻占の販売と享受についても検討してみよう。近世から戦後しばらくまで存在していた辻占売りは消え、それにより、彼等が持っていた、困窮する行商人や見世物屋といったイメージや、売り子の主な営業地であった花街や飲食街といった、偏見を持たれる要因ともなった辻占にまつわる夜の遊興地のイメージは忘却されることになった。そうした記憶が薄れた後、辻占には「伝統的」で「粋」な「江戸情緒」があるとする好意的なイメージが塗り替えられるように付されるようになってきた現代的状況がある。そうしたイメージの変化は、一部の辻占菓子の「郷土菓子」イメージの形成に一役買っている。

ところで、本書は「文字化の進展から見た呪術的心性と遊戯性」を副題としている。占いに遊戯性が結び付いた文字化した辻占を対象に、序章から一貫して辻占印刷・出版物に見える言葉や図像が持つ遊戯性と呪術的要素を検討してきた。その時々に流行していた娯楽や風俗を積極的に取り込み、遊戯性を強く意識させる占い出版物となった辻占であったが、享受者である人々は、しゃれやことわざなどの辻占文句で笑い、図像を観賞しながらも、心の底では人知を超えた後押しを期待するような呪術的な心性を持っていたと思われる。近世には、新年に懸想文売りの文が若い女性達から求められる風俗が流行したが、辻占も同様に、正月のものとして定着した地域がある。辻占には、決まって笑わせるような面白おかしい言葉や、おめでたい一言文句が書かれているため、それらは笑いを引き寄せ、縁起を担ぐ言葉として新年に求められ続けていると見て取れる。

現代に至っても、通年辻占煎餅が販売されている場所は神社仏閣の参道沿いが多く、特に正月や縁日など人出が多く、節目となる日によく売れている。新潟県三条市で製造された辻占煎餅は全国に運ばれ、浅草寺、亀戸天神、穴八幡神社、高尾山、高幡不動尊、伊勢神宮、川崎大師の参道の菓子店や土産物店で販売されている。人々は、神仏にあやかる「食べられるおみくじ」とみなして辻占煎餅を買っていき、自宅で楽しんでいる。

加賀地方、北松地方の正月菓子として、辻占菓子が定着している地域の事例からは、表層では遊戯的に見えても、毎年人々が繰り返し買い求め、新年に良い文句が出てくるようにと願いながら辻占を開く行為には、呪術的な心性が潜んでいる。吉兆を示す辻占の言葉により、幸運を引き当てようとし、運試しをする姿は、かつて懸想文や辻占売りから祝福の言葉を買い求め、新しい年に幸先の良さを招き入れようとしていた人々と大きく離れてはいないだろう。

2　辻占印刷物の享受者像

それぞれの時代の中で、各種の辻占印刷物が、いつ、どこで、誰にどのように占われ、楽しまれたのかという享受の問題について分析したい。それには時代区分をし、まず近世後期から明治初期頃までを第一期とし、二期は明治以降から戦前までの近代、最後の三期は戦後以降から現代までと区切ることにする。各種辻占印刷物の享受者分析の材料としては、これまで提示した辻占実物資料をはじめ、享受者や売り子を描く図像や、享受の機会を描写している文芸作品、新聞、雑誌といった資料を基にする。

（1）第一期　近世後期から明治初期頃まで

①一枚摺り

大坂で発行された『浪花みやげ』は、なぞやしゃれ、番付などの一枚摺りを集めた土産物本であり、以下辻占六点が所収されている。「辻占言葉の種」「つじうらもんく」「辻占よしこのぶし」「辻占五十三次新文句」「辻うら袂のしら絞」「辻うら粋ことば」である。この本の買い手は、大坂へ旅をしてきて故郷に戻る際に、自分や家族用に、大坂風俗の伝わる肩の凝らない娯楽的な読み物を求めた人々であったのではないかと思われる。『浪花みやげ』に編集されている読み物は、大坂で流行している言葉遊びがふんだんであり、こうした読み物は、言葉遊びを好む人々に喜ばれたのであろう。『浪花みやげ』は冊子態をなしているが、版元の塩屋喜兵衛は、元々瓦版として売っていたものを冊子に編集し直し販売していたという小野恭靖らの先行研究があることから、六点の辻占は、かつてはそれぞれ一枚で販売され、読み物とされたり、あるいは裁断されて景品に用いられたりする機会もあったのかもしれない。

②辻占菓子

一枚摺りを裁断した紙片を、菓子に景品として添えたものが辻占菓子であり、昆布や豆、煎餅、かりんとうといった種類がある。売り物が菓子なだけに、享受者には子供も含まれていたと思われるのだが、文献、図像には表れてこない。それら辻占菓子を売る売り子の営業時間が夜間であり、営業地も花街を中心とする盛り場であったため、子供の菓子とはみなされていなかったのではないだろうか。文芸作品に描かれる辻占菓子享受の情景、それに売り子の営業地や口上の描写からは、成人向けで、遊興の場の菓子という位置付けが伝わってくる。そうであるならば、享受者は、花街の女性達や客として訪れる男性を中心としたものとなるだろう。『守貞謾稿』「書占」（天保八～慶応三（一八三八～六七）年刊）では、「昆布、センベイ等ハ、幅五六分、長一寸許ノ紙ニ、種々ノ画アリテ、上ニ婦女ノ情態等ノ言一句ヲ假名書キセリ。ソレヲ結ヒ昆布、或ハ包ミ煎餅ノ中ニ納メ、宴席等、開レ之テ興トスルコトアリ。」（喜多川　一九九二：一四八頁）とあるので、宴会の席において、座を盛り上げる小道具として使われたとわかる。清水晴風『街の姿』江戸篇の「花輪糖うり」には、「花輪糖売ハ、赤き大てうちんに、深川名物山口や、かりん糖と書たるを携へ、毎夜、町中至る所、此者を見ざるといふことなし。深川六軒堀、山口屋にて売弘め、流行せしものなり。」と見える（清水　一九八三：四〇八頁）。文芸作品では、為永春水『春の若草』三上（天保年間）に、辻占菓子を芸妓達が開く情景が描かれている。

しかし、錦絵『夕涼市中の賑ひ』では、様々な行商人が行き交う、夜の屋台の店先で、辻占菓子が入っている箱を下げた若い売り子を、男性が呼び止めている図が認められるため、売り子は花街の外でも行商を行い、一般の男性が一人で呼び止め買う機会もあったのだとうかがい知れる。

辻占菓子には店頭販売されるものもあった。中でも、収集欲をそそられるほどの鮮やかな役者似顔の辻占紙片付き煎餅は、弘化年間（一八四四～四八）頃、元芸妓の小越（悦）が考案して評判になり、他店に模倣されるほどの人気商品となった。豊国の描いた役者似顔の辻占紙片を貼り込んだ『江戸辻占』が残ることから、紙片を読み捨てるのではなく、収集を第一目的に煎餅を買い求め、保存した享受者達がいたと考えられる。『江戸辻占』の作成者は、歌舞伎役者のファンか、錦絵など美しい刷り物の観賞、蒐集が好きな人物であったのだろう。小越の店、遠月堂を描いた画「菓子屋店頭の図」（一八六八）には、「辻占」の文字が見える札が下がり、女主人小越が女性客達の対応をしているが、図の中には女性しか描かれていない。役者似顔の辻占紙片付き煎餅を好んで買い求めたのは、主に若い女性達であったのかもしれない。

③辻占双六、かるた

辻占双六、かるたの実物資料については、買い手について書かれた文献、図像を発見できていない。したがって、誰が享受していたのかが最も不明な資料なのであるが、おそらくこれらを享受していたのは、真剣な占いを第一目的に買い求めたというよりも、もともと双六やかるた遊びの好きな人々がゲームと同時に占いも楽しみたい、あるいは観賞用にと求めたのではないかと推測している。双六、かるたは複数人で遊ぶゲームであり、特に正月には若い男女がこれを囲んで遊ぶ機会が近代まで続いていた。子供のいる家族にも人気の紙製玩具であったことから、これらの享受者は、ゲームの中で占いを遊戯的に楽しみ、吉凶の言葉を皆で分かち合うやりとりを楽しみたい、若い男女や子供のいる家族、グループであったのではないかと考えている。

④辻占俗謡占書

俗謡占書の享受者については、花街の女性達とその客となる男性達が中心になっていたと読み取っている。彼女らは呪い、占いに関心が高く、占書の挿絵を理解の手立てにする女雑書の読み手に近い感性を持っていたと思われ、男性客にしても、占い知識を備え、流行歌や最先端の遊びにも長けた、粋で遊戯好きな人たちであったと考える。宴席を盛り上げるための利用もされたであろう俗謡占書であるが、時には仕事を離れた時間に、女性だけでこれを用いて占う機会もあったのではないだろうか。そうした享受の様相の一端が、先に挙げた俗謡占書の挿絵『流行りはうたの辻占』や『辻うら葉うた』における、芸妓が占う情景図に表れていると注目している。

（2）第二期　明治以降から戦前まで

明治時代に入ると、辻占入り落花生に、懐中汁粉、海苔、風船あられ、最中、飴、箸袋、煙草の景品としての紙片等と、辻占を冠する様々な食品や雑貨が売り出され、辻占商品が百花繚乱の様相を見せる。それら夥しいほどの辻占商品は、流行期の存在を明示し、辻占は夜の花街を代表するような「粋な菓子」にはとどまらなくなる。多様な辻占印刷物と関連商品が、以降の一般化に繋がり、享受層を広げて享受のあり方も変えて行ったと見ている。

①一枚刷り

明治以降、あぶり出し辻占を売る売り子が登場している。売り子には老人から子供までがおり、営業時間は夜間が主であるが、営業地は幕末よりも広範囲となっている。大阪を例にすれば、売り子は花街はもとより、住宅地、公園、千日前といった盛り場、瓢箪山やその他の寺社の前などに足を伸ばしている。カフェーや小料理屋など、飲食店にも入り込み、営業をする者もいる。売り子と営業地の広がりは、それだけ享受層と享受のあり方が多様化することを意味している。明治初期に瓢箪山稲荷の辻占売りは、「五畿内はいうに及ばず」九州、満州まで出かけたということであった。

買い手は花街であれば、そこで働く女性達や訪れる男性達であろうが、公園や広場、寺社の前では、散歩や買い物、仕事目的に外出中の、年齢を問わない成人男女が幅広く対象となるだろう。明治以降戦後しばらくまでは、困窮する児童達が辻占売りを仕事にすることもあり、彼らは押し売りまがいの販売を行うこともしばしばであった。『大正川柳』（一九一三年）には、「タクシーへ鈴成りになる辻占や　源太」「自動車へあくまでせがむ辻占や　愛之助」「辻占を賣る子と馴染むお茶挽き　冷花」といった川柳が残っている。押し売りまがいの辻占売りから、渋々小銭と引き換えに辻占を手にする大人達は、積極的に占いを求めた人達ではなかっただろうが、大道の見世物芸や口上に引き込まれ、思わず辻占を買い求めた、占いに積極的な享受者も確かに存在した。各地を移動しながら、路上で狐や山雀など小動物を操り、巧みに神秘的な演出をしながら辻占を売る商人は、香具師の傘下にあったと見え、年齢を問わない男女に広く辻占を販売した。法令館の「神易辻占」を商った売り子は、昭和三年一一月に、静岡県の中泉駅前善導寺前で、狐を使って客寄せし、集まった人々が「吾も吾も」と買い求めたという。

近代に入ると、幕末にはなかった、裁断をしないタイプの辻占が表れている。こうした大きめの紙に印刷された辻占を求める人々は、菓子の景品としての一言文句の辻占よりも、さらに詳しい占いが読みたい人々である。こうしたものの一部が、法令館の出した「神易辻占」、田村聖光社の「やきぬき辻占」「大入りげんや辻占」であり、狐の辻占売りや、流しの辻占売り、屋台の古本屋、それに店舗でも販売された。大正初期から昭和にかけての神戸の新開地における賑わいを綴った林喜芳によれば、辻占屋は当時の松尾稲荷大明神近くに三軒あり、買い手は福原、花隈、柳原の芸妓衆にカフェーの女給たち、料理屋の仲居連、若い男性であったということだ。

この小路には三軒の辻占屋があって狭いのと人通りが多いので大混雑、それが人を魅きつけた。福原、花隈、柳原の芸妓衆からカフェーの女給たち、料理屋の仲居連までが夜更けを待って嫖客と手をたずさえお稲荷さんにお詣りした。（中略）ここの辻占は「男心」と「女心」と分けられて衝立に名刺大のものが何百と並べられその一枚一枚に名前が書かれている。女心には静香、幾代、笑子、あけみ等々、男心には山本、森田、木村、上杉等とあらゆる名前が墨書してあって、その中からお目当てのものを探すのだから大変であるし、それがまた面白い。（中略）ラブレター代わりにその辻占を彼女に渡す若い男もあったりして、無邪気なものである。

（林　二〇〇一：三四頁）

辻占をラブレター代わりに女性に渡すなど、興味深い使い道である。その他裁断タイプの活動写真俳優の写真入り辻占などは、そのサイズから、販売促進用に景品として用いられたと思われるが、こうした辻占の図像を喜ぶのは映画好きの若い人達であっただろう。

②辻占菓子

明治以降の辻占菓子は、花街限定の「粋な菓子」を越えて、一般の飲食店や宿屋にて、茶菓子としてサービスされる機会もあった。辻占菓子が茶菓子としてさらに浸透していく傾向が見られるのである。どこの飲食店でも供するわけではないので、出された客は意外に思うのだが、偶然手に入った占い紙片に期待を込めて開くようである。

虎屋文庫の調査に拠れば、大聖寺藩最後の藩主、前田利鬯が、福井の宿で辻占昆布の菓子を食べたことを『御帰県日記』に記録している。前田利鬯は明治維新後に、藩知事を経て華族に列せられ、東京に移住して宮内省に勤めることになった。明治一四（一八八一）年、四一歳だった前田は、東北鉄道（現JR北陸本線）敷設推進運動のために帰郷し、一年の活動を終えて東京に戻るが、この期間の出来事を記したのが『御帰県日記』である。前田が東京に戻る途中、福井県の今庄の宿でのこと、夕食の酒の肴として二つの辻占昆布が出された。中に入っている辻占紙片を開くと、ひとつには「花サク時ヲ待ツガ良シ」、もうひとつには「大願成就スル」とあり、前田は、きっと鉄道敷設の願いが叶うのだと喜んだ。元藩主が利用したのであるから、おそらくは格式のある旅館ではなかったか。酒肴として出されたというのであるから、成人向けではあるが、その旅館で辻占菓子を享受したのは、多様な年齢、職業の男女客がいたことであろう。

近代に入ってからも花街での辻占菓子の行商は引き続き盛んで、南地遊郭で辻占豆を売る「浪花拳骨飴売」が『風俗画報』七九号、明治二七（一八九四）年に見えている。買い手は遊郭の成人男女であろう。

また、菓子の入手先は不明であるが、一般家庭の若い女性も辻占菓子を享受していたことが読み取れる新聞記事がある。『読売新聞』明治八（一八七五）年八月二九日の記事は、これに批判的な男性からの投稿である。

我国の辻占煎餅などには甚しい色ごとのことが書てありますし又流行唄などにも淫奔ごとを無暗に作ツてうたはせますが大きに娘たちの風俗に関り誠に宜しからぬこと故其筋の御役所より御差止になりたく又親々は娘御達に此様なものは見せも聞せもせぬやうになされたいといふ者は　浅草浣花翁

大正初期の新開地でのエピソードであるが、福原遊郭、料亭に近い住宅地の路地に来ていた辻占売りから、林喜芳の家族があぶり出し辻占付きの煎餅を買っている。娯楽の少ない時代、子供だった林を含め、家族皆で楽しめる夜間の占い遊戯であったようだ。

ところで辻占だが、これは商売人が製造するので、至極巧妙につくられてある。私が子供の頃だから大正も初め頃、毎夜、新開地裏の路地にまで拍子木を叩いて、辻占屋が流して歩いた。「エー、あぶり出し、おせんサン！」おせんサンとは煎餅のことで、その頃は電気コタツなどないので、家族全員が火鉢を囲んで団欒していた。（中略）子供の私にはよく判らなかったが、都々逸の文句のようなものであろう。みんな退屈しているので、その迷文句を話題にして、ひとしきりの大笑いである。

（林　二〇〇一：四八頁）

③辻占爪楊枝

辻占菓子は飲食店や宿屋でサービスに供されるようになるが、同じく食事を提供する店において、辻占箸袋や辻占爪楊枝といった細工品が出されるようになる。菓子店ラベルなどの張り込み帖『菓子商標集』には「辻占爪楊枝」が二点貼付されている。同ページには「宮内省御用達　銀座風月堂」と印刷された風月堂のラベルがあるので、爪楊枝も同時期の明治三〇年頃に収集、貼付されたものと考える。二点の辻占楊枝のうち、一点は経木に紙の結び目が張り付けてあり、「結の内に辻占あり」と書いてある。もう一点も、同様な結び目の中に楊枝が入り、経木の下には「しるこ」の文字が見えるので、茶屋や甘味所のような店で出されたものと示唆される。

また、『文芸倶楽部第七巻第四号』明治三四（一九〇一）年では、「各港の名物」として「広島辻占楊枝」が挙げられている。河内長野市では、大正一〇（一九二一）年に「ひょうたんや八田商店」が創業し、都々逸入りの辻占紙片を巻き付けた辻占楊枝を現在も製造し続けているが、当時は辻占楊枝を作る同業者が他にもあって製造が盛んであり、楊枝は京都のお茶屋で多く用いられていたという。辻占箸袋や爪楊枝は、一般家庭向きというよりも、飲食店向きであり、それらの享受者は、お茶屋や飲食店を訪れる客ということになるだろう。

（3）第三期　戦後以降から現代まで

現代の辻占は、辻占菓子と爪楊枝、それに瓢箪山稲荷神社で授与される、あぶり出し、おみくじ様式の辻占、焼き抜きの三点セットの辻占となっている。現代辻占菓子の享受のあり方と享受者については、第四章にて論じたため、ここでは簡潔にまとめたい。

現代の辻占菓子は、店舗にて販売され、通年製造販売されるものと、正月限定で製造販売され、一部地域の正月菓子として、毎年新年に享受されているものとがある。調査を行った平戸市と金沢・小松・白山市では、辻占菓子を正月菓子と位置付けて享受するが、そこには共通点と相違点が見られた。平戸における辻占煎餅の享受は、おてがけを背景にした成り立ちが特色であり、家庭内での享受が継承されていた。

それに比較して、金沢の辻占菓子は商業的に成功し、地域に正月菓子と広報され、一般に認知され、家庭における家族間での楽しみを越えた享受の機会が生まれているのが特色である。新しい形ではあろうが、茶道家が初釜に、俳句会が初句会の題材として用い、料亭や喫茶店では新春の食事の席でサービスに供し、また一般の人々が催す新年会や互礼会などでも広く楽しまれている。

近年では、東京のデパートで、金沢の正月菓子として年末から販売されている辻占もある。そうした状況は、辻占が新春の季語のように象徴性を持ち、土地に定着していることの表れであると見た。金沢では、まずそれぞれの家庭で正月菓子として定着し、その後、外での享受の機会が展開したのであろうと考えている。

京都の伏見稲荷参道、兵庫の清荒神参道、川崎大師参道沿いの煎餅屋、飴屋といった店頭で販売される辻占煎餅は、通年製造販売され、参詣客や修学旅行生、行楽客などに求められている。購入者は、参道の辻占煎餅を、訪れた寺社と関連付け、食べられるおみくじとみなしており、家族や友人と占いをしてみるため、土産物として求めている。

現代の辻占菓子は、土産菓子、縁起菓子、正月菓子としての受容が高く、日常的な菓子とはみなされていない。京都、金沢、平戸市の製造販売者の談話では、特に正月用品として菓子を買うのはもっぱら家庭の主婦であるということだった。

3　辻占の歴史的展開

最後に各章を振り返り概要を記しておきたい。序章「辻占とは何か」では、文字化した辻占が庶民の日常生活や遊戯の中に入り込み、受容されている実態を明らかにする目的とその方法を明示し、先行研究の整理と乗り越えるべき課題を示した。先行研究では、民俗学における辻占研究が、文字化以前の辻占を境界的要素から考察する状況にとどまり、文字化以降の辻占には境界性を見出せないがために関心を失い、問題化されずにきたことが確認された。また、近世歌謡研究者によって、辻占を冠した俗謡が都々逸の流れとして研究されてきたが、その研究は他分野と交わり伝えられることはなく、また、享受のあり方や、占いとしての背景は、その分野において掘り下げられることはなかった。本書においては先行研究の断片的な情報を統合し、文字化以降の辻占資料を基に、呪術的心性と遊戯性をキーワードにして辻占の文字化と享受の実態を考察することを述べた。

本論では、古代、中世における文字化以前の辻占から、近世後期に文字化し、発展を遂げ、近現代に至って続く受容の様相を、歴史的な流れに沿って論じた。

第一章「辻占と歌占の文字化と交錯」では、本来は文字を介在させない占いであるはずの辻占と歌占の二つを考察対象にした。どちらも初めは「聞く」ことで託宣を得ていたのだが、文字化を経て双方が「読む」ことで吉凶を判断する占いへと変容した。さらに二つの占いが関連する点として俗謡との融合が見られる。文字化した辻占は、辻占都々逸として俗謡と結び付いた歌占と距離が近づいた。近世後期の人々が、辻占と歌占とを近しく捉えていたのは、双方の文字化を経た変容の結果である俗謡占書の、歌を用いて占う手法の共通性と内容の近似に拠っている。

流行を見た俗謡占書は、言葉遊び、歌遊びの占いとして、主に遊興の場で成人男女に享受されたと考えられるが、その根底には、歌の力を信仰する心意が流れていたのではないかと見ている。

辻占俗謡占書に多く見られる易占との融合は、遡ると『易学小筌』などの通俗占書の流行に影響を受けたものと判断できる。大雑書に見える畳算や十二支占いなどが辻占俗謡占書に取り込まれている事例も見られ、辻占の俗謡占書並びに関連の摺り物は、当時の占書や雑書から影響を受けつつ与えるという共振をしながら展開していったことが示唆される。

第二章「近世における辻占の展開」では、近世後期に板行された、豊かな各種辻占印刷物の検討を行い、辻占流行期の存在を明らかにした。まず占いと観賞、ゲームの目的を併せ持つ、図像的にも洗練された双六やかるた、役者絵の煎餅向け紙片、団扇絵に着目した。それらは時流に敏感な画師や意匠家、版元が制作し、庶民の嗜好と要望を掬い取った印刷物であったと考えられる。簡単に実践できてわかりやすい占いに、人々が憧れる歌舞伎役者や都市の粋や江戸の名所、評判の菓子屋、美男美女を配した各種の辻占は、流行の娯楽や風俗、時に多層的な俗信の様相を映した印刷物でもあった。印刷物の多様性から、享受層が、初期の限定的な成人男性向けから、より広く、一般女性や子供をも含む層へと広がったことを意識させる。

続いて、この章では辻占の背景にある御籤との関係を辿り、元三大師御籤本からの辻占印刷物への影響を検討した。現代では辻占と御籤の混同が見られるが、辻占の起源が御籤紙片と同様に元三大師御籤本にあるわけではない。だが、元三大師御籤本からの吉凶、五言四句、注釈、総括、項目ごとの事象判断の様式は、この時代に辻占に取り入れられ、一部の大判の辻占や占書、一枚摺りにおいて見受けられ、近代以降にも一部の辻占に継承が見られる。また、当時の人々には懸想文売りと辻占売りは近しい存在とみなされていたが、その要因は、双方の売り子の商う物が、祝い言葉の尽くされた印刷物であり、両者とも正月に商売を行う門付的な縁起売りの本質を持つ者であったところが、人々にそのような認識をさせるようになっていたと導かれた。そして辻占俗謡占書は、その文句と図像に花街特有の俗信を反映させていることが理解され、そこで働く女性達や、訪れる男性客が求める託宣が詰まった占書の役割を果たしていたといえる。よしこの、大津絵節、都々逸といった俗謡の幅は、時々の流行歌を取り入れていたことを示し、易占、おみくじ、畳算、生まれ年、十二支占いといった占いが、俗謡占書に融合していることが認められた。

第三章「近代都市と辻占の出版販売」では、まず、辻占の一発行元、大阪の赤本出版社、法令館（榎本書店）から発行された辻占を資料に、出版から流通までの問題を明らかにした。これまで辻占印刷物は、零細な版元から刷り出されていたものと予測していたが、当時の勢い盛んな赤本大手出版社から印刷されていることがわかった。限定的な事例であるかもしれないが、他の版元や発行人の詳細が不明であった近世から近代の辻占印刷物の背景を少しでも明らかにできたことは進展といえよう。法令館の調査からは、香具師と見られる売り子の流通網に乗り、大阪市内をはじめ、地方の盛り場へも辻占が運ばれて販売されていたことが理解された。

近世後期からの瓢箪山稲荷を拠点とする辻占の評判は、近代以降も継続しており、印刷技術の向上に伴う内容の充実、写真、挿絵の充実を得て、瓢箪山稲荷を冠した辻占は、大阪市内における売り子の販売をはじめ、自動機での販売も行われ、九州や満州までも大量に輸送されて出張販売された。近代大阪の辻占には、近世期には見られなかった特定寺社のシンボルや名称が袋に入るようになり、近畿圏での民間信仰が意識されていると考えられる。また、辻占の紙面には、活動写真俳優や都々逸など当時の流行の娯楽、風俗が取り込まれていることが確認できた。

辻占販売の担い手には困窮する社会的弱者が目立ち、彼らを書きとめた雑誌・新聞記事も多い。それら文字・写真資料から判断すれば、主な辻占の買い手は売り子の営業圏である夜の盛り場、公園などに居合わせた成人男女ということになるが、屋内にいる、奉公をする若い男女や同情的な家庭内の女性たちも辻占売りを呼び止め購買者になっていた。辻占は夜間に売り子が販売しただけでなく、大阪など都市においては昼間の自動販売機や古本屋、露天商でも扱われるようになっていたため、買い手には進んで占いを入手したい人々も多く含まれていたということになるだろう。

第四章「現代における文字化辻占」では、文字化辻占の受容が断絶、忘却されたわけではなく、現在でも裁断型の辻占が印刷され、それを用いる菓子が製造されて、限られた地域内ではあるが、正月菓子として習俗化している実態や、伏見稲荷大社参道の土産菓子、縁起菓子としても享受されている様相を論述した。現代の辻占享受の様相には、それ以前の享受のあり方を継承させているところと変化したところとがある。最初に、全国の辻占菓子製造元を調査し、各製造元が使用する現代辻占印刷物の内容分析を行った。それら現代辻占の文句と図像には諧謔性が見られ、お目出度い言葉や図像、それに近世以来継承されている都々逸文句が複数見えることが指摘できる。辻占文句が遊戯性を大切にしながらも、毎年文句を変えるような変化を選ばず、むしろ伝統的イメージを持たせたものとして存続してきたことが理解された。戦前までの辻占印刷物が同時代性ある風俗や娯楽を図像と文句に取り込んでいたのに対して、現代の辻占はむしろ「変えない」「昔ながら」の占い菓子であることに価値を置く「伝統的」な粋な菓子、あるいは正月の縁起物とみなされている。遊戯的な場における享受は広く見て継続されているといえ、平戸市における正月菓子としての供え物の事例や、加賀地方における新年の運試しとしての楽しみ方には、その遊戯性の中に、享受者の呪術的な感性が息づいていると見ている。

後半では、京都の伏見稲荷大社参道の辻占煎餅について考察した。伏見稲荷の煎餅店で「鈴」と呼称される辻占煎餅成立の背景を、近代の郷土玩具・縁起物ブームに生まれた先行の縁起菓子に求め、さらにその背後にある稲荷山の土の霊力や呪力を信仰する、庶民の土細工の鈴への嗜好について説いた。そして、辞書や事典類の辻占解説には何度も登場しながらも、一度も掘り下げられることがなかった辻占煎餅の成立時期と製法、道具について、製法の観察と明治期の煎餅職人の図像比較から明らかにした。かつて普及していた伏見の土鈴も、廃絶すれば詳細が不明となる。現代の縁起菓子である辻占煎餅が、盛んに製造、享受されている現況を記録しておくことは意義深いと考えている。

終章「辻占の文字化と変容」では、近世後期から現代までの辻占印刷物と、その享受に関わる様相を俯瞰し、結果として何が継続され、何が変化し消失したのかを整理した。また、「占いの文字化」概念を広く応用させ、歌占、夢占についても比較検討することにより、占いが文字化、出版化を経ることにより、共通して表れてくる現象、傾向を考察した。分析の結果、本来文字を介在させることのなかった占いが文字化する過程では、実践手順での省略や、変化、また、紙面上では情報の付加や整理など編集作業が加えられてかなりの変容を遂げることが見てとれた。それは占い出版物が庶民化する段階で、中国でも日本においても普遍的な傾向であることを理解した。そして、辻占と同時代占書との関係は、大雑書や通俗的な易占書からの影響があることが認められた。調査の中で、文字化した占いの実践者として看過できない、女性達といった新しい課題にも気付かされた。女性と占いについては引き続いて調査し、女性向けの占いや俗信、娯楽と出版物への目配りをしたい。

今後の課題としては、「占いの文字化」について、より発展させたい考えを持っている。辻占とは異なる占いも対象にし、占いが文字になり、一枚摺りなど素朴な摺り物から版本に発展する経緯に伴って、享受層や享受のありかたがどのように変わるのかを検討する。それに伴い占いの内容はどう変わり、具体的に何が残って何が失われ、何が新しく付け加えられるのかといった問題を、辻占の文字化との比較も含めて考究することは、占いや占書の研究分野にとって、意義あることと考えている。また、大雑書や易占書の研究は進められているが、庶民向けの娯楽的な占い出版物についての調査はまだ先行研究に乏しい。洒落本に融合した易占や、紙製玩具と呼ばれる一枚摺り、双六、かるた、千社札などに見える占いをどう捉えるか、その実態を解明する研究は進んでいない。これからも、辻占を軸足にはするが、それと関わる他の占いの、流行の遊戯や玩具、文芸、民間信仰や俗信との関わりといった視点も加え、娯楽性豊かな占い出版物の世界を理解していくことに努めたい。近世期の豊富な辻占俗謡占書の詳細な分析など、これからの課題は多いが、ひとまずこれで一区切りとし、今後も知見を深め、新資料を求めながら研究を続けていきたい。

註

序章　辻占とは何か

（1）心性史を確立させたのはアナール学派のグループであったが、それ以前に先駆的役割を果たした歴史家として、オランダのホイジンガ、ドイツのノルベルト・エリアスらがいる。一九四〇年代には、フィリップ・アリエスが、一八世期以後のフランス人口の動態を示すデータの裏に隠れた心理的態度に関心を抱いた。アリエスは人口統計データを分析して心性の存在を把握し、一九六〇年に公刊した『アンシャン・レジーム期の子供と家族生活』は心性史の誕生に転機を画した。人口データの背後には「無文書の世界に属する、心理学的、人類学的説明を求める重要な問題」が存在し、それは現実の心象を変化させる「一種のものの見方のシステム、心性のシステム」が存在することに気付かせた（竹岡　一九九〇：二〇六頁）。心性史家は、事件であれ、思想であれ、芸術作品であれ、史料を読み、それらが表現する「心性メカニズム」を読み取る。一九六〇年代以降に心性史家達がよく取り上げたテーマは、労働生活、家族、年齢層別人生などであったが、それらに並んで民間信仰や民衆文化などをテーマとする研究が生まれた。「心性史とは、歴史のなかのもっとも緩慢な動きの歴史である。とはいえ、それは変化―ときにはもっとも決定的な変化の歴史である。心性史家が関心を寄せる特有の現象は、過去からの遺産の継続性、喪失、断絶であり、社会が心性的に再生されるその仕方であり、社会のさまざまな部門の変化の速度の不均一や、人間の精神がそれらの変化に適応する遅れから生まれるずれである」（竹岡　一九九〇：二一六頁）。「集合的無意識」について、竹岡敬温は「ある時代におけるひとつの社会全体に共通した、そして、その時代の人びとによっては、ほとんど、あるいはまったく気づかれないが、かれらの日常の精神に影響をあたえている、心の深層である。」と定義している（竹岡　一九九〇：二二〇頁）。

（2）呪術についての事典、辞典類での定義は、超自然的な存在や力によって、意図する現象を起こそうとする行為、観念、または信仰と説明される（『日本民俗大辞典』、『日本国語大辞典』、『大百科事典』、『文化人類学事典』）。フレーザーは呪術が宗教に先行するという進化説を唱え、また様々な呪術を類感呪術と感染呪術との二つに大別した。デュルケムは呪術的信仰を宗教的信仰の特別形態とみなし、宗教先行説を立てた。しかしクラックホーンをはじめとするその後の人類学者達は、宗教と呪術が混融的で明確な区分が困難であるとした。マリノフスキーはトロブリアンド島の呪術を現地調査し、呪術が人々の不安や恐怖を取り除く機能があることを主張した。ラドクリフ・ブラウンは呪術の社会的機能を力説し、呪術の諸現象は社会構造と密に関係していると考えた。上記二人の次世代であるビアッティは、呪術がある状況からの演出で、象徴的な意味における願望の表現だとし、呪術の象徴性を指摘した。板橋作美は「確かに呪術には自分の願望を明らかにすること、呪術を行うことそれ自体が意味をもつという側面がある。」と述べている（板橋　一九八五：一九九～二〇〇頁）。

（3）菊池真一の体系的な都々逸研究としては、「絵入り都々逸本・翻刻」（二〇〇四）や「薄物都々逸研究」（二〇〇九）、「街道物都々逸研究」（二〇一〇）などがある。

（4）中野三敏によれば、占書模倣の趣向は古く浮世草子に『好色通変占』（貞享五（一六八八）年板）があり、洒落本では『浪華色八卦』あたりから散見しはじめ、同年の『秘事真告』『開学小筌』（宝暦初年か）、『恋道双陸占』（明和八（一七七一）年）、『艶占奥義抄』など明らかな一系列を作っていることがわかるという（中野　一九七八：四一七頁）。

（5）二世梅暮里谷峩は、『新文句辻占度獨逸』に、銭占というべきところを辻占と題号するのは、世間が耳慣れ、口慣れた言葉であり、版元がそう求めるからだと書いている（中町　二〇〇三：二三頁）。

（6）西沢爽は、戦後に作詞家として活躍した後、歌謡研究の道に進み、四〇年かけて集めた資料をもとに、近世後期から明治、大正期までの歌謡を実証的に研究、『日本近代歌謡史』（一九九〇）にまとめた。西沢は、文戯の端緒を、江戸時代の為永春水らを始めとする数寄者や富裕層の連の活動にあるとし、彼らの句相撲などの遊びが「民衆へと環流され」て流行になっていったと考える。春水らは「うたう都々逸」から「つくる都々逸」へと導き、競吟から句相撲、更に句相撲に多様なハンディをつけて競い合う趣向を生むなど、言葉遊びやセンスを問う遊戯に、都々逸を変化させていった。都々逸の職業的作家と愛好者は、都々逸を歌って情緒に浸るのではなく、書くことで粋や洒落、知識を競い合い、結社や会などで評価されて満足するというあり方に享受の姿を変えていったが、それは望ましいあり方ではなかったと西沢は考える。

第一章　辻占と歌占の文字化と文錯

（1）井原西鶴「形見の水櫛」『好色一代男』（一六八二）には、駆け落ちした主人公の世之介が、途中で女を奪い返され、もみあった際に女が落としていった黄楊の櫛で、不安なこの先を占おうとする情景が描かれている。「邊を見れば、黄楊の水櫛、落てげり。「あぶら嗅きは、女の手馴れし念記ぞ。是にて、辻占をきく事もがな。」と岨づたひ、岩の陰道をゆくに、鐵炮に、雉のめん鳥懸て、ひとりごとに、「さてももろき命かな。雄が歎ふ」といふ。」（井原　一九七三：一〇五頁）。ここでは猟師の「さてももろき命かな。雄が歎ふ」という言葉が不吉な辻占となってくる。この後世之介は、辻占通りに女が命を落としていたことを知って深く歎く。為永春水『英対暖語』（一八三七年）の二一章では、元花魁のお柳が、決まった男の世話になりながらも、昔の夫を秘かに思い続けて悩んでいると友人に部屋で打ち明け話をしていると、突然辻占の機会が訪れる。「大根を馬に付て賣歩行馬士が新道を通りながら鼻唄を唄ふ「今は何様いふ心で居るか聞てくんなヨ先の胸」「ヲヤとんだ辻占だネ」（為永　一八八七：一三四頁）。ここでの辻占は、何か心にかけている事がある人が、偶然その時に耳にした話し言葉や歌の一節を託宣として受け取り、解釈する方法をとる。何の儀式も時間の設定もなく、ただ外から聞こえてきた言葉を判断材料にする。春水の作品では、他にもこのような辻占の情景が散見されるが、実は彼の作品中には文字化以前の形式の辻占と、文字化以降の辻占（辻占菓子）の双方が読者に特に説明もなく、並行して描かれている。同じ呼称である「辻占」で、読者に対する説明もないことから、読み手は混乱せず、それらを理解することができていたのだと考えられる。

（2）「歌占に就いては、伴信友が正卜考に長秋記・平治物語・古事談・安居院の神道集・謡曲の歌占等に見える歌占に事実を挙げて詳しく考証している。信友の言ふ如く、平治物語は鳥羽法皇熊野御参詣、又古事談（十訓抄にも載す）は恵心僧都、安居院の神道集は白河院の御時等の話になつているが、何れも其の物語の著作せられた年代の世風を示すものと考ふべきであるから、謡曲の歌占等と併せ見て、歌占は平安末期以後、鎌倉から室町時代にかけて流行したものと思はれる」（川瀬　一九四三：三八四頁）。

（3）平野多恵の調査によれば、阪本龍門文庫蔵『歌占』は一帖で室町末期頃の写本。折本仕立てだが、挿絵の配置や折り目跡などから本来は巻子本であったかと推測され、他に伝本のない孤本とされる。巻末に「若樹文庫」の朱印があり、現在は実業家の阪本猷氏が昭和初期に収集した一千点を超える古典籍の善本を納めた阪本龍門文庫が所蔵する。

（4）『伊勢参宮名所図会』「三津」では、次のように歌占が解説されている。

「伊勢三郎が太刀又歌占の弓と云ものを伝来す。〔割註〕木弓にて凡長三尺許、取柄は赤地の絹の上を糸にて巻り。」八枚の短冊弦に付たり、弓の本末に歌あり。

本は　　神ごゝろたねとこそなれ歌うらの

末には　　ひくもしらきのたつか弓かな

八枚の短冊に

ますかゞみ底なるかげにむかひゐてしらぬ翁にあふこゝちする

としを経て花のかゞみとなる水はちりかゝるをや曇るといふらん

末の露もとの雫や世の中のをくれさきだつためしなりけり

もの丶名も所によりてかわりけりなにはのあしは伊勢のはまおぎ

鶯のかひこの中のほとゝぎすしやか父に似てしやが父に似ず

千早振萬の神も聞しめせ五十鈴の川の清き水をと

北は黄に南は青くひがし白にしくれなゐにそめいろのやま

ぬれて干す山路の菊の露の間に散初めながら千代も経にけり

（『伊勢参宮名所図会』　一九七五：四二四頁）

（5）　巫女、朝より権現を降し奉りしに、日中過ぐるまでえ降りさせたまはず。人々心を静め、度々の輩に至るまで、目を澄ましてぞ候ひける（『保元物語』　二〇〇三：二一九頁）。

（6）　辻占と雑書の関係について直接言及しているわけではないが、生活知識となっている俗信の伝承について、小池淳一は次のように述べている。「口承による知識は近世期に「大雑書」類が刊行されるような状況のもとでは文字による知識と近い位相にあり、交流していたことを意識化するべきなのである。伝承と文字文化とを全く無関係のものとしてとらえることは実情を無視したものと言わざるを得ない。つまり、口承による知識が文字による知識の記録に対して内容面で独自に位置を占めるというのは幻想であって、近世以降の日本においては口承による知識の特色は内容の問題というよりも表現、あるいは提示や上演といった形式の問題なのである。」（小池　二〇一一：一四三頁）。

（7）　溝口政子氏教示に拠る。

第二章　近世における辻占の展開

（1）「弘化頃より役者似顔辻占せんべいを売出して、芝居好きの連中に人気を博したる店なり。この辻占せんべいといへるは、お手遊煎餅位のものを二つに折りて、丈二寸五分、巾一寸五分程の本の形ちになし、彩色七度入りの似顔辻占を一枚づゝはさみたるものにて、絵は亀戸豊國、後には芳幾の手に成りしといふ。その名高かりしこと、嘉永六年の當代全盛江戸高名細見の菓子屋の部に山形として、元治元年のさいせい記、江戸高名の部の筆頭に載れるにても知るべし。これに次いで、大伝馬町の梅花亭と八丁堀の清眞堂の二軒にても売出せしが、みなこの店に真似たるなり。いかなる故にか明治五六年頃灸點屋と早替りして、今も浅草橋北詰の東側にて、大きなペンキ塗りの看板に美人が達磨さんにお灸をすえてゐる絵をかきたるはその家なり」（木村捨三「遠月堂菓子店」『集古』昭和八（一九三三）年九月）。

（2）明治期になると、かりんとう売りを「カリカリ煎餅屋」といった。ブリキ缶にかりんとうを入れ、早い口調で「雨が降ってもカァリカリ、カリカリカリ」と触れながら、すっ飛ぶような早足で売り歩いた。（後略）」『日本大百科全書』「かりんとう〔花林糖〕」項を参照。（沢史生　一九八五：八八八〜八八九頁）

（3）中尾達郎は、畳算について、「扇の要や簪の脚の向いた方角について吉凶を占う法（西、坤、乾を吉、東、南、北、艮を凶とする）もあったようであるが、普通は畳の目の数の丁半によって占ったようである。（中略）後には、専ら色町で行われるようになり、

〽辻占や待つ間簪畳算　恋という字にひかされて　ひとり雪の夜忍んで来たに　腹が立つかや　わしじゃとて　待たす心はないわいな

など色町でも畳算に簪を用いていたことが知れる。（中略）この場合の「辻占」は一の章で述べた本来の辻占ではなく、たまたままのあたりに現れた事象によって吉凶を占うという、変容した辻占である。」、「偶然に遭遇した事象によって吉凶を判断しているだけで、前兆に近い辻占である」（中尾　一九八七：三九〜四四頁）、「結局、江戸唄に読み込まれている「辻占」は、古代の辻占とは全く関係のない、辻占売りの売る、吉凶を書いた小紙片の辻占と、目前の事象で自分本位で吉凶を判断する辻占の二種であるが、特に後者の辻占は予兆の色合いをもった卜占というべきであろう。」と見解を述べている（中尾　一九八七：四五〜四六頁）。

第三章　近代都市と辻占の出版販売

（1）赤本業者とは、庶民向けの品目である、絵本、双六、歌本、地図、暦、実用書などを出版し、中には取次の兼業も行う業者のことを指す。見切本、月遅れ雑誌を版元から仕入れて露天商を中心に売る販路を成立させた。

（2）宮本大人は明治二七年に大阪で数点の出版をしている「法令館」という版元の発行人名義が榎本ではないため、この「法令館」と榎本法令館の関係は不明としている（宮本　二〇〇〇：二九頁）。しかし、榎本寿々氏は、発行所の所在地を、それもかつての榎本所有の土地であったと述べ、榎本法令館の出版物だとみなしていた。「法令館」からは明治二七年に川原

梶三郎著『集会及政社法釈義問答』が出ている。発行者は大垣栄太郎、発行者住所と発行所所在地は大阪市東区高麗橋五丁目四十二番屋敷。

（3）清水勲は、「榎本書店は、大正期から法令館榎本書店（この名称は主に東京支店で使ったようである）とか、榎本法令館とも称することもあったが、大体榎本書店で通してきた。それが昭和二六年頃から榎本法令館に一本化するようになる。」と述べている（清水　一九九八：一一六頁）。

（4）二〇〇四年の聞き書き時には、神霊館榎本書店の公式ホームページはなかったが、二〇一一年には、写真入りで同社の出版物と歴史を紹介するホームページが公開されている。同サイト内の「神霊館　榎本書店の成り立ち」では、筆者が寿〻氏にうかがった談話とは異なっている箇所がある。談話の中では、宗次郎が禁門の変で戦った後に、「誰か」から暦の版権を買い受けて売り始めたと聞いたが、「成り立ち」においては、戊辰戦争後、宗次郎が暦の出版権を大経師から買い受けて商売を始めたとしている。また、高島嘉右衛門との繋がりについて「成り立ち」では、宗次郎が改暦に伴う暦販売の失敗で挫折していたところ、平素から懇意にしていた高島嘉右衛門と出会い、暦に易学を取り入れた「運勢暦」を作る助言を授けられたとしている。

（5）入江正彦「路地裏にいた正チャン」を参照（入江　一九八九：五六八頁）。

（6）「売子を採用す　本館の売子は一日平均五十銭以上の利益に当れり、又々売子五十二名をつのる、望の者は館則に依て採用す御来談あれ」（『平民の友』第六号　明治二九年三月）。

（7）『平民の友』第一号（明治二九年）三六頁、同誌三号（明治二九年）三二頁、同誌四号（明治二九年）三六頁、同誌五号（明治二九年）三二頁、同誌六号（明治二九年）三二頁の募集広告を確認。一例として、三号を引用する。「読め　大阪平民館の広告を読め　大阪平民館ハ販路拡張の為に至急全国に本館出版物一手専売の代理店特約店又ハ大販売所を設けんとす望の者ハ何人たりとも至急御照会あれば相当の割引法又は館則を通報すべし」

（8）脇阪は、汽車や汽船内での呼び売りを、榎本松之助が始めた独創的な方法であるように書くが、宮本大人は、それは明治末に東京では坂東恭吾らが始めたものと指摘する。

（9）法令館の辻占紙に関しては、このようなエピソードもうかがった。戦後のある時期、旧暦の暦は出版禁止になったが、闇で人気があった。負傷して復員してきた元社員に、旧暦書と辻占の出版の権利を譲った。その人は御堂筋か難波に住み、版元の記載をせずに出版していたはずである。

(10) 本節は、二〇〇六年一〇月、日本風俗史学会第四七回総・大会（於昭和女子大学）において、「近代の辻占紙と発行元——大坂・法令館を事例に」と題して発表した内容を基に「近代の辻占発行元——大阪・榎本法令館の出版と販売」『風俗史学』三八号（二〇〇九年）として発表した論文を加筆修正した。

(11) 平岩學洋『辻占のおかし』（婦人と子供）一九〇五年では、「つぢうらには、いかなるものが書いてあるかと研究して見ますと、一つとして、碌な事わ書てないのであります、實に有害な物許りでありまして、子供にわ、聞かするもいま〳〵しき事許りで、常に私わ、残念に思うて居るのであります。」（平岩 一九〇五：四七頁）と辻占菓子の紙片の内容が痛烈に非難されている。

(12) 大阪船場で大正五年に生まれた女性F氏（故人）の実家はゴム会社を経営し、彼女は実家で家族と奉公人達と暮らしていた。F氏は大正後期から昭和初期と思われる、子供時代の記憶を随筆に残し、Fさんの孫にあたる女性が、その随筆の一部を「ノスタルジック大阪船場」としてインターネット上で公開している。かつての住所を現住所にすると、大阪市中央区伏見町二丁目である。引用にあたっては孫の女性から教示を受けた。

第四章　現代における文字化辻占

(1) 辻占煎餅の製造開始年次については、アメリカのフォーチュンクッキー起源をめぐる議論において、近年米国で注目を集めるところである。フォーチュンクッキーが戦前の中国で成立したものか、それとも日本であるかが米国において議論されてきた。中国系アメリカ人の人々は、移民をした中国人がアメリカにおいて発明をし、戦後すぐのサンフランシスコにある中華料理店で無料クッキーサービスを行い、広く浸透させたと主張していた。日系人もまた、移民先のサンフランシスコ、ロサンゼルスで戦前より製造を行い、日本においては昔から「辻占」という名の煎餅があったのだと主張していたが、決め手となる写真や図像、モノ資料を持っていなかった。しかし、本節で示した一八七八年の煎餅職人図像の発見により、戦前より遡って日本で確実に辻占煎餅が製造されていたことが明らかになった。この菓子の起源に関心を持つアメリカ人は多く、本図はニューヨークタイムスの記事でも紹介されることになった。

(2) 辻占煎餅は甘い小麦煎餅の一種。現在製造されているものの形状は、四つ折りにして、生じた空隙に占い紙片（辻占）を封じ込むか、挟み込むかしているが、かつては巻き煎餅や二つ折りなどの形状があった。宝玉堂では創業当初から「鈴」（辻占煎餅）を製造していたが、さほど人気商品ではなく、それよりも「四つ折り」や「二つ折り」といった、折って歯ごたえを出した商品が売れ筋だった。現在辻占煎餅は人気商品であるが、そのきっかけは一〇年ほど前に女性雑誌で取り上げられたのが発端だと思うと武史さんは語った。

（3）煎餅職人は男性に限らない。保さんによれば、過去には子供をおぶいながら煎餅を焼いていた女性職人もいたという。

（4）煎餅型の丁数について、文京区の和菓子屋『壺屋』の店主、故入倉芳郎氏からは、四丁が一揃いであると教示を受けた。

（5）本節は、「図像から考えるモノと技術――伏見の煎餅職人の道具と技術から」（『年報　人類文化研究のための非文字資料の体系化』第一号二〇〇四年）を加筆修正した。

（6）旧来の民俗学では、「習俗」は過去からの歴史を明らかにするものと位置付けられ、歴史が再構成されてきたが、近代以降に世代的に継承が見られる行動様式をも新たな習俗とみなし、歴史性と、変化を経た現況を把握し、総合的に歴史を構成することが、民俗学において意味があることなのではないかと考えている。古家信平の習俗の解説には「無意識的な規範行動様式を示す言葉。慣習・風習・仕来り・慣行などとほとんど区別せずに用いられる。」（古家　一九九九：八一七頁）とある。辻占菓子を正月菓子として毎年享受することは、一時の流行に終わっておらず、世代的に継承が見られ、それは地域の人々にとって慣習とみなしてよいものだと捉えている。

（7）金沢エクセルホテル東急では、二〇〇七年一二月三一日～二〇〇八年一月七日にかけての宿泊客に、「金沢のお正月に欠かせない占い菓子「辻占」のプレゼント」を行った。同ホテルホームページによる（二〇〇七年一二月二一日アクセス）。

（8）調査に協力して下さった「市内在住者」についてだが、石川県内での調査も含め、市街地における屋外での聞き取り、それにアンケートや写真提供に協力して頂いた方々には初対面の方が多かった。そのため、土地に何代にも渡って居住していたのか、戦後に移住してきたのかといった質問まで及ばず、路上や店舗内での一度きりの対話となり、後追いができずに終わったケースがある。資料としての正確さを期し、また習俗の起点を知るためには、話者がいつからそこに居住し、その習俗を行ってきたかが辻占習俗の起点の根拠になると考えるが、今回は一部の方々に限定してしかそれらの情報を得ることができなかった。今後も調査を続け、話者の方々とは信頼感を築き、談話の数よりも深さや詳細さを念頭に、より豊かな報告ができるように努めたい。

（9）木田昌弘「平戸の正月行事の一端」より、「大久保町地区某家」を抜粋する。

一月一日　お年取り順

一、茶・おてがけ（三方に半紙、米八合、だいだい、つるしば、お菓子、丸ボーロ、一口香、つじうら他）（おてがけ

の写生図）

二、雑煮（お椀の下に大根の輪切りを敷く、その他の具は白菜のみ）＊食べる前には門松様に上げる。

三、吸い物（はんぺん）＊食べる前に門松様に上げる。

四、お屠蘇（お取り肴）

五、お節料理・酒　（木田　一九九九：九一頁）

また、木田氏からは『壺陽録』に見えるおてがけ記録の教示を受けた。『松浦家旧記　壺陽録』には、松浦家二十三代弘定が、筑前箱崎金胎寺で難を避けているうちに、明応元（一四九二）年の正月を迎えた話が残る。それによれば、寺の住持が「御蓬莱《てかけ》を自ら持出て大服をもまいらせける。元旦に金胎寺御手懸を上る事此御吉例也とぞ」とある。一五世紀のおてがけの記録である。この一文からは、おてがけの内容や、実際食べたのかどうか、摘んだふりをしただけだったのかといった詳細までは不明であるが、大服とは大福茶のことであり、弘定はこの年、元旦にお茶と共におてがけを頂いたことがわかる。

(10)『鶴村日記』著者、金子鶴村（一七六八～一八四〇）は現在の白山市鶴来町出身の儒学者で、近世鶴来と金沢を代表する文化人。『鶴村日記』は著者鶴村の日常生活を克明に記したもので、儒学の講義や書画骨董の鑑定、金沢の文化人、庶民との交際、冠婚葬祭、今枝家をはじめとする加賀藩の政治経済、遠く江戸や京都の事情、対外事情に至るまでが記されている。食事に関しては、今枝家や加賀藩重臣宅での宴会料理にとどまらず、寺院の茶会や報恩講の精進料理、年中行事や毎日の食事献立、食品贈答などについて記録されている（吉田　二〇〇三：八七～八八頁）。

(11)「浜原製菓」（小松市須天町）店主、浜原和子氏の協力を得て、毎年辻占を食べている家族を紹介いただき、二〇一〇年の正月に、普段のように辻占を楽しむ光景を協力者自身が撮影した写真を提出していただいた。

(12)『北陸新聞』（一九一五年一月二日号）掲載の馬角斎聾人による記事を一部引用する。「我が幼児の正月」「此四種は大抵同じ箱に入れ、首に懸けて前に垂れ、夜な〳〵大の男が寒風に悲しき聲を張り上げ『棒飴玉飴やい！ぽあめ辻占やい？棒飴かんかんとやい！』と呼び来る。棒飴、かんかん糖は今もあり。辻占は今の者とは異なりて、必ず茶色の煎餅製の小なる皮に入れ一寸四方大の紙に種々の絵を書き、上に文句を記す。文句は真面目なるも固より多けれど、淫猥にして奇警なるが多し、仮令へば煙管の絵に『口を吸うて下だしやんせ』と題せるが如き是なり。」（後略）

(13)　辻占文句（辻占紙片に書いてある占い文句）の一部を引用する。丸津製菓（佐世保市）は、「ふうふげんかはじこのもと」、「よきことはいそいでよし」、「福はねてまてほうてくる」、「くじはかち」、「金銀山のごとし」、「まち人おそし」、「いわいごとにあう」などである。江代商店（平戸市）は、「辛抱する木に金がなる」、「苦は楽の種」、「尾を振る犬はたたかれず」、「すきばらにまずいものなし」、「思い立ったが吉日」などがある。石川県の山海堂（小松市粟津町）の辻占には「なんでも叶う」、「生涯安楽」、「今のつらさ先のたのしみ」、「あの人はたよりになります」、「果報は寝て待て」、「めったに損はしません」などがある。浜原製菓（小松市須天町）の辻占には、「福がまいこむ」、「ほれてつまらぬ」、「かみさまがまもる」、「怒るなかれ」、「縁談がある」、「早くきめなさい」、「うぬぼれがつよい」、「宝くじがあたる」などがある。

(14) 本節は「新年の共食機会に見られる占い菓子享受の習俗化――長崎県平戸市と石川県金沢市を中心にして」『年報非文字資料研究七号』（二〇一一）を基に加筆修正を行った。

参考文献と参考資料

参考文献

全体で参考とした文献

青木元「狐みくじ」、「辻占自動販売機」、「辻占菓子」『辻占』辻占研究社　一九九七年
朝倉夢声「懸想文売」『見世物研究　姉妹篇』平凡社　一九九二年
石川啄木「明治四一年日誌」『啄木全集』第五巻日記一　筑摩書房　一九七二年
伊藤高雄「ことば遊びの世界」、長野隆之「民謡の誕生と展開」日本口承文芸学会編『シリーズことばの世界　第四巻　うたう』三弥井書店　二〇〇七年
江森一郎監修「懸想文売り」『江戸時代女性生活絵図大事典』三巻　大空社　一九九三年
江森一郎監修『雛鶴百人一首花文選』『江戸時代女性生活絵図大事典』六巻　大空社　一九九四年
E・モース『日本その日その日』上下巻　科学知識普及会　一九三〇年
葛飾北斎、永田生滋監修『北斎漫画一』岩崎美術社　一九九二年
川崎市市民ミュージアム「未来を覗く」『呪いと占い』川崎市市民ミュージアム　二〇〇一年
菊池真一「辻占都々逸研究」『甲南国文』五二号　甲南女子大学日本語日本文学科　二〇〇五年
喜多川守貞、朝倉治彦・柏川修一編『守貞謾稿　四巻』東京堂出版　一九九二年
狂訓亭主人訂、竹葉亭金瓶作、梅亭金鵞『花鳥風月』三編の下　村上静人校訂・校正　人情本刊行会　一九一六年
小池淳一『陰陽道の歴史民俗学的研究』角川学芸出版　二〇一一年
小泉吉永『宝暦大雑書万々歳』・『女雑書教訓鑑』の「解題」『江戸時代女性文庫九』大空社　一九九四年
近藤直也「近世中・後期における辻占と櫛の素材」『風俗史学』四一号（四六巻三号）日本風俗史学会　二〇一〇年

笹本正治「辻占」『日本民俗大辞典』下　吉川弘文館　二〇〇〇年
佐藤幸代「卜占歌研究――みくじ歌の表現類型性」『国文研究と教育』一五号　奈良教育大学　一九九二年
山東京伝「懸想文売」『近世奇跡考　巻之二』『日本随筆大成第二期六』吉川弘文館　一九七四年
谷川士清編　井上頼圀他増補『和訓栞』上　名著刊行会　一九六八年
谷川士清編『倭訓栞』名著刊行会　上巻　一九六八年　中巻　一九七三年
中町泰子「近世後期・明治期における辻占商品の展開」『生活文化史』四三号　日本生活文化史学会　二〇〇三年
中町泰子「占い菓子の嗜好に関する日米比較研究――フォーチュンクッキーと辻占菓子」『嗜好品文化フォーラム』（二〇〇八年五月二五日）口頭発表
中町泰子「日系チャプスイレストランにおけるフォーチュンクッキーの受容」『年報非文字資料研究』第五号　神奈川大学日本常民文化研究所非文字資料研究センター　二〇〇九年
橋本萬平・小池淳一『寛永九年版　大ざつしよ』岩田書院　一九九六年
林喜芳『わいらの新開地』神戸新聞総合出版センター　二〇〇一年
伴高蹊『閑田耕筆』『日本随筆大成』第一期一八巻　吉川弘文館　一九七六年
伴信友『伴信友全集』二巻　国書刊行会　一九〇七年
古家信平「習俗」『日本民俗大辞典』上　吉川弘文館　一九九九年
前田育徳会尊経閣文庫編『二中歴　二』八木書店　一九九七年
前田育徳会尊経閣文庫編『二中歴』（尊経閣善本影印集成一五）八木書店　一九九七年
増田靖弘他編「歌占」「Ⅲ　賭ける」『遊びの大事典』東京書籍　一九八九年
三谷栄一「おまじないと和歌」『実践国文学』一九　実践国文学会　一九八一年
宮川政運『宮川舎漫筆』『日本随筆大成』第一期一六巻　吉川弘文館　一九七六年
宮田登『日本人と宗教』岩波書店　一九九九年
柳田國男「文ひろげの狂女」『定本柳田國男集』第八巻　筑摩書房　一九六二年
渡辺信一郎「懸想文売り」『江戸の庶民生活・行事事典』東京堂出版　二〇〇〇年

序章　辻占とは何か

青木元『辻占平成10年版』辻占研究社　一九九八年
青木元『辻占平成11年版』辻占研究社　一九九九年
青木元『辻占平成12年版』辻占研究社　二〇〇〇年
青木元『辻占平成13年版』辻占研究社　二〇〇一年
青木元『明治期の辻占』辻占研究社　二〇〇一年
青木元「辻占菓子が誕生するまで」『占い・厄除け・開運菓子』第六四回虎屋文庫資料展冊子　虎屋文庫　二〇〇四年
秋里蘺島『河内名所図会』臨川書店　一九九五年
新井白蛾『易学小筌』刈谷図書館村上文庫蔵　一七八九年
荒川敏彦「「呪術」へのまなざし」竹内郁郎・宇都宮京子編著『呪術意識と現代社会――東京都二十三区民調査の社会学的分析』青弓社　二〇一〇年
板橋作美「呪術」『大百科事典』第七巻　平凡社　一九八五年
折口信夫「夕占」『萬葉集辞典』折口博士記念古代研究所編『折口信夫全集』第六巻　中央公論社　一九八五年
折口信夫「稲むらの蔭にて」折口博士記念古代研究所編『折口信夫全集』第三巻　古代研究民俗学篇二　中央公論社　一九八五年
香川雅信「収録論文解題」、小松和彦解説「境界」小松和彦編『怪異の民俗学⑧　境界』河出書房新社　二〇〇一年
加藤咄堂『日本風俗志』三巻　大東出版社　一九四一年
菊岡沾涼　小林祥次郎解説『本朝世事談綺（附索引）』下　勉誠社　一九八二年
菊池真一『明治大阪物売図彙』和泉書院　一九九八年
菊池真一「絵入都々逸本・翻刻」『甲南女子大学研究紀要』四〇号　文学・文化編　甲南女子大学　二〇〇四年
菊池真一「辻占都々逸研究」『甲南国文』五二号　甲南女子大学　二〇〇五年
菊池真一「薄物都々逸研究」『甲南国文』五六号　甲南女子大学　二〇〇九年
菊池真一「街道物都々逸研究」『甲南国文』第五七号　甲南女子大学　二〇一〇年
菊池真一「都々逸研究」http://www.konan-wu.ac.jp/~kikuchi/dodo/index.html（二〇一〇年五月時点）

今野圓助「辻占」大塚民俗学会編『日本民俗辞典』弘文堂　一九七二年
笹本正治『辻の世界――歴史民俗学的考察』名著出版　一九九一年
四条史編さん委員会『河内四條史』第三冊　史料編Ⅱ　一九七七年
四条史編さん委員会『河内四條史』第一冊　本編　一九八一年
ジョン・ビアッテイ著、蒲生正男・村武精一訳『社会人類学――異なる文化の論理』社会思想社　一九六八年
竹岡敬温『『アナール』学派と社会史――「新しい歴史」へ向かって』同文館出版　一九九〇年
中野三敏解題「浪華色八卦」『洒落本大成』第二巻　中央公論社　一九七八年
中山太郎「辻占」中山太郎編『日本民俗学辞典』梧桐書院　一九四一年
西沢爽『日本近代歌謡史　上』桜楓社　一九九〇年
西村亨「末流の歌」池田弥三郎編　日本語講座第二巻『ことばの遊びと芸術』大修館書店　一九七六年
瓢箪山稲荷神社『瓢山』第一四号　瓢箪山稲荷神社社務所　一九九二年
福田アジオ・宮田登『日本民俗学概論』吉川弘文館　一九八六年
福田アジオ「総説民俗学の方法」、宮本袈裟雄「民俗と民俗資料」、勝田至「民俗と歴史学」、福田アジオ・小松和彦編『講座日本の民俗学　一民俗学の方法』雄山閣出版　一九九八年
布施市史編纂委員会編『布施市史』第二巻　布施市役所　一九六七年
『復刻版　郷土趣味』第二分冊　岩崎美術社　一九八四年
古橋信孝『古代の恋愛生活』日本放送出版協会　一九八七年
宮田登「妖怪のトポロジー」『妖怪の民俗学』岩波書店　一九八五年
宮田登『民俗文化史』放送大学教育振興会　一九九五年
民俗学研究所編著『民俗学辞典』東京堂出版　一九九四年
柳田國男「かはたれ時」『妖怪談義』修道社　一九五六年
吉田禎吾「呪術」『文化人類学事典』弘文堂　一九八七年

第一章　辻占と歌占の文字化と文錯

井原西鶴　藤村作校註・田崎治泰補訂『井原西鶴集』朝日新聞社　一九七三年
江森一郎監修『江戸時代女性生活絵図大事典　第六巻』大空社　一九九四年
岡中正行「歌占官見——長崎県立対馬歴史民俗資料館所蔵『歌占』の翻刻・紹介をかねて」『伝統研究』二号　アジア伝統研究所　一九九四年
岡中正行「対馬の歌占——蔵瀬家所蔵『哥占』について」『伝統研究』三号　アジア伝統研究所　一九九五年
小田和弘「呪歌と民俗——夢見の呪歌とその伝承」『和歌をひらく　第四巻』岩波書店　二〇〇六年
花淵松濤　野中春水校注『百人一首歌占鈔』和泉書院　一九九七年
川瀬一馬「「歌占」に就いて」『日本書誌学之研究』講談社　一九四三年
河村全二注釈『十訓抄全注釈』新典社　一九九四年
喜多村信節『嬉遊笑覧　三』日本随筆大成編集部編『日本随筆大成別巻』吉川弘文館　一九七九年
国書刊行会編『正卜考第三巻』『伴信友全集二巻』ぺりかん社　一九七七年
佐成謙太郎「歌占」『謡曲大観』明治書院　一九五三年
蔀関月編『伊勢参宮名所図会』『版本地誌体系　一六』臨川書店　一九九八年
蔀関月編『伊勢参宮名所図会』『日本名所図会全集』一一巻　名著普及会　一九七五年
谷崎潤一郎他編『英対暖語』『国民の文学　一三』河出書房新社　一九六五年
為永春水『春抄媚景英対暖語』(『春色梅こよみ』)同盟分社　一八八七年
洞院公賢撰『拾芥抄』『尊経閣善本影印修正　一七』八木書店　一九九八年
富田康之「紀海音の謡曲利用一覧（上）」『北海道大学文学部紀要』北海道大学　一九九八年
外山翁作『花街　浪華色八卦　附録色道五箇条占』(一七五七年)、中野三敏解題『花街　浪華色八卦　附録色道五箇条占』『洒落本大成　二』中央公論社　一九七八年
中山泰昌編「歌占」『謡曲・古曲拾遺』『校註日本文学大系　二一巻』誠文堂新光社　一九三七年
花部英雄『呪歌と説話——歌・呪い・憑き物の世界』三弥井書店　一九九八年
花部英雄「呪歌の生成——人丸「ほのぼのと」歌と懐妊」『講座日本の伝承文学　第九巻　口頭伝承〈トナエ・ウタ・コトワザ〉

の世界』三弥井書店　二〇〇三年
花部英雄「序論　呪術と呪歌の論理」『和歌をひらく　第四巻』岩波書店　二〇〇六年
平野多恵「恋の占い――おみくじ文化」『国文学―解釈と教材の研究』一一号　学灯社　二〇〇七年
平野多恵「一荷堂半水『縁の糸恋の哥占』翻刻紹介」『十文字学園女子大学短期大学部研究紀要』四〇号　十文字学園女子大学短期大学部　二〇〇九年
平野多恵「室町時代の和歌占い――古典文化の体験型授業（三）阪本龍門文庫蔵『歌占』の実践」『十文字国文』一六号　十文字学園女子大学短期大学部　二〇一〇年
古橋信孝『古代和歌の発生』東京大学出版会　一九八八年
古橋信孝『古代の恋愛生活――万葉集の恋歌を読む』日本放送出版協会　一九九五年
「法皇熊野御参詣并びに御託宣の事」『保元物語』柳瀬喜代志他校注・訳『新編日本古典文学全集四一』小学館　二〇〇二年
増穂残口作・序　楞散人序『艶道通鑑』大空社　一九九六年
溝口政子　お菓子かわら版「『ひょうたんや』八田英夫さんと辻占楊枝について」
http://www.m-mizoguti.com/papier/papier5.html
三好二水『謡曲歌占註釈』四海堂　一九〇一年（国立国会図書館　近代デジタルライブラリー
http://kindai.da.ndl.go.jp/info:ndljp/pid/876508）
無住国師「浄土遁世事」『沙石集』巻十（一）渡邊綱也校注『日本古典文學大系　八五』岩波書店　一九六六年
横道萬里雄「歌占」『謡曲集上』岩波書店　一九六〇年

第二章　近世における辻占の展開

浅井了意『曾呂利狂歌咄』塚本哲三編『醒睡笑・一休咄・曾呂利狂歌咄』有朋堂書店　一九二七年
淡島寒月「行楽の江戸」『梵雲庵雑話』（初出大正六（一九一七）年一月『新公論』第三二巻第一号）岩波書店　二〇〇〇年
岩井洋「おみくじ」『日本民俗大辞典』上　吉川弘文館　一九九九年
大久保葩雪『花街風俗誌』（一九〇六年）『日本風俗叢書』八巻　日本図書センター　一九八三年
大野出『元三大師御籤本の研究――おみくじを読み解く』思文閣出版　二〇〇九年

小野恭靖「『浪花みやげ』の世界」『日本アジア言語文化研究』九号　大阪教育大学日本・アジア言語文化学会　二〇〇二年
喜多川守貞　朝倉治彦・柏川修一編『守貞謾稿　第四巻』東京堂出版　一九九二年
木村捨三「続々商牌集　二」『集古』四号（一九三三年）『復刻　集古』六巻　思文閣出版　一九八〇年
狂訓亭主人訂・竹葉亭金瓶・梅亭金鵞　三編の下　村上静人校訂・校正『花鳥風月三編下』人情本刊行会　一九一六年
黒川道祐『雍州府志』『新修京都叢書』一〇巻　臨川書店　一九九四年
黒澤翁満「難波職人歌合」谷川健一編『日本庶民生活史料集成　第三十巻　諸職風俗図絵　別冊』三一書房　一九八二年
島武史『かながわおもしろおみくじ散歩』神奈川新聞社　一九九九年
清水清風『街の姿一名清風翁物売物貰図譜江戸篇』大平書屋　一九八三年
『新吉原画報』第一巻第四号（一八九八年）槌田満文監修・編・解説『新吉原画報・劇場図会――『世事画報』増刊』ゆまに書房　二〇〇三年
高取正男、小沢弘編『日本庶民生活史料集成　第三〇巻　諸職風俗図絵　別冊』三一書房　一九八二年
為永春水　大橋新太郎編『梅雪閑解　春の若草』博文館　一八九三年
為永春水『春色梅児誉美』『日本古典文学大系』六四　岩波書店　一九八七年
虎屋文庫『占い・厄除け・開運菓子』虎屋文庫　二〇〇四年
中尾達郎『色町俗謡抄――浅草・吉原・隅田川』三弥井書店　一九八七年
中村公一『一番大吉！』大修館書店　一九九九年
『日本大百科全書』小学館　一九八五年

第三章　近代都市と辻占の出版販売

『アサヒグラフ』一月二六日号「辻占売りの少女――夜の綴り方教室」朝日新聞社　一九四九年
安土一好「浪花拳骨飴賣」『風俗画報』七九号　東陽堂　一八九四年
入江正彦「路地裏にいた正チャン」南博編『近代庶民生活誌　第一八巻』三一書房　一九八九年
『江戸の出版　下』「座談会　板元・法制・技術・流通・享受」ぺりかん社　二〇〇五年
大垣栄太郎『現行袖珍諸罰則全書』法令館　一八九四年　国立国会図書館蔵

『大阪朝日新聞』一八八二年二月一〇日
『大阪朝日新聞』雑報欄「千日前の乞喰」一八九四年三月一三日
『大阪朝日新聞』一八九七年三月二六日
『大阪朝日新聞』「瓢箪山辻占売りの図」一八九九年一〇月一一日
『大阪朝日新聞』鈍泥翁「瓢箪山の辻うら」一九〇一年一月二八日
『大阪朝日新聞』「夜の公園」一九〇三年八月一二日
岡田竹雲「和泉堺の行商人」『風俗画報』第三二二号　東陽堂　一九〇五年
加藤政洋『大阪のスラムと盛り場――近代都市と場所の系譜学』創元社　二〇〇二年
小松菊松『出版興亡五十年』誠文堂新光社　一九五三年
柴田庄一「都市大衆文化の成立と〈盛り場〉の意味するもの――映画の普及と活動弁士の役割を手掛かりとして」『言語文化研究叢書』名古屋大学大学院国際言語文化研究科　二〇〇四年
柴野京子「赤本と近代日本――出版市場形成における変容とポジション」『出版研究』三八号　日本出版学会　二〇〇七年
清水勲『大阪漫画史――漫画文化発信都市の三百年』ニュートンプレス　一九九八年
新修大阪市史編纂委員会『新修　大阪市史　第三巻』大阪市　一九八九年
新修大阪市史編纂委員会『新修　大阪市史　第五巻』大阪市　一九九一年
新修大阪市史編纂委員会『新修　大阪市史　第六巻』大阪市　一九九四年
新修大阪市史編纂委員会『新修　大阪市史　第七巻』大阪市　一九九四年
後藤金寿編『全国書籍商総覧』新聞之新聞社編（一九三五年）『出版文化人名辞典』第四巻　日本図書センター　一九八八年
田野登『水都大阪の民俗誌』和泉書院　二〇〇七年
「辻占」〈ノスタルジック大阪船場〉http://www.eonet.ne.jp/~owlself/html/oos_tujiura.html
辻村梁一「狐とみくじ」『土のいろ』第七巻第二号　土のいろ社　一九三〇年
鳥越信編「コラム　榎本書店」『シリーズ・日本の文学史③　はじめて学ぶ日本の絵本史Ⅱ――十五年戦争下の絵本』ミネルヴァ書房　二〇〇二年
永井李蹊堂「大阪小商人の呼売」『風俗画報』第三四六号　東陽堂　一九〇六年

中野晴行『手塚治虫と路地裏のマンガたち』筑摩書房　一九九三年
中野三敏「座談会　板元・法制・技術・流通・享受」『江戸の出版　下』ぺりかん社　二〇〇五年
中町泰子「辻占の世界」『異界万華鏡』（展示図録）国立歴史民俗博物館　二〇〇一年
中町泰子「近代の辻占発行元——大阪・榎本法令館の出版と販売」『風俗史学』三八号　風俗史学会　二〇〇九年
坂東恭吾「数物屋の歴史と現在出版界について」『日本古書通信』一八号　日本古書通信社　一九三四年
平岩學洋「辻占のおかし」『婦人と子ども』五巻二号　フレーベル会　一九〇五年
『平民の友』一〜六号　大阪平民館　一八九六年　関西大学図書館蔵
前田曙山『辻占賣』駸々堂　一九〇二年
宮本大人「湯浅春江堂と榎本法令館——近代における東西「赤本」業者素描」『日本出版史料——制度・実態・人』五　日本エディタースクール出版部　二〇〇〇年
脇阪要太郎『大阪出版六十年のあゆみ』大阪出版協同組合　一九五六年

第四章　現代における文字化辻占

阿部聖夫『今越清三郎翁伝——乃木将軍と辻占売りの少年』中央乃木会叢書　一九七八年
生月町郷土誌編さん委員会『生月町史』生月町教育委員会　一九九七年
伊原弘編『『清明上河図』をよむ』勉誠出版　二〇〇三年
岩井宏實「職人絵馬」『技術と民俗（下巻）』『日本民俗文化大系』第一四巻　小学館　一九八六年
印南敏秀・神野善治・佐野賢治・中村ひろ子編『もの・モノ・物の世界——新たな日本文化論』雄山閣　二〇〇二年
「瓢箪山の辻うら」『大阪朝日新聞』一九〇一年一月二八日
大友奎堂「親しまれた郷土の菓子」NHK金沢放送局郷土番組委員会編『ふるさとのしおり』石川県図書館協会　一九六四年
大森恵子『稲荷信仰と宗教民俗』岩田書院　一九九四年
尾島満「辻占果子」『郷土研究』六巻二号　郷土会『郷土研究』第五冊　名著出版　一九八五年
香月洋一郎・野本寛一編『民具と民俗』『講座日本の民俗学』第九巻　雄山閣　二〇〇二年
金子有斐『鶴村日記』中編二　石川県図書館協会　一九七八年

亀井千歩子『日本の菓子』東京書籍　一九九六年
川良雄編著『小松市史』小松市教育委員会　一九六八年
神埼宣武『「まつり」の食文化』角川学芸出版　二〇〇五年
喜多川守貞『近世風俗志（守貞謾稿）』四　岩波書店　二〇〇一年
木田昌宏「平戸の正月行事の一端」『平戸史談』一六号」平戸史談会　一九九九年
桜田勝徳「四　年中行事と平常生活との関係」『年中行事総括』『日本民俗学大系』第七巻生活と民俗Ⅱ　平凡社　一九五九年
篠田仙果著・孟齋芳虎画『藻塩草近世奇談』三篇下　一八七八年　国立国会図書館蔵
渋沢敬三・神奈川大学日本常民文化研究所編『新版　絵巻物による日本常民生活絵引』第三巻　平凡社　一九九七年
須藤功編・朝倉康二著『あきなう』『写真でみる日本生活図引』第三巻　弘文堂　一九九〇年
瀬川清子『食生活の歴史』講談社学術文庫　二〇〇一年
千代芳子『女の心菓子』文化出版局　一九八八年
草加市史編さん委員会編『草加せんべい――味と歴史』草加市史調査報告書　第五集　草加市　一九九二年
田野登『水都大阪の民俗誌』和泉書院　二〇〇七年
寺島良安『和漢三才図会』谷川健一編『日本庶民生活史料集成』第二九巻　三一書房　一八九〇年
長沢利明「蓬莱・喰積・手掛」『西郊民俗』一九九号　西郊民俗談話会　二〇〇七年
日本の食生活全集長崎編集委員会編『聞き書き長崎の食事（日本の食生活全集　四二）』農山漁村文化協会　一九八五年
日本民具学会編『日本民具辞典』ぎょうせい　一九九七年
平戸市史編さん委員会「第Ⅰ篇　平戸の民俗」『平戸市史　民俗編』平戸市史編纂委員会　一九九八年
『北國新聞』「新年へ辻占作り」二〇〇九年一二月一二日
『北國新聞』「正月の「福徳」焼き器苦難の戦後救う」二〇〇九年一二月三〇日朝刊
『北陸新聞』馬角斎聾人「我が幼児の正月」一九一五年一月二日
『北國新聞』「辻占賣の純益を寄附　推賞すべき小坂青年団員の美学」一九二五年一二月一七日
『北國新聞』「灯から灯を泳ぎ廻る　寒む夜の辻占賣」一九三一年一〇月二四日
前田佐智子・林昇「第十章　盛り場の今昔」金沢市史編さん委員会編『金沢市史』資料編一四民俗　金沢市　二〇〇一年

松下幸子『祝いの食文化』東京美術　一九九四年
松下幸子『図説江戸料理事典』柏書房　一九九六年
南方熊楠「辻占果子」『郷土研究』六巻一号　郷土会『郷土研究』第五冊　名著出版　一九八五年
安嶋彌『ふるさとの風俗誌――昭和初年の松任』松任市役所　一九九二年
柳田國男編『歳時習俗語彙』国書刊行会　一九八七年
山口麻太郎『日本の民俗　長崎』第一法規出版株式会社　一九七二年
吉田元「化政期金沢の食文化――『鶴村日記』を読む」『種智院大学研究紀要』四　種智院大学　二〇〇三年
Eric Prideaux. "What's really "Chinese" about fortune Cookies." *The Japan Times*. April 16, 2006
Jennifer Lee. "Solving a Riddle Wrapped in a Mystery Inside a Cookie." *The New York Times*. January 16, 2008

終章　辻占の文字化と変容

江口孝夫『日本古典文学　夢についての研究』風間書房　一九八七年
江口孝夫『「夢」で見る日本人』文芸春秋　二〇〇一年
岡田芳朗・阿久根末忠編著『現代こよみ読み解き事典』柏書房　一九九三年
河東仁『日本の夢信仰――宗教学から見た日本精神史』玉川大学出版部　二〇〇二年
小山市立博物館編『第三五回企画展示図録　占いの文化史――てんのかみさまのいうとおり』小山市立博物館　一九九七年
虎屋文庫「前田利鬯と辻占昆布」『歴史上の人物と和菓子』二〇〇七年
虎屋文庫ホームページ　http://www.toraya-group.co.jp/gallery/dat02/dat02_072.html

参考資料

全体で参考にした資料

春霞桜主人序『うた占』東京都立中央図書館蔵
『こゝろいき辻うら都々いつ』東洋大学附属図書館蔵
『辻う羅葉うた』東京都立中央図書館蔵
『辻宇羅はふた』東京都立中央図書館蔵
『流行りはうたの辻占』東京都立中央図書館蔵

第一章　辻占と歌占の文字化と交錯

『粋ごのみ　都々逸集』文雅堂書店　一九五六年　ひょうたんや八田商店蔵
「辻占の事」『雛鶴百人一首花文選』一七五六年　玉川大学図書館蔵
『どどいつつけ恋の辻うら』東京都立中央図書館蔵
ひょうたんや辻占楊枝用「都々逸」紙片　著者蔵
ひょうたんや細工楊枝　著者蔵
宝玉堂の辻占煎餅紙片　著者蔵
『よしこの辻占図会　上之巻』東洋大学附属図書館蔵

第二章　近世における辻占の展開

『いろはたとゑ辻占かるた』国立国会図書館蔵
歌川国貞画『菓子屋店頭の図』　虎屋文庫蔵
『江戸辻占』東京都中央図書館東京誌料文庫蔵
『江戸八卦當ル辻占』①「さるわか町」、②「日本ばし」、③「柳ばし」、④「しんよし原」、⑤「御くらまへ」、「源氏店」東京国立博物館蔵

『縁結當辻占』①「縁結當辻占　たてひきがあるよ」、②「縁結當辻占　あんしんだよ」、③「縁結當辻占　つがふがいいよ」、④「縁結當辻うら　きまりがい丶よ」東京国立博物館蔵
『沢村板　つじうらづくし』個人蔵
『〔新撰吉凶〕辻占都々逸稽古本　上の巻』東洋大学附属図書館蔵
『新撰葉唄都々一辻占壽語呂久』東京都立中央図書館蔵
『新版つじうらづくし』個人蔵
『しんばん辻占尽し』一八八八年　個人蔵
『辻うら寿ご六』一八五七年　東京都立中央図書館蔵
『浪花みやげ』三編一、二、五　静嘉堂文庫蔵
『春遊び辻占寿ご六』国立歴史民俗博物館蔵
『夕涼市中の賑ひ』国立歴史民俗博物館蔵
「六菓煎　見立文屋　遠月堂の辻うら」東京国立博物館蔵

第三章　近代都市と辻占の出版販売

「生駒聖天やきぬき辻占」袋と辻占　田村聖光社　著者蔵
「絵入り辻占」（仮題）榎本松之助　著者蔵
「大入りげんや辻占袋」と辻占（「御みくじ判断」第11番）田村栄太郎　著者蔵
「御つじうら袋」法令館　著者蔵
「活動写真辻占１」（仮題）法令館　著者蔵
「活動写真辻占２」（仮題）法令館　著者蔵
「活動写真辻占３」（仮題）法令館か　著者蔵
「吉凶はんじ辻占袋」榎本松之助　著者蔵
「神易辻占第三番」榎本松之助　著者蔵
「神易辻占第五番」榎本松之助　著者蔵

「神易辻占第七番」榎本松之助　著者蔵
「神易辻占　第十番」法令館　川崎市市民ミュージアム蔵
「神易辻占第十六番」法令館　著者蔵
「新文句辻占ら」法令館　著者蔵
「瓢箪山稲荷大明神」袋と辻占「瓢箪山稲荷大明神辻占」(「御みくじ判断」第59番) 田村栄太郎　著者蔵
「巳年生運気辻占　一名つじうら」袋と辻占　宮崎八十八　著者蔵
「安来節辻占」法令館　著者蔵

第四章　現代における文字化辻占

『御祝帳』江戸時代か　松浦史料博物館蔵
川崎巨泉『巨泉玩具帖』二巻九号二九（一九一九〜三二年制作）大阪府立中之島図書館蔵
川崎巨泉『玩具帖』二五号三（一九三一〜四二年にかけて制作）大阪府立中之島図書館蔵
『壺陽録　写本　松浦家旧記』一九七六年　松浦史料博物館
洗雲亭『日本全国菓子譜　壹』大正から昭和頃か　加賀文庫　東京都立中央図書館蔵

終章　辻占の文字化と変容

『たゝみさん辻うら詩入都々逸』東京都立中央図書館蔵
『たゝみざん辻うら都々いつ』玉川大学図書館蔵
『たたみざんつじうら詩いりど、逸』玉川大学図書館蔵
『つぢ占ど、逸』東京都立中央図書館蔵

おわりに

二〇一三年の夏より年末にかけて、アイドルグループ「AKB48」の歌う「恋するフォーチュンクッキー」が流行した。発売初日に一〇〇万枚を売り上げたという、この曲の振り付けは覚えやすく、切り替わる場面ごとに異なる場所で、大勢の人達が踊りを真似る動画の投稿が相次ぎ、話題となった。有名人が登場して踊りの上手さが評判になるものもあり、略称「恋チュン」の動画投稿と視聴の輪は広がった。個人による投稿だけでなく、宣伝効果があると見た企業が、社長から制服姿の社員までを登場させ、踊りながら企業紹介を行うものや、観光地を紹介する自治体の動画までが登場した。神奈川県も敏感にその流行に反応し、軽快に知事が踊る映像の一場面が印象に残る動画を作成した。

さて、AKBに「♪占ってよ　恋するフォーチュンクッキー」と歌われるまでは、日本では知られざる菓子であったフォーチュンクッキーだが、この曲をきっかけにして、にわかに脚光を浴びた。本書には収めていないが、辻占菓子とフォーチュンクッキーの関係性を論じた私の複数の文章が、インターネット上に公開されており、それがいくつかの新聞や雑誌記者、テレビ番組の制作者の目に留まって、二〇一三年の秋から年末にかけて、私は何度か取材を受けた。一時的であれ、マスコミの影響力は大きかったようで、新聞や雑誌に記事が掲載されると、平戸の菓子販売店では、記事掲載の翌日に市外から辻占煎餅を求める来客が続いてすぐに完売し、金沢では「恋チュン」動画制作の気運が高まった。横浜では中華街の料理店が販売するフォーチュンクッキーが普段以上に売れ、自分自身には恩恵がなかったのであるが、「研究の経済効果」という言葉が頭に浮かんだ。

実のところ、私の辻占研究のきっかけは、フォーチュンクッキーとの出会いにある。一九九〇年頃に、初めてニューヨークを訪れ、中華料理店で食後のサービスに不思議なクッキーを手にした。生地は、小ぶりな半月形に折り曲げられ、バニラ風味で小麦色をした、へんてつのないものだったが、中が空洞で、細長い紙片が入っているのは、見たことのない仕掛けだった。紙片にあったメッセージを正確には思い出せないが、予言めいた、幸先の良さを感じさせる英文であった。これは占いだ！　私は思いがけず、食事のサービスに出された小さなクッキーから、幸運の占い文句が出てきたことにうれしい驚きを感じた。そして、『中国人の発想はすごいものだ、菓子の中に占いを入れるなんて、日本人にはとても思いつかない。』と舌を巻いたのである。

この経験は強い印象を残したが、その後の日本の普段の生活に戻ると、フォーチュンクッキーを目にする機会はほとんどなく、振り返ることもなかった。社会人になり仕事をする傍らで、私はいつからか、日本における年中行事や信仰的背景を持つ地域の菓子に関心を持つようになっていた。そうした時期に、亀井千歩子先生の『日本の菓子——祈りと感謝と厄除けと』を手に取り、金沢や鶴来で伝承されている正月の菓子「辻占」の記述を読んで、はっとした。そこには金沢には藩政時代から作られ、新しい年の運を占う正月菓子の「辻占」があると書かれていた。そして東京では「辻占煎餅」といって、いろいろな占い言葉が書かれた紙片を包んだ巻き煎餅で、食べながら吉凶を占う遊び感覚の菓子があることを知った。

藩政時代からある占い紙片入りの菓子。ふいに、アメリカで食べたことのあるフォーチュンクッキーの思い出が蘇った。日本にも占い入りの菓子が存在するという驚きと、このモノクロの写真に小さく写る「辻占」なる菓子を実際に食べてみたい、クッキーと辻占、それぞれいつから作られるようになったのか、辻占のほうが成立が古いのだろうか、もしかすると辻占とフォーチュンクッキーには何か関係があるのではないか、などと次々に素朴な疑問や好奇心が湧いてきた。こうした、浮き立つような知りたい気持ちが、本書に繋がる研究の原点となっている。

その後、菓子そのものへの関心から踏み出し、辻占印刷物全般へ目を向け、歌占をはじめとする異なる占いとの関係や、享受者へと視野を広げる研究の世界を展開させていくことができたのは、神奈川大学大学院での学びの機会を与えて頂いたからである。歴史民俗資料学研究科の先生方には、院生生活の節目節目に励ましを頂き、感謝している。中でも指導教授として導いて下さった福田アジオ先生、安室知先生からの御指導には感謝に堪えない。
調査地においては、大門哲氏、東條さやか氏、中園成生氏、木田昌宏氏、岡山芳治氏にお世話になった。心よりお礼を申し上げる。また、亀井千歩子先生、菊池真一先生、前田佐智子先生、青木元氏、溝口政子氏、中山圭子氏からは、たびたび貴重な資料の御教示を頂いた。関心を分かち合う者として、現存の辻占菓子や印刷物の所在を知り、分析することができたのは喜びであり、調査を深めることができたことにとても感謝している。そして、新潟、金沢、小松、京都、大阪、平戸や佐世保の菓子製造業や販売、辻占楊枝製造業などの関係者の皆様、辻占菓子をご家庭で楽しんでいる様子を拝見させてくださった皆様、お名前をお一人ずつ挙げることはできないながら、お力を貸して頂いたことに心から感謝の気持ちを表したい。

なお、アメリカのフォーチュンクッキーと辻占煎餅の関係についての考察は、次の機会での発表準備を進めている。フォーチュンクッキーの歴史には、日系アメリカ人、華僑といった移民の歴史と食文化の移入や戦争が関係している。これまでアメリカでは、サンフランシスコ、ロサンゼルスに移住した日本人による、手焼きの辻占煎餅が忘れ去られ、フォーチュンクッキーは中国で成立した占い菓子と信じられてきた。しかし、二〇〇八年に、『ニューヨークタイムズ』の中国系アメリカ人記者が、このクッキーの起源は日本にあるとの記事を発表したところ、読者の反響は大きかった。その記事には私の辻占調査成果も紹介され、本書でも用いた『藻塩草近世奇談』からの職人が煎餅を焼く図像や、辻占煎餅の写真も掲載され、インターネット上でもそれらの情報が伝達された。そのせいか、以降、このクッキー愛好者の一部の意識が変わってきているようだ。

ある旅行サイトで、外国人観光客が選ぶ二〇一四年の人気第一位の観光地となった伏見稲荷大社には、多くの外国人が訪れるようになっている。参道の手焼き煎餅屋の店主によると、彼らは辻占煎餅をフォーチュンクッキーの起源と知った上で土産物に求めるというのだ。和装プランで着物や浴衣を着付け、参道をそぞろ歩く彼らによって、手焼きの辻占煎餅は品切れになるほどの人気商品となっている。本書は日本語で書いたものではあるが、辻占煎餅の占い紙片が、各種の豊かな辻占印刷物の系譜に連なることを理解できる内容となっており、フォーチュンクッキーを楽しむ海外の方々にも関心を持ってもらえるものと考えている。

流行歌は流れて行くものだ。ＡＫＢ48は、今はもう、遠くで新しい歌を歌っている。流行期の辻占印刷物も同様で、辻占都々逸は新版が売りであり、挿絵にされる人気役者や芸妓の顔ぶれも変化した。しかし、辻占紙片をはじめとして、そのままにしておけば、楽しまれた後に流れ去ったはずの多くのモノ、コトを、本書で論じることができたのは幸いである。

本書の完成までに、ご支援、ご指導を賜った方々に改めて厚くお礼を申し上げたい。

本書刊行にあたっては、平成二六年度科学研究費助成事業（科学研究費補助金）（研究成果公開促進費、課題番号：二六五一二三〇）の交付を受けた。

二〇一四年八月

中町泰子

人名索引

事項索引

た　行

な　行

は　行

ま　行

や・ら行

《著者紹介》

中町泰子（なかまち・やすこ）

1966年　神奈川県生まれ。

2013年　神奈川大学大学院歴史民俗資料学研究科にて博士号取得。歴史民俗資料学博士。

現　在　神奈川大学日本常民文化研究所特別研究員。

著　作　「近世後期・明治期における辻占商品の展開」『生活文化史』43号，生活文化史学会，2003年。

「辻占菓子についての一考察――運をひらく・縁をむすぶ」『和菓子』11号，株式会社虎屋虎屋文庫，2004年。

「菓子製法書『意地喜多那志』を中心とした江戸時代の菓子作り道具」『和菓子』15号，株式会社虎屋虎屋文庫，2008年。

「日系チャプスイレストランにおけるフォーチュンクッキーの受容」『年報　非文字資料研究』5号，神奈川大学日本常民文化研究所非文字資料研究センター，2009年。

「近代の辻占発行元――大阪・榎本法令館の出版と販売」『風俗史学』38号，風俗史学会，2009年。

「新年の共食機会に見られる占い菓子享受の習俗化――長崎県平戸市と石川県金沢市を中心にして」『年報　非文字資料研究』7号，神奈川大学日本常民文化研究所非文字資料研究センター，2011年。

「パワースポットはなぜ流行る？――聖地巡礼とスピリチュアリティ」福田アジオ責任編集『知って役立つ民俗学』ミネルヴァ書房，2015年。

辻占の文化史
――文字化の進展から見た呪術的心性と遊戯性――

2015年3月10日　初版第1刷発行　〈検印省略〉

定価はカバーに
表示しています

著　者　中町泰子
発行者　杉田啓三
印刷者　中村知史

発行所　株式会社　ミネルヴァ書房
607-8494　京都市山科区日ノ岡堤谷町1
電話代表　(075) 581-5191
振替口座　01020-0-8076

中村印刷・新生製本

ISBN978-4-623-07225-5

Printed in Japan